D1755568

SCHRIFTEN ZUM BILDUNGSRECHT UND ZUR BILDUNGSPOLITIK

herausgegeben von

Univ.-Prof. Mag. Dr. Manfred Prisching
em. Univ.-Prof. Dr. Werner Lenz
Hon.-Prof. FH.-Prof. Mag. Dr. Werner Hauser

Band 16

30 Jahre Fachhochschulen in Österreich

Festschrift für Karl Peter Pfeiffer

Bibliographische Information der Deutschen Bibliothek

Die Deutsche Nationalbibliothek verzeichnet diese Publikation in der Deutschen Nationalbibliografie; detaillierte bibliografische Daten sind im Internet über http://dnb.d-nb.de abrufbar.

Alle Rechte vorbehalten.
Sämtliche Angaben in diesem Fachbuch erfolgen trotz sorgfältiger Bearbeitung und Kontrolle ohne Gewähr. Eine Haftung der Herausgeber:innen, der Autor:innen oder des Verlages aus dem Inhalt dieses Werkes ist ausgeschlossen.

ISBN: 978-3-7046-9244-3
ISBN 978-3-7046-9249-8 (eBook)
https://doi.org/10.33196/9783704692498
© Verlag Österreich GmbH 2023
A-1010 Wien, Bäckerstraße 1
Tel. + 43-1-610 77-333, Fax + 43-1-610 77-419
e-mail: order@verlagoesterreich.at
Internet: www.verlagoesterreich.at

Satz: EXAKTA GmbH, Wien, www.exakta.at
Umschlagdesign: Tomislav Bobinec, Institute of Design & Communication
Druck: print+marketing, 3420 Kritzendorf, Österreich

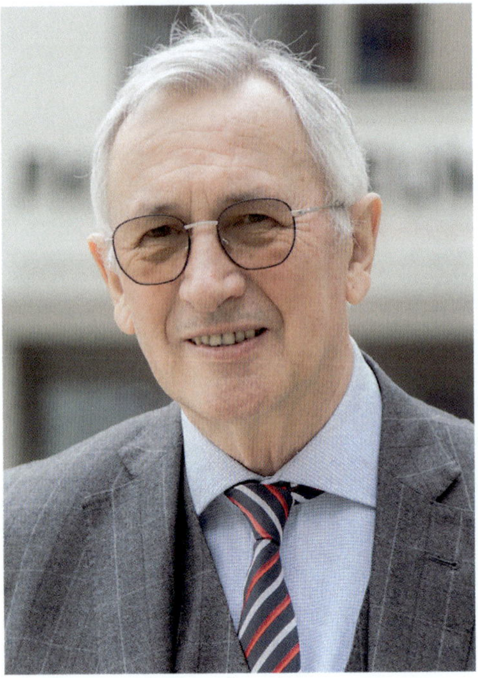

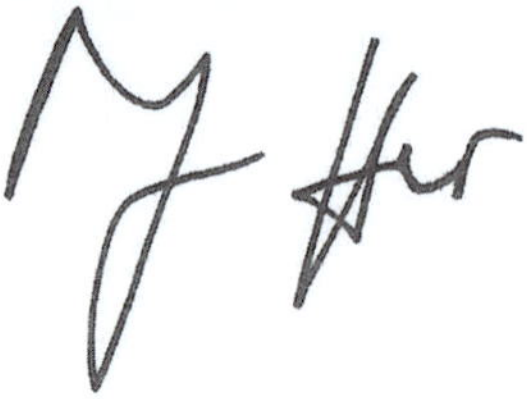

30 Jahre Fachhochschulen in Österreich

Festschrift für Karl Peter Pfeiffer

Herausgegeben von
Martin Payer, Gerald Lackner und
Roswitha Wiedenhofer-Bornemann

Gesamtredaktion:
Andrea Gigerl, Petra Dobnik und Werner Hauser

Wien 2023

■ VERLAG
■ ÖSTERREICH

Gedruckt mit freundlicher Unterstützung von:

Vorwort
der Herausgeber:innen

*Mag. Martin Payer, MBA / MMag. Gerald Lackner /
Mag.[a] Dr.[in] Roswitha Wiedenhofer-Bornemann*

Seit seiner Entstehung vor nun fast 30 Jahren befindet sich der Fachhochschulsektor in ständiger Veränderung und in stetem Wachstum. Die ersten zehn FH-Studiengänge starteten im Studienjahr 1994/95, darunter die von der Joanneum Research GmbH und dem Land Steiermark gegründete Technikum Joanneum GmbH. Das Technikum Joanneum erhielt im Juli 2007 den Status einer Fachhochschule und wurde umbenannt in FH JOANNEUM GmbH. Mittlerweile gibt es 21 Fachhochschulen in Österreich, 700 Fachhochschul-Studierende im ersten Studienjahr stehen rund 58.200 im Studienjahr 2022/23 gegenüber, davon allein 5.100 an der FH JOANNEUM.

Im Jahr 2009 bestellte die Generalversammlung der FH JOANNEUM Herrn *em. o. Univ.-Prof. DI Dr. Karl Peter Pfeiffer* zum wissenschaftlichen Geschäftsführer. *Karl Peter Pfeiffer* war von 15. September 2009 bis 30. April 2023 wissenschaftlicher Geschäftsführer der FH JOANNEUM, die ersten acht Jahre zudem Rektor und Leiter des Kollegiums der Fachhochschule.

Karl Peter Pfeiffer wurde in Vorau in der Steiermark geboren. Nach dem Besuch des musisch-pädagogischen Bundesrealgymnasiums Hartberg wandte er sich dem Studium der Technischen Mathematik zu, welches er 1981 mit der Promotion abschloss. Bereits während des Studiums lernte er die internationale Forschung als wissenschaftlicher Mitarbeiter kennen und sammelte als Mathematiker an der Medizinischen Fakultät an der Universität Graz Erfahrung in der medizinischen Grundlagenforschung. 1985 habilitierte er an der Medizinischen Fakultät der Universität Graz für „Medizinische Statistik und Informationsverarbeitung". Im Jahr 1994 folgte *Karl Peter Pfeiffer* dem Ruf der Medizinischen Fakultät der Universität Innsbruck (später Medizinische Universität), wo er zahlreiche Forschungsprojekte im Bereich der Medizinischen Statistik und Informatik durchführte. Als ordentlicher Universitätsprofessor für Biostatistik und Dokumentation sowie geschäftsführender Direktor des Departments für Medizinische Statistik, Informatik und Gesundheitsökonomie der

Medizinischen Universität Innsbruck war und ist *Karl Peter Pfeiffer* nicht nur der Fakultät, sondern auch Tirol tief verbunden. Mit seiner beruflichen Rückkehr in die Heimat im Jahr 2009 als wissenschaftlicher Geschäftsführer und Rektor der FH JOANNEUM wurde er an der Medizinischen Universität Innsbruck karenziert, und emeritierte an ebendieser schließlich im September 2019.

Unter *Karl Peter Pfeiffer*, gemeinsam mit den kaufmännischen Geschäftsführer:innen *Mag.ᵃ (FH) Sabina Paschek, MBA, Mag. Dr. Günther Riegler* und zuletzt *Mag. Martin Payer, MBA*, wuchs die FH JOANNEUM zur drittgrößten in Österreich und zur größten Fachhochschule der Steiermark. *Karl Peter Pfeiffer* hat in den letzten fast 14 Jahren beharrlich daran gearbeitet, nicht nur die FH JOANNEUM auszubauen, sondern die Bildungslandschaft in Österreich, insbesondere im FH-Sektor, mitzugestalten und zu stärken. Mit seiner Arbeit hat er einen wesentlichen Beitrag geleistet, die Fachhochschulen in Österreich zu positionieren und zu einer maßgeblichen Säule im österreichischen Bildungssystem zu etablieren.

Die vorliegende Festschrift steht in direktem Zusammenhang mit dem am 22. September 2023 in Graz stattfindenden Fachsymposium zum Thema „30 Jahre Fachhochschulen in Österreich". In den ersten Teil des vorliegenden Werkes sind die Beiträge des Symposiums eingeflossen. Die behandelten Themen im zweiten Teil sind so vielfältig wie die Interessensgebiete des Geehrten. Im dritten und letzten Teil kommen die Departmentleiter:innen der FH JOANNEUM zu Wort und geben den Leser:innen Einblick in die sechs Departments der Fachhochschule.

Wir möchten allen danken, die zum Gelingen der Festschrift beigetragen haben: Den Autor:innen für die spannenden Beiträge, die das Erscheinen der Festschrift erst ermöglicht haben, unseren Sponsoren für die großzügige finanzielle Unterstützung der vorliegenden Festschrift sowie dem Redaktionsteam *Mag.ᵃ Andrea Gigerl, Mag.ᵃ Petra Dobnik* und *FH.-Prof. Dr. Werner Hauser*, die in umsichtiger Art und Weise die Gestaltung der Publikation in die Hand genommen und die Autor:innen unterstützt haben.

Wir wünschen *Karl Peter Pfeiffer* noch viele Jahre des Schaffens. Da er auch als Emeritus der Medizinischen Universität Innsbruck beruflich und privat höchst aktiv war, ist die Wahrscheinlichkeit hoch, dass sich dieser Wunsch erfüllen wird.

Grußworte von Bundesminister für Bildung, Wissenschaft und Forschung

ao. Univ.-Prof. Dr. Martin Polaschek

Sehr geehrter Herr *em. o. Univ.-Prof. DI Dr. Pfeiffer*, lieber *Karl*! Es freut mich sehr, dass ich an dieser Stelle persönliche Grußworte zu Deinem Abschied als wissenschaftlicher Geschäftsführer der FH JOANNEUM GmbH an Dich richten darf. Nach 13 Jahren engagierter Tätigkeit und unzähligen Verdiensten für „Deine" Fachhochschule, der FH JOANNEUM, verabschiedest Du Dich nun in den wohlverdienten und, wie ich Dich kenne, aktiven Ruhestand.

Deine 13-jährige Tätigkeit an der FH JOANNEUM war geprägt von Deiner Leidenschaft für die Förderung von Wissenschaft, Forschung und Innovation. Unter Deiner wissenschaftlichen Leitung ist es der FH JOANNEUM gelungen, sich auf regionaler, nationaler und internationaler Ebene eine bemerkenswerte und vor allem auch bemerkte Stimme zu verschaffen und den Ruf der Fachhochschule über die Grenzen Österreichs hinaus zu steigern. Die Beteiligung an einer „European University" mit dem Fokus auf duale Studien (EU4DUAL) oder die von der FH JOANNEUM koordinierte „European VET Excellence Platform for Green Innovation" (GREENOVET) sind nur zwei, wenngleich hervorstechende Belege der erfolgreichen Positionierung der Hochschule im nationalen wie internationalen Umfeld.

Im Zuge Deiner wissenschaftlichen Leitung konnte sich die FH JOANNEUM mit einem breiten und ausdifferenzierten Studienangebot und anwendungsorientierten Forschungsleistungen in einer zunehmend wettbewerbsorientierten Bildungslandschaft mehr als behaupten. Durch die Förderung von weltweiten Partnerschaften mit renommierten Universitäten und Hochschulen ist die FH JOANNEUM in der Lage, ihren Studierenden und Lehrenden ein breites Spektrum an Austauschmöglichkeiten zur Verfügung zu stellen.

Deine Innovationskraft und Dein Engagement haben auch dazu beigetragen, dass die FH JOANNEUM heute eine wichtige Impulsgeberin für Wirtschaft und Gesellschaft ist. Du hast die Zusammenarbeit zwischen der Hochschule und Unternehmen verschiedener Art gefördert und so die Grundlage für zahlreiche erfolgreiche Kooperationen geschaffen.

Aber auch als unmittelbarer Kollege in der Steirischen Hochschulkonferenz habe ich Deine Arbeit immer sehr geschätzt. Du hast Dich mit Deiner umfassenden Expertise stets äußerst sachorientiert für die Belange der Hochschulen eingesetzt und mit Weitblick an der strategischen Ausrichtung und Weiterentwicklung der steirischen Hochschullandschaft mitgearbeitet.

Lieber *Karl*, ich wünsche Dir für Deinen neuen Lebensabschnitt alles Gute, Gesundheit und viel Freude im Kreise Deiner Familie und Freunde. Möge dieser neue Lebensabschnitt genauso erfüllt und erfolgreich werden wie Deine bisherige Karriere.

Uns allen wünsche ich, dass Du auch im Ruhestand weiterhin aktiv sein wirst und Deine Erfahrungen und Dein Wissen auch zukünftig für die Weiterentwicklung der Wissens- und Bildungslandschaft in Österreich einbringst.

Grußworte von Landeshauptmann des Landes Steiermark

Mag. Christopher Drexler

Geschätzte Leserinnen und Leser!

Es ist mir eine besondere Freude und Ehre zugleich, die vorliegende Festschrift mit einigen einleitenden Worten begleiten zu dürfen.

Wenn *Karl Peter Pfeiffer*, der seit 2009 die wissenschaftliche Geschäftsführung an der Fachhochschule Joanneum innehat, mit Ende Juni des heurigen Jahres in den Ruhestand tritt, kann mit Fug und Recht behauptet werden, dass eine Ära an der größten steirischen Fachhochschule zu Ende gehen wird.

Seit der Bestellung *Karl Peter Pfeiffers* zum wissenschaftlichen Geschäftsführer der FH JOANNEUM ist er zu einer echten Institution in der steirischen Bildungslandschaft geworden. In unserer größten steirischen Fachhochschule – einer weiteren Einrichtung in der Steiermark, die nach Erzherzog Johann benannt ist – hat er durch seine herausragende fachliche Qualifikation, seine langjährige Führungserfahrung und letztlich als ausgewiesener Wissenschaftsexperte wichtige Impulse für die Zukunft gesetzt.

Man kann *Karl Peter Pfeiffer* als einen Doyen der steirischen Fachhochschulen bezeichnen. Es ist also kaum verwunderlich, dass sich die vorliegende Festschrift dem 30-jährigen Jubiläum der Fachhochschulen in Österreich widmet. Stellte man sich bei der Gründung vor drei Jahrzehnten noch die Frage, was denn eine Fachhochschule genau sein solle, so sind sie heute – im Besonderen in einem starken Forschungsland, wie es die Steiermark ist – nicht mehr wegzudenken. Den Grundstein legte das Fachhochschulgesetz, welches am 5. Mai 1993 vom Nationalrat beschlossen wurde. Wenige Jahre später, nämlich im Jahr 1995, war es schließlich auch in der Steiermark soweit und die FH JOANNEUM wurde gegründet. Heute, nach kontinuierlichem Ausbau über die Jahre hinweg, können wir in unserem Land stolz auf einen Impulsgeber für Innovation und Forschung sein, den *Karl Peter Pfeiffer* nachhaltig geprägt hat.

Ich bedanke mich bei einer Persönlichkeit, die die steirische Fachhochschullandschaft wesentlich mitgestaltet, weiterentwickelt und den Fokus dabei auch stets auf aktuellen Entwicklungen gelegt hat. Damit hat *Karl Peter Pfeiffer* dem Bildungs- und Forschungsstandort Steiermark in seinen 13 Jahren als wissenschaftlicher Geschäftsführer der FH JOANNEUM einen großen Dienst erwiesen. Lieber *Karl*, im Namen des Landes bedanke ich mich ganz herzlich für deinen Einsatz und dein großartiges Engagement für den Wissenschaftsstandort Steiermark und wünsche dir für den wohlverdienten Ruhestand alles erdenklich Gute und vor allem viel Gesundheit! Ein steirisches „Glück auf"!

Grußworte von Wirtschafts-, Wissenschafts- und Forschungslandesrätin des Landes Steiermark

MMag.[a] Barbara Eibinger-Miedl

Eine steirische Erfolgsgeschichte

Mit dem Bundesgesetz über Fachhochschul-Studiengänge wurde im Mai 1993 eine österreichische Erfolgsgeschichte gestartet. 30 Jahre danach sind die Fachhochschulen mit ihrer praxisnahen und am Bedarf der Wirtschaft ausgerichteten Ausbildung längst zentraler Bestandteil der heimischen Bildungslandschaft. Seit 1995 trägt die FH JOANNEUM wesentlich zum hervorragenden Ruf der österreichischen Fachhochschulen bei. Was damals mit vier Studiengängen und 150 Studierenden an einem Standort begonnen hat, hat sich mittlerweile zu einer weit über die Landesgrenzen hinaus geschätzten FH mit über 5.000 Studierenden in mehr als 50 Studiengängen an drei Standorten in der Steiermark weiterentwickelt. Die FH JOANNEUM hat dabei in vielen Bereichen eine Vorreiterrolle eingenommen, etwa mit der Entwicklung der ersten dualen Studiengänge in Österreich oder der engen Zusammenarbeit mit Unternehmen und Forschungseinrichtungen. Für die heimische Wirtschaft ist sie einer der wichtigsten Partner bei der Aus- und Weiterbildung von Fachkräften. Aber auch im Bereich der Gesundheits- und Krankenpflege ist die FH JOANNEUM mit ihrem Ausbildungsangebot ein zentraler Faktor, um unser Gesundheitssystem mit hochqualifizierten Pflegekräften zu versorgen.

Der wichtigste Schlüssel für die Erfolge der vergangenen knapp 30 Jahre waren und sind die engagierten Mitarbeiterinnen und Mitarbeiter der FH JOANNEUM. Die vergangenen 14 Jahre sind dabei untrennbar mit dem Namen *Karl Peter Pfeiffer* verbunden. Als wissenschaftlicher Geschäftsführer – und bis 2017 auch als Rektor und Leiter des Kollegiums – hat er die Entwicklung der FH in dieser Zeit maßgeblich geprägt. Seine langjährige Erfahrung im Hochschul- und Forschungsbereich, gepaart mit hervorragenden Fachkenntnissen sowie einem hohen Maß an Kreativität und innovativen Ideen waren dabei ideale Eigenschaften, um die FH JOANNEUM erfolgreich weiterzuentwickeln und dabei stets frühzeitig aktuelle Trends zu berücksichtigen. Besondere Verdienste erwarb er sich beispielsweise mit seinen Beiträgen zur Entwicklung des österreichischen „Leistungsorientierten Krankenanstalten-Finanzierungssystems" (LKF) und der österreichischen eHealth-Strategie sowie als steirischer eHealth-Koordinator.

Ich danke *Karl Peter Pfeiffer* sehr herzlich für seine herausragenden Leistungen am Bildungs-, Wirtschafts- und Forschungsstandort Steiermark und wünsche ihm für seinen neuen Lebensabschnitt alles erdenklich Gute.

Grußworte von Bürgermeisterin der Landeshauptstadt Graz

Elke Kahr

Die Laufbahn von *Karl Peter Pfeiffer* im Dienste von Wissenschaft, Forschung, Lehre und Leitung ist beeindruckend und führt vor Augen, wie aus zunächst vielleicht als nur für Tüftler und Nerds zugänglich scheinenden Spezialgebieten wie Statistik und Informatik in der praktischen Anwendung, konkret in der Medizin – in die der Jubilar, wie er sagt, zufällig hineingestolpert ist – große Wirkung und Mehrwert für die Gesellschaft stecken kann. Nach dem Studium der Technischen Mathematik an der TU Graz hatte der aus Vorau Gebürtige als Assistent das Glück, auf einem damals sensationellen 32-Bit-Rechner arbeiten und programmieren üben zu dürfen. Damit war es möglich, Daten aus medizinischen Studien, deren Daten infolge fehlender Auswertungsmöglichkeiten eher schleppend Ergebnisse lieferten, besser zu analysieren und nutzbar zu machen. *Pfeiffer* setzte seinen Weg an der Medizinischen Fakultät der Universität Graz fort, lernte unter dem von ihm hochgeschätzten *Prof. Thomas Kenner* verschiedenste Bereiche der Medizin kennen und habilitierte sich 1985 für „Medizinische Statistik und Informationsverarbeitung".

Tatsächlich Bahnbrechendes gelang ihm, als man im Gesundheitsministerium auf den Steirer aufmerksam wurde und ihn zum Projektleiter für ein neues Finanzierungsmodell für Spitäler machte: das Leistungsorientiertes Krankenanstaltenfinanzierungssystem (LKF) wurde 1997 österreichweit umgesetzt und hat, wenn auch adaptiert, noch immer die damals erdachten Algorithmen als Grundlage. 1994 erreichte *Pfeiffer* der Ruf an die Medizinische Universität Innsbruck, wo er als ordentlicher Professor auf den Gebieten der Biostatistik und Dokumentation tätig war. Ein weiterer Meilenstein, an dem er maßgeblich beteiligt war, gelang in einem 100-köpfigen, fachlich breit aufgestellten Team mit der Entwicklung einer österreichischen eHealth-Strategie. Diese blieb zwar Konzept, sickerte aber nach und nach in das Gesundheitssystem ein und findet sich heute u.a. in der elektronischen Gesundheitsakte ELGA wieder.

Eine neue Herausforderung nahm *Pfeiffer* 2009 als Rektor und wissenschaftlicher Geschäftsführer der Fachhochschule JOANNEUM an, wo ihn vor allem die Vielfalt des Hauses und die anwendungsorientierte Ausrichtung faszinierte. Es war gewissermaßen dieser Schritt hinaus aus der Alma Mater hinein in eine Wissensvermittlung mit noch mehr lebenspraktischer Transmission, wie sie der Idee nach auch der vor 30 Jahren begonnenen Etablierung der Fachhochschulen zugrunde liegt. 13 Jahre war der Jubilar mit Herz und Seele Teil dieser neuen Ein- mit neuer Ausrichtung, nun tritt er als deren Geschäftsführer in den Ruhestand.

Eine berufliche Karriere ist nicht planbar. Man muss das, was kommt, sportlich nehmen und offen sein für die Welt, sagte *Karl Peter Pfeiffer* einmal sinngemäß in einem Interview. Damit ist die Grundeinstellung, die zu großen und verdienstvollen Leistungen geführt hat, gut umrissen. Dafür gebührt ihm großer Dank, Respekt und Anerkennung, versehen mit den besten Wünschen für den weiteren Lebensweg.

Grußworte von Bürgermeister der Stadtgemeinde Kapfenberg

Friedrich Kratzer

Kapfenberg blickt stolz auf seine Geschichte zurück: Ein einst kleiner Markt wurde über die Jahrhunderte zum Sitz wohlhabender Hammerherren, zum innovativen Zentrum der Eisenindustrie seit der Monarchie, und mit der Erlangung des Stadtrechts 1924 zur Stahlstadt und Ausgangspunkt von persönlichen und unternehmerischen Erfolgsgeschichten, welche Firmen von Weltruf hervorgebracht haben.

Aber es ist eine Entscheidung aus den 1990ern, welche vielleicht an einigen Bürgerinnen und Bürgern unbemerkt vorbeigegangen ist, welche das Image der Stadt umfassend prägen sollte und vor fast 30 Jahren die Weichen für eine neue Zukunft stellte: Das neue Fachhochschulrecht und in weiterer Folge die Etablierung der Fachhochschule FH JOANNEUM in der Obersteiermark machten Kapfenberg zur Hochschulstadt.

Im Herbst 1995 traten, zeitgleich mit den Studierenden in Graz, die ersten jungen Frauen und Männer im Gebäude in der Werk-VI-Straße in die Hörsäle ein. In den Jahren seither entstand ein weitläufiger Campus-Komplex inklusive Audimax, Mensa, Laboren und Wohnheimen nur einen Steinwurf entfernt. Die Kapfenberger Alumni sind seit Anbeginn gefragte Mitarbeiterinnen und Mitarbeiter bei regionalen wie internationalen Unternehmen und mit ein Grund für den hervorragenden Ruf unserer Stadt als hochwertige Arbeits- und Ausbildungsort.

Der etablierte Schwerpunkt der Kapfenberger Studiengänge in Technik und Wirtschaft wird bald um den sozialen Bereich erweitert: Wir freuen uns immens, dass 2025 der Studiengang Gesundheits- und Krankenpflege eröffnen wird und damit ein weiteres Hochschul-Kapitel in der Stadtgeschichte anfängt.

Die Stadt unternimmt alle Anstrengungen, damit sich die Studierenden und Lehrenden in Kapfenberg wohlfühlen und, wenn möglich, bei uns eine berufliche und persönliche Heimat finden.

Im Namen der Stadtgemeinde Kapfenberg danke ich der FH JOANNEUM GmbH und ganz speziell Herrn *em. o. Univ.-Prof. DI Dr. Karl Peter Pfeiffer* in seiner Funktion als Rektor und wissenschaftlicher Geschäftsführer für die konstruktive Zusammenarbeit in den vergangenen Jahren und das Miteinander auf Augenhöhe. Die Hochschulstadt Kapfenberg ist ein gemeinsamer Erfolg, welchen wir mit Ihnen, geschätzter Herr Professor, anlässlich Ihrer Pensionierung feiern und würdigen möchten.

Im Namen der Stadtgemeinde Kapfenberg wünsche ich alles Gute zum wohlverdienten Ruhestand.

Grußworte von Bürgermeisterin der Gemeinde Bad Gleichenberg

Christine Siegel

Nun geht eine Ära zu Ende.

Sehr geschätzter Herr em. o. Univ.-Prof. DI Dr. *Karl Peter Pfeiffer*, lieber *Karl*! Nach 13 Jahren als wissenschaftlicher Geschäftsführer und davon 8 Jahre als Rektor der FH JOANNEUM Graz verabschieden wir Dich in den wohlverdienten Ruhestand. Während Deiner Zeit an der FH JOANNEUM hast Du maßgeblich dazu beigetragen, dass diese Hochschule zu einer der führenden Bildungseinrichtungen des Landes und unserer Gemeinde wurde. Dein unermüdlicher Einsatz und Dein Glaube an die Kraft der Bildung haben sehr viele Studierende inspiriert und geprägt.

Besonders warst Du, lieber *Karl*, dem Fachhochschulstandort Bad Gleichenberg verbunden. Die enge Zusammenarbeit mit den Mitarbeitern am Campus Bad Gleichenberg und der Gemeinde und deren Vertretern war Dir stets ein Anliegen. Gerne denke ich an unsere regelmäßigen Jour fixes zurück, die wir sicher im schönsten Besprechungszimmer – natürlich mitten im Kurpark – abgehalten haben. Viele positive Entscheidungen für den Standort Bad Gleichenberg konnten wir dort diskutieren und beschließen. Nicht zu vergessen die unzähligen Graduierungsfeiern, bei denen Du in Bad Gleichenberg anwesend warst. Auch kulinarische Erlebnisse und ein gutes Glas Wein waren oftmals ein Fixpunkt bei unseren Treffen.

Lieber *Karl*, wir werden Dich schon ein wenig vermissen. Deine Expertisen, Deine Weisheit und vor allem Deine Freundlichkeit werden uns fehlen.

Im Namen des Fachhochschul-Beirates der Gemeinde Bad Gleichenberg und vor allem persönlich möchte ich herzlich für Deine Arbeit und das gute Miteinander danken.

Alles Gute für Deinen neuen Lebensabschnitt. Ich hoffe, Du vergisst unser BG-Town nicht.

Wir freuen uns auch immer über einen Besuch von Dir und heißen Dich stets herzlich willkommen.

Grußworte von Präsidentin der Österreichischen Fachhochschul-Konferenz (FHK)

Mag.ª Ulrike Prommer

30 Jahre sind vergangen, seit das Fachhochschulgesetz in Österreich verabschiedet wurde. In dieser Zeit hat das Gesetz einen bedeutenden Beitrag zur Stärkung der Fachhochschulen in Österreich geleistet und dazu beigetragen, dass sie heute als wichtige Säule des österreichischen Bildungssystems gelten.

In den letzten drei Jahrzehnten hat sich die Landschaft der Fachhochschulen in Österreich stark verändert. Heute gibt es in Österreich 21 Fachhochschulen mit fast 60.000 Studierenden. Die FHs sind mittlerweile in der Forschung der am stärksten wachsende Hochschulsektor und investiert mehr als € 100 Mio in Forschung und Entwicklung, das ist eine Verdoppelung des Wertes von vor zehn Jahren. Nunmehr haben sich FHs außerdem als internationale Kooperationspartnerinnen mit anderen Hochschulen, Forschungseinrichtungen und Unternehmen etabliert und positioniert. All dies zeigt, welch bedeutenden Stellenwert sie in der Bildungslandschaft Österreichs haben.

Ein wichtiger Vertreter der Fachhochschulen in Österreich, *em. o. Univ.-Prof. DI Dr. Karl Peter Pfeiffer*, geht in diesem Jahr in den wohlverdienten Ruhestand. Er hat in seiner Zeit unermüdlich daran gearbeitet, die Fachhochschulen in Österreich zu gestalten und zu prägen. Er zeichnet sich durch seine jahrelange Erfahrung wie auch hervorragenden Fachkenntnissen aus. Mit seiner Arbeit hat er wertvolle Impulse für den Sektor der Fachhochschulen in Österreich und darüber hinaus gesetzt. *Karl Peter Pfeiffer* hat sich auch als Mitglied zahlreicher Kommissionen, Beiräte und Gesellschaften in der akademischen Gemeinschaft Österreichs engagiert und auch hier wichtige Beiträge geleistet.

Ich möchte *Karl Peter Pfeiffer* an dieser Stelle für seine hervorragende Arbeit danken und ihm alles Gute für seinen nächsten Lebensabschnitt wünschen. Ich bin mir sicher, dass er weiterhin wertvolle Beiträge für das österreichischen Bildungssystems leisten wird.

Diese Publikation ist ein Zeichen der Wertschätzung für die Arbeit, die *Karl Peter Pfeiffer* und viele andere Menschen und Organisationen geleistet haben, um die Fachhochschulen in Österreich zu stärken und weiterzuentwickeln. Ich freue mich darauf, auch in Zukunft gemeinsam an der Entwicklung und Gestaltung der Fachhochschullandschaft in Österreich mitzuwirken.

Grußworte von Vorsitzende der Steirischen Hochschulkonferenz

ao. Univ.-Prof.[in] Mag.[a] Dr.[in] Beatrix Karl

Em. o. Univ.-Prof. DI Dr. Karl Peter Pfeiffer hat im Bildungs- und Wissenschaftsbereich große Verdienste erworben. Dies gilt nicht nur für seine wissenschaftlichen Leistungen, die ihn als Universitätsassistenten an die Karl-Franzens-Universität Graz, als Leiter an das Ludwig-Boltzmann-Institut für Epidemiologie und Gesundheitssystemforschung sowie als ordentlichen Universitätsprofessor für Biostatistik und Dokumentation an die Medizinische Universität Innsbruck geführt haben. Ihn nur als Wissenschaftler zu würdigen, würde allerdings zu kurz greifen. Als langjähriger wissenschaftlicher Geschäftsführer der Fachhochschule JOANNEUM und bis September 2017 auch als Rektor und Leiter des Kollegiums hat er sich auch als ausgezeichneter Wissenschaftsmanager bewiesen.

Über das Wirken von *Karl Peter Pfeiffer* im Bildungs- und Wissenschaftsbereich gäbe es daher vieles zu berichten. Ich möchte mich allerdings auf seine Rolle in der 2012 ins Leben gerufenen Steirischen Hochschulkonferenz beschränken. Den Steirischen Hochschulraum bilden alle neun steirischen Hochschulen, tausende Studierende, Forschende und Mitarbeitende sowie unzählige Initiativen und Projekte zur Stärkung des Bildungs- und Wissenschaftsstandortes Steiermark. *Karl Peter Pfeiffer* war Gründungsmitglied der Steirischen Hochschulkonferenz und damit eine ihrer prägenden Persönlichkeiten. Es ist daher auch seiner aktiven Unterstützung zu verdanken, dass seit dem Studienjahr 2011/12 in der steirischen Hochschulkonferenz Austausch und Vernetzung zur Stärkung dieses Hochschulraumes gelebt und Kooperationen gefördert werden.

Besonders wichtig waren *Karl Peter Pfeiffer* die zahlreichen Kooperationen im Bereich der Lehre, zuletzt insbesondere die Mathematik-Ringvorlesung. Unter dem Titel „Angewandte Mathematik – Mathematik verständlich erklären" haben die neun steirischen Hochschulen von Oktober 2022 bis Jänner 2023 Online-Vorträge angeboten, die gezeigt haben, wie alltags- und anwendungsnah Mathematik ist. Diese Ringvorlesung ging auf die Initiative von *Karl Peter Pfeiffer* zurück und war ihm ein großes Anliegen. Sie bringt aber vor allem auch sehr gut zum Ausdruck, worum es *Karl Peter Pfeiffer* immer ging: Es genügte ihm nicht, Wissenschaft nur zu betreiben, er wollte Wissenschaft auch erlebbar und begreifbar machen. Er war keiner, der sich im sogenannten „Elfenbeinturm" versteckt hat, sondern er war einer, der Wissenschaft gelebt und vermittelt hat, vor allem auch zum Wohle des Wissenschaftsstandortes Steiermark. Dafür danke ich ihm im Namen der Steirischen Hochschulkonferenz, die ihm viel zu verdanken hat!

Grußworte von
Aufsichtsratsvorsitzender der FH JOANNEUM

Dr. Markus Tomaschitz

Karl Peter Pfeiffer hat die FH JOANNEUM wie kaum ein anderer vor ihm geprägt – er verbindet wissenschaftliche Fundierung, methodische Durchdringung und strategischen Weitblick in wohl einmaliger Weise.

An dieser Stelle sei seine Liebe zur Bergwelt ins Zentrum gerückt: Die Stärke einer Seilschaft beruht auf wechselseitiges Verlassen – nicht das Können des Kletterns, sondern das Beherrschen des Handwerks lässt Vertrauen in die Seilschaft entstehen. *Karl Peter Pfeiffer* hat in verschiedenen Stationen seines Lebens bewiesen, dass er nicht nur sein Handwerk, das eines hervorragenden Wissenschaftlers und Mathematikers versteht, sondern auch das wichtige Managementhandwerk richtig einsetzt. Er verfolgt konsequent und beharrlich gesteckte Ziele, bringt Ergebnisse und hat mit Geschick und Verstand die verschiedensten Anspruchsgruppen von den Zielen der FH JOANNEUM überzeugt.

Am Berg liegt die Verantwortung beim Bergführer. Doch auch alle anderen am Seil müssen ihre Aufgaben ebenfalls verantwortlich und fehlerfrei erfüllen können. Es geht darum, Potenziale anderer zu erkennen und zu fördern, aber auch mehr als andere zu fordern. Am Berg geht es auch um die richtigen Entscheidungen – eine richtige Tourenwahl und die Einschätzung des Könnens, der Risiken, der Verfassung der Seilpartner und der Umgang mit ihnen sind maßgeblich für ein gutes Gelingen. Sorgfältiges Durchdenken der Anforderungen führen zur Taktik: Einteilung der Kräfte, Pausen, das Gewicht der Ausrüstung und die Zeit. Erfolg ist nicht nur das Erreichen des Gipfels. Die Route ist erst mit dem erfolgreichen Abstieg zu Ende. Das Ziel einer Bergtour liegt nicht nur in der Leistung; das Abbrechen kann lebensrettend sein. In den Bergen erfolgreich sein, heißt nicht nur besteigen, sondern das Bergsteigen auch genießen können.

Karl, ich danke dir für deine Freundschaft, dein unermüdliches Wirken für Qualität und Ansehen deiner FH JOANNEUM, deinem Gespür für das Mögliche & Machbare und nicht zuletzt für die vielen anregenden Gespräche in den letzten Jahren. Du lebst überzeugend vor, was als Selbstverständnis in vielen Institutionen noch zu kurz kommt: „Ich diene der Institution" statt „Ich bin die Institution"; „Meine Aufgabe zuerst" statt „Meine Bedürfnisse zuerst"; „Was ist richtig für die Institution" statt „Wer hat recht?"; „Ich gebe mein Bestes" statt „Ich bin der Beste" und „Was ist zu tun?" statt „Was will ich haben?"

Mit wachsendem Können reicht es nicht mehr aus, nur am Gipfel zu stehen. Man beginnt, in den Wänden unzählige neue Linien zu sehen und verwirklicht sie mit der Erstbegehung. Lieber *Karl*, viel Erfolg beim Erkunden zukünftiger neuer Linien.

Mein Weg an der FH JOANNEUM
von
em. o. Univ.-Prof. DI Dr. Karl Peter Pfeiffer

Einleitung

Meine Entscheidung im Jahr 2009, mich für die Funktion des Rektors, nämlich als Wissenschaftlicher Geschäftsführer und gleichzeitig Kollegiumsleiter zu bewerben, basierte einerseits auf dem Interesse, eine multidisziplinäre innovative Hochschule zu leiten und andererseits einen neuen Typus einer Hochschule mit einer starken Ausrichtung auf eine praxisorientierte Lehre und angewandte Forschung und Entwicklung mitzugestalten. Interdisziplinarität war mir nicht fremd, weil ich als Technischer Mathematiker im Laufe meiner hochschulischen Karriere an Medizinischen Fakultäten bzw. Universitäten in Graz und Innsbruck gewohnt war, mit Mediziner:innen und Naturwissenschaftler:innen, Sozial- und Wirtschaftswissenschaftler:innen zusammenzuarbeiten. Gereizt hat mich aber auch, einmal zu sehen, wie es ist, wenn man in der Position ist, Verantwortung für eine gesamte Hochschule zu übernehmen und nicht nur zu sagen, wie man es noch besser machen könnte, insbesondere im Sinne des eigenen Instituts oder Departments.

Rückblick

Es sind immerhin nahezu 50 % der gesamten Zeit, seit es die FH JOANNEUM gibt, in der ich als Wissenschaftlicher Geschäftsführer tätig war, davon acht Jahre als Rektor.

Für mich war es eine sehr interessante, spannende, aber auch herausfordernde Zeit. Ich hatte an die FH und an mich hohe Erwartungen, dachte an viele Gestaltungsmöglichkeiten, wie und wohin sich eine so breit interdisziplinär aufgestellte Hochschule für Angewandte Wissenschaften (HAW) entwickeln sollte, wie man intern dieses Potential nutzt, wie man regionale, nationale und internationale Kooperationen ausbaut und daraus ein sehr interessantes, qualitativ hochwertiges Studienangebot entwickelt, wie man dazu die Wirtschaft, Industrie und öffentliche Einrichtungen in die Entwicklung einbindet und so auch die angewandte Forschung und Entwicklung, sowie einen entsprechenden wissenschaftlichen Outcome forciert, wie man die Potenziale der Mitarbeiter:innen fördern und fordern kann, wie man eine effiziente und effektive Verwaltung insbesondere unter Nutzung der digitalen Möglichkeiten weiterentwickelt usw. Ich hoffte auch, dass das „schlanke" FHStG (jetzt FHG) viele Gestaltungsmöglichkeiten bietet, und zum damaligen Zeitpunkt waren auch die finanziellen Rahmenbedingungen ganz gut.

In der Realität angekommen, traf ich auf sehr viele engagierte, gut ausgebildete Mitarbeiter:innen mit vielen guten Ideen für die Lehre, Forschung und Administration und den entsprechenden – mir aus meiner eigenen früheren Tätigkeit – durchaus bekannten Erwartungen, dass alles rasch umgesetzt wird. Mit diesem optimistischen Blick in die Zukunft ist es auch gelungen, die Zahl der Studienplätze und der Studiengänge kontinuierlich weiter auszubauen, auch wenn wir uns oft mehr Studienplätze vom Bund gewünscht hätten. Es war ein Wachstumskurs in der Lehre und auch die Forschungsaktivitäten sind weiter angestiegen, wobei das Ziel war, dass in jedem Institut angewandte Forschung und Entwicklung, insbesondere auch im Hinblick auf die Weiterentwicklung der Mitarbeiter:innen und auch der Curricula stattfindet. Während in den ersten Jahren das Wachstum mit der Einführung neuer Studiengänge, später der Einführung von Lehrgängen und auch der Anstieg der F&E Aktivitäten im Vordergrund stand, haben in den letzten Jahren einerseits die COVID-Pandemie und andererseits die Konsolidierung die Entwicklung geprägt. In der Bewältigung der COVID-Krise hat sich eine besondere Stärke der FH JOANNEUM gezeigt und die kurzfristige Umstellung auf den Online-Lehrbetrieb war beeindruckend.

Gerade die Vielfalt des Angebotes an Studien- und Lehrgängen, die dahinter liegenden innovativen inhaltlichen und didaktischen Konzepte, die zukunftsorientierte Neu- und Weiterentwicklung von Curricula und die zahlreichen großartigen Forschungs- und Entwicklungsleistungen im Rahmen von nationalen und internationalen Projekten haben mich stets beeindruckt und begeistert. Bei so manchen Projekten wäre ich gerne unmittelbar dabei gewesen! Die Forschung, ob angewandte Forschung oder Grundlagenforschung, ist für jede Hochschule eine grundlegende Kernaufgabe. Für HAWs steht die Lehre im Vordergrund und die Forschung ist nicht nur die notwendige Kür, sondern die Chance für die persönliche wissenschaftliche Weiterentwicklung, den Kontakt zur Praxis und umgekehrt die Chance für Unternehmen, praxisbezogene Forschungsprojekte durchzuführen.

Die Qualität der Lehre war mir ein besonderes Anliegen und die Kompetenzen unserer Absolvent:innen, die hohe Nachfrage nach unseren Absolvent:innen sowie die zahlreichen erfolgreichen Alumni sind der beste Beweis dafür. Mit der Einführung der verpflichtenden hochschuldidaktischen Weiterbildung (HDW) für alle Lehrenden, der Erweiterung um die HDW 2 mit dem Schwerpunkt Online-Lehre und der jährlichen Vergabe des Teaching-Awards für die besten Lehrenden wurde ein wichtiges Signal bezüglich der Bedeutung der Qualität der Lehre gesendet. Mit eDidactics und der Didaktik-Werkstätte im Rahmen der Steirischen Hochschulkonferenz wurde das Angebot noch erweitert. Die COVID-Krise hat nicht nur die Lehrenden wegen des sehr raschen Umstiegs auf die Online-Lehre sehr gefordert, sondern sie hat auch nachhaltig Auswirkungen auf die Lehre, weil das Online-Angebot, ob synchron oder asynchron, zugenommen hat.

Einige Gedanken zur Weiterentwicklung von Hochschulen

Die Hochschulen und die Hochschullehre werden sich in den nächsten Jahren noch sehr stark verändern und es müssen neue Formen des Lehrens und Lernens entwickelt werden. Im Zentrum stehen innovative Anwendung der Informationstechnologie, wie zB interaktive Lehrbücher, Lernen in virtuellen Räumen, Simulationen, Game based Learning, individuelle Lernprogramme, Analysen des Lernfortschritts usw. Nicht zuletzt wird die aktuelle Entwicklung im Bereich der künstlichen Intelligenz neue Formen der Wissensüberprüfung erfordern, wobei möglicherweise die „alte mündliche Prüfung" eine Renaissance in einer neuen Form erleben wird.

Dies bedeutet aber auch, dass die Lehrenden nicht nur die inhaltlichen Konzepte entsprechend dem wissenschaftlichen Fortschritt weiter entwickeln müssen, sondern auch neue Rollen zB als Mentor:innen oder Moderator:innen einnehmen werden. In vielen Bereichen ist es denkbar, dass

Studierende einen weltweit angebotenen Online-Kurs belegen, weil dieser vielleicht eine besonders hohe Qualität bietet und Lehrende diesen Kurs moderieren und zB durch fachspezifische Praktika ergänzen. Die Reputation von Hochschulen wird auch sehr stark vom Online-Kursangebot abhängen.

Schon jetzt und wahrscheinlich auch in Zukunft stehen wir in einem Wettbewerb um die Studierenden, dem wir durch attraktive, sehr spezifische und zukunftsorientierte Studienangebote und neue Lehr- und Lernmodelle, sowie eine enge Verknüpfung zu den Berufsfeldern begegnen müssen. Das Angebot an Online-Lehrveranstaltungen, Kursen und Lehrgängen wird weiterhin zunehmen. Trotzdem glaube ich, dass Studien mit einem hohen Präsenzanteil weiterhin die wichtigsten Ausbildungsformen sind, weil der persönliche Kontakt zu den Lehrenden, die praktischen Übungen und nicht zuletzt der soziale Kontakt zwischen den Studierenden und das Lernen voneinander wesentliche Faktoren sind. Man sollte auch nicht vergessen, dass das Studierendenleben auch außerhalb der Hochschule ein wesentlicher Beitrag zur Persönlichkeitsentwicklung ist.

Für die Qualität der Lehre an HAWs ist die angewandte Forschung und Entwicklung von grundlegender Bedeutung. Das Prinzip „von der Idee zur Anwendung" ist eine besondere Herausforderung und prägt das Profil der Absolvent:innen ebenso wie jenes der Lehrenden und Forschenden. Die Third Mission ist ein wesentliches Charakteristikum von HAWs und ein wichtiger Beitrag zum Wissenstransfer in die Gesellschaft und Wirtschaft. Es ist daher nicht ausreichend, dass HAWs den gesetzlichen Auftrag für Forschung und Entwicklung haben, sondern sie müssen auch die finanziellen Unterstützungen dazu bekommen, denn nur so ist neben der Auftragsforschung die Teilnahme an meist nicht kostendeckenden nationalen und internationalen Förderprojekten möglich. Die Durchführung von tiefergehenden Forschungsprojekten ist eine Voraussetzung für die Weiterentwicklung der Hochschule und deren Mitarbeiter:innen. Die Einrichtung von Josef Ressel Zentren oder das Dissertationsprogramm doc.funds.connect sind eine gute Möglichkeit dazu, aber auch erst der Anfang, und die Entwicklungen in mehreren europäischen Ländern zeigen die Wertschätzung des Potenzials, welche HAWs für Gesellschaft und Wirtschaft erhalten.

Spezifische, hochwertige Angebote für die Weiterbildung im Sinne des lebensbegleitenden Lernens werden massiv zunehmen und sind eine Chance für die Weiterentwicklung des Studienangebotes der Hochschulen. Dies umfasst kleinste Lehreinheiten ebenso wie Microcredentials oder Lehrgänge mit akademischen Abschlüssen. Eine spannende Herausforderung wird die Anerkennung bzw. Anrechnung von Modulen sein und wie diese dann in das Gesamtbild eines bestimmten akademischen Abschlusses passen. Auch wird sich immer wieder die Frage der Qualität von diesen Abschlüssen stellen und wahrscheinlich werden einige „(inhaltliche) Billiganbieter" erfolgreiche Geschäftsmodelle entwickeln.

Mit den European Universities wird sich eine neue und intensivere Form der internationalen Kooperationen entwickeln und für die Studierenden werden sich neue Möglichkeiten für ein erweitertes Lehrangebot eröffnen. Aber auch auf lokaler und nationaler Ebene wird es notwendig und sinnvoll sein, die Kooperationen zwischen den Hochschulen und verschiedenen Hochschultypen zu verstärken. Dass in diesem Zusammenhang das FHG und die Finanzierung von Studien noch wesentliche Änderungen bezüglich flexibler Studien benötigen, sei nur als Randbemerkung erwähnt. Ebenso muss das Hochschulmanagement die Möglichkeit bekommen, rasch und unbürokratisch auf neue Entwicklungen zu reagieren, rasch inhaltliche und organisatorische Änderungen umzusetzen, um in einem international stärker werdenden Wettbewerb zwischen Hochschulen erfolgreich zu sein.

Ein persönlicher Rückblick auf fast 50 Jahre in Lehre, Forschung und Hochschulmanagement

Abschließend möchte ich noch eine kurze Rückschau zu meiner persönlichen Entwicklung an Hochschulen festhalten. Begonnen hat mein Interesse für Mathematik, insbesondere Statistik und Wahrscheinlichkeitstheorie, schon in meiner Kindheit. Beim Schnapsen mit meinem Vater habe ich sehr früh bis 66 addieren gelernt und ich konnte mit bedingten Wahrscheinlichkeiten ganz gut umgehen.

Meine ersten „Informatikerfahrungen" habe ich mit Lochkarten und später mit einem Prozessrechner mit 32k Kernspeicher gesammelt. Ich hatte das Glück, schon während meines Studiums der Technischen Mathematik an der TU Graz mehrere Jahre als wissenschaftlicher Mitarbeiter die internationale Forschung kennenzulernen. Zufällig bin ich dann als Mathematiker an der damaligen Medizinischen Fakultät der Universität Graz, am Physiologischen Institut, gelandet und konnte hier sehr viele interessante Erfahrungen in der medizinischen Grundlagenforschung sammeln. In der Kooperation mit zahlreichen Mediziner:innen bekam ich als Biostatistiker auch einen guten Einblick in die klinische Forschung. In dieser Zeit lernte ich auch die Bedeutung von internationalen Kooperationen in der Forschung schätzen und ich konnte einige längere Auslandsaufenthalte absolvieren. Im Rahmen des von mir gegründeten und geleiteten „Ludwig Boltzmann Instituts für Epidemiologie und Gesundheitssystemforschung" lernte ich das österreichische Gesundheitssystem auch von der ökonomischen Seite her kennen und ich konnte zusammen mit mehreren Kolleg:innen in den 1990 Jahren die „Leistungsorientierte Krankenanstaltenfinanzierung (LKF)" entwickeln und einführen. Ein Bereich, in dem ich bis heute noch immer tätig bin und mich auch in Zukunft noch in die Weiterentwicklung einbringe. Im Jahr 1994 bekam ich den Ruf als Univ.-Prof. an die Medizinische Fakultät der Universität Innsbruck (später Medizinische Universität) und ich konnte dort mit einem sehr engagierten Team zahlreiche Forschungsprojekte im Bereich der Medizinischen Statistik und Informatik durchführen. Die Vorlesungen zu den Grundlagen der medizinischen Statistik und Epidemiologie für damals ca. 400 Medizinstudent:innen im ersten Studienjahr waren sehr herausfordernd. Die Vorlesungen in „Angewandter Statistik" für Mathematiker:innen war mein „head hunting" für zukünftige Mitarbeiter:innen.

Nach über 30 Jahren in der Forschung hat es mich gereizt, auch die andere Seite kennenzulernen, und ich habe mich auf die Stelle des Rektors/Wissenschaftlichen Geschäftsführers an der FH JOANNEUM 2009 erfolgreich beworben. Aus dem geplanten „Zwischenspiel" sind es nun fast 14 Jahre geworden.

Resümee

Ich bin sehr stolz auf diese, durch das große Engagement der Mitarbeiter:innen erfolgreiche Entwicklung und die Reputation der FH JOANNEUM. Sehr viele Mitarbeiter:innen haben beeindruckende Leistungen in Lehre, Forschung und Administration erbracht. Die zahlreichen Projekte, Auszeichnungen und Publikationen sind dafür der beste Beweis. Wir alle können auch sehr stolz auf unsere Absolvent:innen sein. Die hohe Nachfrage nach unseren Alumni zeigt, dass wir ein qualitativ sehr gutes Studienangebot haben und dass dieser Hochschulsektor unbedingt weiter ausgebaut und die angewandte Forschung gefördert werden muss.

Es war für mich eine sehr schöne und interessante Tätigkeit und ich hoffe, ich habe nicht zu viele Fehler gemacht und auch so manches richtig entschieden.

Besonders wichtig war mir in diesen Jahren der Kontakt zu den Mitarbeiter:innen und zu den Studierenden und ich habe es sehr oft bedauert, dass ich dafür zu wenig Zeit hatte! In diesen Gesprächen habe ich auch viele persönlich noch besser kennengelernt und zu vielen hat sich auch ein sehr freundschaftliches Verhältnis entwickelt, das über den beruflichen Alltag hinausgeht.

Die Repräsentation der FH JOANNEUM nach außen und die Kontakte mit Wirtschaft, Industrie und öffentlichen Einrichtungen sowie anderen österreichischen und internationalen Hochschulen und Forschungseinrichtungen sah ich als wichtigen Teil unserer Öffentlichkeitsarbeit und eine sehr gute Möglichkeit, interessante Diskussionen zu führen, die ich in die Weiterentwicklung der Hochschule einbringen konnte.

Die gute Zusammenarbeit mit meinen Geschäftsführungs-Kolleg:innen *Mag.ª (FH) Sabina Paschek, MBA, Mag. Dr. Günther Riegler* und *Mag. Martin Payer, MBA*, und die Unterstützung durch ein engagiertes und belastbares, aber immer freundliches und positiv gestimmtes Sekretariat haben meine Arbeit erleichtert. Wir hatten auch sehr viel Spaß bei unserer nicht immer leichten Arbeit.

Ich möchte mich an dieser Stelle für das Verständnis und die Unterstützung durch den Aufsichtsrat und den Erhalter bedanken.

Den Studierenden der FH JOANNEUM wünsche ich viel Erfolg, viel Freude und auch Spaß beim Studium und bei ihrer zukünftigen Tätigkeit.

Ich bedanke mich bei allen Mitarbeiter:innen für die gute und erfolgreiche Zusammenarbeit! Ich wünsche Ihnen allen privat und beruflich alles Gute und viel Erfolg für die FH JOANNEUM!

Inhaltsverzeichnis

Vorwort der Herausgeber:innen 9

Grußworte von *Martin Polaschek* 11
Grußworte von *Christopher Drexler* 13
Grußworte von *Barbara Eibinger-Miedl* 15
Grußworte von *Elke Kahr* 17
Grußworte von *Friedrich Kratzer* 19
Grußworte von *Christine Siegel* 21
Grußworte von *Ulrike Prommer* 23
Grußworte von *Beatrix Karl* 25
Grußworte von *Markus Tomaschitz* 27

Karl Peter Pfeiffer
Mein Weg an der FH JOANNEUM 29

Inhaltsverzeichnis 37

Abkürzungsverzeichnis 49

Teil 1: Grundsatzfragen und Perspektiven zum Fachhochschul-Bereich

Anna Riegler
Fokus Studierende – Praxisbezogene Ausbildung auf Hochschulniveau am Beispiel der Sozialen Arbeit 57
1. Fachhochschulrecht und praxisnahe Ausbildung 57
2. Fachhochschulstudium und Praktika 58
3. Forschungsgeleitete Lehre 64
4. Fazit und Ausblick 68
5. Literatur 69

Dominik Engel
Lehr- und Forschungspersonal: Aufgaben, Profil, Perspektiven 71
1. Einleitung 71
2. Wissenschaft und Praxis: Das doppelte Kompetenzprofil
   für hauptberufliches FH-Personal 72
3. Qualifikation des Lehr- und Forschungspersonals an FHs ... 76
4. Motivation und Entwicklung 79
5. Fazit 82
6. Literatur 82

Heidi Esca-Scheuringer
FH-Organisationsrecht: Theorie und Praxis 85
1. Vorbemerkungen 85
2. Prinzipien und Grundsätze des FH-Organisationsrechts 86
3. Ausgewählte Bereiche aus Theorie und Praxis 93
4. Resümee 102
5. Literatur 103

Martina König
Lebenslanges Lernen: Chancen und Risken 105
1. Lebenslanges Lernen als Erfolgsfaktor 105
2. Karrierechancen und gesellschaftlicher Wert 110
3. Praxisbezug und Netzwerkaufbau 113
4. Curriculumsdesign 115
5. Herausforderungen 119
6. Perspektiven 121
7. Zitierte Literatur 123

Roswitha Wiedenhofer-Bornemamn
**Forschung und Entwicklung im Fachhochschulbereich:
Gegenwart und Zukunft (unter besonderer
Berücksichtigung der FH JOANNEUM)** 127
1. Einleitung 127
2. Wesenselemente der FH-Forschung 128
3. Strukturbildende Rahmenbedingungen für den Auf- und
   Ausbau der F&E an FHs 136
4. Fazit und Ausblick auf Herausforderungen für die
   Fachhochschule von morgen 149
5. Zitierte Literatur 151

Birgit Hernády und Georg Wagner
Perspektive EUROPEAN UNIVERSITIES 155
1. Sechs Schlüsselelemente für die Zukunft Europas und der Gedanke einer neuen Dimension europäischer Hochschulpolitik 155
2. Calls für European Universities im Rahmen der Erasmus+ Forschungsoffensive 2018 und 2019 157
3. European Universities 2022 Erasmus+ call 159
4. EU4DUAL eröffnet neue Dimension im Bereich der European Universities 160
5. Die Rolle der FH JOANNEUM im Rahmen der Allianz EU4DUAL 165

Teil 2: Ausgewählte Beispiele zur forschenden Lehre und zur wissenschaftlichen Forschung an der FH JOANNEUM

Grundlagen

Doris Kiendl
Disruptive Entwicklungen im Hochschulwesen – Globale Trends und wie österreichische (Fach-)Hochschulen darauf reagieren (könnten/sollten) 173
1. Aktuelle globale Trends 173
2. Wie verändert sich der Hochschulsektor 175
3. Mögliche Strategien und Zugänge für Hochschulen 176
4. Literatur 177

Manfred Prisching
Paradoxien der Wissensgesellschaft 179
1. Vorbemerkung 179
2. Paradoxie 1: Die rationale Moderne ist ein Bildungschaos .. 180
3. Paradoxie 2: Die Überfülle des Wissens bedeutet Überforderung 181
4. Paradoxie 3: Wissensvermittlung wird Fiktion 181
5. Paradoxie 4: Informationsbeschaffung steht auf unbekannten Fundamenten 182

6. Paradoxie 5: Die beste Bildung braucht Blindheit 183
7. Paradoxie 6: Steigende Wissenszugänglichkeit erzeugt
   schmäleres Wissen 184
8. Paradoxie 7: Spezialisierungsvorteile erzeugen
   Generalistenmangel 185
9. Paradoxie 8: Verwissenschaftlichung geht mancherorts
   mit Ideologisierung einher 186
10. Paradoxie 9: Anwendungsorientierung 188
11. Paradoxie 10: Qualifizierung schafft Schieflage auf dem
    Arbeitsmarkt 189
12. Schlussbemerkung 190

Didaktik

Werner Lenz
**Hochschulen vor neuen Herausforderungen – Reminiszenzen
und Reflexionen zu Didaktik und Demokratie** 193
1. Hochschuldidaktik als Mitbestimmung 193
2. Mitbestimmung wegorganisiert 194
3. Mehr Studierende – weniger Betreuung? 195
4. Wer organisiert? 196
5. Klimaschutz braucht Politik 197
6. Demokratie in der Defensive 198
7. Kompetente Bürgerinnen und Bürger 198
8. Schutz des Gemeinwohls 200
9. Mut zur Demut 201
10. Zukunft der Bildung 202
11. Strategie lebensbegleitender Bildung 203
12. Bildungsziel 204
13. Literatur 204

Jutta Pauschenwein
**Unterrichten wir falsch? Überlegungen zur Zukunft
der Hochschulbildung** 207
1. Einleitung 207
2. Umsetzungen 210
3. Diskussion 213
4. Zitierte Literatur 214

Gesundheit

Jennifer Blauensteiner

„Hochschulische Qualifikation folgt keinem Selbstzweck":
Die Akademisierung der Gesundheitsberufe in Österreich 219
1. Die Akademisierung der ersten Gesundheitsberufe: Vorwort 219
2. Der Nutzen der Akademisierung aus Sicht der Wissenschaft 219
3. Die gesetzliche Grundlage der Hebammen und MTD-Berufe 221
4. Die gesetzliche Grundlage der Gesundheits- und
   Krankenpflege 222
5. Wo steht Österreich im Jahr 2023? 223
6. Literatur 224

Robert Mischak
eHealth in Österreich – eine persönliche Sicht 227
1. Was ist eHealth? 227
2. Die Anfänge von eHealth in Österreich 228
3. E-Card und elektronische Gesundheitsakte (ELGA) 231
4. eHealth und Wearables 232
5. Die eHealth-Ausbildung an der FH JOANNEUM 232
6. Ausblick 233
7. Zitierte Literatur 233

Helmut Ritschl, Marlies Wallner, Alexander Nischelwitzer,
Sandra Schadenbauer, Gerhard Sprung, Robert Strohmaier,
Andreas Jocham, Julia Tomanek, Wolfgang Staubmann und
Theresa Draxler
Etablierung der Forschungsidentität von Gesundheitsberufen
an Fachhochschulen in Österreich am Beispiel der
FH JOANNEUM 235
1. Einleitung 235
2. Interdisziplinärer Forschungsrahmen an Fachhochschulen 237
3. Kompetenzentwicklungen in Gesundheitsstudiengängen
   am Beispiel des interdisziplinären Projekts Immersive Co-
   Creation Hub (ICON) – Bereich Cross Media Anwendungen 238
4. Fazit – Weiterentwicklung bestehender Berufsbilder,
   Entwicklung neuer Berufbilder 242
5. Literatur 243

Bernhard Taxer
Physiotherapie – Wissenschaft und Spezialisierung 245
1. Historisches zum Berufsbild „Physiotherapie" 245
2. Anfänge als Assistenzberuf 246
3. Ausbildung an Akademien 247
4. Physiotherapie an Fachhochschulen 247
5. Spezialisierung im Berufsbild 249
6. Zusammenfassung 251
7. Literatur 252

Julia Unger
Wie viele Ergotherapeut:innen braucht Österreich? Eine nähere Betrachtung der MTD-Personalprognose bis 2030 und ein Ausblick für die Zukunft 253
1. Weltweite Gesundheitskrise – welche Rolle spielt das Personal? 253
2. Die MTD-Personalprognose 2030 – Personalknappheit in Österreich? 254
3. Studien zur Personalprognose für die Zukunft – (k)eine exakte Wissenschaft? 256
4. Ausblick mit weiterführenden Gedanken für die Zukunft .. 257
5. Zitierte Literatur 259

Technik

Sonja Gögele
Von WWW zu Metaverse in Lehre und Forschung – Ein Institut als Drehscheibe zwischen akademischer Wissensvermittlung, Forschung und Wirtschaft 263
1. Wie alles begann 263
2. Informationstechnologie hat Zukunft 264
3. Didaktik – ein Gradmesser der Wissensvermittlung 266
4. Institut „Software Design und Security" – ein akademischer Entwicklungsprozess 267

Wolfgang Granigg und Raphaele Raab
Agentenbasierte Modellierung als Teil der Ausbildung im Bereich Data Science an Fachhochschulen –

Von zellulären Automaten zum tiefen Verständnis komplexer Systeme und Zusammenhänge 269
1. Einleitung 269
2. Agentenbasierte Modellierung und System Dynamics im Data Science Studium 271
3. Historische Aspekte der agentenbasierten Modellierung ... 272
4. Agentenbasierte Programmierung am Beispiel von NetLogo...................................... 275
5. Fazit 276
6. Zitierte Literatur 276

Kurt Steiner

Von Startflaggen zu Siegespodesten: Professor Karl Peter Pfeiffer und die FH JOANNEUM auf der Überholspur in der Formula Student 279
1. Vorbemerkung..................................... 279
2. Hinweise zum Institut 280
3. Das zentrale Projekt „Formula Student" 281
4. Der Einfluss auf die Fachhochschule und die Studierenden 285
5. Ausblick und Dank 287

Uwe Trattnig

„Darf ein Netzbetreiber „Nein" sagen?" – Eine netztechnische und elektrizitätsrechtliche Betrachtungsweise der Auswirkungen von Einspeisungen aus kleinen Fotovoltaikanlagen mit einer Wirkleistung von maximal 5 kWp. 289
1. Einleitung und zentrale Fragestellung 289
2. Netztechnische Betrachtungsweise 290
3. Diskussion einiger Begründungen von Einspeisebeschränkungen bei kleinen Fotovoltaikanlagen (≤ 5 kWp) seitens einiger Verteilenzbetreiber 293
4. Vorgehensweise bei allfälligen Einspeisebeschränkungen bei kleinen Fotovoltaikanlagen (≤ 5 kWp) seitens des Verteilnetzbetreibers 298
5. Zusammenfassung 298

Gesellschaft/Soziales/Recht

Birgit Bachler
Designerisches Denken für Planeten-orientiertes Gestalten im Post-Anthropozän 303
1. Willkommen im Anthropozän 303
2. Posthumanismus oder der Planet und das Nicht-Menschliche als Zielgruppe für Gestaltung 304
3. Designerisches Denken für „wicked problems" 306
4. Wer sind die Teilnehmer:innen in einem Planeten-orientierten Designprozess? 309
5. Die Rolle der Designausbildung im Anthropozän 310
6. Literatur 311

Werner Hauser
Wie nennen wir sie/ihn denn? Antworten auf die Frage, welche Funktionsbezeichnung(en) für die Kollegiumsleitung rechtlich aktuell zulässig sind 313
1. Genese und aktuelle Rechtslage 313
2. Zulässigkeits-Voraussetzungen für die Verwendung von universitären Bezeichnungen im FH-Bereich 315
3. Voraussetzungen für die Verwendung der Bezeichnung „FH-Rektor:in" 316
4. Zitierte Literatur 317

Johanna Muckenhuber
Partizipative Ansätze in Forschung und Lehre als Schlüssel für soziale Nachhaltigkeit und Chancengerechtigkeit für vulnerable Gruppen 319
1. Soziale Nachhaltigkeit – Soziale Ungleichheit verringern ... 319
2. Soziale Aspekte der SDGs 320
3. Pierre Bourdieus Theorie der Praxis 321
4. Konzept der Intersektionalität 322
5. Auswirkungen von Vulnerabilität und sozialer Ungleichheit auf Gesundheit und Lebensqualität 323
6. Der Habitus als Verbindung zwischen den Verhältnissen und dem Verhalten 324
7. Partizipative Ansätze in Forschung und Lehre 324

8. Interdisziplinäre Zusammenarbeit für soziale Nachhaltigkeit und Chancengerechtigkeit für vulnerable Gruppen 325
9. Zitierte Literatur 326

Teil 3: Departments der FH JOANNEUM: Die Teile ergeben das Ganze

Eva Maria Adamer-König

Das Department „Management" 331
1. Kurzdarstellung der Forschungsschwerpunkte und der wichtigsten Forschungsprojekte 333
2. Kooperationen in Lehre und Forschung 336
3. Auszeichnungen und Awards......................... 338
4. Highlights und Labore des Departments 340
5. Ausgewählte Publikationen des Departments für Management 342
6. Entwicklungsperspektiven/Ausblick 343

Robert Darkow

Ad Sanitatem 345
1. Mutiger Aufbruch 345
2. Status quo 347
3. Outcome 349
4. Spitzenforschung und gelebte Interdisziplinarität zur Verbesserung der Versorgung 350
5. Perspektive....................................... 352

Heinz M. Fischer

Medien und Design für Gesellschaft 4.0 353
1. Information – Kommunikation – Medien – Design. Was Öffentlichkeit konstituiert 353
2. Sich in der Öffentlichkeit platzieren und positionieren 354
3. Medien, Journalismus und Akzente für qualitativ hochwertige Fort- und Weiterbildung 355
4. Forschungsprojekt initiiert Studiengangsgründung 356

5. Gesellschaftlicher Wandel und kommunikationsethische
   Fragestellungen 357
6. Umfangreiches Portfolio an Studienangeboten akademischer
   Fort- und Weiterbildung 357
7. Impulse für den Design-Diskurs – Im Regionalen wie im
   Internationalen 358
8. Öffentlichkeit suchen, finden und bespielen 359
9. Publikationen: Gegenwarts- und Zukunftsprojektionen ... 359
10. Industrial Design mit Weitblick 360
11. Kooperationen mit internationalen Unternehmen 360
12. Die Zukunft – Das Department und die „Zeitenwende" ... 361
13. Herausforderungen an das Department 362
14. Zitierte Literatur 363

Michaela Kofler
**Bauen, Energie & Gesellschaft – Nachhaltigkeit in Lehre,
Forschung und Weiterbildung** 367
1. Von ÖKOTOPIA zum Department
   „Bauen, Energie & Gesellschaft" 367
2. Aktuelle Studien- und Lehrgänge im Department 369
3. Ökologisch, ökonomisch und sozial in Forschung und
   Entwicklung 371
4. Kooperationen 374
5. Zukunftsperspektive 375
6. Literatur 376

Elmar Krainz
Angewandte Informatik an der FH JOANNEUM 379
1. Digital ist nicht egal 379
2. Department „Angewandte Informatik" 380
3. Ausblick und Mission Statement im Department
   „Angewandte Informatik" 386
4. Literatur 388

Christian Vogel, Wolfgang Belitsch, Hubert Berger,
Herbert Böchzelt, Holger Friehmelt, Bernd Messnarz,
Kurt Steiner, Georg Wagner
Das Department „Engineering" 389
1. Das Department 389
2. Die Lehre 390
3. Die Forschung 394
4. Die Erfolge 397
5. Die Zukunft 398
6. Der Dank 399
7. Die Literatur 400

Anhang

Curriculum Vitae *em. o. Univ.-Prof. DI Dr. Karl Peter Pfeiffer*   403

Publikationen von *em. o. Univ.-Prof. DI Dr. Karl Peter Pfeiffer*   408

Autor:innenverzeichnis 441

Abkürzungsverzeichnis

€	Euro
A	Ampere
Abb	Abbildung
Abs	Absatz
AFGL	Anwendungsorientierte und forschungsgeleitete Lehre
AHS	Allgemeinbildende höhere Schule
Anm	Anmerkung
AQ(A)	Agentur für Qualitätssicherung und Akkreditierung (Austria)
Art	Artikel
Bd	Band
BG	Bundesgesetz
BGBl	Bundesgesetzblatt
BHS	Berufsbildende höhere Schule
BM	Bundesministerium
BMBWF	Bundesministerium für Bildung, Wissenschaft und Forschung
bzw	beziehungsweise
ca	circa
CDG	Christian Doppler Forschungsgesellschaft
COIN	Cooperation & Innovation
dh	das heißt
DHBW	Dualen Hochschule Baden-Württemberg
DRG	Diagnosis Related Group
EAG	Erneuerbaren-Ausbau-Gesetz
EAS-Lab	Energy Analytics & Solution Laboratory
EC	European Commission
ECTS	European Credit Transfer and Accumulation System
EKG	Elektrokardiogramm
ELGA	Elektronische Gesundheitsakte

ElWOG	Elektrizitätswirtschafts- und -organisationsgesetz
EN	Europäische Norm(en)
EQR	Europäischer Qualifikationsrahmen
Erläut	Erläuterungen
ErläutRV	Erläuterungen zur Regierungsvorlage
etc	et cetera
EU	Europäische Union
EULAR	European Alliance of Associations of Rheumatology
f	und der/die folgende
F&E	Forschung und Entwicklung
ff	und der/die folgenden
FFG	Forschungsförderungsgesellschaft
FH	Fachhochschule
FH-AkkVO	Fachhochschul-Akkreditierungsverordnung
FHG	Fachhochschulgesetz
FHJ	Fachhochschule JOANNEUM
FHK	Fachhochschulkonferenz
FH-MTD-AV	Verordnung über Fachhochschul-Bakkalaureatsstudiengänge für die Ausbildung in den gehobenen medizinisch-technischen Diensten
FHStG	Bundesgesetz über Fachhochschul-Studiengänge
FWF	Fonds zur Förderung der wissenschaftlichen Forschung
GC1	Grand Challenge 1
GDA	Gesundheitsdiensteanbieter
gem	gemäß
GmbH	Gesellschaft mit beschränkter Haftung
GÖG	Gesundheit Österreich GmbH
GRETA	Green Tech Academy Austria
GuKG	Gesundheits- und Krankenpflegeberufe
HAW	Hochschule für Angewandte Wissenschaften
HDW	Hochschuldidaktische Weiterbildung
Hg	Herausgeber:in
hg	herausgegeben
HPL	Health Perception Lab
HS-QSG	Hochschul-Qualitätssicherungsgesetz

IASSW	International Association of Schools of Social Work
ICD	International Classification of Diseases
ICF	International Classification of Function, Disability and Health
idF	in der Fassung
idgF	in der geltenden Fassung
IFSW	International Federation of Social Work
IK	Information und Kommunikation
IT	Informationstechnik
JR	JOANNEUM RESEARCH Forschungsgesellschaft mbH
JRZ	Josef Ressel Zentrum/Zentren
KI	Künstliche Intelligenz
KMU	Klein- und Mittelbetriebe
kV	Kilovolt
kVA	Kilovolt-Amperes
kW	Kilowatt
kWp	Kilowatt-Peak
LBA	Lehrbeauftragte
LED	light-emitting diode, dt lichtemittierende Diode
LKF	Leistungsorientierte Krankenanstaltenfinanzierung
LLL	Lebenslanges Lernen
MAGDA-LENA	Medizinisch-Administrativer Gesundheitsdatenaustausch – Logisches & Elektronisches Netzwerk Austria
MEL	Medizinische Einzelleistungen
MINT	Mathematik, Informatik, Naturwissenschaften und Technik
Mio	Million(en)
MOOC	Massive Open Online Course
Mrd	Milliarde(n)
MTD	Gehobene medizinisch-technische Dienste
MTD-G	Bundesgesetz über die Regelung der gehobenen medizinisch-technischen Dienste
MU	Mondragon Unibertsitatea

NAYY	Niederspannungsleitung
Nr	Nummer
ÖAGG	Österreichischen Arbeitskreis für Gruppentherapie und Gruppendynamik
OBDS	Österreichischen Berufsverband der Sozialen Arbeit
OECD	Organisation for Economic Co-Operation and Development
ogsa	Österreichische Gesellschaft für „Soziale Arbeit"
oJ	Ohne Jahreszahl
ÖSG	Österreichischer Strukturplan Gesundheit
OVE	Österreichischen Verband für Elektrotechnik
PTC	Points to consider
PV	Photovoltaik
s	siehe
SDG	Sustainable Development Goal
STRING	Standards und Richtlinien für den Informatikeinsatz im österreichischen Gesundheitswesen
Tab	Tabelle
TAEV	Technischen Anschlussbedingungen für den Anschluss an öffentliche Versorgungsnetze mit Betriebsspannungen bis 1000 V, mit Erläuterungen der einschlägigen Vorschriften – Bundeseinheitliche Fassung 2020
TOR – D2	Technischen und organisatorischen Regeln für Betreiber und Benutzer von Netzen, 2017, Abschnitt D2
UG	Universitätsgesetz
USP	Unique Selling Point
usw	und so weiter
V	Volt
vgl	vergleiche
VÖSI	Verband österreichischer Sicherheits-Experten
VR	Virtual Reality
WEF	World Economic Forum

WHO	Weltgesundheitsorganisation
zB	zum Beispiel

Teil 1

Grundsatzfragen und Perspektiven zum Fachhochschul-Bereich

Fokus Studierende – Praxisbezogene Ausbildung auf Hochschulniveau am Beispiel der Sozialen Arbeit

Anna Riegler

Das Fachhochschulgesetz schreibt eine praxisnahe und wissenschaftlich fundierte Berufsausbildung auf Hochschulniveau vor. In diesem Beitrag wird am Beispiel der „Sozialen Arbeit" die besondere Qualität der forschungsgeleiteten und praxisnahen Lehre vorgestellt.

1. Fachhochschulrecht und praxisnahe Ausbildung

In § 3 Abs 1 Z 1, 2 und 3 des Fachhochschulgesetzes (BGBl 1993/340 idgF; kurz: FHG) ist die Aufgabe der Fachhochschulen verankert, *Studiengänge auf Hochschulniveau* anzubieten, die einer *wissenschaftlich fundierten Berufsausbildung* dienen. Hierfür werden drei Ziele aufgezählt:

„*1. Gewährleistung einer praxisbezogenen Ausbildung auf Hochschulniveau;*

2. Vermittlung der Fähigkeit, die Aufgaben des jeweiligen Berufsfeldes auf dem Stand der Wissenschaft und den aktuellen und zukünftigen Anforderungen der Praxis zu lösen;

3. Förderung der Durchlässigkeit des Bildungssystems und der beruflichen Flexibilität der Absolventinnen und Absolventen."

Weiters ist in § 3 Abs 2 Z 3 FHG normiert, dass „*im Rahmen von Fachhochschul-Bachelorstudiengängen (...) den Studierenden ein Berufspraktikum vorzuschreiben ist, das einen ausbildungsrelevanten Teil des Studiums darstellt*"; dieses **Berufspraktikum** findet im Rahmen des Studiums statt.

An der FH JOANNEUM (kurz: FHJ) werden *Vollzeitstudien mit starkem Praxisbezug, berufsbegleitende Studien- und Lehrgänge sowie zahlreiche duale Studiengänge* angeboten. „Dual studieren bedeutet, die Ausbildungszeit zur Hälfte an der FHJ und zur Hälfte in einem Ausbildungsbetrieb zu verbringen." (*FH JOANNEUM* online) Beispielhaft sei hier *Michael Ziegerhofer*, Studierender am Masterstudiengang „Engineering and Production Management" zitiert, welcher die Vorteile eines solchen Studiums hervorstreicht: „Der größte Vorteil durch die Vernetzung von Beruf und Studium ist meiner Meinung nach die Integration in die Ausbildungsunternehmen. Durch den Einstieg während des Studiums und vor allem durch das Arbeiten in unterschiedlichsten Abteilungen beginnt man Kontakte in der Firma zu knüpfen und wird dadurch immer besser vernetzt."

Nachfolgend wird nun aber vertiefend und exemplarisch anhand des in Vollzeit angebotenen Bachelorstudiums „Soziale Arbeit" und des berufsbegleitenden Masterstudienganges „Soziale Arbeit" an der FHJ das Hand-in-Hand-Greifen von angewandter Forschung, Lehre und Praxis vorgestellt. Dazu wird zunächst auf die Bedeutung von Praktika im Vollzeit-Bachelorstudium „Soziale Arbeit" und dann auf die Bedeutung der Berufserfahrungen im berufsbegleitenden Masterstudium eingegangen. *Die forschungsgeleitete Lehre bildet hier die Klammer zwischen Theorie und Praxis.* Im Fazit und Ausblick wird auf die vielfältigen beruflichen Laufbahnen, die Absolvent:innen des Studiums der Sozialen Arbeit einschlagen können, eingegangen sowie ein Ausblick auf künftige Entwicklungen und Anforderungen an die Hochschulausbildung in der Sozialen Arbeit vorgenommen.

2. Fachhochschulstudium und Praktika

Im Studium der Sozialen Arbeit werden Studierende auf eine herausfordernde Praxis vorbereitet: Sozialarbeiter:innen müssen gesellschaftliche Entwicklungen verstehen und deuten können, sie müssen rechtliche Rahmenbedingungen für die „Soziale Arbeit" aber vor allem für die Umsetzung von Ansprüchen ihrer Klient:innen nutzen können, sie müssen auf permanente neue rechtliche Regelungen und gesellschaftliche Entwicklungen reagieren können, sie müssen in den unterschiedlichsten Handlungsfeldern der Sozialen Arbeit Wissen und Kompetenzen haben, um auf unterschiedlichste Problemlagen und Krisen mit Unterstützungsangeboten reagieren zu können. Die „Soziale Arbeit" handelt in unterschiedlichen Bereichen wie etwa in der Kinder-, Jugend- und Familiensozialarbeit, Gewaltschutzarbeit, Wohnungslosenhilfe, im Bereich der materiellen Grundsicherung und Armutsbekämpfung, in der Schuldner:innenberatung, im Bereich physische und psychische Gesundheit, mit alten Menschen, im Bereich Behinderung, Straffälligkeit, Arbeitslosigkeit, Flucht und Migration sowie in der Entwicklungszusammenarbeit. Sozialarbeiter:innen arbeiten mit Menschen und Menschengruppen, die in Krisen geraten sind bzw von Ungleichheit, Benachteiligung und Diskriminierung betroffen sind. Sie orientieren sich dabei an den Menschenrechten und treten für die Beseitigung von Ungleichheit auf. Sie helfen Menschen, sich selbst zu helfen. Methodisch müssen sie Angelegenheiten der hochschwelligen Sozialarbeit im öffentlichen Dienst, beispielsweise in der Kinder- und Jugendhilfe, genauso gut bearbeiten können wie ein methodisches Vorgehen im niederschwelligen Bereich der Sozialen Arbeit beherrschen, beispielsweise in ihrer Tätigkeit als Streetworker:innen. Sie beherrschen Einzelfall-, Gruppen-, Gemeinwesen- bzw Stadtteilarbeit. Sie können Projekte gründen und leiten. Sie haben Kompetenzen in Sozialmanagement, in der Führung von Mitarbeiter:innen, in Teamarbeit, in der Dokumentation von Fallarbeit sowie im Bereich Digitalisierung. *Das Kompetenzprofil der künftigen Sozialarbeiter:innen ist* entsprechend *breit gefächert.* Vor allem aber haben Sozialarbeiter:innen umfassende Kompetenzen in der Beratung und Kommunikation, in Konfliktbearbeitung, sie sind belastbar und können Ungewissheiten und Widersprüche handhaben, sie können sich abgrenzen und sind durchsetzungsfähig. Sie müssen mit einem sozialwissenschaftlichen Blick auf die Probleme und Bedarfe ihrer Zielgruppen schauen und wissensbasiert Anamnesen, Diagnosen und Hilfepläne erstellen sowie die Klient:innen in der Umsetzung ihrer Bewältigungshandlungen im Alltag und in deren Lebenswelt begleiten. Sozialarbeiter:innen können forschen, beraten, managen, evaluieren und strategisch planen. Dazu brauchen sie eine Einübung in beraterische, partizipative und steuernde Methoden der Sozialen Arbeit. Sie brauchen aber auch Fähigkeiten für eine Vertretungsfunktion für die Interessen der Zielgruppen, die sich in prekären Lebenslagen befinden. Sie weisen wissenschafts- und faktenbasiert auf gesellschaftliche Schieflagen hin und fordern veränderte Rechtslagen und Rahmenbedingungen für die jeweiligen Zielgruppen ein, um benachteiligten Menschen ein Leben in Würde ermöglichen zu können. Die Begleitung zur Bewältigung von Herausforderungen greift unter anderem auf den methodischen Ansatz des Empowerments zurück. Ziel ist es, sich mit seiner Unterstützungsleistung überflüssig zu machen.

Im Berufsfeld der Sozialen Arbeit gibt es *nationale und internationale Berufsverbände* wie den Österreichischen Berufsverband der Sozialen Arbeit (kurz: OBDS), die ogsa – Österreichische Gesellschaft für „Soziale Arbeit" (kurz: ogsa), die International Federation of Social Work (kurz: IFSW) und auf Ebene des Studiums die International Association of Schools of Social Work (kurz: IASSW), welche *Leitlinien für den Beruf* erarbeitet und *ethische Standards* formuliert haben, welche regelmäßige Tagungen und Veranstaltungen anbieten und dadurch *Kooperationen* auf den unterschiedlichsten Ebenen anstoßen – Praktika, Forschungsprojekte, Lehre. Obwohl der OBDS in Österreich für die Umsetzung eines Berufsgesetzes lobbyiert, ist es bis heute nicht gelungen, den Beruf Sozialarbeiter:in zu schützen. Dies führt zu Überschneidungen der Profession mit anderen Berufsgruppen bis hin zu zivilgesellschaftlichen, ehrenamtlichen, freiwilligen bzw nachbarschaftlichen Angeboten, welche die Palette der Hilfs- und Unterstützungsleistungen der Sozialen Arbeit zwar gut unterstützen, diese jedoch nicht ersetzen können. Denn nach Absolvierung eines Fachhochschulstudiums weisen die Absolvent:innen ein Kompetenzprofil auf, das in der oben beschriebenen Breite von keiner der anderen Berufsgruppen bzw von Helfer:innen in der sogenannten Freiwilligenarbeit abgedeckt werden kann.

Die hohen Ansprüche an die Profession der Sozialen Arbeit erfordern nicht nur *Kompetenzen für den Umgang mit Menschen in Problemlagen, sondern auch Teamfähigkeit und Führungskompetenz sowie sozialwissenschaftlich fundiertes Verstehen von gesellschaftlichen und individuellen Bedingungen, um entsprechend intervenieren zu können.* All diese Kompetenzen werden im Rahmen der Ausbildung vermittelt.

Praktika stellen dabei eine besonders geeignete Möglichkeit dar, sich mit den Anforderungen der Praxis vertraut zu machen, auf Erfahrungen von Sozialarbeiter:innen zurückgreifen zu können, um dann zusätzlich in einem *reflektierenden Lehr- und Lernsetting* an der Fachhochschule die oben genannten *Kompetenzen wissens- und erfahrungsbasiert* sowie *persönlichkeitsbildend auf- und auszubauen.*

Praktika, Vernetzungsarbeit und eine entsprechende Personalpolitik am Studiengang „Soziale Arbeit" bilden die Klammer zwischen Theorie und Praxis. *Praktika schaffen durch Übung Sicherheit im professionellen Handeln.* Der regelmäßige Austausch zwischen Praxisanleiter:innen der Sozialorganisationen und den Praxislehrenden an der Fachhochschule garantiert eine Ausbildung, die auf dem *neuesten Stand der Berufspraxis* sowie der Wissenschaft und Forschung beruht. Praktiker:innen, die in Handlungsfeldern der Sozialen Arbeit mit viel Berufserfahrung in der Lehre zur Verfügung stehen, sowie Praktiker:innen, die sich forschend mit Problemlagen der Sozialen Arbeit beschäftigen und ihre Erkenntnisse in die Lehre einbringen, garantieren eine *wissenschaftsbasierte und erfahrungsgeleitete Ausbildung auf Hochschulniveau.* Zudem macht die *nationale und internationale Vernetzungsarbeit*, der Austausch über Verbände sowie mit Organisationen der Sozialarbeit und anderen Fachhochschulen – auch über Erasmusprogramme – es möglich, auf *aktuelle und künftige Anforderungen in der Berufspraxis* reagieren zu können und die Lehre permanent praxisnah und wissensbasiert weiterzuentwickeln.

Der Bachelorstudiengang „Soziale Arbeit" der FHJ hat folgende praktikumsbegleitende Lehrveranstaltungen im Curriculum:

Im ersten Semester findet die Lehrveranstaltung *Handlungsfelder* der Sozialen Arbeit statt, in welcher das erste Praktikum geplant wird und von den Studierenden *Feldforschung* in den unterschiedlichen *Praxisfeldern* durchgeführt wird, um einen Überblick über die Vielfalt der sozialarbeiterischen Berufsfelder zu erhalten.

Im Rahmen dieser Lehrveranstaltung sowie im dritten Semester findet jährlich eine sogenannte *Praxisbörse* mit 50 bis 80 Praxiseinrichtungen aus der Steiermark an der FHJ statt, im Rahmen derer sich Studierende über künftige Praktikumsplätze informieren können.

Das erste Praktikum im zweiten Semester nennt sich *Berufsfeldexploration* und hat ein Ausmaß von 200 Stunden. Es dient einem ersten beobachtenden und einübenden Kennenlernen eines Handlungsfeldes der Sozialen Arbeit.

Im vierten Semester wird das zwölfwöchige *Berufspraktikum* für das fünfte Semester vorbereitet, welches auch im Ausland absolviert werden kann. Etwa zehn bis 15 Prozent der Studierenden nutzen dieses Angebot jährlich. Im Berufspraktikum werden die Studierenden unter Anleitung an die Ausübung ihres Berufes in einem Handlungsfeld der Sozialarbeit eingeführt. Nicht selten werden diese Praktikant:innen bei Stellenausschreibungen nach Abschluss ihres Studiums bevorzugt aufgenommen.

Für die *Organisation der Praktika* gibt es auch eigene Koordinator:innen am Studiengang. Alle Praktika werden an der Fachhochschule von Praxisanleiter:innen in *Praxisseminaren* supervidiert und angeleitet. Diese Lehrenden arbeiten eng mit den Praxisanleiter:innen in den Sozialorganisationen zusammen. Praxisanleiter:innen in den Sozialorganisationen erhalten *Leitfäden für die Praxisanleitung* seitens der Fachhochschule, sie stellen ihre Erfahrungen vor Ort für die Studierenden zur Verfügung, stehen diesen coachend zur Seite und geben den Studierenden ein schriftliches Feedback über ihre Lernfortschritte und weiteren Lernbedarfe. Der Studiengang „Soziale Arbeit" stellt dafür Vorlagen für *Zielvereinbarungs- und Feedbackgespräche* zur Verfügung. Die Studierenden erarbeiten vor jedem Praktikum eigene Ziele für die jeweiligen Praxiswochen, welche zu Beginn der Praktika mit den Möglichkeiten vor Ort abgeglichen werden. Auch sie werden geschult, ein Feedback an die Praxisanleitung zu geben. Zusätzlich gibt es nach jedem Praktikum einen *Erfahrungsaustausch* zwischen den Praxisanleiter:innen in den Sozialorganisationen, den Studierenden und Lehrenden an der Fachhochschule, um Gelungenes zu würdigen und noch Weiterzuentwickelndes zu besprechen.

Im sechsten Semester können Studierende als weitere *Unterstützung zum Berufseinstieg* ein letztes Praktikum im Ausmaß von insgesamt 100 Stunden absolvieren. Auch dies mündet nicht selten in einem Anstellungsverhältnis in der jeweiligen Sozialorganisation. Im Praktikumsleitfaden für die Praxisanleiter:innen vor Ort heißt es dazu: „Die Absolvent:innen verfügen bereits über erweiterte Kenntnisse in den Bereichen Wissens-, Haltungs-, Handlungs- und Reflexionskonzepte der verschiedenen Handlungsfelder der Sozialen Arbeit. Die Praxisstunden haben das Ziel, den Übergang vom Studium ins Berufsleben fließend zu gestalten. Individuelle Ziele werden je nach Vereinbarung der Studierenden mit der Praxisorganisation getroffen. Verpflichtend ist eine Stundenbestätigung vorzulegen, ein schriftliches Feedback der Praxiseinrichtung ist seitens des Studiengangs nicht erforderlich, kann aber als Rückmeldung für die Studierenden dienen. Die Reflexionen erfolgen auf Wunsch der Studierenden im Einzelcoaching oder in den Lehrveranstaltungen des 6. Semesters" (*Enzi/Meier* 2022, 13).

Die *durchgängige Begleitung der Studierenden während des gesamten Studiums* durch die Praxislehrenden unterstützt die professionelle Identitätsentwicklung in Bezug auf aktuelle Anforderungen in verschiedenen Handlungsfeldern der Sozialen Arbeit.

Die *Nähe zur Praxis* ist nicht nur im Bachelorstudiengang von großer Bedeutung, sondern spielt auch *im berufsbegleitenden Masterstudiengang „Soziale Arbeit"* eine wesentliche Rolle. Hierbei spielt jedoch die Berufserfahrung der Studierenden eine voraussetzende Rolle, an welche Lehr- und Lernformate anschließen. Zudem können Absolvent:innen des Bachelorstudiums „Soziale Arbeit" oder auch aus anderen Bachelorstudien kommend im ersten Semester als Unterstützung für einen Berufseinstieg ein Praktikum machen bzw ihren Berufseinstieg supervidieren lassen. Dies hilft den Studierenden ihre Kompetenzen weiter auszubauen und Sicherheit im komplexen Berufsalltag zu gewinnen. *Dabei profitieren die Studierenden sehr stark voneinander, von ihrem unterschiedlichen Level der Erfahrung sowie von unterschiedlichen Vorbildungen und Studien.*

In allen Praktika werden die Studierenden als *Kolleg:innen in Ausbildung* in das Team der Sozialarbeitenden in den jeweiligen Organisationen aufgenommen.

Es wird dabei den *Prinzipien des gemeinsamen Lernens* gefolgt. Nicht nur Studierende lernen von Praxisanleiter:innen, sondern Praxisanleiter:innen erfahren über die Studierenden mehr zur Auseinandersetzung mit Themen der Sozialen Arbeit auf neuestem wissenschaftlichen Stand. „Die Einstellung ‚*Wir stehen gemeinsam auf einer Seite und schauen uns unser Handeln aus einer distanziert reflexiven Perspektive an*' sollte gegeben sein. Diese Haltung macht Entscheidungen transparent und nachvollziehbar, lässt Auszubildende in einen Suchprozess gehen, der sie am professionellen Handeln aktiv beteiligt und stärkt auch die Rolle des:der Kolleg:in in Ausbildung. (…) *Jede:r muss sein:ihr Handeln daher für sich, aus der Praxis und aus der Theorie heraus begründen können.* Darum sollte auch der:die Praxisanleiter:in nicht vorschreiben, sondern nachfragen, gemeinsam explorieren und dabei als Modell zur Verfügung stehen" (*Riegler* 2020[2], 10).

Praktika in Sozialorganisationen und die damit verbundene Praxislehre an der FHJ vermitteln also zwischen beruflicher Praxis und der fachlichen Expertise auf Basis aktueller wissenschaftlicher Erkenntnisse zu Lebenslagen, Lebenswelten und der Profession der Sozialen Arbeit. Eine Ausbildung an der FHJ garantiert nicht nur eine gute sozialwissenschaftliche Grundlegung des Berufs, sondern die Ausbildung bereitet auf einen nahtlosen Übergang nach dem Studium in das Berufsleben vor. Wer sich jedoch für eine wissenschaftliche Karriere entscheiden möchte, hat mit dem Masterstudium viele Möglichkeiten in der Hand, aufbauend ein sozialwissenschaftliches *Doktoratsstudium* anzuschließen. Entsprechende Kooperationen mit Universitäten bzw die Arbeit an der Planung und Implementierung von interdisziplinären Doktoratsprogrammen unterstützen die vielfältigen Karrieremöglichkeiten von Absolvent:innen auch im hochschulischen Bereich.

Während des Studiums entwickeln die Studierenden aus den Erfahrungen im Praktikum eine *forschende Neugier*. Sie leiten aus den wahrgenommenen Problemlagen *Forschungsfragen für Bachelor- und Masterarbeiten* ab. Die Klammer zwischen Theorie und Praxis wird also mit dem Erstellen der Bachelor- und Masterarbeiten auf hohem Niveau geschlossen. Das forschungsgeleitete Wissen, das über die Abschlussarbeiten generiert wird, fließt dann wieder in die Praxis zurück. *Studierende*, die besonders gute Arbeiten verfasst haben, werden gefördert, ihre Ergebnisse in *Fachjournalen* zu *publizieren* bzw dieses Wissen bei diversen Vernetzungsveranstaltungen mit Praktiker:innen zu präsentieren. Beispielhaft sei hier die online Fachzeitschrift „soziales_kapital" (2021) erwähnt, in welcher in der Rubrik „junge wissenschaft" Ergebnisse von Forschungsarbeiten von Studierenden veröffentlicht werden.

3. Forschungsgeleitete Lehre

Die forschungsgeleitete Lehre gewährleistet eine praxisbezogene Ausbildung auf Hochschulniveau. *Ziel der forschungsgeleiteten Lehre ist die Vermittlung der Fähigkeit, die Aufgaben des Berufsfeldes Soziale Arbeit auf dem aktuellen Stand der Wissenschaft sowie entsprechend der aktuellen und zukünftigen Erfordernisse der Praxis lösen zu können.* Die Forschung am Institut „Soziale Arbeit" dient der Weiterentwicklung der Profession sowie der Einschätzung und Beschreibung sozialer Problemlagen und Bewältigungsstrategien im sozialen Feld. Daraus können Empfehlungen für die Praxis abgeleitet werden. Forschungsergebnisse fließen in die Lehre in unterschiedlichen Formaten ein und werden an Praktiker:innen mittels *Publikationen, Vorträgen* und *Workshops* bei diversen Austauschtreffen und Tagungen näher gebracht. Das wird von den Praktiker:innen sehr geschätzt. Dadurch entstehen weitere Anfragen für Kooperationen auf Projektbasis, in welche wiederum Studierende eingebunden sind. *Studierende engagieren sich in ihrem Beruf dann besonders hoch, wenn die Inhalte der Ausbildung mit ihrem eigenen Leben – mit Erfahrungen und Zielen – in Zusammenhang stehen, wenn sie einen Sinn in ihrer Tätigkeit erkennen* und entsprechende Handlungsmöglichkeiten in der Sozialen Arbeit erleben können, die Veränderung für benachteiligte Gruppen bewirken können.

Forschung und forschende Lehre tragen dazu bei, soziale Problemlagen, Lösungen und *gesellschaftliche Entwicklungen* zu *verstehen* und *erklären* zu können und sich so eine entsprechende *Begründungskompetenz* für die sozialarbeiterische Praxis zu erarbeiten. Die forschungsgeleitete Lehre ermöglicht es, Begründungs- und Erklärungswissen für den Beruf zur Verfügung zu haben und so in der herausfordernden Praxis, in welcher unter Zeitdruck und oft mit mangelnden Zeit-Ressourcen gearbeitet wird, fachlich gut begründete Entscheidungen treffen zu können.

Die *Herausforderung in der Lehre* ist dabei, die Studierenden für grundlegende Theorien für „Soziale Arbeit" und für empirische Sozialforschung begeistern zu können. Der Sinn komplexer theoretischer Texte soll erkannt werden. Dies passiert dann, wenn Anknüpfungspunkte in der eigenen Biografie bzw beruflichen Praxis hergestellt werden können und komplexe Zusammenhänge plötzlich einfacher, nachvollziehbarer und durch den Praxisbezug sinnbehaftet erscheinen. Die Herausforderung ist, den Studierenden beizubringen, die Komplexität von theoretischen Texten sinnverstehend zu lesen, diese in eigenen Worten und wissenschaftlicher bzw fachlicher Sprache zusammenfassen zu können und für die eigenen Forschungsfragen sowie für die Berufspraxis anwendbar zu machen. Anhand Ihrer eigenen Forschungsvorhaben lernen Studierenden, den roten Faden im Verfassen wissenschaftlicher Arbeiten halten zu können. Im *Bachelorstudiengang* „Soziale Arbeit" geschieht dies in unterschiedlichen Lehrveranstaltungen. Im Wesentlichen in den Lehrveranstaltungen zu „Wissenschaftlichem Arbeiten", zu „Forschungsmethoden", zu „Lebensweltorientierter Fallstudie" zu „Biografie und Lebenswelt", zu „Interdisziplinärer Fallarbeit" und schließlich im begleitenden Seminar zur Bachelorarbeit. Dort geht es darum, Praxiswissen und -können auf eine Metaebene zu heben, die Fallarbeit nicht nur aus der Praxis heraus zu betrachten, sondern einen Fall zweiter Ordnung (vgl *Pantucek*, in: *Flaker/Schmid* 2006, 243) herzustellen, indem die Praxis der Fallarbeit aus einer forschenden Perspektive betrachtet wird. Die Studierenden lernen sich so, vom Fallgeschehen zu lösen und soziale Strukturen zu erkennen, aus Einzelfallanalysen Informationen über soziale Verhältnisse zu verstehen und erklären zu können. Dazu braucht es die Einbettung der Fallarbeit in theoretisches Wissen aus der Sozial(arbeits)wissenschaft. Am Ende ihrer eigenen Bachelorarbeit sollen Studierende erkennen, dass eine wissenschaftliche Fallstudie Aufschluss über komplexe Zusammenhänge der sozialen Praxis liefern kann, sowohl als Einzelfallstudie, als auch als vergleichende Fallstudie.

Im *Masterstudiengang* „Soziale Arbeit" an der FHJ müssen sich die Studierenden bereits mit einem Essay über ihr geplantes Forschungsvorhaben im Rahmen der Masterarbeit bewerben. Der Masterstudiengang „Soziale Arbeit" ist einerseits als konsekutiver Studiengang gedacht, andererseits bietet dieser Studiengang eine hohe Durchlässigkeit hin zu anderen Studien und Berufsgruppen an. Vom Bachelor in Rechtswissenschaften bis hin zum Bachelor in Pädagogik, Psychologie oder Soziologie zählen auch Tätige in der Sozialen Arbeit sowie berufserfahrene Sozialarbeiter:innen zur Zielgruppe. Dadurch ergibt sich eine *hohe Diversität in der Gruppe der Studierenden*. Diese Vielfalt ist nicht nur eine Herausforderung für die Lehre, sondern auch Chance. *Studierende bringen ihre jeweilige Expertise ins Studium ein und lernen so voneinander.* Didaktisch ist die Herausforderung gegeben, an diesen unterschiedlichen Vorerfahrungen anzuknüpfen, in der Lehre anschlussfähig zu sein, Austausch von Erfahrungen zu fördern sowie Verknüpfungen von Theorie und unterschiedlicher Praxis herzustellen.

Die *forschungsgeleitete Lehre* ist dabei durchgängiges Prinzip in der Lehre. Insbesondere wird im Masterstudium empirisches Forschen in einer Forschungswerkstatt im zweiten Semester gefördert. Studierende haben hier die Möglichkeit, an Forschungsprojekten von Lehrenden mitzuarbeiten bzw Studierendenforschungsprojekte durchzuführen, um so bestmöglich auf die Masterarbeit vorbereitet zu werden aber auch neue Ideen für Masterarbeitsthemen zu entwickeln. Daneben werden sie vertiefend in Theorien und vielfältigen Forschungsmethoden der Sozialen Arbeit ausgebildet.

Am Studiengang „Soziale Arbeit" gibt es zahlreiche *Forschungsprojekte, die in die Lehre einfließen.* An dieser Stelle werden zwei Beispiele aus der forschenden Lehre der Autorin beispielhaft und stellvertretend für ähnliche Projekte an den Studiengängen Bachelor und Master der Sozialen Arbeit vorgestellt.

Ein *Beispiel für die forschende Lehre* ist die Einführung in die *Anerkennungstheorie* (*Honneth* 1994). Diese Theorie wird den Studierenden von der Autorin zur Reflexion von Anerkennung in der Sozialen Arbeit nähergebracht. Die Anerkennungstheorie nach *Axel Honneth* ist eine komplexe sozialwissenschaftliche Theorie, die aus der *Hegel*schen Philosophie, aus der Sozialpsychologie nach *George H. Mead* sowie aus *Donald W. Winnicotts* psychoanalytischem Zugang hergeleitet wird. Für diese Theorie gibt es sehr viele Anknüpfungspunkte in der sozialarbeiterischen Praxis. Die Theorie kann also anhand der eigenen sozialarbeiterischen Praxis differenziert reflektiert werden. Es kann so zu einer Praxis der anerkennenden Beziehungsgestaltung in der Sozialen Arbeit (vgl *Riegler* 2016) kommen, zu einer anerkennenden sozialen Praxis der Inklusion, sowie zu einer anerkennenden Praxis der Institutionen, Ordnungen und Regeln. Es können über die Reflexion der Anerkennungstheorie diskriminierende Strukturen und Bedingungen erkannt werden. Studierende erhalten dadurch die Kompetenz, Problemlagen nicht nur individualistisch lösen zu wollen, sondern die Begrenzungen ihres Handelns in Strukturen zu erkennen und vor allem Interventionsmöglichkeiten zu erkennen, die verändernd auf diese Strukturen einwirken können. Aktuelle Forschungsprojekte am Institut „Soziale Arbeit" zu Anerkennung, Differenzsetzung und Migration (*Mikula/Riegler/Klinger/Moser* 2017; *Riegler/Kukovetz/Moser* 2020) werden so in einer kritisch reflexiven Lehre implementiert. Hier geht es um empirische Befunde zu sozialarbeiterischer Praxis, über strukturelle Bedingungen, die exkludieren bzw über missachtende Diskurse, die Ungleichheit (re-)produzieren. Die Studierenden werden über den kritisch reflexiven Zugang angeregt, über eigene Vorurteile nachzudenken und strukturierende soziale Praktiken zu erkennen und zu verändern. Didaktisch wird in diesen Reflexionsrunden, beispielsweise in ethnopsychoanalytischen Deutungswerkstätten, ein sogenanntes fehlerfreundliches Klima geschaffen, damit über eigene Vorurteile, Rassismen, Sexismen etc nachgedacht werden kann, um daraus auch nachhaltige Lerneffekte für die Praxis entstehen zu lassen.

Ein *weiteres Beispiel für forschungsgeleitete Lehre* bzw die Anwendung von Forschungsergebnissen für die Veränderung der sozialarbeiterischen Praxis ist das Forschungsprojekt „*Mädchenarmut – Die unsichtbaren Mädchen*" (*Riegler/Burkia Stocker* 2022). Den Studierenden des Bachelorstudienganges „Soziale Arbeit" wurde zunächst anhand von Vorträgen der Stand der Forschung zu Kinderarmut (*Lichtenberger/ Ranftler* 2022) und wie dort Armutsrisiken von Mädchen berücksichtigt werden (*Riegler/Burkia Stocker* 2022) vorgestellt. Danach wurde in Kleingruppen gearbeitet, um diese neuen Erkenntnisse anschlussfähig für die sozialarbeiterische Praxis zu machen. Die Studierenden wurden dazu aufgefordert, die Forschungsergebnisse bezogen auf ihre eigenen professionellen Erfahrungen (Praktika, Berufserfahrungen) sowie auf eigene Erfahrungen mit dem Thema in Kleingruppen zu reflektieren. Somit konnten die Studierenden mit eigenen Erfahrungen an das Thema anknüpfen. Dazu wurden sogenannte Aufstellungsübungen zu eigenen Erfahrungen mit Armut, kritisch reflexive Einheiten in Kleingruppen zu Textpassagen des Forschungsprojektes durchgeführt, sowie aktionistische Projekte, um auf die besondere Betroffenheit von Mädchen und Frauen in Bezug auf Armut hinzuweisen, umgesetzt. Dh aus diesen Kleingruppen heraus wurden anschließend anwendungsorientiert Projekte entwickelt, die darauf abzielten, die Ergebnisse einer breiten Öffentlichkeit zugänglich zu machen.

Studierende wurden also innovativ zu forschungsgeleiteter Lehre hingeführt. Sie konnten Forschungsergebnisse anwendungsorientiert reflektieren und so für die eigene sozialarbeiterische Praxis nutzbar machen.

4. Fazit und Ausblick

Am Beispiel der Sozialen Arbeit wurde demonstriert, welchen Stellenwert Praktika, die Brücke zwischen Theorie und Praxis sowie die forschungsgeleitete und anwendungsorientierte Lehre im Fachhochschulstudium haben.

Fachhochschulabsolvent:innen sind nach Abschluss ihres Studiums nicht nur in der Lage in den Beruf in unterschiedlichen Handlungsfeldern der Sozialen Arbeit einzusteigen – im öffentlichen behördlichen Sektor, in stationären Einrichtungen, in Beratungsstellen, in der niederschwelligen und aufsuchenden Sozialarbeit bis hin zur Vertretungstätigkeit für die Zielgruppen Sozialer Arbeit – sondern sie können sich mit einem weiterführenden Doktoratsstudium im Bereich der Sozialwissenschaften auch für eine *hochschulische Karriere* weiterqualifizieren. Wesentlich erscheint jedoch, dass nach der Fachhochschule ein *Berufseinstieg mit einem exzellenten Expert:innenwissen und einem exzellenten professionellen Können* möglich ist. Betriebe der Sozialwirtschaft wissen diese Expertise zu schätzen.

Künftig muss sich das Studium „Soziale Arbeit" nicht nur mit dem demografischen Wandel beschäftigen, sondern es muss *Absolvent:innen befähigen*, Konzepte zu entwickeln, die die Schere zwischen Arm und Reich verringern helfen, die einer Spaltung der Gesellschaft entgegenwirken, Strategien entwickeln, um den Auswirkungen von Pandemie, Klimawandel und Krieg begegnen zu können. „Soziale Arbeit" stellt dabei Kompetenzen, die den sozialen Zusammenhalt fördern in den Fokus ihrer Ausbildung. Sie leistet einen wesentlichen Beitrag zu einer *nachhaltigen Entwicklung der Gesellschaft*. Das voneinander Lernen im Austausch über interdisziplinäre und geografische Grenzen hinweg sowie flexibel zusammenstellbare Ausbildungswege sind dazu künftig proaktiv zu denken.

5. Literatur

Enzi/Meier, Wegweiser für Praktika. Berufsfeldexploration. Berufspraktikum. Berufseinstieg. FH JOANNEUM. Institut für Soziale Arbeit (2022)

FH JOANNEUM online, Dual studieren: das Beste aus beiden Welten (oJ); https://www.fh-joanneum.at/blog/dual-studieren-das-beste-aus-beiden-welten/ (5.3.2023)

Honneth, Der Kampf um Anerkennung. Zur moralischen Grammatik sozialer Konflikte (1994)

Lichtenberger/Ranftler, Kinderarmut in Österreich. Wie Kinder Armut erleben. Unveröffentlichter Vortrag. Abgehalten von Lichtenberger am 28.3.2022 an der FH JOANNEUM Graz (2022)

Mikula/Riegler/Klinger/Moser, Anerkennung und Partizipation von Migrant:innen. Forschungsbericht Uni Graz, FH JOANNEUM, ZEBRA.

Gefördert vom Land Steiermark, Referat Wissenschaft und Forschung (2017)

Pantucek, Fallstudie als „Königsdisziplin" sozialwissenschaftlichen Forschens, in: *Flaker/Schmid* (Hg), Von der Idee zur Forschungsarbeit. Forschen in der Sozialarbeit und Sozialarbeitswissenschaft (2006) 237

Riegler, Anerkennende Beziehung in der Sozialen Arbeit. Ein Beitrag zu sozialer Gerechtigkeit zwischen Anspruch und Wirklichkeit (2016)

Riegler, Praxishandbuch Soziale Arbeit.[2] Berufspraktikum. Leitfaden für Praxisanleiter:innen in der Sozialen Arbeit. FH JOANNEUM. Institut für Soziale Arbeit (2020)

Riegler, Zur Praxis der Missachtung von geflüchteten Menschen, ogsa AG Migrationsgesellschaft, Soziale Arbeit in der Postmigrationsgesellschaft. Kritische Perspektiven und Praxisbeispiele aus Österreich 2021, 379

Riegler/Burkia Stocker, Mädchenarmut. Die unsichtbaren Mädchen. Forschungsbericht. Im Auftrag der Volkshilfe Steiermark Landesverein (2022); Forschungsbericht_Maedchenarmut_2022.pdf (fh-joanneum.at) (16.1.2023)

Riegler/Kukovetz/Moser, Soziale Arbeit. Eine differenzsensible und herrschaftskritische Profession? soziales_kapital. wissenschaftliches journal österreichischer fachhochschul-studiengänge soziale arbeit, Nr 24 (2020), Rubrik „Sozialarbeitswissenschaft", Standort Graz; http://www.soziales-kapital.at/index.php/sozialeskapital/article/view/684/1254.pdf (8.2.2023)

soziales_kapital, wissenschaftliches journal österreichischerfachhochschul-studiengänge soziale Arbeit. Nr 25 (2021); Bd. 25 (2021): Soziale Arbeit & Krise | soziales_kapital (soziales-kapital.at) (13.2.2023)

Lehr- und Forschungspersonal: Aufgaben, Profil, Perspektiven

Dominik Engel

Dem Lehr- und Forschungspersonal kommt an Fachhochschulen besondere Bedeutung zu, ist es doch hauptverantwortlich für den Brückenschlag zwischen Wissenschaft und Praxis. Im folgenden Beitrag werden seine Aufgaben, Profile und Perspektiven aus dem Blickwinkel des doppelten Kompetenzprofils beleuchtet.

1. Einleitung

Das Fachhochschulgesetz (BGBl 1993/340 idgF; im Folgenden kurz: FHG) postuliert in § 3 Abs 1 Z 1 „die Gewährleistung einer praxisbezogenen Ausbildung auf Hochschulniveau" als wesentliches Ziel der Fachhochschulen (im Folgenden kurz: FH). Dies beinhaltet bereits die *zwei Perspektiven, nämlich Wissenschaft und Praxis, welche auch durch das Personal der FHs in Lehre und Forschung abzubilden sind.* Direkt anschließend an dieses Hauptziel wird in § 3 Abs 1 Z 2 FHG die „Vermittlung der Fähigkeit, die Aufgaben des jeweiligen Berufsfeldes dem Stand der Wissenschaft und den aktuellen und zukünftigen Anforderungen der Praxis zu lösen" genannt, die ebenfalls wieder beide Perspektiven aufgreift.

Nun stellt sich die Frage, wie dem *Anspruch der Verbindung von Wissenschaft und Praxis ideal nachzukommen* ist, und wie sich dies im Lehr- und Forschungspersonal widerspiegelt. Ist jeder und jede einzelne Person in Lehre und Forschung so auszuwählen und auszubilden, dass die Vereinigung von Theorie und Praxis in dieser Person realisiert werden kann, oder ist dieser Anspruch über die Gesamtheit der Personen in Lehre und Forschung zu sehen? Und wenn dies der Fall ist, wie kann sichergestellt werden, dass nicht Theorie und Praxis „nebeneinander" stehen, ohne letztendlich eine wirkliche Vereinigung zu finden, sondern dass gerade die Schnittmenge von Theorie und Praxis im Fokus von Forschung und Lehre an den FH steht, und dass wirklich praxisrelevante Fragestellungen am Stand der Wissenschaft bearbeitet werden? Denn in diesem Spannungsfeld liegt der Kern der FH, zur Lehr- und später auch Forschungstätigkeit in diesem Feld wurden sie gegründet. Dass dies signifikante und umfassende Auswirkungen auf das Personal in Lehre und Forschung hat, ist evident.

Im vorliegenden Beitrag werden einige Aspekte dieser Auswirkungen aufgegriffen und aus verschiedenen Perspektiven diskutiert und es wird der Versuch unternommen, das Tätigkeitsfeld des *FH-Lehr- und Forschungspersonals sowohl aus Sicht der wissenschaftlichen Grundlagen, der Theorie, als auch aus Sicht der Praxis* zu beleuchten.

2. Wissenschaft und Praxis: Das doppelte Kompetenzprofil für hauptberufliches FH-Personal

2.1 Bedeutung des Lehr- und Forschungspersonals an FHs

Dem Personal an FHs kommt eine besondere Bedeutung zu. Dies spiegelt sich auch insofern wider, als dass ein Anteil von Personalkosten am Gesamtbudget jenseits der 75 % an FHs nicht unüblich ist. Während sich der vorliegende Beitrag auf Personal in Lehre und Forschung fokussiert, sei an dieser Stelle die Wichtigkeit der Zusammenarbeit nicht nur von Personal in Lehre und Forschung betont, sondern auch die Kooperation und Zusammenarbeit mit dem Personal in der FH-Verwaltung. Es gilt die **Dichotomie der Erhaltersphäre und der autonomen Hochschulsphäre** zu überbrücken und durch gemeinsame Zielsetzungen die Verantwortung der Gestaltung in allen Bereichen zu verankern. Die nachfolgenden Überlegungen beziehen sich vorrangig auf an der FH hauptberuflich tätiges Lehr- und Forschungspersonal; Überlegungen zu externen, nebenberuflich tätigen Lehrpersonen werden später angestellt.

Der Qualitätsanspruch der FH manifestiert sich schlussendlich in der Qualität des Lehr- und Forschungspersonals. Qualitätsansprüche sind schwer bis gar nicht top-down anzuordnen, sondern müssen im Wesentlichen von den Personen in Lehre und Forschung, allesamt Expert:innen in ihrem Gebiet, getragen werden. Top-down sind Ermöglichungsstrukturen zu schaffen, die Rahmenbedingungen und möglichst einheitliche Prozess- und Qualitätsstandards über mehrere akademische Organisationseinheiten schaffen. Die *Umsetzung und auch die Interpretation der Qualitätsstandards* erfolgen dann durch die geeigneten Personen in Lehre und Forschung. Der optimalen Eignung dieser Personen, auch hinsichtlich der notwendigen Kompetenzen in Theorie und Praxis wird unten ein eigener Abschnitt gewidmet. Offensichtlich ist, dass diese Personen nicht in beliebiger Zahl und Geschwindigkeit rekrutierbar sein werden. Damit ist das Personal auch ein Faktor einer möglichen Expansionsstrategie der FH. Zurecht fragt der Wissenschaftsrat hinsichtlich Expansion bereits 2012: „Gibt es das Personal, das eine (...) Expansionsstrategie tragen könnte, insbesondere unter Berücksichtigung der steigenden Finanzierungserfordernisse? Oder umgekehrt: Wie hoch darf die Expansionsgeschwindigkeit sein, wenn man Qualitätsanforderungen an das Lehrpersonal nicht absenken will?" (*Österreichischer Wissenschaftsrat* 2012, 115).

Weitere Bedeutung kommt dem Lehr- und Forschungspersonal auch in der Interpretation und Umsetzung inhaltlicher Punkte in Lehre und Forschung zu. Akkreditierte Studiengänge geben curriculare Rahmen vor, mit Leben werden diese aber durch die vermittelnden Personen in der Lehre gefüllt. Diese Umsetzung wird immer eine *persönliche Note* beinhalten, die Schwerpunkte und gewählten Beispiele den Fokus und die Erfahrung für die Studierenden auch in Lehrveranstaltungen mit Standardcharakter eng mit der Lehrperson verknüpfen. Dies gilt in noch größerem Ausmaß in der angewandten Forschung an den FH: Zwar wird eine Hochschule Forschungsschwerpunkte und Linien definieren, die Ausgestaltung in Form von Forschungsideen, methodischen Vorlieben bis hin zur Konsortiumsfindung bei Forschungsanträgen wird aber den Forscher:innen obliegen.

Insgesamt kann festgestellt werden, dass besonders das hauptberufliche Lehr- und Forschungspersonal *einen definierenden Charakter* für eine Hochschule hat und damit dessen Qualifikation und Ausrichtung auch die Qualität und Ausrichtung der gesamten Hochschule beeinflusst. Dies gilt in noch höherem Maß für FHs, bei denen ein „doppeltes Kompetenzprofil" gefordert wird.

2.2 Doppeltes Kompetenzprofil

Das „doppelte Kompetenzprofil" bezieht sich auf den für FH-Lehr- und Forschungspersonal notwendigen Hintergrund in den praktischen als auch in den theoretischen Aspekten eines Fachgebiets. Das FHG geht in § 8 Abs 3 Z 3 auf diesen Anspruch ein, lässt jedoch sowohl die Interpretation zu, dass die wissenschaftlichen und praktischen Kompetenzen von der Gesamtheit der Personen des Lehr- und Forschungspersonals erfüllt werden, von denen die einen versiert in den theoretischen Grundlagen, andere wiederum verankert in der Praxis sind, wie auch die Interpretation, dass das *doppelte Kompetenzprofil von jeder einzelnen Person* zu erfüllen ist.

Hauser 2020[9], 25 zitiert eine Anmerkung von *Novak* 1995, Anm 6 zu § 16 FHStG, in der *Novak* davon ausgeht, dass die „Gruppe des Lehr- und Forschungspersonals (…) ein *ausgewogenes Verhältnis von ‚Wissenschafter/inn/en' und ‚Berufspraktikern'* aufweisen muss". Diese Anmerkung impliziert zwei klar abgegrenzte Gruppen von Lehr- und Forschungspersonal, nämlich die „wissenschaftliche" und die „praktische". *Hauser* 2020[9], 197 zu § 8 Abs 3 Z 3 FHG stellt fest, dass davon ausgegangen werden kann, „dass bei der Beurteilung des Vorhandenseins der erforderlichen Voraussetzungen an eine Gesamtbetrachtung anzuknüpfen ist. Es ist daher nicht erforderlich, dass jedes einzelne Mitglied des Lehr- und Forschungspersonals allen (…) Qualifikationserfordernissen im selben Ausmaß entspricht."

Diese Interpretation ist nützlich, legt sie doch nahe, dass die Dualität „Wissenschaft und Praxis" vom Lehr- und Forschungspersonal in seiner Gesamtheit erfüllt werden muss, aber auch jede:r Einzelne die Erfordernisse beider Seiten zumindest graduell erfüllt, dass also sowohl Wissenschaft als auch Praxis im Erfahrungshintergrund jeder einzelnen Person abgebildet sein müssen. Im Idealfall wird also die eingangs erwähnte *Brücke zwischen Theorie und Praxis* an den FH nicht (nur) durch unterschiedliche Personen geschlagen, sondern durch die Erfüllung des doppelten Kompetenzprofils jeder einzelnen Person in Lehre und Forschung.

Damit stellt sich die Frage, was eine *für die FH ideale Qualifikation* ausmacht. Der Schlussbericht eines Pilotprogramms zur Stärkung des doppelten Kompetenzprofils in der Schweiz formuliert treffend: „Ein adäquat qualifizierter Nachwuchs, der sich durch ein doppeltes Kompetenzprofil Wissenschaft – Praxis auszeichnet und damit in der Lage ist, einen spezifischen Beitrag in Lehre und Forschung zu leisten, bildet die Voraussetzung für die weitere Entwicklung und Profilierung dieser noch jungen Institutionen. Dabei fällt ins Gewicht, dass der Nachwuchs über heterogene Profile verfügt und Laufbahnen häufig nicht linear verlaufen. (…) Diese unterschiedlichen Werdegänge finden ihren Ausdruck im Konzept des doppelten Kompetenzprofils" (*Swiss Universities* 2021, 11). Die Werdegänge dieser Personen, die „an der Schnittstelle zwischen Hochschule und Praxis" (ibid) verlaufen, unterscheiden sich demnach stark von klassischen universitären Karrierepfaden. Dies hat Auswirkungen auf die Rekrutierung und die Entwicklung des Personals an FHs. Während Universitäten in klassischen Laufbahnmodellen eine lineare Entwicklungsmöglichkeit bieten können, bedingt das doppelte Kompetenzprofil an den FHs notwendigerweise einen Bruch, um mit einem Wechseln zwischen den Systemen *Erfahrungen auf beiden Seiten des doppelten Kompetenzprofils* sammeln zu können.

Die Sichtweise des doppelten Kompetenzprofils betont die Eignung und notwendige Vorerfahrung jeder einzelnen Person des Lehr- und Forschungspersonals, sowohl in Wissenschaft als auch in Praxis, ist aber grundsätzlich kompatibel mit der Sichtweise, dass die Dualität „Wissenschaft – Praxis" über mehrere Köpfe abzubilden sei. Insgesamt kann also festgehalten werden, dass *in der Umsetzung wohl beide Auflösungen dieser Dualität zutreffen werden*. Dies ergibt sich schon aus persönlichen Werdegängen, die vielfach eine Seite stärker betonen. Die idealtypische Erfüllung eines völlig ausgeglichenen doppelten Kompetenzprofils wird sich also selten einstellen und es wird an den FHs und ihren Rahmenbedingungen liegen, im Gesamten die Kompetenz in sowohl Wissenschaft als auch Praxis optimal abzubilden. *Das doppelte Kompetenzprofil für jede:n Vertreter:in des Lehr- und Forschungspersonals dabei als Ideal mitzudenken und auch den eigenen Nachwuchs in diese Richtung zu prägen, wird sich aber für die besondere Ausrichtung der FHs als zielführend erweisen.*

3. Qualifikation des Lehr- und Forschungspersonals an FHs

3.1 Auswahlverfahren

Die hohe Bedeutung und der für die Gesamthochschule formende Charakter des Lehr- und Forschungspersonals in Verbindung mit dem Anspruch des doppelten Kompetenzprofils, macht geeignete Auswahl- und Berufungsverfahren an FHs notwendig. Diese *unterscheiden sich signifikant sowohl von universitären Verfahren als auch von Verfahren wie sie in Unternehmen üblich sind*. Die Auswahlkriterien, um die Entscheidung für eine:n Kandidat:in zu treffen, beziehen sich in diesen Verfahren auf die Kompetenz in den theoretischen Grundlagen, als auch die Verankerung in der Praxis. „Bei dieser Entscheidung kommen Auswahlkriterien zum Einsatz, mit denen die Anforderungen der Hochschulen an die potenziellen Stelleninhaberinnen und Stelleninhaber operationalisiert werden" (*Kleimann/Hückstädt* 2018, 20).

Das FHG normiert die Auswahlverfahren für Lehr- und Forschungspersonal nicht im Detail. Die Ausgestaltung obliegt den FHs, die eigene Berufungsordnungen erarbeiten. Üblicherweise nimmt die Komplexität der Verfahren mit der Seniorität der zu besetzenden Stelle zu und die elaboriertesten Verfahren mit Hearing und Probevorlesung finden sich bei den FH-Professuren, bzw bei den Stellen, welche die spätere Verleihung einer FH-Professur ermöglichen (zB „Senior Lecturer"). Wieder gilt es, bereits im Auswahlverfahren auf das doppelte Kompetenzprofil Rücksicht zu nehmen. Bei der Frage, wie dieses in konkrete Kriterien zu gießen ist, scheiden sich jedoch die Geister, was sich in einer *Vielfältigkeit an Berufungsverfahren an den verschiedenen FHs* widerspiegelt.

Während die wissenschaftliche Qualifikation in vielen Gebieten anhand in diesen Gebieten etablierten Standards festgestellt werden kann, wie zB Doktorat, Lehrerfahrung, Publikationen und Mitwirkung in Programmkomitees namhafter Konferenzen, wird ein wesentlicher Aspekt im Berufungsverfahren die Feststellung von Qualität und Umfang praktischer Vorerfahrung sein. Hinsichtlich des Umfangs praktischer Vorerfahrung, werden oft drei Jahre Praxiserfahrung als Minimum genannt: „Die Verbindung zwischen Wissenschaft und Praxis ist charakterisierendes Element aller Leistungsbereiche der FHs. Entsprechend muss der wissenschaftliche Nachwuchs, um eine Anstellung als Professor:in oder Dozent:in zu erreichen, neben einer wissenschaftlichen Qualifikation zwingend auch ausgewiesene mehrjährige Praxiserfahrung mitbringen, beispielsweise in der Höhe eines Minimums von drei oder fünf Jahren" (*Swiss Universities* 2021, 12). Die qualitative Ausprägung der notwendigen Praxiserfahrung ist hingegen schwieriger festzumachen. Klarerweise wird eine gewisse Einschlägigkeit im Fachgebiet vorausgesetzt werden, die **Position im Unternehmen und Aufgaben wie Personalführung werden aber jeweils individuell zu beurteilen sein.**

3.2 Funktions- und Stellenbezeichnungen

Die Bezeichnungen für hauptberuflich tätiges Lehr- und Forschungspersonal unterscheiden sich an den einzelnen FHs stark und nehmen unterschiedliche Qualifikationsaspekte in den Blick. Der *Umgang mit Bezeichnungen des Universitätswesens* (§ 10 Abs 8 FHG), zB „FH-Professor:in" ist ebenso heterogen wie die darunterliegenden Designationen, zB „Senior Lecturer". Der österreichische Wissenschaftsrat führt bereits 2012 aus, dass die „Funktionen und Bezeichnungen des Lehr- und Forschungspersonals – ebenso wie mögliche Karrierewege – (…) der Entscheidung des Trägers (obliegen). In der Praxis ist dies oft von der Sichtweise von Rektoren oder Geschäftsführern abhängig. Häufig genügt ein normaler Studienabschluss, um wissenschaftlichen Mitarbeitern den Titel eines Fachhochschulprofessors zu verleihen. Dieser Titel befindet sich nach wie vor in einem gesetzlichen Regelungsvakuum" (*Österreichischer Wissenschaftsrat* 2012, 193). Auch *Schüll* 2016, 353 f identifiziert die einheitliche „Regelungen für Funktions- und Stellenbezeichnungen" als ein fachhochschulisches Handlungsfeld, welches für die zukünftige Entwicklung bedeutsam ist, aber eine hohe Unbestimmtheit aufweist.

Eine Krux bei der Vergabe von Bezeichnungen des Universitätswesens ist wieder die Berücksichtigung des doppelten Kompetenzprofils, oder vielmehr: die fehlende Berücksichtigung. Das Universitätswesen kennt in seinen Bezeichnungen nur die wissenschaftliche Qualifikation. Die Bezeichnungen mit dem gleichen Regelwerk auf die FH umzulegen, vernachlässigt die Praxiskomponente, und führt für Personen die vorrangig in der Praxis verankert sind und nicht über akademische Qualifikationen verfügen, zu einer Unerreichbarkeit mancher Bezeichnungen (wenn zB für die FH-Professur eine Promotion vorausgesetzt wird). Umgekehrt führt eine Vergabe von Bezeichnungen des Universitätswesens aufgrund rein praktischer Qualifikationen zu einer wahrgenommenen Fehlverwendung der Bezeichnungen. Wird etwa eine FH-Professur rein aufgrund langjähriger Praxiserfahrung vergeben, kann dies als Themenverfehlung aufgefasst werden. Eine mögliche Lösung liegt in der Berücksichtigung des doppelten Kompetenzprofils und, ähnlich wie bei den Auswahlverfahren, eine Festlegung von *Kriterien, die sowohl wissenschaftliche als auch praktische Aspekte abdecken*. Diese Festlegung sollte, wie von den oben genannten Autor:innen gefordert, bundesweit erfolgen und einen einheitlichen Standard für alle FHs schaffen.

3.3 Nebenberuflich tätige, externe Lehrbeauftragte

Es bleibt die Frage, wie sich die *Qualifikation externer Lehrbeauftragte (LBA) im Blickwinkel des doppelten Kompetenzprofils* bewerten lässt. Klar ist, dass LBA üblicherweise eine stärkere Kompetenz auf der Praxisseite ausweisen. „(Sie) können aufgrund ihrer Praxiserfahrung Einblicke in die Arbeitswelt geben, wie es dem ausschließlich an der Hochschule tätigen Lehrpersonal nicht möglich ist" (*Schüll* 2016, 331). Die wissenschaftliche Seite wird bei den LBA, so sie nicht von einer anderen Hochschule, an der sie hauptberuflich tätig sind, eher in Frage gestellt. „Eine allzu große Praxisnähe konterkariert die Verortung der Ausbildung an einer Hochschule, durch die ein wissenschaftlich fundierter und theoretisch reflektierter Zugang zum praktischen Handeln vermittelt werden soll. Die Sorge ist insbesondere bei Lehrbeauftragten ohne akademische Qualifikation angebracht" (*Schüll* 2016, 331 f). Bei externen Lehrbeauftragten verschwimmt also das doppelte Kompetenzprofil und der Fokus liegt klar auf der Praxis. Theoretische Kompetenzen können jedoch durch akademische Qualifikationen der Lehrbeauftragten mitgebracht werden, und dadurch das Kompetenzprofil auch für LBA komplettiert werden.

In der gesamtheitlichen Betrachtung des hochschulischen Lehrpersonals stellt sich die Frage nach *dem idealen Verhältnis zwischen intern und extern Lehrenden*. Der österreichische Wissenschaftsrat gibt als Empfehlung ein Verhältnis von 50:50 von angestellten und extern Lehrenden aus (*Österreichischer Wissenschaftsrat* 2012, 185). *Schüll* 2016, 331 weist aber zurecht darauf hin, dass die Frage nach einem optimalen Verhältnis schwierig bis gar nicht allgemein beantwortbar ist: „In inhaltlicher Hinsicht spricht der Wunsch nach Praxisnähe für einen hohen Anteil an externen Lehrbeauftragten in der Lehre", aber internes Lehrpersonal ist nicht nur wichtig für einen „theoretisch reflektierten Zugang", sondern auch notwendig für den Gesichtspunkt der „fachlichen Qualitätssicherung vor Ort.

4. Motivation und Entwicklung

4.1 Laufbahnperspektiven

Universitäre Karrierepfade bieten über lange Strecken eine *durchgängige Entwicklungsmöglichkeit* – zumindest in der Theorie – für alle qualifizierten Personen und abgesehen von Kettenvertragsregelungen und ähnlichen Hindernissen. Erst für die höchste Ausbaustufe, die Universitätsprofessur, ist ein Wechsel vorgesehen (der mittels Bleibeverhandlungen und Hausberufung auch abgewehrt werden kann). Und auch dieser Wechsel an eine andere Universität, um einem Ruf zu folgen, ist ein Wechsel der Institution, nicht des Systems.

Karrieren an FHs, um den Anforderungen des doppelten Kompetenzprofils zu entsprechen, bedingen einen *systemischen Wechsel* – den Übertritt in ein anderes System, nämlich aus der Hochschule ins Feld der praktischen Anwendung. Für FH-Absolvent:innen, die nach ihrem Studium einige Jahre an der FH in Lehre und Forschung verweilen, vielleicht im Rahmen eines Forschungsprojekts promoviert haben, steht dieser Wechsel spätestens vor der letzten Ausbaustufe an: die Berufungsordnungen zur FH-Professur (oder auch Senior Lecturer) sehen an den FHs eine mehrjährige Berufspraxis vor. Die Absolvierung dieses Systemwechsels ermöglicht dann ein ideales Rückkehren an eine FH.

4.2 Entwicklungsmöglichkeiten und Promotion

Immer wieder stellt sich die Frage nach der Promotion an FHs. Während diese Entwicklungsmöglichkeit ein fixer Bestandteil in universitären Karrieren ist, stellt sich die Situation an FHs differenzierter dar. Wie ausgeführt gibt es hier eben nicht die durchgängigen Entwicklungspfade für Personen, speziell im Forschungsbereich, die an einem Promotionsvorhaben interessiert sind. Nun gibt es seit einiger Zeit Programme, welche Promotionsvorhaben in *strukturierten, kooperativen Doktoratspro-*

grammen zwischen FHs und Universitäten fördern. Anders als anwendungsnahe Forschungsprogramme sind die ersten Ausschreibungen dieser kooperativen Doktoratsprogramme aber stark mit der Brille rein universitärer Karrierepfade konzipiert und berücksichtigen das doppelte Kompetenzprofil nur unzureichend. Als Beispiel seien die Personalkostensätze genannt, die es Personen, die einige Zeit außerhalb der Hochschule in Unternehmen tätig waren, und in der Karriere und im Lebensalter fortgeschrittener sind, praktisch verunmöglicht, ein Doktorat anzustreben. Auch in der inhaltlichen Ausgestaltung lässt sich feststellen, dass die Anwendungsnähe noch ausbaufähig ist. Dass sich das Aufgreifen dieser Anwendungsnähe auch im Doc- und PostDoc-Bereich sehr lohnt und die Qualität der Ergebnisse eher fördert als mindert, zeigen *Forschungsprogramme wie Josef Ressel Zentren und Christian Doppler Labors* (s dazu auch den Beitrag von *Wiedenhofer-Bornemann* im vorliegenden Sammelband).

In Hinblick auf *anwendungsnahe Doktoratsprogramme* argumentiert *Altmann* 2014, 129: „Mit stärker auf die Wirtschaft hin ausgerichteten Doktoraten könnten wertvolle Ressourcen für Forschung und Innovation erschlossen, Synergiepotenziale von Hochschulen und Wirtschaft realisiert, Know-how und Kompetenzen der Sektoren gebündelt und auf diese Weise der Forschungsoutput, die Innovationskraft und die Wettbewerbsfähigkeit des gemeinsamen Wissenschafts- und Wirtschaftsstandorts erhöht werden."

Neben der Möglichkeit zur Promotion ist die *Möglichkeit zur allgemeinen Weiterbildung* ein Motivationsfaktor für Mitglieder des FH-Lehr- und Forschungspersonals. Wie *Hauser* 2020[9], 160 ausführt, sind gem § 15 Abs 8 Z 9 FH-AkkVO 2019 angemessene Weiterbildungs- und Personalentwicklungsmaßnahmen vorzusehen. Die tatsächlichen Ausprägungen werden einen breiten Bogen spannen. Zum einen wird es um die Kernbereiche der Tätigkeit gehen: hochschuldidaktische Weiterbildungen, die sich der Vermittlung von Inhalten widmen, aber auch neuen Lehr- und Lernmethoden wie digitale Lehre und *blended learning*. Neben diesen Kernbereichen wird aber auch in der Weiterbildung das doppelte Kompetenzprofil eine wichtige Rolle spielen: Weiterbildung in der Verbindung von Wissenschaft und Praxis, der Generierung relevanter Praxisbeispiele und der Gestaltung von Praxisblöcken. Und auch dies wieder unter der Einbeziehung neuester und digitaler Methoden.

4.3 Umfeld der fachhochschulischen Verwaltung

Abschließend sei noch ein Faktor für der Motivation des Lehr- und Forschungspersonals aus der Sicht des doppelten Kompetenzprofils beleuchtet: die Gestaltung der fachhochschulischen Verwaltung. Das FH-Lehr- und Forschungspersonal zeichnet sich durch hohe Qualifikation und Fachexpertise aus (dies gilt auch für das Personal in der Verwaltung, das an Hochschulen oft höherqualifiziert ist, als Personen, die vergleichbaren Tätigkeiten in Unternehmen nachgehen), geprägt von akademischen Grundsätzen und ebenso oft vertraut mit effizienten Organisationsstrukturen in Unternehmen. Die fachhochschulische Verwaltungsstruktur, die geprägt ist von hochschulischer Mitbestimmung, muss diesen Eigenschaften des Lehr- und Forschungspersonals Rechnung tragen. Dabei ergibt sich ein Spannungsfeld: *eine unverhandelte Top-Down-Verordnung wird ebenso wenig zielführend sein, wie gefühlt endlose Wiederholungen gremialer Entscheidungsfindung.* Regelungen und Vorgaben, die als überbordend oder unpassend empfunden werden, wird von Lehr- und Forschungspersonal rasch mit Ausweichstrategien begegnet. *Pasternack/Rediger/Schneider* 2021, 70 analysieren, dass in solchen Fällen „auf der wissenschaftlichen Leistungsebene Ausweichstrategien entwickelt (werden), um individuell mit Bürokratieanforderungen und steigenden organisatorischen Anforderungen umzugehen." Als Beispiel wird die Aufwandsminimierung genannt: „Als störend empfundene Anforderungen werden durch Aufwandsminimierung pariert, indem sie auf dem jeweils niedrigstmöglichen Level erledigt werden. So gibt es Problembearbeitungen in Eigenregie, (...) an den Zuständigkeiten der Verwaltung vorbei."

„Durch ihre professionstypischen Fähigkeiten sind Hochschullehrende immer auch zu intelligenter Obstruktion in der Lage" (*Pasternack/Rediger/Schneider* 2021, 72). Dies vergeudet wertvolle Ressourcen, die besser in Lehre und Forschung eingesetzt sind, führt zu Transaktionskosten für die Hochschule im Gesamten und hat das Potential zur Demotivation des Lehr- und Forschungspersonals. Im Lichte des doppelten Kompetenzprofils gilt dies an FHs sogar noch in höherem Ausmaß, da die handelnden Personen auch *Erfahrungswerte aus Unternehmen* mitbringen, die oftmals effizientere Organisationsstrukturen aufweisen. Andererseits spielt auch die akademische Prägung eine Rolle, die einen Grad an Mitbestimmung vorsieht und dafür Organisationstrukturen braucht, welche nicht mit der Wirtschaft vergleichbar sind.

Daher ist bei der Gestaltung des administrativen Umfelds und der Regelungen immer auf die hohe Qualifikation und das Selbstverständnis der Mitbestimmung Rücksicht zu nehmen. Die Organisation der Mitbestimmung muss dabei selbst auf schlanke und terminierende Prozesse ausgerichtet sein. Dass diese *schlanke Organisation der akademischen Mitbestimmung* nicht einfach zu erreichen sein wird, ist evident. Für den aktuellen Beitrag sei die Wichtigkeit dieser schlanken Organisation der akademischen Mitbestimmung für die Einbindung und Entfaltung des Lehr- und Forschungspersonals unterstrichen, und es sei anerkannt, dass diese nicht ohne Anstrengung zu erreichen sein wird.

5. Fazit

FHs leben von ihrem Personal: Die Mitarbeiter:innen sorgen für Qualität in Lehre, Forschung und Verwaltung. Hervorragende Lehre und Forschung lässt sich nicht verordnen, sondern muss von den Personen in Lehre und Forschung getragen und gestaltet werden. An den FHs passiert dies an der *Nahtstelle zwischen Wissenschaft und Praxis*: Lehrende und Forschende erfüllen idealerweise das doppelte Kompetenzprofil und vereinen in ihren Profilen beide Welten. Die Auswirkungen auf Qualifikationsprofile, Auswahlverfahren, Karrierepfade und Rahmenbedingungen sind, sowohl im Vergleich zum universitären, als auch zum praktischen Umfeld, beträchtlich. In diesem Bereich bedarf es klarer Leitlinien, die für den gesamten FH-Sektor gelten, als auch unterstützender Programme, die Karrierepfade im Sinne des doppelten Kompetenzprofils ermöglichen. Die Vorteile, die sich durch diese echte Ermöglichung der praxisbezogenen Ausbildung auf Hochschulniveau ergeben, sind die Basis für den Erfolg des FH-Sektors.

6. Literatur

Altmann, Hochschulen im Flottenverbund – gemeinsame Ziele, unterschiedliche Aufgaben in: *Holzinger/Koleznik* (Hg), 20 Jahre Fachhochschulen in Österreich – Rolle und Wirkung (2014) 122

Hauser, Kurzkommentar zum Fachhochschulgesetz[9] (2020)

Kleimann/Hückstädt, Auswahlkriterien in Berufungsverfahren: Universitäten und Fachhochschulen im Vergleich, Beiträge zur Hochschulforschung 2 (2018) 20

Novak, Fachhochschul-Studiengesetz (1995)

Pasternack/Rediger/Schneider, Instrumente der Entbürokratisierung an Hochschulen, HOF-Handreichungen 15, Beiheft zu „die hochschule", Institut für Hochschulforschung (2021) 45

Schüll, Perspektiven und Herausforderungen der österreichischen Fachhochschulen. Eine Vorausschau. Bd 15 der Reihe Schriften zum Bildungsrecht und zur Bildungspolitik hg von *Prisching/Lenz/Hauser* (2016)

Swiss Universities (Hg), Schlussbericht der Pilotprogramme zur Stärkung des doppelten Kompetenzprofils beim FH- und PH-Nachwuchs (2021); https://www.swissuniversities.ch/fileadmin/swissuniversities/ Dokumente/Forschung/P-11/P11_2017-2020_Schlussbericht.pdf (5.4. 2023)

Österreichischer Wissenschaftsrat (Hg), Fachhochschulen im österreichischen Hochschulsystem – Analysen, Perspektiven, Empfehlungen (2012); www.wissenschaftsrat.ac.at (4.4.2023)

FH-Organisationsrecht: Theorie und Praxis

Heidi Esca-Scheuringer

Nach 30 Jahren Fachhochschulen ist es an der Zeit, sich mit den ursprünglichen bildungspolitischen Intentionen des Gesetzgebers auseinanderzusetzen und zu bewerten, wie neuere Entwicklungen in der Gesetzgebung und praktischen Umsetzung hiervon abweichen. Im Beitrag werden drei Bereiche des FH-Organisationsrechts herausgegriffen, die aus Sicht der Autorin jeweils eine entsprechend große Diskrepanz zwischen den ursprünglichen theoretischen Grundlagen und den praktischen Ausprägungen bzw Entwicklungen im Zeitverlauf der Gesetzgebung aufweisen.

1. Vorbemerkungen

Fachhochschulen sind heute eine etablierte Säule des Wissenschafts-Sektors. Mit 58.786 Studierenden sind sie nach den öffentlichen Universitäten mit 263.369 Studierenden der *zweitgrößte Hochschul-Sektor* in Österreich. Im Vergleich zu den übrigen Hochschul-Typen (öffentliche Universitäten, Privatuniversitäten, Pädagogische Hochschulen) weisen sie aktuell rund 16 % der Studierenden auf. Am Anteil der jährlichen Hochschul-Absolvent:innen erreichen die Fachhochschulen bereits fast 30 %. Im Bereich der Sozial- und Wirtschaftswissenschaften bringen die Fachhochschulen mit jährlich 7.153 Absolvent:innen bereits mehr Studienabschlüsse hervor als die öffentlichen Universitäten. Im Bereich „Ingenieurwissenschaften und IT" mit 5.724 Absolvent:innen pro Jahr fast gleich viele (Zahlen aus unidata, *BMBWF*; Stand: 16.3.2023).

Neben dieser größenmäßigen Entwicklung haben die Fachhochschulen aber insbesondere aufgrund ihrer *einzigartigen Profilierung* als anwendungsorientierte Hochschulen große Bedeutung für Österreich. Die konsequente Anwendungsorientierung in Lehre und Forschung macht sie als wissenschaftliche Einrichtungen einzigartig und hebt sie von anderen Hochschultypen ab. Dass es gelungen ist, diese Profilierung so konsequent umzusetzen, beizubehalten und auszubauen, beruht auf einem klaren gesetzlichen Auftrag und organisationsrechtlichen Rahmenbedingungen, die dies ermöglichen.

Im vorliegenden Beitrag werden einzelne organisationsrechtliche Bereiche genauer beleuchtet, bei deren Umsetzung aus Sicht der Autorin die theoretischen Ansätze und die bestehende Praxis bzw die aktuellen hochschulpolitischen Tendenzen besonders stark voneinander abweichen. Im Vorfeld dieser Analyse werden die dafür relevanten organisationsrechtlichen Prinzipien und Grundsätze der Fachhochschulen und deren praktische Umsetzung näher erläutert.

2. Prinzipien und Grundsätze des FH-Organisationsrechts

2.1 Hochschulautonomie

2.1.1 Autonomie in institutioneller Hinsicht

Bei der Institutionalisierung der Fachhochschulen in Österreich verfolgte der Gesetzgeber das Modell des „Public Private Partnerships". Eine spezifische Rechtsform, die für Fachhochschulen verpflichtend wäre, ist vom FHG nicht vorgeschrieben. Vielmehr besteht *Wahlfreiheit*, in welcher Rechtsform bzw von welcher juristischen Person Fachhochschulen gegründet werden. Erhalter:innen von Fachhochschulen können gemäß § 2 Abs 1 Fachhochschulgesetz (BGBl 1993/340 idgF; kurz: FHG) der Bund oder andere juristische Personen des öffentlichen Rechts sein, aber auch juristische Personen des Privatrechts. Für letztere ist eine Spezifizierung festgelegt, dass ihr „Unternehmensgegenstand überwiegend die Errichtung, Erhaltung und der Betrieb einer Fachhochschule mit Fachhochschul-Studiengängen ist."

In der Praxis haben sich im Fachhochschul-Sektor *juristische Personen des Privatrechts* durchgesetzt. So sind die Fachhochschulen aktuell als Verein, GmbH oder Privatstiftung organisiert. Eigentümer dieser juristischen Personen sind in der Regel Länder oder Gemeinden, in seltenen Fällen Privatpersonen. In einem einzigen Fall wird eine Fachhochschule vom Bund erhalten. Hierbei handelt es sich um das Bundesministerium für Landesverteidigung, das als FH-Erhalter Studiengänge im Bereich der Militärischen Führung im Rahmen der Offiziersausbildung anbietet.

2.1.2 Autonomie in Lehre und Forschung

In § 3 Abs 2 Z 1 FHG wird als Grundsatz für die Gestaltung von Fachhochschul-Studiengängen normiert, dass Fachhochschulen die Vielfalt wissenschaftlicher Lehrmeinungen und wissenschaftlicher und/oder wissenschaftlich-künstlerischer Methoden zu beachten haben. Zudem wird das *"Prinzip der Freiheit der Lehre"* für die Durchführung von Lehrveranstaltungen festgeschrieben, das im Rahmen der zu erfüllenden Lehraufgaben gilt. Explizit wird allerdings darauf verwiesen, dass die Freiheit der Lehre unter Berücksichtigung der Ziele und leitenden Grundsätze des § 3 Abs 1 und 2 FHG auszuüben ist, wie zB der Gewährleistung einer praxisbezogenen Ausbildung auf Hochschulniveau, der Vermittlung der Fähigkeit, die Aufgaben des jeweiligen Berufsfeldes dem Stand der Wissenschaft und den aktuellen und künftigen Anforderungen der Praxis entsprechend zu lösen, der Sicherstellung der guten wissenschaftlichen Praxis und der akademischen Integrität sowie der Einhaltung des gesetzlich vorgegebenen Work Loads.

Dieser Grundsatz der wissenschaftlichen Autonomie ist ein Grundprinzip der österreichischen Verfassung (Art 17 Abs 1 Staatsgrundgesetz-StGG), welches in erster Linie das Lehr- und Forschungspersonal der Fachhochschulen adressiert (vgl *Hauser* 2020[9], Anm 20 f zu § 3 FHG unter Verweisen auf *Berka*, in: *Prisching/Lenz/Hauser* 2000, 27 sowie *Berka*, in: *Prisching/Lenz/Hauser* 2004, 131). Jede fachfremde Steuerung (zB Beeinträchtigung der Vielfalt wissenschaftlicher Lehrmeinungen oder wissenschaftlicher Methoden) ist als unzulässig zu qualifizieren. Die Erhalter:innen der Fachhochschulen haben diesen *autonomen Raum des Lehr- und Forschungspersonals* in inhaltlicher und methodischer Hinsicht zu respektieren. Folglich wird sich die „Freiheit der Lehre und Forschung" in den organisatorischen Rahmenbedingungen niederzuschlagen haben.

2.2 Einhaltung des Gleichheitsgrundsatzes beim Hochschulzugang (§ 4 Abs 1 FHG)

Fachhochschul-Studiengänge sind, soweit die fachlichen Voraussetzungen erfüllt sind, *allgemein zugänglich*. Dies gilt ohne Unterschied von Geschlecht, sozialer Herkunft (grundsätzlich können Fachhochschulen nur geringe Studienbeiträge in Höhe von € 363,36 einheben), ethnischer Zugehörigkeit, Religion oder Weltanschauung, Alter, sexueller Orientierung oder Staatsangehörigkeit.

Nicht explizit erwähnt sind Menschen mit Behinderungen. § 4 Abs 1 FHG wurde an die Terminologie des Gleichbehandlungsgesetzes (BGBl I 2004/66) angepasst, bezieht sich allerdings auf den Gleichheitsgrundsatz der Bundesverfassung (Art 7 Abs 1 B-VG), der Menschen mit Behinderung einschließt. *Studierende mit Behinderungen* sind demnach erfasst und können sich unmittelbar auf das Bundes-Behindertengleichstellungsgesetz (BGBl I 2005/82) berufen, das auch für Fachhochschulen anwendbar ist.

2.3 Fachhochschulen: IdR Private Organisationsformen mit hoheitlichen Aufgaben (Public Private Partnership-Modell)

Fachhochschulen sind mit einer Ausnahme (Erhalter der „Fachhochschule für angewandte Militärwissenschaften" ist das Bundesministerium für Landesverteidigung) *privatrechtlich organisierte Einrichtungen mit hoheitlichen Aufgaben*.

Wie unter Punkt 2.1.1 erwähnt, sind die meisten österreichischen Fachhochschulen als privatrechtliche Einrichtungen wie Vereine, Privatstiftungen oder Gesellschaften mit beschränkter Haftung organisiert. Diese Einrichtungen arbeiten regelmäßig auf gemeinnütziger Basis.

Dies unterscheidet die Fachhochschulen von den staatlichen Universitäten, die als Verwaltungseinheiten des Bundes zu sehen sind, wenn sie auch vom Gesetzgeber mit einer weitreichenden Handlungsautonomie ausgestattet wurden.

2.4 Fachhochschulen: Agieren vorwiegend nach dem Regime des Privatrechts

Fachhochschulen sind privatrechtlich organisiert und ihre Rechtsbeziehungen sind vorwiegend in der Rechtsform des Privatrechts gestaltet. Zudem haben sie die hochschulrechtlichen Bestimmungen des FHG einzuhalten.

Privatrechtliche Rechtsakte einer Fachhochschule sind etwa:

- ***Zulassung von Studierenden***

  Die Fachhochschulen erlassen keine Bescheide über die Zulassung von Studierenden. Die Zulassung ist ein *privatrechtlicher Akt* und die Studierenden erhalten eine Zulassungsbestätigung. In der Folge werden zwischen den Erhalter:innen und den Studierenden Verträge geschlossen, die ebenfalls privatrechtlicher Natur sind (die so genannten „Ausbildungsverträge"). Folglich ist nicht nur die Zulassung, sondern auch der Ausschluss vom Studium privatrechtlicher Natur. Die Erhalter:innen sind verpflichtet, aktuelle Muster der Verträge und der Curricula der Fachhochschul-Studiengänge in leicht auffindbarer Form auf der FH-Website zu veröffentlichen (vgl § 2 Abs 6 FHG).

- ***Abschluss von Arbeitsverträgen***

  An den Fachhochschulen gibt es (mit wenigen, vernachlässigbaren Ausnahmen) ***keine verbeamteten Personen.***

- ***Angelegenheiten des Studienrechts (§§ 10–21 FHG)***

  Die studienrechtlichen Beziehungen der Fachhochschulen sind fast ausschließlich *privatrechtlich gestaltet*. Hierzu zählen etwa die Zulassung zu Prüfungen, die Zuteilung von Prüfer:innen, die Festsetzung von Prüfungsterminen, die Anerkennung von Studien und Prüfungen im Einzelfall, die Aufhebung von Prüfungen, das Aufnahme- und Zulassungsverfahren, das Prüfungsverfahren im Allgemeinen, die Unterbrechung des Studiums durch die Studierenden, die Wiederholungen eines Studienjahrs, die Ungültigkeit von Prüfungen und wissenschaftlichen Arbeiten wegen Täuschung bei der Bewertung.

Rechtsakte der Fachhochschulen, die in den Bereich des *öffentlichen Rechts* fallen, stellen demgegenüber eher die *Ausnahme* dar. Hierzu zählen Angelegenheiten des Studienrechts, nämlich die Verleihung und der Widerruf von akademischen Graden sowie die Nostrifizierung von ausländischen akademischen Graden (vgl § 10 Abs 4 Z 4 iVm § 10 Abs 6 FHG) durch die Kollegiumsleitung. In diesen Bereichen setzen die Fachhochschulen Rechtsakte des Verwaltungsrechts in Form von Bescheiden, gegen die eine Beschwerde im öffentlich-rechtlichen Instanzenzug an das Bundesverwaltungsgericht zulässig ist.

Zu erwähnen ist auch, dass die institutionelle Akkreditierung der Fachhochschulen sowie die Akkreditierung der Studiengänge hoheitlich erfolgt. Das Board der AQ Austria entscheidet hierzu als Behörde in der Rechtsform des Bescheides (vgl § 25 HS-QSG).

2.5 Praxis- und Anwendungsbezug in Forschung und Lehre

Praxis- und Anwendungsbezug in der Forschung und der Lehre sind spezifische Merkmale im Profil der Fachhochschulen. Man kann mit Fug und Recht behaupten, dass dies *der USP* der Fachhochschulen ist.

Festgeschrieben sind diese Profilmerkmale in § 3 Abs 1 FHG. Aus dieser Bestimmung geht hervor, dass Fachhochschul-Studiengänge Studiengänge auf Hochschulniveau sind, die einer wissenschaftlich fundierten Berufsausbildung dienen.

In den Grundsätzen der Gestaltung von Fachhochschul-Studiengängen, die in § 3 Abs 2 FHG festgeschrieben sind, heißt es dann weiters, dass die Vielfalt wissenschaftlicher Lehrmeinungen und wissenschaftlicher und/oder wissenschaftlich-künstlerischer Methoden zu beachten sind (vgl Z 1). Weiters wird hier im Rahmen von Bachelorstudiengängen ein Berufspraktikum vorgeschrieben, das einen wesentlichen Bestandteil des Studiums darstellt und um dessen Dauer sich die Studienzeit nicht verlängert.

2.6 Wissenschaftliche Forschung

In § 8 Abs 3 Z 4 FHG ist die Forschung als Voraussetzung *zur Sicherung der Ziele und leitenden Grundsätze normiert* und daher als Teil der wissenschaftlichen Forschung festgeschrieben. Mit dieser Bestimmung ist die Durchführung von anwendungsbezogenen Forschungs- und Entwicklungsarbeiten durch die Mitglieder des Lehr- und Forschungspersonals als notwendige Bedingung zur Sicherung einer wissenschaftlich fundierten Berufsausbildung als Akkreditierungs-Voraussetzung und damit als Voraussetzung zur Sicherung der Qualität in der Lehre festgeschrieben.

Laut Bundesministeriengesetz (BGBl 1986/76 idgF) ist das Bundesministerium für Bildung, Wissenschaft und Forschung (BMBWF) für Angelegenheiten der Wissenschaften, insbesondere der wissenschaftlichen Forschung und Lehre zuständig (vgl § 2 Abs 1 Z 2 FHG iVm der zugehörigen Anlage E.4.). IVm § 8 FHG ergibt sich folglich eine *Zuständigkeit des BMBWF für die wissenschaftliche Forschung zur Sicherung der Qualität in der Lehre an Fachhochschulen.*

2.7 Aufnahme ins Studium nach leistungsbezogenen Kriterien

Die Zulassung zum Studium nach leistungsbezogenen Kriterien ist eines der wesentlichen studienorganisationsrechtlichen Grundprinzipien des Fachhochschulwesens. Dieses Prinzip war von Beginn an für alle Fachhochschul-Studien vorgesehen. Es resultiert aus der *begrenzten Anzahl an Studienplätzen*, die zur Verfügung stehen bzw vom BMBWF und im Bereich der gesundheitswissenschaftlichen Studien von den Bundesländern finanziert werden. Gesetzlich determiniert wird das Aufnahmeverfahren durch § 11 FHG, wonach für dieses, den Ausbildungserfordernissen des jeweiligen Studienganges entsprechend, leistungsbezogene Kriterien festzulegen sind.

2.8 Zulassung im Sinne der Durchlässigkeit

Dass an Fachhochschulen ein Studium nicht nur über die klassischen Zugangswege wie der allgemeinen Universitätsreife begonnen werden kann, sondern auch mit einer *einschlägigen beruflichen Qualifikation*, ist ein wesentliches Alleinstellungsmerkmal der Fachhochschulen, das in § 4 Abs 4 FHG normiert ist. Diese Bestimmung ist Ausdruck eines Wunsches des Gesetzgebers nach mehr Durchlässigkeit des Bildungssystems bis hin zum Hochschulstudium. Damit wurde die Durchlässigkeit auch in den Zielvorgaben (§ 3 Abs 1 Z 3 FHG) normiert (vgl ErläutRV 949 BlgNR 18. GP, 11 f). Umgesetzt wurde dieser Wunsch in der bereits erwähnten Zugangsmöglichkeit ohne Matura sowie in der breiten Anerkennungsmöglichkeit, die § 12 FHG vorsieht und den Studiengangsleitungen einen hohen Ermessensspielraum einräumt. So sieht § 12 Abs 1 FHG vor, dass bei der *Anerkennung nachgewiesener Leistungen* das Prinzip der lehrveranstaltungsbezogenen Anerkennung oder der modulbezogenen Anerkennung gilt, wobei die Gleichwertigkeit der erworbenen Kenntnisse gegeben sein muss. Diese müssen mit den zu erlassenden Lehrveranstaltungen oder Modulen hinsichtlich ihres Inhalts und Umfangs gleichwertig sein. Anerkennbar sind zudem Kenntnisse und Erfahrungen aus der beruflichen Praxis (vgl § 12 Abs 2 FHG).

2.9 Grundsätze guter wissenschaftlicher Praxis und akademischer Integrität

Mit der vorletzten Novelle zum FHG (BGBl I 2021/93) wurden die bestehenden Bestimmungen zur Erschleichung von wissenschaftlichen Leistungen (vgl § 20 FHG) durch eine Grundsatznorm in § 3 Abs 2 Z 1a FHG ergänzt. Aus den Zielen und leitenden Grundsätzen geht damit nun hervor, dass die Fachhochschul-Studiengänge für die *Sicherstellung der guten wissenschaftlichen Praxis und der akademischen Integrität* Sorge zu tragen haben. Die Ergänzung erfolgte gleichlautend im Universitätsgesetz, im Hochschulgesetz sowie im Privathochschulgesetz.

Bereits vor der Novelle kam die Regelung in § 20 FHG zur Anwendung, wonach die Beurteilung einer Prüfung oder wissenschaftlichen Arbeit für ungültig zu erklären ist, wenn diese Beurteilung, insbesondere durch die Verwendung unerlaubter Hilfsmittel, erschlichen wurde. Für ungültig erklärte Prüfungen sind auf die zulässige Anzahl von Wiederholungsprüfungen anzurechnen.

Wird eine Prüfung oder wissenschaftliche Arbeit für ungültig erklärt, führt dies zur Aberkennung der Prüfung durch die Studiengangsleitung (§ 10 Abs 5 Z 3 FHG) bzw zum Widerruf des akademischen Grades durch die Kollegiumsleitung (§ 10 Abs 4 Z 4 FHG).

3. Ausgewählte Bereiche aus Theorie und Praxis

Im nun folgenden Teil des Beitrages sollen einzelne organisationsrechtliche Bereiche genauer beleuchtet werden, bei deren Umsetzung aus Sicht der Autorin vor allem in jüngerer Zeit eine besonders eklatante *Divergenz zwischen den gesetzlichen Grundlagen bzw den theoretischen Ansätzen und der bestehenden Praxis bzw der aktuellen hochschulpolitischen Tendenzen* besteht.

3.1 Die Einheit von Lehre und Forschung und die Finanzierung der Fachhochschulen

Nach Sichtung des FHG ist abzuleiten, dass die Kernkompetenzen der Fachhochschulen Lehre und Forschung umfassen. Dies ergibt sich einerseits aus dem positiven Recht wie zB aus § 3 FHG Ziele und leitende Grundsätze, aus § 8 Abs 3 Z 4 FHG Durchführung von anwendungsbezogenen Forschungs- und Entwicklungsarbeiten durch die Mitglieder des Lehr- und Forschungspersonals als notwendige Bedingung zur Sicherung einer wissenschaftlich fundierten Berufsausbildung als Akkreditierungs-Voraussetzung sowie aus dem Bundesministeriengesetz. Andererseits ist auf die Gesamtdogmatik des Fachhochschulrechts zu verweisen, wonach *hochschulische Lehre selbstverständlich auch Forschung umfasst bzw dem Begriff Lehre auch Forschung immanent* ist. Damit sind die Fachhochschulen mit ihren „wissenschaftlich-berufsfeldorientierten" Studien dem Hochschul-Sektor zugeordnet. Die entsprechende Intention des Gesetzgebers geht unzweifelhaft aus der Stammfassung des FHG und seinen Erläuterungen hervor. Eine genaue Darstellung hierzu findet sich bei *Esca-Scheuringer/Ribitsch* zfhr 2019, 140. Lehre ohne Forschung entspricht nicht dem hochschulischen Qualitätsbegriff von Lehre. In der Konsequenz umfasst die Verantwortung des Bundes für die Fachhochschulen sowohl die Lehre als auch die Forschung, da diese beiden Begriffe im Hochschulwesen eben nicht voneinander zu trennen sind.

Hochschulpolitisch bedenklich ist, dass die Verwaltungspraxis des Bundes bzw des Forschungsressorts von diesen gesetzlichen Grundlagen abweicht, ein Umstand, auf den der Dachverband der österreichischen Fachhochschulen, die Österreichische Fachhochschul-Konferenz (*FHK*; www.fhk.ac.at), bereits seit vielen Jahren in ihren Positionspapieren hinweist. Vor allem geben aber **aktuelle, bildungspolitische Dokumente Anlass für Kritik.**

So wird etwa im jüngsten Fachhochschul-Entwicklungs- und Finanzierungsplan 2023/2024–2025/26 (*BMBWF* vom *März 2023*), dem strategischen Planungsdokument des Bundes für die Entwicklung des Fachhochschulsektors und die Finanzierung von Fachhochschul-Studiengängen nach § 2a FHG, die Kontextualisierung der Forschung mit der Lehre gar nicht vorgenommen. Gerade *aus der Einheit von Forschung und Lehre leiten sich aber einige wesentliche Entwicklungsperspektiven einer Hochschule ab,* wie die Etablierung von Karrierepfaden für die wissenschaftlichen Mitarbeiter:innen, die *Möglichkeit,* eigenständige Doktoratsprogramme anzubieten oder die Weiterentwicklung des „wissenschaftlich-berufsfeldorientierten" Studienangebots der Fachhochschulen. Derartige institutionelle Perspektiven, die einer Weiterentwicklung als wissenschaftlicher Hochschul-Sektor entsprechen würden, finden sich in diesem Dokument nicht. Irritierend ist dann aber vor allem die Aussage auf Seite 34 (erster Absatz), wonach die Finanzierung der Forschung an Fachhochschulen grundsätzlich dem:der Erhalter:in obliege. Der Bund delegiert also hier offenbar seine Finanzierungsverantwortung für die Forschung an die Erhalter:innen. Dies widerspricht, wie dargestellt wurde, deutlich den gesetzlichen Grundlagen, wonach dem Bund die Verantwortung für die, der Lehre immanenten, Forschung zukommt, dies selbstverständlich auch in finanzieller Hinsicht. *§ 2a FHG nimmt hierzu auch, dogmatisch korrekt, keine Differenzierung vor.* Ganz im Gegenteil: § 2a FHG umfasst mit der „Finanzierung der Fachhochschul-Studiengänge" auch die der Lehre immanenten Forschung und verweist dementsprechend sogar noch einmal explizit auf die Einhaltung der Ziele und leitenden Grundsätze nach § 3 FHG. Insofern weicht der Fachhochschul-Entwicklungs- und Finanzierungsplan von den gesetzlichen Grundlagen im FHG ab und es kann festgehalten werden, dass der *aktuell geltende Plan dem Gesetz widerspricht.*

Zur Finanzierungspflicht des Bundes gegenüber den Fachhochschulen muss ein weiterer davon unabhängiger Aspekt beleuchtet werden. Nachdem die Fachhochschulen nunmehr seit 30 Jahren bestehen und in Größe und Bedeutung aus der österreichischen Wissenschaft nicht mehr wegzudenken sind, ist es *rechtspolitisch* höchst an der Zeit, *diesen Sektor finanziell besser abzusichern.* Gerade in der Forschung wurden im Bereich Infrastruktur und Personal Strukturen geschaffen, die nicht nachhaltig abgesichert sind, sondern lediglich auf Basis von Projekt- oder Programmförderungen existieren. Viele Fachhochschul-Erhalter:innen kommen aufgrund der Volumina bestehender Forschungsprojekte nunmehr bei der Überbrückung von Phasen ohne Fördermittel an ihre budgetäre Grenze, was in weiterer Folge zu einem Abbau von Infrastruktur und Personal führt. Abgesehen von den volkswirtschaftlichen Folgen gefährdet dies die Qualität der Lehre, da ein nachhaltiger Rückfluss von Forschungsergebnissen in die Lehre so nicht gewährleistet werden kann.

Wie erwähnt, besteht die Finanzierungspflicht des Bundes für die Lehre und Forschung der Fachhochschulen aufgrund von § 2a FHG, in welchem der Fachhochschul-Entwicklungs- und Finanzierungsplan gesetzlich verankert wurde. Aus dieser Bestimmung geht hervor, dass mit jenen Erhalter:innen, die „vorgesehene Mittel des Bundes" (vgl Abs 1 Z 3 FHG) beziehen, Finanzierungsvereinbarungen abzuschließen sind. Die Erläuterungen zu dieser Bestimmung (ErläutRV 234 BlgNR 17. GP, 20 f) besagen, dass mit dem Entwicklungs- und Finanzierungsplan Planungssicherheit für die Fachhochschulen geschaffen wird, in dem die mittelfristig verfolgten bildungspolitischen Ziele festgehalten und die Vorstellungen des Bundes über seine finanzielle Beteiligung den Akteurinnen transparent gemacht werden. Zur besseren Abstimmung mit dem Sektor der öffentlichen Universitäten beträgt der Planungszeitraum mindestens drei Jahre. Weiters weisen die Erläuterungen darauf hin, dass Finanzierungsvereinbarungen zwischen Bund und Erhalter:innen von Fachhochschul-Studiengängen wie bisher im Wege der Privatwirtschaftsverwaltung abzuschließen sind. Mit der gesetzlichen Verankerung des Fachhochschul-Entwicklungs- und Finanzierungsplans in § 2a FHG kann davon ausgegangen werden, dass *der Bund seine Verantwortung für die Fachhochschulen in strategisch-finanzieller Hinsicht auch gesetzlich verankern wollte* und er damit von der in den Materialien zur Stammfassung des FHG erwähnten Sichtweise, das FHG „statuier(e) keine Verpflichtung des Bundes zur Finanzierung von Fachhochschul-Studiengängen", abgegangen ist. § 2a FHG wurde im Zuge der Novelle 2020 (BGBl I 2020/77) eingeführt. Vor dieser Novelle gab es keine gesetzliche Grundlage, mit der die Finanzierung der Fachhochschulen durch den Bund rechtlich verbindlich geregelt worden wäre. Man kann daraus schließen, dass sich der Bund mit der Einführung von § 2a FHG dazu verpflichtet hat, die Finanzierungsvereinbarungen (in der Praxis sog „Förderverträge" über die Finanzierung einer definierten Anzahl von Studienplätzen pro Studiengang) mit den Erhalter:innen abzuschließen und sich daraus auch ein Rechtsanspruch der Erhalter:innen auf Abschluss dieser Verträge ableitet. Anders als die ebenfalls mit öffentlichen Mitteln finanzierten staatlichen Universitäten, können die Fachhochschulen aber keinen Bescheid über den Abschluss ihrer *Fördervereinbarungen erzwingen*. Im Ergebnis bleibt eine gewisse Rechtsunsicherheit im Kontext der Förderlogik der Fachhochschulen gegenüber der Finanzierungslogik der Universitäten zurück. Die privatrechtliche Rechtsstruktur der Fachhochschulen würdigend, wäre es nach 30 Jahren Fachhochschulsektor angemessen und rechtspolitisch geboten, hier neue Wege zu beschreiten und auch für die Fachhochschulen ein rechtlich gut abgesichertes Finanzierungssystem einzuführen.

3.2 Schlankes Rahmengesetz und Entbürokratisierung vs Regulierung im Bereich der Qualitätssicherung und Berichtspflichten

Festzuhalten ist, dass die ursprüngliche Intention des Gesetzgebers, wie sie in den Erläuterungen zur Stammfassung dargelegt ist (ErläutRV 949 BlgNR 18. GP, 10), von einer *schlanken Gesetzgebung* im Bereich der Fachhochschulen ausgegangen ist. Ausdruck dessen ist auch die institutionelle Autonomie der Fachhochschulen, die eigene Rechtsform selbst auswählen zu können (vgl oben unter 2.1). Die Fachhochschulen sollten ihrer Rechenschaftspflicht über die externen Qualitätssicherungsverfahren nachkommen und dafür im Bereich ihrer materiell-inhaltlichen Vorschriften auf prozessuale Vorschriften und Mindeststandards beschränkt sein. Eine detaillierte Beschreibung zum FHG als Planungsgesetz findet sich bei *Hauser* (2020[9], Anm 8 ff zu § 1 FHG), der auch auf die der

Stammfassung nachfolgenden Novellen eingeht und festhält, dass das FHG bis heute kein (umfassendes) Organisationsgesetz enthält.

Der Gesetzgeber wollte also mit den Fachhochschulen einen neuen Hochschul-Sektor schaffen, organisatorisch *schlank strukturiert* und der bei der Erreichung der qualitativen Zielvorgaben weitgehend autonom agieren können sollte.

Betrachtet man die der Stammfassung nachfolgenden Novellierungen zum FHG, so muss konstatiert werden, dass zwar *einige organisationsrechtliche Bestimmungen hinzugekommen* sind und weitere Grundsätze und Prinzipien der Organisation von Fachhochschulen detaillierter ausgeführt wurden, das Gesetz in organisationsrechtlicher Hinsicht aber immer noch relativ schlank ist. Dies wird in der Literatur angesichts der Größe und des Wachstums des Sektors auch kritisch gesehen (vgl *Hauser*, zfhr 2018, 32 f), entspricht aber, wie dargestellt, der ursprünglichen Herangehensweise des Gesetzgebers.

Betrachtet man allerdings den Bereich der externen Qualitätssicherung, so kann die *Entwicklung der Regelungsdichte und Regelungsdetailliertheit als rasant bezeichnet werden.* Und so handelt es sich hier um einen weiteren Bereich, in dem der Gesetzgeber von seinem ursprünglichen theoretischen Ansatz abgegangen ist. Haben die ersten Akkreditierungsrichtlinien des Fachhochschulrates (die Vorgängerorganisation der heutigen AQ Austria) noch wenige Seiten umfasst und basierten auf einer einzigen Bestimmung im FHStG (Vorläufergesetz des heutigen FHG), so bestehen heute bereits drei Bestimmungen im FHG, die die Akkreditierung der Fachhochschulen und ihrer Studiengänge sowie ihre Berichtspflichten an die AQ Austria betreffen. Zudem ist ein *eigenes Materiengesetz für die externe Qualitätssicherung,* das HS-QSG, mit weiteren Detailregelungen hinzugekommen. Die auf dem FHG und dem HS-QSG basierende Akkreditierungs-Verordnung der AQ Austria (zum Download verfügbar unter: www.aq.ac.at) ist durch die detaillierteren Regelungen im Gesetz keinesfalls schlanker geworden. Sie umfasst aktuell 21 Seiten. Vor allem aber zeigt die Praxis, dass die Verfahren zur Akkreditierung von Fachhochschul-Studiengängen eine enorme Komplexität erreicht haben, die von der ursprünglichen Intention des Gesetzgebers, einen Hochschul-Sektor zu etablieren, der rasch und flexibel auf die Erfordernisse des Arbeitsmarktes, der Wirtschaft und der Gesellschaft reagieren kann, abweichen. Die Zeitspanne von der Idee über die Entwicklung bis zur

Akkreditierung eines Fachhochschul-Studienganges umfasst heute bereits mehr als zwei Jahre.

Der **Ruf nach einer Vereinfachung der Verfahren** und nach einer rascheren Akkreditierungsentscheidung durch die AQ Austria wird zunehmend lauter. Die Fachhochschulen selbst fordern eine Abschaffung der Studiengangs-Akkreditierung und der Akkreditierung von Änderungen bestehender Curricula, um wieder mehr Autonomie und raschere Handlungsfähigkeit zu erlangen (vgl www.fhk.ac.at unter „Positionen").

Torpediert wird die Idee eines schlanken Organisationsrechts zudem von den *zunehmenden Melde- und Berichtspflichten*, die den Fachhochschulen auferlegt wurden. Die bestehenden Meldepflichten (zB im Bereich des Bildungsdokumentationssystems, der Finanzdatenerhebung, des Datenverbundes und der Statistik Austria) werden laufend eher ausgebaut denn reduziert. Es muss in diesem Kontext angemerkt werden, dass diese vielen Meldungen die Fachhochschulen nicht nur heillos überlasten, sondern auch den Entbürokratisierungsbestrebungen des Bundes zuwiderlaufen (vgl *Regierungsprogramm* 2020–2024, 64 ff und Prozess zur Umsetzung im Hochschulbereich, lanciert durch das *BMBWF* von Mai 2022 bis dato).

3.3 Breite Durchlässigkeit vs Beschränkung des Zugangs zur Fachhochschule

Wie unter Punkt 2.8 dargestellt, sind **breitangelegte Zugangsmöglichkeiten** zum Fachhochschul-Sektor eine Grundintention des Gesetzgebers. Die „einschlägige berufliche Qualifikation" als zusätzliches formales Zugangskriterium zum Fachhochschul-Studium neben der allgemeinen Universitätsreife ist ein wesentliches Alleinstellungsmerkmal der Fachhochschulen, das in § 4 Abs 4 FHG normiert ist.

Neben dem Zugang ohne Matura sind auch die **breiten Anerkennungsmöglichkeiten**, die § 12 FHG vorsieht und den Studiengangsleitungen einen hohen Ermessensspielraum einräumen, Ausdruck der Durchlässigkeit, die schließlich auch in den Zielen und leitenden Grundsätzen der Fachhochschulen verankert wurde. § 3 Abs 1 Z 3 FHG spricht idZ von der „Förderung der Durchlässigkeit des Bildungssystems und der beruflichen Flexibilität der Absolventinnen und Absolventen".

Nicht unerwähnt soll bleiben, dass im Kontext der Durchlässigkeit auch die Organisationsform des Studienangebots relevant ist, wobei insbesondere **berufsbegleitenden Studiengänge und zielgruppenspezifische Angebote** eine wichtige Rolle spielen, da diese vor allem für berufstätige Studierende sehr attraktiv sind. Das berufsbegleitende Studienangebot ist an den Fachhochschulen sehr gut ausgebaut (derzeit studieren rund 40 % der FH-Studierenden in berufsbegleitenden Organisationsformen), wodurch sie idZ einen großen Beitrag zur Durchlässigkeit des Hochschul-Sektors leisten.

Festzustellen ist, dass neuere Entwicklungen in der Gesetzgebung auf eine Abkehr vom Grundsatz der Durchlässigkeit schließen lassen. So ist etwa im Rahmen der letzten Novelle zum FHG (BGBl I 2021/177) eine große **Reform der „Lehrgänge zur Weiterbildung"**, die dabei in „Hochschullehrgänge" umbenannt wurden, umgesetzt worden. § 9 FHG, in dem die Weiterbildung geregelt ist, wurde von ursprünglich fünf Absätzen auf zehn Absätze ausgeweitet. Es wurden also viele Aspekte reguliert, die zuvor der Gestaltungsfreiheit der Fachhochschulen überlassen waren. Tatsächlich wurde mit diesen Anpassungen auch das Ziel verfolgt, die Durchlässigkeit zwischen den ordentlichen und den außerordentlichen Bachelor- und Masterstudien sowie zu Doktoratsstudien zu gewährleisten (vgl ErläutRV 945 BlgNR 17. GP, 2 und 9). Vor dem Hintergrund der Durchlässigkeit ist daher besonders schwer nachvollziehbar, warum der Zugang zu den neuen außerordentlichen Bachelorstudien stärker reguliert wurde als bei den ordentlichen Bachelorstudien. So sind die Zugangsvoraussetzungen zu Hochschullehrgängen mit Bachelorabschluss nun in § 9 in Abs 6 Z 1 FHG mit der **allgemeinen Universitätsreife und einer mehrjährigen einschlägigen Berufserfahrung** festgeschrieben. Damit sieht diese Regelung einen eingeschränkteren Zugang vor als zu ordentlichen Bachelorstudien, die eben über die allgemeine Universitätsreife *oder* eine einschlägige berufliche Qualifikation zugänglich sind (vgl § 4 Abs 4 FHG). Warum sich der Gesetzgeber hier für eine Regelung entschieden hat, die die Durchlässigkeit stärker einschränkt, als dies im Bereich der ordentlichen Studien der Fall ist, bleibt offen. Dem Ziel der Novelle, die Durchlässigkeit zu fördern, ist man damit jedenfalls nicht nähergekommen, vielmehr wurde den Fachhochschulen damit ihr Alleinstellungsmerkmal eines Zuganges über eine „einschlägige berufliche Qualifikation" genommen. Gerade in Weiterbildung ist dies bedauerlich, da dieser Bereich besonders stark auf die Zielgruppe der Studierenden mit atypischen Zugangsvoraussetzungen ausgerichtet ist.

Bemerkenswert ist außerdem, dass für Hochschullehrgänge, in denen der akademische Grad „Bachelor Professional" verliehen wird (vgl § 9 Abs 6 Z 2 FHG), der Zugang ebenfalls eingeschränkt ist und nur über eine einschlägige berufliche Qualifikation *oder* eine mehrjährige einschlägige Berufserfahrung möglich ist. Auch diese gesetzliche Vorgabe geht an der Intention des Gesetzgebers vorbei, die Durchlässigkeit zu erhöhen, denn hier sind **Personen mit Hochschulreife, aber fehlender einschlägiger Berufserfahrung vom Zugang ausgeschlossen.**

In der Praxis wird dies zu einer **Trennung der Studierendenkohorten** in berufspraktisch vorgebildete Studierende in den „Bachelor Professional"-Hochschullehrgängen und den sonstigen „Bachelor"-Hochschullehrgängen führen. Ob dies wünschenswert ist, ist fraglich, denn in den ordentlichen Studien der Fachhochschulen, die beide Zugangsformen vorsehen, hat sich gezeigt, dass diverse Studierendenkohorten einen positiven Effekt auf die Studierenden-Community haben. Es wird dadurch ein „Voneinander-Lernen" ermöglicht, indem neue Einblicke in andere sozioökonomische Hintergründe der Mitstudierenden gewonnen werden können und letztlich die soziale Durchmischung in den einzelnen Jahrgängen gefördert wird.

Zu Verunsicherung hat auch die, ebenfalls mit der letzten Novelle zum FHG (BGBl I 2021/177) eingeführte Bestimmung in § 12 Abs 3 FHG geführt. In § 12 FHG ist die Anerkennung von nachgewiesenen Kenntnissen beim Eintritt in das Fachhochschul-Studium geregelt. § 12 Abs 1 FHG sieht vor, dass bei der Anerkennung nachgewiesener Kenntnisse das Prinzip der lehrveranstaltungsbezogenen Anerkennung oder der modulbezogenen Anerkennung gilt, wobei die **Gleichwertigkeit der erworbenen Kenntnisse** gegeben sein muss. Diese müssen mit den zu erlassenden Lehrveranstaltungen oder Modulen **hinsichtlich ihres Inhalts und Umfangs** gleichwertig sein. Anerkennbar sind zudem Kenntnisse und Erfahrungen aus der beruflichen Praxis (vgl § 12 Abs 2 FHG). Mit der letzten Novelle wurde nun Abs 3 neu eingeführt, der einen Verweis auf § 78 Abs 1 Z 2 lit b und c Universitätsgesetz (BGBl I 2002/120 idgF; kurz: UG) enthält, wonach für bestimmte schulische Ausbildungen (berufsqualifizierende Fächer einer BHS, bestimmte Fächer aus AHS-Sonderformen) ECTS-Höchstgrenzen für die Anerkennung aufgenommen wurden (absolvierte Prüfungen bis 60 ECTS, berufliche oder außerberufliche Qualifikation bis 60 ECTS, insgesamt bis 90 ECTS).

Es besteht die Frage, ob diese gesetzliche Ergänzung Auswirkungen auf andere schulische oder sogar hochschulische Anerkennungen haben kann. Aufgrund der expliziten Aufnahme einer Anerkennungsmöglichkeit für bestimmte Schulformen mittels Verweises auf das UG wurde in Frage gestellt, ob überhaupt noch andere schulische und hochschulische Leistungen anerkannt werden können. Aus Sicht der Autorin ist dies zu bejahen, da der Gesetzgeber das grundsätzliche Anerkennungsregime in § 12 Abs 1 und 2 FHG beibehalten (lehrveranstaltungsbezogene Gleichwertigkeitsprüfung nach Inhalt und Umfang) und nicht das komplette Anerkennungs-Regime der Universitäten übernommen hat, welches eine institutionenbezogene Sicht (berufsbildende Fächer einer BHS, bestimmte Fächer aus AHS-Sonderformen) vorsieht. Daher *können weiterhin auch andere hochschulische und außerhochschulische nachgewiesene Kenntnisse an den Fachhochschulen anerkannt werden*. Ebenso erscheinen die Anerkennungsgrenzen in Abs 3 als Spezialnorm, die entkoppelt von Abs 1 und Abs 2 zu sehen sind, und zwar insofern, als die ECTS- Obergrenzen des Abs 3 auf die dort bezogenen höheren Schulen beschränkt ist, während die flexible Überbaubestimmung des Abs 1 auf andere Qualifikationsformen ohne bestimmte Anerkennungsgrenzen, abstellt.

Abschließend ist festzuhalten, dass § 12 Abs 1 und 2 FHG den Fachhochschulen *breite Autonomie in Anerkennungsfragen einräumt, die nicht an gewisse Qualifikationsformen oder Institutionen anknüpfen*. Dieser Zugang hat sich für die Fachhochschulen in der Vergangenheit bewährt, da sie dadurch auf sich ändernde Bildungs- und Ausbildungssysteme flexibler reagieren konnten. Österreich hat insbesondere im Bereich der Gesundheitsberufe viele Ausbildungen, dem internationalen Standard entsprechend, an die Fachhochschulen übergeführt. Diese Akademisierung bzw Überführung an die Fachhochschulen macht es erforderlich, die überführten Qualifikationen frei im Sinne der Gleichwertigkeit hinsichtlich ihres Inhalts und ihres Umfangs bewerten zu können. So können attraktive Übergangsmöglichkeiten an die Fachhochschulen geschaffen und die Akademisierung und damit die internationale Vergleichbarkeit der österreichischen Qualifikationen vorangetrieben werden. Eine einschränkende Regelungs- und Interpretationspraxis im Bereich der Anerkennung wäre vor diesem Hintergrund kritisch zu sehen.

4. Resümee

Die Weichen zur Entwicklung der Fachhochschulen hat der Gesetzgeber vor 30 Jahren gelegt. Jetzt gilt es, die vorhandenen organisatorischen Rahmenbedingungen der Fachhochschulen *im Sinne des gesetzlichen Profils und der leitenden Grundsätze und Zielvorgaben weiterzuentwickeln*.

Aus Sicht der Autorin ist dabei essenziell, dass diese Weiterentwicklung einerseits unter *Wahrung des gesetzlichen Profils und der Alleinstellungsmerkmale* der Fachhochschulen geschieht, andererseits *unter Berücksichtigung der großen volkswirtschaftlichen Bedeutung*, die dem Fachhochschul-Sektor nach 30 Jahren zukommt.

- Im Bereich der Finanzierung wurde mit der gesetzlichen Implementierung des Fachhochschul-Entwicklungs- und Finanzierungsplans in § 2a FHG ein wichtiger erster Schritt gesetzt. Der Fachhochschul-Entwicklungs- und Finanzierungsplan muss inhaltlich dem FHG bzw der Gesamtdogmatik des Hochschulrechts entsprechen. Folglich muss daraus auch klar und eindeutig die *Gesamtverantwortung des Bundes für die Lehre und die Forschung* hervorgehen, die auch die Finanzierung umfasst. In rechtspolitischer Hinsicht wäre es geboten, ein neues rechtlich gut abgesichertes Finanzierungssystem zu implementieren, freilich unter Berücksichtigung der privatrechtlichen Struktur der Fachhochschulen.

- Ebenso *wichtig ist es, dass am Grundsatz einer schlanken Gesetzgebung und Verwaltung festgehalten wird*. Geboten wäre es, in den nächsten Jahren die Verfahren der externen Qualitätssicherung und hier insbesondere der Akkreditierung sowie die Melde- und Berichtsplichten zu entbürokratisieren und auf das notwendige Ausmaß zu reduzieren. Die Zeitspanne von mehr als zwei Jahren, die derzeit die Einrichtung eines Studiengangs benötigt, ist jedenfalls zu lange und ermöglicht es den Fachhochschulen nicht, ihrem ursprünglichen Auftrag gerecht zu werden, rasch und flexibel auf sich verändernde Anforderungen im Berufsprofil reagieren zu können. Vor dem Hintergrund einer zunehmenden Digitalisierung und einer sich rasch verändernden Arbeitswelt ist dies besonders problematisch.

- Die Fachhochschulen sind genau jener Hochschul-Sektor, der mit der klaren Zielvorgabe eingerichtet wurde, die **Durchlässigkeit hin zur Hochschule zu verbessern** (vgl § 3 Abs 1 Z 3 und § 12 FHG im Kontext der Anerkennung nachgewiesener Kenntnisse). Wichtig ist es, diesen Grundsatz bei künftigen gesetzlichen Adaptierungen zu berücksichtigen und daran festzuhalten, handelt es sich hierbei doch um ein Alleinstellungsmerkmal der Fachhochschulen.

5. Literatur

Berka, Die rechtswissenschaftliche Dimension der Fachhochschul-Autonomie (2000)

Berka, Gebundenheit und Autonomie (2004)

Bundesministerium für Bildung Wissenschaft und Forschung, Fachhochschul-Entwicklungs- und Finanzierungsplant 2023/24 – 2025/26

Die neue Volkspartei, Die Grünen – Die grüne Alternative, Regierungsprogramm 2020–2024, Aus Verantwortung für Österreich.

Esca-Scheuringer/Ribitsch, 25 Jahre Fachhochschulen – Genese, Gegenwart und Zukunft, zfhr (2019) 140

Hauser, Kurzkommentar zum Fachhochschulgesetz[9] (2020)

Hauser, Reformagenda FH-Recht 2018[+], zfhr (2018) 32

Holzinger, Fachhochschulen – ein gleichwertiger aber andersartiger Hochschultyp in Österreich, Zukunft und Aufgaben der Hochschulen (2017)

Lebenslanges Lernen: Chancen und Risken

Martina König

> In times of change,
> the learner will inherit the earth
> while the learned are beautifully equipped
> for a world that no longer exists.
>
> *Eric Hoffer*

Weiterdenken, weiterbilden, weiterkommen – die Notwendigkeit des lebenslangen Lernens ist in der heutigen Zeit relevanter denn je. Gut ausgebildete Mitarbeiter:innen sind eine der wichtigsten und wertvollsten Ressourcen in erfolgreichen Unternehmen.

1. Lebenslanges Lernen als Erfolgsfaktor

„Wachstum und Wandel: Es braucht beides!" Nach *Drexel* 2022, 241 befinden wir uns als Gesellschaft im geschichtlich größten Transformationsprozess. *Drexel* 2022, 240 plädiert für eine diesbezügliche Bewusstseinsschaffung in Unternehmen und für *Veränderungsbereitschaft und Veränderungsfähigkeit*, um in diesem Prozess des Wandels reüssieren zu können. Dies lässt sich durchaus auf die sich auch in einem Wandel befindliche Bildungslandschaft übertragen, denn der bis dato vorherrschende lineare Bildungsweg, also die klar strukturierte Abfolge von Ausbildungen, wird durch das flexiblere Konzept des lebenslangen Lernens – das heißt kontinuierliche Bildung und Weiterbildung während des gesamten Lebens – ergänzt. Das Konzept schließt auch ein, sich als Lehrende:r verschiedener didaktischer Modelle zu bedienen, um so den Lebenswelten berufstätiger Lerner:innen gerecht zu werden und bestmögliche Rahmenbedingungen für optimale Lernergebnisse zu schaffen.

In einer sich schnell verändernden – sich technologisch, ökologisch und ökonomisch weiterentwickelnden – Welt wird die Idee des lebenslangen Lernens zunehmend wichtiger, um mit den Anforderungen der modernen Gesellschaft Schritt halten und das individuelle Potenzial maximieren zu können. Bildungsträger, insbesondere Hochschulen, müssen sich also dieser Veränderung bewusst werden und bereit sein, in diesem Prozess eine führende Rolle zu spielen, um den *Zugang zu lebenslangem Lernen zu ermöglichen und zu fördern*. In weiterer Folge wird hier ausschließlich auf die an Hochschulen angebotene berufsbegleitende Weiterbildung eingegangen.

In den Weiterbildungsprogrammen der JOANNEUM ACADEMY etwa, dem Weiterbildungsangebot der Fachhochschule JOANNEUM (im Folgenden kurz: FH JOANNEUM), werden die Herausforderungen unserer vernetzten Welt als Chance verstanden, um beruflich am neuesten Stand der Technik und der Wissenschaften zu bleiben. Lernende werden immer schneller neue Fähigkeiten, neues Wissen und neue Methoden brauchen, da die einst erlernten Fähigkeiten oftmals den sich *rasch ändernden Wissenszyklen* nicht standhalten können. Hierbei eröffnet modulare lebenslange Weiterbildung – maßgeschneidert an die Bedürfnisse der Arbeitnehmer:innen und angepasst an die Erfordernisse der Industrie und Wirtschaft – eine notwendige Erweiterung zur bisher gängigen linearen Ausbildung.

Der *Verband Österreichischer Sicherheits-Experten* (im Folgenden kurz: VÖSI) weist auf die **Wichtigkeit von permanenter Weiterbildung** folgendermaßen hin: „Der VÖSI vertritt die Ansicht, dass eine gute Weiterbildung der Schlüssel zu einer erfolgreichen Arbeit für Sicherheitsfachkräfte ist. In einer Zeit, wo der technische Fortschritt sich rasant weiterentwickelt, wo jährlich dutzende Gesetze und Verordnungen, die für unsere Arbeit von Bedeutung sind, neu in Kraft treten oder geändert werden, ist der Erwerb aktueller Fachkenntnisse unbedingt erforderlich" (*VÖSI* oJ [2016?]).

Globaler betrachtet dies das *World Economic Forum* (im Folgenden kurz: WEF) 2020, 6 im „Future of Jobs Report 2020", in dem ebenso auf kürzere Wissenslebenszyklen hingewiesen wird. Laut WEF wird sich der Anteil der bei der Arbeit benötigten Kernkompetenzen um 40 % ändern – wohl auch bedingt durch Digitalisierung und Automatisierung – und *50 % der Arbeitnehmer:innen werden eine Umschulung benötigen*:

„The window of opportunity to reskill and upskill workers has become shorter in the newly constrained labour market. This applies to workers who are likely to stay in their roles as well as those who risk losing their roles due to rising recession-related unemployment and can no longer expect to retrain at work. For those workers set to remain in their roles, the share of core skills that will change in the next five years is 40 %, and 50 % of all employees will need reskilling (up 4 %)."

Die Lösung hierfür sieht das WEF in der notwendigen *Investition in lebenslange berufsbegleitende Weiterbildung*, da sich diese signifikant mittel- und langfristig rentieren wird: „Companies need to invest in better metrics of human and social capital through adoption of environmental, social and governance (ESG) metrics and matched with renewed measures of human capital accounting. A significant number of business leaders understand that reskilling employees, particularly in industry coalitions and in public-private collaborations, is both cost-effective and has significant mid- to long-term dividends – not only for their enterprise but also for the benefit of society more broadly" (*WEF* 2020, 6).

Dieser vom WEF konstatierte bemerkenswert hohe Prozentsatz derer, die eine Umschulung oder Weiterbildung tatsächlich brauchen werden, und das Argument der Kosteneffizienz für das Unternehmen einerseits aber andererseits auch auf lange Sicht für die Gesellschaft im Allgemeinen untermauern die Notwendigkeit und den dringlichen Wunsch nach Veränderung in der herkömmlichen hochschulischen Aus- und Weiterbildungslandschaft. Diesem *(Weiter-)Bildungsbedarf* kann man nur mit hochwertigen Weiterbildungsmöglichkeiten begegnen. Das heißt mit:

- beruflich relevanten, dem Stand der Technik angepassten und kontinuierlich zu evaluierenden Lehrinhalten;
- modernen Curricula, die dem Charakter der berufsbegleitenden Weiterbildung angepasste Lehr- und Lernformen beinhalten;
- interdisziplinärer und praxisnaher Lehre wie etwa realen Case Studies;
- fachlich und didaktisch höchst versierten Lehrenden.

In §9 des Fachhochschulgesetzes (BGBl 1993/340 idgF; im Folgenden kurz: FHG) findet man die *qualitätssichernden Rahmenbedingungen* für Hochschullehrgänge, die eine Form – nebst kürzeren modularen Angeboten wie Seminaren, Kursen, Workshops etc – der berufsbegleitenden Weiterbildung an Fachhochschulen darstellen.

Der Verweis auf die Wichtigkeit und Wertigkeit, auch berufsbegleitenden Unterricht an Fachhochschulen anzubieten, fand sich übrigens schon im Online-Beitrag „25 Jahre Fachhochschulen – Feiern ist gut, Ausbau ist besser!" von *Eckl/Kaiser* 2019 wieder. So sind nach den Autorinnen „(e)in besonderer Pluspunkt von Fachhochschulen (…) seit Beginn an auch spezielle Studienangebote für Berufstätige sowie ein breiterer Zugang, auch für Personen mit einschlägiger beruflicher Qualifikation, aber ohne traditionelle Matura. Diese Rahmenbedingungen haben erfreulicherweise zu einer ausgewogeneren sozialen Durchmischung des Hochschulsektors geführt."

Allerdings ist nicht nur die soziale Durchmischung ein großer Vorteil im gerade in der berufsbegleitenden Weiterbildung immens wichtigen **Voneinander- und Miteinander-Lernen**, sondern auch die unterschiedlichen Altersstufen, die unterschiedlichen Grundausbildungen, das individuelle Vorwissen und die persönlichen Berufserfahrungen der erwachsenen Lernenden.

All dies fließt in den Diskurs im Unterricht gewinnbringend ein und entspricht den Anforderungen einer **modernen verschränkten Arbeits- und Lernwelt**. Diese Symbiose betonen auch *Kreuzer/Aschbacher* 2021, 6: „Lernen prägt das neue Arbeiten und Arbeiten prägt das neue Lernen. Da sich Aufgabenprofile und Berufsbilder immer schneller wandeln, wird kontinuierliche Weiterentwicklung fester Bestandteil des Berufsalltags und damit Lernen in der Arbeitswelt integriert. Im Umkehrschluss wird auch die Arbeitswelt stärker in den hochschulischen Lernprozess integriert (…)."

Diese **Disruption in der Lern- und Arbeitswelt** hin zu neuen Lehr- und Lernformen und der Erschließung neuer Zielgruppen an Hochschulen bedeutet natürlich auch, dynamisch und flexibel zu bleiben, um auf die Anforderungen des Arbeitsmarktes rasch reagieren und geeignete Weiterbildungsprogramme zeitgemäß anbieten zu können.

Dabei sind diese nicht-klassischen Studierenden durchaus als Kund:innen zu betrachten, auf deren **Bedürfnisse und Erwartungen** die Hochschule eingehen muss. So sind nicht nur dem Fachgebiet und den Themen angepasste Arten der Lehrstoffvermittlung wie online synchron/online asynchron/hybrid/betreute Selbstlernphasen/Präsenzunterricht didaktisch sinnvoll zu kombinieren, sondern es ist auch auf die Lebensumstände der erwachsenen Studierenden und auf deren berufliche Situationen hinsichtlich Zeitmanagement Rücksicht zu nehmen und zu achten.

Der Begriff „Kund:innen" wird hier bewusst von der Autorin gewählt, um die **Kund:innenorientierung**, die in den – meist kostenpflichtigen – Weiterbildungsprogrammen im lebenslangen Lernen unerlässlich ist, ausdrücklich zu betonen. Der *Servicegedanke* auf Seiten der Bildungsanbieter ist hierbei von wesentlicher Bedeutung.

Die Begrifflichkeit für die lebenslangen Lerner:innen (für gewöhnlich in der Literatur nicht Kund:innen genannt) ist im Übrigen noch nicht eindeutig geklärt, weswegen oftmals auf die Bezeichnung ***nicht traditionelle Studierende*** zurückgegriffen wird (*Stopper* 2021, 204).

Schütze/Slowey 2002, 314f nennen drei Kriterien zur Definition nicht traditionell Studierender und betonen, dass diese Punkte besser geeignet wären, nicht traditionelle Studierende bzw life long learner zu identifizieren als lediglich das Alter oder andere chronologische Kriterien:

- Educational Biography
- Entry Routes
- Mode of Study

Nicht traditionelle, nicht lineare Ausbildungswege bedingen nicht traditionelle Methoden: Zielgruppenspezifische didaktische Konzepte, individuelle Lernumgebungen und flexible Zugangsmöglichkeiten zu Bildung sollten vorausgesetzt werden können. Auch vollzieht sich im Konzept des lebenslangen Lernens ein Wandel im Sinne einer **Bedeutungserweiterung des Begriffs Bildung** per se. Im lebenslangen Lernen steht die Arbeitswelt und die Lebenswelt in Bezug zur (Er-)Lernwelt. Daher müssen auch die Lernziele der berufsbegleitenden Weiterbildung und die Lehr- und Lernmethoden neu gedacht werden. *Egger/Härtel* 2021, VIII hinterfragen den Bildungsbegriff im Kontext eines offenen und chancengerechten lebenslangen Lernens: „Wenn Bildung aber bedeutet, die uns umgebende Welt zu erkunden, zu befragen, abzuwägen, zu bewerten, und wenn diese Prozesse auf Erkenntnis und Handlung abzielen, dann darf sie der aufklärerischen Dimension nicht verlustig gehen."

Der im obigen Zitat beschriebene **Einbezug der „umgebenden Welt"** ist gerade in der berufsbegleitenden Weiterbildung maßgeblich für eine nicht traditionelle, den Lernenden und deren Welten angepasste Pädagogik. Hier ist bewusst die Pluralform „Welten" für die unterschiedlichen, in sich verschränkten und ineinander übergreifenden Lebenswelten berufsbegleitend Studierender gewählt, um diese mannigfachen und untrennbaren Verbindungen der einzelnen Lebensbereiche hervorzuheben.

So fragen *Egger/Härtel* 2021, VIII f weiters nach den **Voraussetzungen**: „Welcher Voraussetzungen bedarf es gegenwärtig, um die immer stärker werdenden regionalen Ungleichheiten zwischen den Lebens- und Lernwelten der Menschen und deren Handlungskompetenzen zu analysieren und zu gestalten? Wie können die vielen prinzipiell möglichen Anerkennungs- und Bewusstwerdungswege zwischen formaler, informeller und nonformaler Bildung im Sinne einer lebens- und lernerweiternden Durchlässigkeit genutzt werden? Wie kann die Digitalisierung auch in der Bildungsarbeit dazu genutzt werden, neue und innovative Anlässe und Gelegenheiten zum Lernen zu schaffen, ohne gleichzeitig auf die in der Erwachsenenbildung so bestimmenden Werte wie Teilhabe, Mündigkeit, Verantwortung oder Respekt zu vergessen?"

Solch ***fundamentale Fragen*** werden sich die Bildungsträger hinsichtlich der – meist berufsbegleitenden – Weiterbildung stellen müssen, um dem derzeit so populären Begriff ***life long learning*** die richtige Bedeutung nicht nur auf fachlich-inhaltlicher, sondern auch auf didaktisch-methodischer aber insbesondere auch auf gesellschaftlich-sozialer Ebene zu verleihen.

2. Karrierechancen und gesellschaftlicher Wert

Unternehmen werden durch hervorragend ausgebildete Mitarbeiter:innen **wettbewerbs- und konkurrenzfähig**, indem motivierte Fachkräfte abteilungsübergreifendes Know-how bis hin zu Führungsqualitäten neben ihrer Berufstätigkeit erwerben und diese Fähigkeiten postwendend im Arbeitsumfeld anwenden können.

In Europa ist bereits ein **Fachkräftemangel** evident, wie *Sabin* 2022 in seinem Artikel „Bei Fachkräftemangel hält uns Europa den Spiegel vor" auf Focus Online betont: „Der Fachkräftemangel ist kein theoretisches Konstrukt, sondern hierzulande Realität in allen Wirtschaftsbereichen und Regionen. Doch nicht nur Deutschland ist betroffen, sondern viele weitere europäische Länder." Und weiters wird bezüglich Österreich im Speziellen angemerkt: „Kaum eine Branche bleibt davon unberührt. Und auch hier geht die Generation Babyboomer bald in Rente. Das Schlimmste kommt also erst noch."

Dieser Mangel an qualifizierten Arbeitskräften wird massive Auswirkungen auf die heimische Industrie haben, wenn nicht in qualitativ hochwertige Aus- und Weiterbildung investiert wird. Das betrifft gleichermaßen berufliche Neueinsteiger:innen, spartenfremde Quereinsteiger:innen sowie Höherqualifizierungen von bereits facheinschlägig tätigen Mitarbeiter:innen.

Unter dem Titel „Mehr Wettbewerbsfähigkeit, mehr Teilhabe, mehr Fachkräfte" *bekennt sich die Europäische Kommission zur Notwendigkeit von fachrelevanten Fortbildungen*: „Fachkräfte stehen für nachhaltiges Wachstum, mehr Innovation und größere Wettbewerbsfähigkeit der Unternehmen. Das Europäische Jahr der Kompetenzen 2023 will Unternehmen, besonders dem Mittelstand, aus dem EU-weiten Fachkräftemangel heraushelfen. Konkret geht es um mehr Umschulungen und Fortbildungen sowie darum, die für einen vernünftigen Arbeitsplatz erforderlichen Fertigkeiten zu erwerben" (*Europäische Kommission* 2022, passim).

Dies bietet weiterbildungsaffinen Mitarbeiter:innen nicht nur Chancen zum Einstieg, sondern auch zum Aufstieg in der Arbeitswelt und für die Firmen wiederum Erfolge durch top qualifiziertes Personal. Die Bereitschaft zur steten Weiterbildung wird ein *Schlüsselfaktor in der beruflichen Qualifikation* sein.

Die *Qualität der Aus- und Weiterbildung* wird zum Beispiel an Fachhochschulen durch das in § 9 Abs 1 FHG vorgeschriebene hochschulinterne Qualitätsmanagement wie folgt grundgelegt:

> *„Fachhochschulen sind berechtigt, in den Fachrichtungen der bei ihnen akkreditierten Fachhochschul-Studiengänge auch Hochschullehrgänge einzurichten. Diese sind in die hochschulinterne Qualitätssicherung und entwicklung einzubinden. Die Qualität der Lehre ist durch wissenschaftlich, wissenschaftlich-künstlerisch, künstlerisch oder berufspraktisch und didaktisch entsprechend qualifiziertes Lehrpersonal sicherzustellen."*

In qualitativ hochwertigen Weiterbildungsprogrammen wie etwa jenen der JOANNEUM ACADEMY findet *praxisbezogener, projektorien-*

tierter Unterricht in Kleingruppen statt, geleitet von fachlich und didaktisch versierten Lehrenden, bereichert durch Gastvorträge von nationalen und internationalen Expert:innen zu topaktuellen Themen. Die Teilnehmer:innen bekommen somit umfassendes und praxisnahes Wissen über alle Teilprozesse ihres Arbeitsgebiets mittels neuester Technologien vermittelt.

Jene Weiterbildungsprogramme im tertiären Sektor mit akademischen Abschlüssen stellen hierbei außerdem für die Teilnehmer:innen eine ausgezeichnete Möglichkeit dar, in jedem Lebensalter neben der beruflichen Tätigkeit einen akademischen Grad zu erlangen. Dies soll unter anderem auch zu **Führungspositionen** ermutigen und befähigen.

Darüber hinaus trägt Bildung, insbesondere lebenslanges Lernen, nicht nur zu beruflichen Aufstiegschancen, sondern auch zur **Identitätsstiftung** bei. Wobei die durch Bildung verbesserten individuellen Handlungsmöglichkeiten wiederum zur aktiven Teilhabe an der Gesellschaft animieren und somit lebenslanges Lernen in vielerlei Bereichen – wie in folgendem Zitat von *Egger* 2021, 331 treffend ausgeführt – zu **gesellschaftlichem Wert** führt: „Wenn wir aus den heutigen pandemischen, politischen, ökonomischen, kulturellen, gesellschaftlichen oder ökologischen Krisen einen Ausweg finden wollen, dann ist dieser nur lernend zu erreichen. So hilfreich technologische oder digitale Entwicklungen dabei auch sein können, so wesentlich ist es zu erkennen, dass die heute dominanten gesellschaftlichen Entwicklungen ohne die Steigerung der individuellen Handlungsfähigkeit der sozialen Akteure nicht zu bewältigen sind."

Dem:der Einzelnen ermöglicht lebenslanges Lernen zudem die Erschließung neuer Interessen, steigert die soziale Kompetenz und fördert so die **persönliche Entwicklung**. Indem die intellektuellen Fähigkeiten verbessert werden, wird das Selbstbewusstsein gestärkt. Zugleich senkt geistige Stimulierung das Risiko altersbedingter Krankheiten – so beschrieben von der Öl-Wissenschaftsredakteurin *Hutsteiner* 2019 im Beitrag „Bildung schützt vor Demenz" auf ORF Online: „Wenn wir das Bildungsniveau aller erhöhen können, wirkt sich das positiv auf die Kognition im Alter aus."

3. Praxisbezug und Netzwerkaufbau

An Fachhochschulen können berufsbegleitende Weiterbildungsmöglichkeiten unter qualitätssichernden Maßnahmen hervorragend etabliert werden, da diese gemäß FHG per definitionem Praxisorientiertheit gewährleisten. In den Zielen und leitenden Grundsätzen in § 3 Abs 1 FHG finden sich folgende Verweise auf den *Praxisbezug der Berufsausbildung*:

„*Fachhochschulen haben die Aufgabe, Studiengänge auf Hochschulniveau anzubieten, die einer wissenschaftlich fundierten Berufsausbildung dienen. Die wesentlichen Ziele sind:*

1. die Gewährleistung einer praxisbezogenen Ausbildung auf Hochschulniveau;

2. die Vermittlung der Fähigkeit, die Aufgaben des jeweiligen Berufsfeldes dem Stand der Wissenschaft und den aktuellen und zukünftigen Anforderungen der Praxis zu lösen;

3. die Förderung der Durchlässigkeit des Bildungssystems und der beruflichen Flexibilität der Absolventinnen und Absolventen."

Besondere Bedeutung kommt also sowohl an Fachhochschulen generell als auch im lebenslangen Lernen im Besonderen dem Lernen durch Praxisbezug zu. *Laurillard* 2012, 162 ff, Professor of Learning with Digital Technologies am University College London, unterstreicht die bildungsbezogene Relevanz des Lernens durch Praxisbezug nebst dem Lernen durch Anlernen, Recherche und Diskussion: „Learning through practice is a way of enabling the learner to understand and use the knowledge and skills of a discipline. (…) Learning through practice is different because it goes beyond the realm of language and representation. (…) The aim is to enable students to come to an enriched understanding of the knowledge through practicing the academic skills of experimentation, interpretation, debate, and hypothesis-building." Dies gelingt in einem Lernsetting mit berufstätigen Studierenden durch die unterschiedlichen Ausbildungswege und Berufserfahrungen inherent und trägt so unweigerlich zum *Erfolg des Wissenserwerbs, der Kompetenzsteigerung und der Fähigkeitserweiterung* bei.

Erfolgreiche Absolvent:innen attestieren der berufsbegleitenden Weiterbildung an der FH JOANNEUM unter anderem aufgrund des Praxisbezugs *exzellente Berufschancen und Aufstiegsmöglichkeiten*, darüber hinaus schätzen sie die Möglichkeit, sich zu vernetzen, Wissen zu teilen und neue Geschäftsideen zu entwickeln. Die Teilnehmer:innen in den berufsbegleitenden Weiterbildungsprogrammen sind unterschiedlicher Altersstufen, weisen verschiedenste Vorbildung und Berufserfahrung auf und kommen aus sämtlichen Branchen aus Industrie und Wirtschaft. Diese **Heterogenität** bietet immense Vorteile für das Miteinander- und Voneinander-Lernen (siehe Punkt 1), sowie für den Aufbau eines zusätzlichen beruflichen Netzwerks.

Dies belegt auch die **Absolventin** des Hochschullehrgangs „Technische Dokumentation", *Johanna van Dulmen, BSc MSc*: „Als Quereinsteigerin war es mir wichtig, eine fundierte Ausbildung zu finden, die sich mit einem Vollzeitjob vereinbaren lässt. Für den Masterlehrgang ‚Technische Dokumentation' habe ich mich aufgrund der zukunftsorientierten Inhalte, der langen Liste an renommierten Vortragenden aus der Praxis und nicht zuletzt der überschaubaren Dauer von drei Semestern entschieden. Besonders positiv finde ich, dass viele der unterrichteten Inhalte direkt in der Praxis umgesetzt werden können und dass besonders die rechtlichen Anforderungen detailliert und praxisbezogen betrachtet werden. Außerdem kann man sich durch diverse Veranstaltungen schnell ein wertvolles Netzwerk aufbauen."

Berufliche Netzwerke können dem fachlichen Austausch ebenso dienen wie neue Geschäftsmodelle zu finden, gemeinsame Projekte zu initiieren, Mitarbeiter:innen zu akquirieren, Aufstiegsmöglichkeiten zu erkennen oder schlicht Unterstützung in jeglichen beruflichen Belangen zu erhalten. In einer zunehmend vernetzten Welt ergeben sich diese wertvollen Interaktionen durch den Besuch von life-long-learning-Weiterbildungen auch abseits der Lehrveranstaltungen auf intrinsische Art und Weise.

Hierfür muss man **die Hochschule als Ort des lebenslangen Lernens** stärken und die berufsbegleitende Weiterbildung klar als eine ihrer Aufgaben definieren. Dies beinhaltet, wie in den Zielsetzungen des „Weiterbildungspakets" der *Agentur für Qualitätssicherung und Akkreditierung Austria* (im Folgenden kurz: AQA) 2022, 6 verankert ist, auch „die Schaffung weiterer Möglichkeiten zum Ausbau von Leistungen und Angeboten der Fachhochschulen und Universitäten als begleitende Akteure des LLL (life long learning, Anm der Autorin)."

Ergo, es müssen *optimale Rahmenbedingungen* für diese heterogene Zielgruppe geschaffen werden, denn „(w)irken kann Erwachsenenbildung, wenn Rahmenbedingungen bestehen, die es Menschen ermöglichen, an Bildung zu partizipieren, sich einzubringen und sich respektiert zu fühlen als Denkende, Wissende, Kompetente" (*Vater* 2021, 281).

4. Curriculumsdesign

Das berufliche Umfeld erweitert und verändert sich in allen Sparten laufend und damit auch die erforderlichen Tools, Technologien und Fähigkeiten. Dies verlangt moderne Curricula, die mit Vertreter:innen aus Industrie und Wirtschaft entwickelt und deren Lehrinhalte interdisziplinär, transdisziplinär und multidisziplinär vermittelt werden.

Die *Rolle der Lehrenden* wird hierbei neu definiert und so agieren diese in der berufsbegleitenden Weiterbildung vorrangig als Moderator:innen, Unterstützer:innen, Berater:innen und als Quelle des Wissens und der Expertise. *Benson* 2001, 171 beschreibt diese erweiterte Rolle dreiteilig: „facilitator, in which the teacher is seen as providing support for learning; counsellor, where the emphasis is placed on one-to-one interaction; and resource, in which the teacher is seen as a source of knowledge and expertise."

Den Lernenden soll wiederum ein größtmögliches Maß an *Lernerautonomie* zugestanden werden. Zeit- und ortsunabhängiges Lernen in Form von begleiteten Selbstlernphasen und asynchronen Online-Unterrichtseinheiten unterstützen den individuellen Lernprozess, insbesondere das Lerntempo und die Lernschritte. Nach *Benson* 2001, 1 bildet Lernerautonomie sogar die Voraussetzung für effektives Lernen und Verantwortungsbewusstsein für das eigene Handeln.

Dies folgt einem *konstruktivistischen Ansatz*, nämlich das Lernen als aktiven Prozess zu betrachten. „This constructivist approach where the learners are offered content dependent possibilities to make choices along pathways, which are not predefined, but constructed based on the learner's decision promote learner autonomy and therefore guarantee a better outcome" (*König* 2002, 2; *Kettemann* 1996, 32). Die Lernenden bauen somit ihr Wissen und Verständnis unter anderem durch aktive Konstruktionen ihrer Erfahrungen und Vorstellungen auf. Sie sollen aktiv an ihrem eigenen Lernprozess beteiligt sein können, indem sie eigene Vorstellungen entwickeln, diese reflektieren und diese mit den auch durch die Expertise der Lehrenden erlangten neuen Erfahrungen und Erkenntnissen abgleichen.

So kommt der Entwicklung eines Curriculums für ein Weiterbildungsprogramm auf inhaltlicher, aber auch methodisch-didaktischer Ebene große Bedeutung zu. Die Lerninhalte und Lernprozesse müssen von Expert:innen gestaltet werden, um sicherzustellen, dass die Inhalte aktuell bleiben und auch *methodisch zeitgemäß und der Zielgruppe angepasst* übermittelt werden. Insbesondere Curricula für Weiterbildungsprogramme sollten, um dem nicht-starren Charakter des lebenslangen Lernens gerecht zu werden, nicht nur innovativ, sondern zudem auch flexibel und dynamisch, also auch rasch an neue Anforderungen und Trends anpassbar sein.

Auch oder gerade in Weiterbildungsprogrammen ist die *regelmäßige Evaluierung* der Lehrinhalte und Lehrmethoden, des sogenannten Teaching Designs, unausweichlich, da sich einerseits die Inhalte – angepasst an unsere schnelllebige Zeit – laufend verändern können und sollen, aber auch die Lehr- und Lernmethoden ständig an die Bedürfnisse und Erwartungen der Teilnehmer:innen angepasst und verbessert werden müssen. Denn gemäß *Laurillard* 2012, 5 werden wir unsere Lehre ohne Feedback-Schleifen nicht verbessern können. Und ohne kontinuierliche Evaluierung des Lehrangebots können wir das Nutzenversprechen, das wir als Bildungseinrichtung in den Weiterbildungsprogrammen geben, nicht einhalten.

Ein besonderes curriculares Charakteristikum, das in berufsbegleitender Weiterbildung eine immer stärkere Rolle spielen wird müssen, aber zugleich auch eine besondere Herausforderung darstellt, ist die *Modularität* des Curriculums. „Mit dem Bolognaprozess und der damit verbundenen Reorganisation des Studiensystems erhält die wissenschaftliche Weiterbildung einen wichtigen Impuls, da durch die Kompetenzorientierung im Europäischen Qualifikationsrahmen in der Koppelung zum System der Leistungspunkte (ECTS) Strukturinnovationen gesetzt sind, die die Übergänge zwischen grundständigem und weiterbildendem Studium im Sinne durchlässigerer Strukturen erleichtern" (*Faulstich/Oswald* 2010, 6).

ECTS steht als Akronym für „European Credit Transfer and Accumulation System" – das europäische Erfassungssystem für zu erbringende und erbrachte Leistungen von Studierenden, das es erlaubt, Lernumfang, Lernergebnis und Lernziel in hochschulischer Aus- und Weiterbildung auf europäischer Ebene vergleichen zu können. Um nun **Durchlässigkeit** zu ermöglichen, ist es nötig, vergleichbare Lernergebnisse zu benennen, welche im Universitätsgesetz (BGBl I 2002/120 idgF; im Folgenden kurz: UG) in § 51 Abs 2 Z 34 folgendermaßen definiert sind:

> *„Lernergebnisse sind diejenigen Kenntnisse, Fertigkeiten und Kompetenzen, die im Rahmen eines Studiums, in einer Aus-, Fort- oder Weiterbildung, im Arbeitsprozess oder in einem nicht geregelten Lernprozess erworben werden und im Hinblick auf eine berufliche Tätigkeit oder eine weitere Ausbildung eingesetzt werden können. Im Rahmen eines Studiums erworbene Lernergebnisse werden insbesondere im Qualifikationsprofil zu diesem Studium beschrieben."*

Lernergebnisse, also erworbene Kenntnisse, Fertigkeiten und Kompetenzen, können nach zuvor definierten, nachvollziehbaren Standards anerkannt werden, wenn sie vergleichbar sind und kein wesentlicher Unterschied besteht. Nach der Definition von *Schermutzki* 2008, 6 ist ein Lernergebnis etwas, das sich „auf die Lernendenperspektive der erworbenen Kompetenz (bezieht)". Die Autorin grenzt dabei klar die Lernergebnisse von den Lernzielen ab, die sich „auf die Lehrendenperspektive des zu Vermittelnden (beziehen)."

Die Lernergebnisse können in einer transparenten Modulstruktur erworben werden, also in kleinen Umfängen, sogenannten ***Microcredentials***. Diese sind im Positionspapier „Micro-credentials" des *Bundesministeriums für Bildung, Wissenschaft und Forschung* (im Folgenden kurz: BMBWF) 2021, 4 im Umfang von 3 bis 15 ECTS definiert.

Die Autor:innen des Positionspapiers (Vertreter:innen der vier Hochschulsektoren, der AQA und des BMBWF) sehen die Ansiedelung von Microcredentials eindeutig im Bereich des lebenslangen Lernens: „Die österreichische Hochschulbildung sieht das Angebot und den Erwerb von Microcredentials vor (zum Beispiel auch im Zugang), während und nach einem Hochschulstudium, ganz im Sinne einer lebensbegleitenden, hochschulischen Aus-, Fort- und Weiterbildung" (*BMBWF* 2021, 1).

Durch den Erwerb von **ECTS** sollen Microcredentials einerseits im Umfang der Lernleistung, doch auch hinsichtlich der Lernergebnisse untereinander vergleichbar sein, wie aus dem Informationstext „ECTS-System" auf der Webseite des BMBWF hervorgeht: „Primäres Ziel des Kreditpunktsystems war zunächst, den Transfer von Studienleistungen maßgeblich zu erleichtern. Im Laufe der Zeit etablierte sich ECTS aber zunehmend auch zu einem Qualitäts- und Transparenzinstrument. Damit wird nicht nur abgebildet, wie viel Lernaufwand Studierende für ein bestimmtes Lernergebnis aufwenden müssen, sie erfahren auch, welche Fertigkeiten sie am Ende des Lernprozesses erworben haben sollen" (*BMBWF* oJ, passim).

Der ***gemeinsame Europäische Qualifikationsrahmen*** (im Folgenden kurz: EQR) soll hierbei für Bildungsstandards in höchster Qualität sorgen und ein europaweit vergleichbares System etablieren, wie im Folgenden dargestellt wird: „Der EQR ist in seinem Kern ein achtstufiger Vergleichs- und Übersetzungsraster, der die Vielzahl nationaler Qualifikationen europaweit vergleichbar und verständlich machen soll. Das soll letztlich dazu führen, die Qualifikationen der gesamten Bildungslandschaft anhand von Lernergebnissen abbilden zu können. Lernergebnisse stellen dabei gemeinsame Basis für die Beschreibung und Vergleichbarkeit von Qualifikationen in der komplexen und vielschichtigen Qualifizierungslandschaft Europas dar" (*BMBWF* oJ [2016?], passim). Der **Mehrwert von an Hochschulen angebotenen Microcredentials** wird im Positionspapier „Micro-credentials" des *BMBWF* 2021, 4 unter anderem in der Förderung der qualitativ hochwertigen, auf akademischem Niveau stattfindenden Kooperationen mit der Wirtschaft oder auch in der durch Microcredentials möglichen rascheren Reaktionsfähigkeit von Hochschulen auf gesellschaftliche Veränderungen und sich wandelnde Arbeitsmärkte gesehen.

Raab 2023, 16 wiederum benennt den Mehrwert des Besuchs von kleinstrukturierten Weiterbildungen im Vortrag „Small – the next big thing" wie folgt:

- Flexibles Lernen (in kurzen Sequenzen);
- Rasche Reaktion auf Anforderungen
  - Gesellschaft
  - Wissenschaft/Arbeitsmarkt;
- Erweiterung Angebotsspektrum;

- Hochwertige Kooperationen (Lernangebote) mit
  - Wirtschaft/Unternehmen (Transdisziplinarität)
  - anderen (internationalen) Hochschulen (Interdisziplinarität).

Deshalb empfiehlt sich eine gewisse Modularität und ***Flexibilität*** in den Weiterbildungsprogrammen im tertiären Bildungssektor. So kann zum Beispiel ein Hochschullehrgang in einzelne Module oder einzelne Kurse aufgeteilt werden, die weder parallel noch seriell belegt werden müssen, sondern je nach Lebensplanung einzeln absolviert werden und letztendlich in Summe einen universitären Abschluss ergeben können (Stackability), aber nicht zwingend müssen. Es können auch lediglich einzelne Zertikate erlangt werden.

Die Grundsätze von Microcredentials umfassen laut *Raab* 2023, 17:

- Lernendenzentriertheit;
- Qualität – valide Beurteilung – Authentizität;
- Transparenz;
- Relevanz;
- Flexible (individuelle) Lernpfade;
- Anerkennung – Übertragbarkeit;
- Information und Beratung.

Die letzten drei Punkte führen laut Autorin zur oben bereits genannten und beschriebenen ***Stackability***. Auch *Kreuzer/Aschbacher* 2021, 7 beschäftigen sich mit der Thematik der Modularität in berufsbegleitender Weiterbildung und sehen eindeutig Vorteile im Lernen in modularisierten, kleinen Einheiten, denn „der/die Lernende/r kann deutlich flexibler und auch kurzfristiger planen. Der Begriff ‚learning on demand' ist sehr eng verbunden mit dem Anspruch, personalisierte Lernpfade zu ermöglichen. Hinter dem Begriff des personalisierten Lernens steht die Zielsetzung, Weiterbildung so individuell und passgenau an die Bedarfe der Mitarbeitenden auszurichten."

5. Herausforderungen

Eckl/Kaiser sprechen zwei Faktoren an, die für den Erfolg einer berufsbegleitenden Weiterbildung maßgeblich entscheidend sind: die Leistbarkeit und die den Bedürfnissen der berufstätig Studierenden angepasste

Organisationsform: „Berufstätige, die sich höherqualifizieren wollen, müssen weiterhin österreichweit die Chance auf ein leistbares Hochschulstudium haben. Für berufstätige Studierende, die über mehrere Jahre Studium, Beruf, Familie etc. unter einen Hut bringen müssen, gilt es, die organisatorischen Rahmenbedingungen weiter zu verbessern" (*Eckl/ Kaiser* 2019, passim).

Bezüglich der **Leistbarkeit** und der **Finanzierung** der kostenpflichtigen Programme sei erwähnt, dass finanzielle Anreize in Form von Zuschüssen, Stipendien oder einer Basisfinanzierung geschaffen werden sollten, um allen Weiterbildungswilligen diesen Weg zu ermöglichen. So sieht dies auch das *WEF* 2020, 6: „The public sector needs to provide stronger support for reskilling and upskilling for at-risk or displaced workers. Currently, only 21 % of businesses report being able to make use of public funds to support their employees through reskilling and upskilling. The public sector will need to create incentives for investments in the markets and jobs of tomorrow; provide stronger safety nets for displaced workers in the midst of job transitions; and to decisively tackle long-delayed improvements to education and training systems."

Auch organisatorisch sind berufstätigen Studierenden unweigerlich Grenzen gesetzt, da ihre Lebenswelten zwangsläufig meist andere sind als jene von gewöhnlichen Studierenden. *Systeme müssen angepasst und Strukturen müssen realisiert werden*, die es ermöglichen, Beruf, Familie, anderweitige Verpflichtungen und die respektive Weiterbildung zeitlich und geographisch zu vereinen. Hierzu tragen selbstorganisiertes und selbstgesteuertes Lernen genauso bei wie Unterrichtszeiten außerhalb der Regelzeiten, wie abends und wochenends oder geblockte Lehrveranstaltungen. Lernorte und Lernwege müssen demgemäß flexibilisiert und die Bedürfnisse der Zielgruppe stark in die Entwicklung der Weiterbildungsprogramme miteinbezogen werden.

Auch die **Motivation** berufsbegleitend Studierender hängt mit organisatorischen Verhältnissen zusammen. *Schütze/Slowey* 2002, 315 heben hervor, dass die Motivation von diesen nicht traditionell Studierenden stark an die **institutionellen Gegebenheiten und politischen Reglements** geknüpft ist, die die Teilnahme sowohl fördern als auch behindern können. In diesem Sinne sollten selbstredend Rahmenbedingungen geschaffen werden, die ein schnelles, flexibles und dynamisches Handeln erlauben, ohne jedoch die Inhalte und Ziele aus den Augen zu verlieren.

Dies betrifft natürlich einerseits Bildungsträger, die Weiterbildungsprogramme anbieten, aber andererseits auch **Unternehmen**, deren Kapital unter anderem gut ausgebildete Mitarbeitende und Führungskräfte sind. *Kreuzer/Aschbacher* 2021, 7 plädieren diesbezüglich dafür, eventuell Dienstzeit als Zeit für individuelle Weiterbildung zur Verfügung zu stellen, denn laut den Autoren „(muss) Weiterbildung (…) ein integraler Bestandteil des Arbeitsalltags werden. Weiterbildung muss die MitarbeiterInnen unterstützen und bei Problemen helfen, selbständig Lösungen zu finden."

6. Perspektiven

Der Weg zum lebenslangen Lernen sollte bestmöglich allen geebnet werden, die ihn beschreiten wollen. Dies inkludiert in konsequenter Folge auch **Teilnehmer:innen ohne Matura** an – auch mit akademischem Grad abschließenden – hochschulischen Weiterbildungsprogrammen. Diesbezüglich halten *Eckl/Kaiser* 2019, passim fest: „Der Anteil der StudienanfängerInnen mit Berufsreifeprüfung, Lehrabschluss mit Zusatzprüfung etc. ist seit Jahren weitgehend konstant und lag im Studienjahr 2018/19 bei knapp 12 Prozent. Eine Höherqualifizierung auf Hochschullevel muss aber für mehr Studieninteressierte auch ohne klassische Reifeprüfung möglich sein. Dafür braucht es besondere Anstrengungen und ein zusätzliches Budget."

Im Positionspapier „Micro-credentials" des *BMBWF* 2021, 4 wird von den Autor:innen ausdrücklich betont, dass es „(…) um ein ‚up- und reskilling' von Fertigkeiten von Studierenden/Lernenden, aber auch bereits Berufstätigen bzw. Personen ohne hochschulischen Abschluss (geht)." Dass also die formalen Zugangsvoraussetzungen nicht zwingend als Qualitätsmerkmal gesehen werden können, ist im Sinne von **Bildung für alle** evident. Die Qualität der Ausbildung hängt zudem nicht von den Zulassungskriterien ab, sondern konstituiert sich unmissverständlich durch die Lehrinhalte, die Lehrenden, die Methodik, das Curriculum, die Organisationsform etc – summa summarum durch die auf in jeglicher Hinsicht hohem Niveau gelebte hochschulische Weiterbildung.

Lenz 2021, 16 verweist zusätzlich auf die durch die soziale Herkunft bedingten ungleichen Chancen am Weiterbildungsmarkt in Österreich und ersetzt den Slogan „*Bildung für alle*" mit „***For the many not the*** *few*". Er begründet dies wie folgt: „Integrative Erwachsenenbildung im Rahmen eines Konzepts des oben skizzierten lebenslangen Lernens hat klare Ziele. Sie will beitragen, dass ‚viele' ihren Stellenwert als Erwachsene neu erkennen und sich positionieren. Sie sollten Deutungshoheit, Einfluss, Mitbestimmung, Teilhabe an Wissen nicht nur wenigen überlassen, die aufgrund ihrer Herkunft materiellen Reichtum und Bildung ‚geerbt' haben. Deshalb lautet eine Perspektive für aufklärende Bildung: von anderen lernen – sich mit anderen bilden. Bildungspolitisch geht es schließlich darum, organisatorische und inhaltliche Konsequenzen zu ziehen: *For the many not the few*" (*Lenz* 2021, 18).

Höherqualifizierungen werden immer ein Sprungbrett zum beruflichen Einstieg, Aufstieg und Umstieg sein und nur durch bestens geschulte Arbeitnehmer:innen und Arbeitgeber:innen werden wir den technologischen, sozialen, ökonomischen und ökologischen Wandel bewältigen können. Denn der hochschulische Weiterbildungsmarkt befindet sich – wie schon eingangs erwähnt – im Wachstum und im Wandel. Lebenslanges Lernen bestmöglich zu fördern, sollte demnach ein ***gesamtgesellschaftspolitisches Ansinnen*** sein.

Bleiben wir als hochschulische Bildungseinrichtung also ***mutig***, bleiben wir ***dynamisch*** und bleiben wir ***flexibel***. „Experimente machen uns Menschen aus; denn letztlich ist unser ganzes Leben durch nie endende Episoden des Ausprobierens geprägt" (*Kaduk/Osmetz/Wüthrich* 2020, 8).

Die Bildungslandschaft befindet sich im Umbruch. Streben wir danach, die Weiterbildungsprogramme stetig den Bedürfnissen anzupassen und weiterzuentwickeln – inhaltlich, methodisch, formal – und bleiben wir auch ***Neuem gegenüber offen***, denn „Experimente können nicht scheitern, weil jedes Experiment zu einer Erkenntnis führt, auch wenn sich die Hypothese nicht bestätigen lässt. (…) (Musterbrecher) verstehen, dass intelligente Organisationsentwicklung immer wieder neue Prototypen benötigt. Sie sind neugierig und haben den Mut zu scheitern" (*Kaduk/Osmetz/Wüthrich* 2020, 12).

Gerade im Bildungswesen soll es uns stets ein Anliegen bleiben, visionär, neugierig und mutig zu sein, um den ***hohen Ansprüchen*** der wissensdurstigen und bildungshungrigen Weiterzubildenden gerecht zu werden, indem wir weiterhin versuchen, „gewöhnliche Dinge außergewöhnlich gut zu machen" (*Drexel* 2022, 216), denn es bestimmen die

Kund:innen, was außergewöhnlich gut ist – in unserem Fall die life long learner. Und gerade als hochschulische Bildungseinrichtung sollten wir überdies auch *das Außergewöhnliche nicht scheuen*. Denn einer Hochschule kann – ebenso wie einem Unternehmen – „nichts Besseres geschehen, als über viele begeisterte Kunden zu verfügen (und dies) kann nur gelingen, wenn das Unternehmen Tag für Tag Verlässlichkeit auf hohem Niveau bietet" (*Drexel* 2022, 221).

7. Zitierte Literatur

Agentur für Qualitätssicherung und Akkreditierung Austria, hochschul | bildung | weiter | gedacht. Lebensbegleitendes Lernen an Hochschulen: Standpunkte und Perspektiven, Tagungsinformation zur 9. AQ Austria Jahrestagung am 22.9.2022 (2022)

Benson, Teaching and Researching. Autonomy in Language Learning (2001)

Benz/Kohler/Landfried (Hg), Handbuch Qualität in Studium und Lehre. Evaluation nutzen – Akkreditierung sichern – Profil schärfen! (2008)

Bundesministerium für Bildung, Wissenschaft und Forschung, Der Nationale Qualifikationsrahmen (NQR)/Der Europäische Qualifikationsrahmen (EQR) (oJ – 2016 ?); https://www.bmbwf.gv.at/Themen/HS-Uni/Studium/NQR.html (10.4.2023)

Bundesministerium für Bildung, Wissenschaft und Forschung, ECTS-System (oJ); https://www.bmbwf.gv.at/Themen/HS-Uni/Studium/Anerkennung/ECTS-System.html (10.4.2023)

Bundesministerium für Bildung, Wissenschaft und Forschung, Microcredentials (2021); https://www.bmbwf.gv.at/Themen/HS-Uni/Europ%C3%A4ischer-Hochschulraum/Die-Themen-des-Europ%C3%A4ischen-Hochschulraums/Microcred.html (20.2.2023)

Drexel, Auf den Spirit kommt es an (2022)

Eckl/Kaiser, 25 Jahre Fachhochschulen – Feiern ist gut, Ausbau ist besser! (2019); https://awblog.at/25-jahre-fachhochschulen (5.2.2023)

Egger, Regionale Teilhabe und Bildung. Lernwelten zwischen Anspruch und Wirklichkeit, in: *Egger/Härtel* (Hg), Bildung für alle? Für ein offenes und chancengerechtes, effizientes und kooperatives System des lebenslangen Lernens in Österreich (2021) 331

Egger/Härtel, „Bildung für alle?" in: *Egger/Härtel* (Hg), Bildung für alle? Für ein offenes und chancengerechtes, effizientes und kooperatives System des lebenslangen Lernens in Österreich (2021) V

Egger/Härtel (Hg), Bildung für alle? Für ein offenes und chancengerechtes, effizientes und kooperatives System des lebenslangen Lernens in Österreich, Lernweltforschung Band 36 (2021)

Europäische Kommission, Europäisches Jahr der Kompetenzen 2023 (2022); https://commission.europa.eu/strategy-and-policy/priorities-2019-2024/europe-fit-digital-age/european-year-skills-2023_de (10.3.2023)

Faulstich/Oswald, Wissenschaftliche Weiterbildung, Arbeitspapier 200 der Hans-Böckler-Stiftung (2010)

Hutsteiner, Bildung schützt vor Demenz (2019); https://science.orf.at/v2/stories/2993716 (2.4.2023)

Kaduk/Osmeth/Wüthrich, Musterbrecher. Ein Prospekt für mutige Führung[3] (2020)

Kettemann, Das neue (induktive) Lernen. Der Computer im Sprachunterricht, in: TELL/CALL 20 (1996) 32

König, EFL E-learning platforms. The linguistic, methodological and technical state of the art, Ungedr. Dipl.-Arb. Karl-Franzens-Universität Graz (2002)

Kreuzer/Aschbacher, Universitäre Weiterbildung NEU denken, in: WINGbusiness 3/2021 Learning Factories (2021) 6

Laurillard, Teaching as a Design Science. Building Pedagogical Patterns for Learning and Technology (2012)

Lenz, Integrative Erwachsenenbildung – For the many not the few, in: *Egger/Härtel* (Hg), Bildung für alle? Für ein offenes und chancengerechtes, effizientes und kooperatives System des lebenslangen Lernens in Österreich (2021) 1

Raab, Small – the next big thing, Ungedr. Unterlagen zu Online-Beitrag (2023)

Sabin, Bei Fachkräftemangel hält uns Europa den Spiegel vor (2022); https://www.focus.de/perspektiven/ueberalternde-gesellschaften-fachkraeftemangel-in-allen-bereichen-europa-haelt-uns-den-spiegel-vor_id_180405100.html (10.4.2023)

Schermutzki, Learning outcomes – Lernergebnisse: Begriffe, Zusammenhänge, Umsetzung und Erfolgsermittlung. Lernergebnisse und Kompetenzvermittlung als elementare Orientierungen des Bologna-Prozesses, in: *Benz/Kohler/Landfried* (Hg), Handbuch Qualität in Studium und Lehre. Evaluation nutzen – Akkreditierung sichern – Profil schärfen! (2008) 1

Schütze/Slowey, Participation and exclusion: A comparative analysis of non-traditional students and lifelong learners in higher education, in: Higher Education 44 (2002) 309

Stopper, Hochschulbildung zwischen nicht traditionellen Bildungswegen und lebenslangem Lernen in Österreich, in: *Egger/Härtel* (Hg), Bildung für alle? Für ein offenes und chancengerechtes, effizientes und kooperatives System des lebenslangen Lernens in Österreich (2021) 197

Vater, Zum Nutzen von Volkshochschulbildung. Wie wirkt Erwachsenenbildung und wem nutzt Erwachsenenbildung? in: *Egger/Härtel* (Hg), Bildung für alle? Für ein offenes und chancengerechtes, effizientes und kooperatives System des lebenslangen Lernens in Österreich (2021) 275

Verband Österreichischer Sicherheits-Experten, Informationen zur Weiterbildung und den VÖSI-Punkten (oJ – 2016?), https://voesi.at/70/Informationen-zur-Weiterbildung-und-den-VOSI-Punkten (29.12.2022)

World Economic Forum, The Future of Jobs Report 2020 (2020), https://www.weforum.org/reports/the-future-of-jobs-report-2020/digest (1.4.2023)

Forschung und Entwicklung im Fachhochschulbereich: Gegenwart und Zukunft (unter besonderer Berücksichtigung der FH JOANNEUM)

Roswitha Wiedenhofer-Bornemann

Ausgehend von den Charakteristika der Forschungsaktivitäten des Fachhochschul-Sektors werden im ggst Beitrag deren aktueller Status, relevante Förderprogramme und zukünftige Entwicklungsaspekte reflektiert.

1. Einleitung

Der Bereich der Forschung und Entwicklung an den österreichischen Fachhochschulen (im Folgenden kurz: FHs) ist *eine Erfolgsgeschichte:* In qualitativer Hinsicht sind die österreichischen FHs in der anwendungsorientierten Forschung und Entwicklung (im Folgenden kurz: F&E) in nahezu allen nationalen und vielen internationalen Förderschienen aktiv. Dies betrifft auch einige jener Programme, die einen Exzellenzanspruch an die Forschungsanträge und im Förderfall -projekte stellen, sowohl hinsichtlich wissenschaftlicher Qualität, Expertise und Referenzen der Antragssteller, als auch Einbindung in einschlägige Scientific und Practice-Communities. In quantitativer Hinsicht ist die Entwicklung der FH-Forschung von Wachstum geprägt. So konnte im Zeitraum zwischen 2002 und 2019 mit Blick auf die sektorweiten F&E-Ausgaben (rund 20 Mio € in 2002 und 133 Mio € in 2019; *Statistik Austria* 2019) ein durchschnittliches Wachstum von knapp 12 % per anno festgestellt werden. Eine Covid-19-bedingte „Delle" in der F&E-Erlösentwicklung an manchen FHs in den letzten zwei bis drei Jahren– insbesondere bei jenen in der Gesundheitsforschung und in internationalen Projekten Aktiven – wird mit Blick auf die aktuellen Prognosen und Hochrechnungen gerade wieder ausgeglichen (zumindest gilt dies für die FH JOANNEUM).

Bezogen auf die absoluten Zahlen ist der FH-Sektor mit Anteilen von 1,1 % an bundesweiten F&E-Ausgaben aller Sektoren und 4,9 % der F&E-Ausgaben des Hochschulsektors (*Statistik Austria* 2019) noch ein kleinerer Akteur. Festzuhalten ist auch, dass die ***Heterogenität im FH-Sektor*** bezogen auf die Ausprägung von F&E an einzelnen der insgesamt 21 österreichischen FHs durchaus hoch ist. Das Spektrum reicht von FHs mit kaum bis wenigen Einzelprojekten bis hin zu einem beeindruckenden Volumen von F&E-Erlösen von rund 21 Mio € bei der FH Oberösterreich in Verbindung mit rund 240 in der Publikationsdatenbank SCOPUS gelisteten Publikationen. Die FH JOANNEUM (im Folgenden kurz: FHJ) liegt im Vergleich dazu mit rund 8 Mio € Erlösen im Jahr 2021 und rund 80 Scopus Publikationen noch auf den „Stockerlplätzen" (*FH Oberösterreich* 2022). Dieses Beispiel zeigt allerdings, dass im F&E-Bereich von FHs offenkundig in Abhängigkeit der Rahmenbedingungen grundsätzlich großes Potenzial für eine gedeihliche Weiterentwicklung einzelner Institutionen gegeben ist.

Im folgenden Beitrag wird unter Berücksichtigung der speziellen Charakteristika der FH-Forschung ein Überblick über ausgewählte ***aktuelle Entwicklungen und zukünftige Herausforderungen*** im F&E-Bereich der FHs geboten. Besonderes Augenmerk wird dabei auf strukturbildende Programme gelegt, die für die Sektorentwicklung von großer Bedeutung sind. Es wird nicht der Anspruch erhoben, eine allumfassende Beschreibung der F&E-Aktivitäten des FH-Sektors zu bieten, was mit Blick auf das Selbstverständnis der Forschung in diesem tertiären Bildungssektor auch nicht erforderlich wäre.

2. Wesenselemente der FH-Forschung

2.1 Rückblick auf Überlegungen zum Zeitpunkt der Gründung des FH-Sektors

In Analogie zur Diskussion über die Ursachen besonderer Begabung von Kindern lassen sich für die Erfolgsgeschichte der F&E des FH-Sektors sowohl „genetische Faktoren" zum Zeitpunkt der Sektorgründung vor rund 30 Jahren identifizieren als auch begleitend dazu Faktoren der Gestaltung von förderlichen Rahmenbedingungen betreffend unter anderem Infrastruktur und Ressourcenausstattung durch einzelne Erhalter, aber auch nationale F&E-Programme, die Impulse zur Sektorentwicklung setzten.

Mit Inkrafttreten des ursprünglich so genannten Fachhochschul-Studiengesetzes (BGBl 1993/340 idgF; seit der Novelle BGBl I 2020/77 lautet die gesetzliche Bezeichnung Fachhochschulgesetz; im Folgenden kurz: FHG) erstmalig im Oktober 1993 wurde der Rahmen für einen *berufsfeldorientierten Hochschulsektor* geschaffen, der eine praxisbezogene Ausbildung im Fokus hatte. Dies vor dem Hintergrund einer Universitätslandschaft, in der es zum damaligen Zeitpunkt noch wenig Ausrichtung auf Bedürfnisse der Wirtschaft gab und Leistungskennzahlen wie Drittmittelfinanzierung (aus der Wirtschaft) noch keine Steuerungsrelevanz besaßen. In der Forschung gab es neben den Universitäten *aufkommende außeruniversitäre Forschungseinrichtungen*, die die strategische Option der anwendungsorientierten Forschung und Brückenfunktion zwischen dem grundlagenorientierten Universitätssektor und den Bedürfnissen der Wirtschaft schon in den 1980ern erkannten und eine Vielzahl von Instituten und Forschungslaboren entwickelten. Darunter auch die heutige JOANNEUM RESEARCH Forschungsgesellschaft mbH (im Folgenden kurz: JR), die mit der Beteiligung an der Gründung der FHJ im Jahr 1995 ihr Portfolio mit Blick auf den Bedarf von Wirtschaft und Gesellschaft durch einen Ausbildungsbereich ergänzen wollte – Forschung in der JR und Ausbildung in der FHJ! Im Zuge der Gründung der FHJ wurde auch erfahrenes Personal und Erfahrungswissen in Organisation und Management von anwendungsorientierter Forschung an die junge Tochter „übertragen". So ist es wenig verwunderlich, dass ausgestattet mit dieser „DNA" sich auch an der FHJ ein eigenständiger F&E-Bereich rasch entwickeln konnte.

Dies umso mehr, als dass auch der gesetzliche Rahmen des FHG, zwar grundsätzlich sehr liberal und F&E-bezogen wenig steuernd, aber doch auf die Durchführung von *anwendungsbezogenen Forschungs- und Entwicklungsarbeiten* durch Mitglieder des Lehr und Forschungspersonals zur Erreichung der Ziele und Sicherung der Grundsätze (...) abzielte (vgl § 8 Abs 3 Z 4 FHG). Damit war die Grundlage gelegt, die praxisbezogene Ausbildung durch anwendungsbezogene F&E zu begleiten und qualitätszusichern. Dies ist ein logisches Konstrukt, das ähnlich dem Spannungsbogen zwischen erkenntnisorientierter Grundlagenforschung an den Universitäten begleitend zu einem umfassenden Bildungsauftrag die strategische Positionierung des jungen FH-Sektors in Lehre und Forschung determinierte und bis heute nichts an Relevanz eingebüßt hat.

2.2 Konzeptionelle Überlegungen bezüglich der Forschungscharakterisierung von FHs

Insbesondere in den jüngeren Jahren des FH-Wesens begegnete man wiederholt der Erwartungshaltung, dass an den FHs wohl eher experimentelle und Prototypenentwicklung sowie wirtschaftsnahe Dienstleistungen durchgeführt werden, die in keiner besonders hohen wissenschaftlichen Fundierung verankert wären. Dies weniger begründet in der Qualität der Ergebnisse dieser Arbeiten, sondern der Darstellung eines konzeptionellen Modells folgend, die sich dank der Frascati Definition von F&E und weiter Verbreitung durch die OECD (*OECD* 2015, 45 f) für Statistikzwecke bis heute in unseren Köpfen als Denkmuster festgesetzt hat, nämlich die des *„linearen Modells des Innovationsprozesses"* (siehe etwa *Kulke* 2008, 254 f). Dieses Modell geht von der Hypothese aus, dass Innovation mit allein an wissenschaftlicher Herausforderung orientierter Grundlagenforschung beginnt, gefolgt von einer darauf aufbauenden, auf konkretere Problemlösungen ausgerichteten angewandten Forschung. Es schließt die Phase der Entwicklung von Prototypen von Produkten und Prozessen an und nach einer Einführungsphase folgen schließlich Massenproduktion und weitere Verbreitung. Literatur zur spannenden Geschichte und wichtigsten Kritikpunkten an dem Modell findet man zB bei *Godin* (2005, 27 f) und *Koschatzky* (2008, 10 f). In diesen Quellen werden unter anderem der statische Charakter, die fehlenden Rückkoppelungen zwischen einzelnen Prozessschritten sowie mangelnde Darstellung der interdependenten Beziehung zur Wissenschaft angeführt. Das Modell verleitet also dazu, die Grundlagenforschung und darin verankerte Akteure wissenschaftsbasiert und als notwendige Basis für alle weiteren Aktivitäten zu verstehen. Für die Tätigkeiten bei fortschreitender Anwendungsorientierung bzw Marktnähe wird dieser Bezug zumindest nicht mehr direkt hergestellt.

Ein zur Abbildung der Positionierung der FH-Forschung deutlich besser geeignetes Modell ist das sogenannte *„Quadranten-Modell der wissenschaftlichen Forschung"* (*Stokes* 1997, passim), in dem in einer 2D Matrix einzelne Quadranten durch die zwei Ordnungskriterien „Consideration of use" (Nutzensausrichtung der Forschung) und „Quest for fundamental understanding" (freier übersetzt mit Erfordernis des Grundlagenverständnisses im Sinne der Auseinandersetzung mit den fachlichen Grundlagen) aufgespannt werden. *Stoke* (1997, 73) ordnet den einzelnen Quadranten Wesenstypen von Forschung zu: So charakterisiert der Quadrant mit geringer Nutzensausrichtung und hohem Grundlagenverständnis „reine Grundlagenforschung" („Bohr's Quadrant"), hohe Nutzensausrichtung bei geringem Grundlagenerfordernis „reine Anwendungsforschung („Edison's Quadrant") und schließlich hohe Nutzensorientierung bei hohem Grundlagenerfordernis als „anwendungsorientierte Grundlagenforschung" („Pasteur´s Quadrant"). Inspiriert durch die Verwendung dieses Modells für die Einordnung von nationalen Fördermaßnahmen *(Mayer* ua 2009, 96) ist es naheliegend, auch einzelne Forschungsakteure in diesem Quadrantenmodell abzubilden. Dies zB als analytische Basis für weitere strategische Überlegungen zB im Kontext der Ausrichtung, Entwicklung und Finanzierung der Forschungsaktivitäten einzelner Akteure, wie in Abbildung-1 dargestellt *(Wiedenhofer* 2013, 2). Diese schematische Darstellung verdeutlicht die überlappenden Positionen in der Forschungsausrichtung der Hochschultypen, gleichzeitig auch deren unterschiedliche Schwerpunktsetzungen.

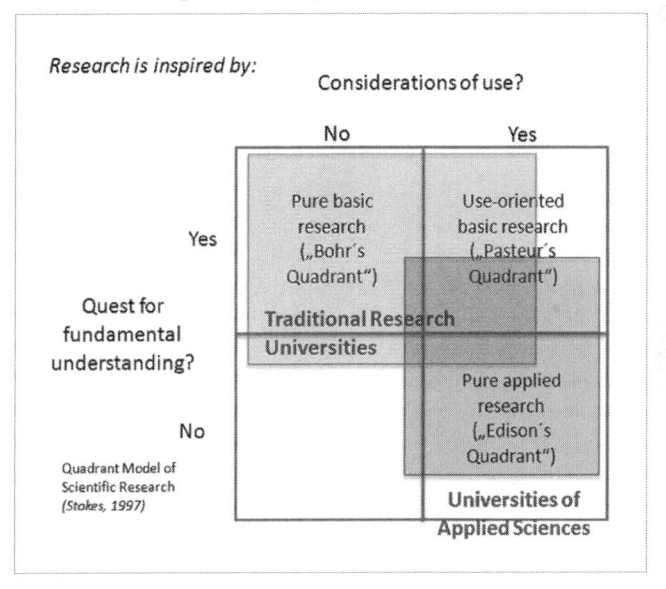

Abbildung 1: Einordnung von Hochschulen in das Quadranten-Modell der wissenschaftlichen Forschung *(Wiedenhofer 2013)*

Im Falle der FHs liegt der Fokus auf **anwendungsorientierter Forschung** mit Verankerung in den dafür erforderlichen Grundlagen und deutlicher Ausrollung in den Anwendungsbereich. Die Schnittmenge umreißt die ideale Basis für kooperative Forschungsaktivitäten der unterschiedlichen Hochschultypen und lässt dabei keinen Platz für eine „Wertigkeitsdiskussion" der jeweiligen Forschungsbeiträge. Wie schon von einem Gründungsvater des österreichischen FH-Sektors postuliert, ist das Austragen von „Reservats- und Platzkämpfen" hinsichtlich der Wertschätzung der jeweiligen Kategorien der Forschungs- und Umsetzungsprozesse sinnlos, da „beide gleichermaßen notwendig sind, um die Lebensbedingungen zu verbessern" (*Brünner* 2004, 75).

In Ergänzung zur „Anwendungsorientierung" führen *Sabbatini/ Kastner* (2020, 4) den Begriff der ***„Relevanzorientierung"*** als bevorzugtes Differenzierungsmerkmal der Forschung zwischen Universitäten und FHs ein: Bereits bei der Formulierung der Forschungsfragen seien diese von der Relevanz für die Anwendungsfelder geleitet. Auch in jenen Disziplinen, in denen sich Grundlagen- und Anwendungsorientierung schwer trennen lässt, ist die Relevanzorientierung noch differenzierend. Schließlich würde die Relevanz auch eine zeitliche Differenzierbarkeit von Forschung umfassen: Kurz- bis mittelfristiger Relevanz von FH-Forschung steht einer mittel- bis langfristigen Relevanz von universitärer Forschung gegenüber.

2.3 Forschungsfinanzierung – und die lange Suche nach der Nachhaltigkeit

Die F&E-Ausgaben des FH-Sektors beliefen sich in 2019 auf 133 Mio €, davon rund 68 % aus nationalen öffentlichen Mitteln, rund 14 % werden seitens des Unternehmenssektors finanziert, rund 12 % aus dem Ausland (davon 7,5 % seitens EU), rund 6 % aus Eigenmitteln der Hochschulen (*Statistik Austria* 2021). Trotz der überwiegenden öffentlichen Finanzierung ist die ***fehlende institutionelle Basisfinanzierung*** des Bundes ein Charakteristikum der FH-Forschungsfinanzierung in Österreich und ein Thema fortlaufender Verhandlungen. Im Vorjahr wurde mit Blick auf die bundesseitige Erarbeitung des FH-Entwicklungs- und Finanzierungsplans ab 2023/24 eine Arbeitsgruppe der Fachhochschulkonferenz eingesetzt, die ein Konzept für eine leistungsbezogene nachhaltige Forschungsfinanzierung der FHs entworfen hat. Diese Überlegungen zielten darauf ab, im Sinne einer „Stärken stärken"-Strategie FHs bei der Ausfinanzierung von größeren Eigenanteilen in erfolgreich eingeworbenen Mitteln der geförderten Forschung zu unterstützen, wie auch Vorlauf- und Akquisekosten insbesondere für internationale Aktivitäten abzufedern (*FHK* 2022, 25). Leider ist dieser Entwurf bis dato bundesseitig nicht aufgegriffen worden.

Ein kleines Trostpflaster gibt es für alle nicht-basisfinanzierten Forschungseinrichtungen und somit auch die FHs bei der österreichischen Forschungsförderungsgesellschaft (im Folgenden kurz: FFG). Die auf Basis der nachweislichen Gehaltskosten abrechenbaren Stundensätze in allen FFG-Förderprogrammen beruhen auf einer Anzahl von 1290 Produktivstunden im Jahr, was mit Blick auf die durchschnittlichen realen Jahresproduktivstunden (bei rund 1700) einem ***Stundensatzbonus*** entspricht. Die somit abgegoltenen Stunden müssen (nachweislich) dafür genutzt werden, forschungsbezogene Vorlauf-, Weiterbildungs- und Disseminationsaktivitäten umzusetzen und schaffen den Einrichtungen damit ein wenig Spielraum für die Weiterentwicklung der Forschung.

Leider wird dieses ***Best-Practice Modell der Forschungsfinanzierung*** durch die gängige Förderpraxis der meisten anderen nationalen Fördergeber fast konterkariert, indem häufig keine oder nur sehr geringe institutionelle Overheads sowie Deckelungen bei den pro Forscherkategorie vorgegebenen Jahresbruttogehältern – auf Werte, die bei gehobenem Personal deutlich unter den ohnehin eher niedrigen Gehältern im FH-Sektor liegen! – vorgegeben sind. In manchen Programmen wird eine unrealistisch hohe Anzahl an Jahresproduktivstunden verlangt, die nur erreichbar ist, wenn die FH-Forscher:innen keinen Urlaub machen oder in einem Fall (Jubiläumsfonds der ÖNB) sogar an den gesetzlichen Feiertagen produktiv arbeiten würden. Ergänzend dazu wird mit Verweis auf die EU-weit geltenden FTI-Richtlinien je nach Forschungskategorie (Grundlagen, industrielle Forschung, experimentelle Entwicklung) ohnehin nur ein festgelegter Prozentsatz der entstehenden Kosten gefördert, sodass das Thema der Abdeckung von direkten oder indirekten Eigenanteilen, insbesondere bei in Förderprogrammen erfolgreichen FHs, eine Riesenherausforderung bzw eine „harte" Limitierung für die weitere Forschungsentwicklung darstellt.

Diese für den Sektor grundsätzlich ***herausfordernde Finanzierungssituation*** hat dazu geführt, dass einige wenige der österreichischen FHs in der Vergangenheit sehr effektive Strategien entwickelt haben, um sich in kompetitiven Förderumfeldern durchsetzen bzw in Partnerschaft mit der Wirtschaft (einigermaßen) finanzieren zu können. Auch gibt es bei einigen FHs einzelne erhalterseitige Zuwendungen für F&E-Aktivitäten, die natürlich einen willkommenen „Tropfen auf den heißen Stein" darstellen, um F&E-Strukturen aufbauen und temporär betreiben zu können. Dennoch ist die nachhaltige Finanzierung von F&E bei den österreichischen FHs generell prekär: Ein weiteres F&E-Wachstum ist aus eigener Kraft nicht abdeckbar, eine Mitteleinwerbung für F&E-Infrastrukturen (für neue Bereiche oder Ersatzinvestitionen!) mangels schwer erreichbarer Programme nahezu nicht möglich, der Strukturaufbau von F&E in manchen Themenumfeldern (zB Soziales, ausgewählte Gesundheitsthemen) mangels entwickelter Märkte und mit Blick auf generell mager dotierte (gegenüber der Vergangenheit sogar verringerte) Bundesförderprogramme im Strukturaufbaubereich (zB COIN Strukturaufbau) äußerst schwierig und außerdem durch sektorinterne Konkurrenz forschungsstarker FHs dominiert. So scheint es in Österreich weiterhin den FHs und ihren Erhaltern selbst überlassen zu bleiben, durch kluge Strategien, Partnerschaften mit Wirtschaft und Wissenschaft, vorausblickendes Technology-Scouting und Marktbeobachtung sowie dem Einsatz von Eigenmitteln zum Strukturaufbau Chancen in F&E zu identifizieren und zu nutzen. Dass dieses Strukturdefizit der bundesseitigen Nicht-F&E-Finanzierung jedenfalls mittelfristig einen **Wettbewerbsnachteil der österreichischen FHs** gegenüber dem FH-Angebot ua auch schon im nahen Ausland (zB Bayern) darstellt, wo gerade gegenläufig versucht wird, die Qualität und Wirksamkeit der FHs im FTI-System durch Einrichtung attraktiv ausgestatteter Forschungsprofessuren (als Basis für Doktoratsprogramme) zu heben, ist hierzulande offenkundig noch nicht angekommen.

2.4 „Unique Selling Point" der FHs und Bedeutung für deren F&E

Die **Berufsfeldorientierung und Praxisnähe** der Ausbildung als besonderer USP der FHs ist ein wesentliches Gestaltungselement der Lehre: Das Spektrum reicht von der verpflichtenden Integration von externen facheinschlägigen Partner:innen in den Entwicklungsteams der Studienprogramme, über Studierendenpraktika, Praxisprojekte, diverse Initiativen in Kooperation mit der Wirtschaft und öffentlichen Einrichtungen bis hin zu institutionalisierten Elementen wie dualen Ausbildungsformen (im engeren Sinne) gemeinsam mit Praxispartner:innen und hochschulischen Governance-Vorgaben der Einbindung von einem größeren Prozentsatz externer Lehrender in die Lehrveranstaltungen der FHs (an der FHJ zB sind es aktuell rund 75 %).

Diese **multiplen Transfermechanismen** haben auch unmittelbare Auswirkung auf die Forschung, da über diese Kanäle ein reger Austausch von aktuellen Fragestellungen zu fachlichen und organisatorischen Herausforderungen in den Firmen und der weiteren Arbeitswelt mit dem Lehr- und Forschungspersonal der FHs gegeben ist. Darüber hinaus unterstützen diese die Vernetzung zwischen den Studierenden und künftigen Arbeitgeber:innen und ermöglichen so Einblicke in künftige Berufswelten einerseits bzw frühen Zugriff und Bindung künftiger Mitarbeiter:innen anderseits. Insbesondere kooperative Forschungsprojekte mit ausreichend Volumen für die Weiterentwicklung junger wissenschaftlicher Mitarbeiter:innen (bestenfalls auch im Doktoratskontext) sind im Sinne des Transfers von Wissen und Humanressourcen zwischen Hochschule und Wirtschaft sehr wertvoll. Für Unternehmen sind diese wiederholt eine nicht zu unterschätzende Motivation, in diese Aktivitäten zu investieren. Umgekehrt ist die Integration des Lehrpersonals in die Forschung gerade aufgrund der praxisnahen Ausrichtung eine wesentliche Qualitätssicherungsmaßnahme, um die Auseinandersetzung mit dem State-of-the-Art im jeweiligen Thema und somit die Aktualität der Lehrinhalte gewährleisten zu können.

In der Realität des Hochschullebens ist die **Integration der Forschungsarbeiten und -ergebnisse in die Lehre** dennoch kein Automatismus bzw keine Selbstverständlichkeit. Die FHJ hat im Jahr 2022 unter dem Titel „Forschung in der Lehre innovativ anwenden" („FILIA") eine Initiative gesetzt, Best-Practice Beispiele für didaktische und methodische Ansätze dazu im Rahmen eines Preisausschreibens an der FHJ zu identifizieren und disseminieren. Es konnten rund ein Dutzend Fallstudien erhoben werden, die im Frühjahr 2023 publiziert wurden (*FHJ 2023, passim*).

Ein weiterer Nutzen der engen Vernetzung mit der Arbeitswelt ist die starke regionale Wirksamkeit der FHs in ihren Umfeldern, bezogen auf die **regionale Innovationskraft**. Die Einrichtung von FHs unterstützt die Innovationskapazität von regionalen Unternehmen, insbesondere von KMUs, die durch den Austausch mit den FHs eine Intensivierung deren

F&E-Aktivitäten erfahren und selbst von den Aus- und Weiterbildungsangebote und dem Angebot an Absolvent:innen profitieren. Ein aktuelles Positionspapier der europäischen Dachorganisation der Fachhochschulvereinigungen „UAS4EUROPE" gibt einen guten Überblick über Beispiele der regionalen Wirksamkeit von FHs, bezogen beispielsweise auf FH-induzierte regionale Patentaktivitäten, Anzahl an Start-Ups und KMU-Kooperationen. Diese werden anhand von Studien aus der Schweiz, Deutschland und Finnland sowie mit ergänzenden Beispielen unterschiedlicher sektorübergreifender innovationsfördernder Netzwerkaktivitäten aus Österreich, den Niederlanden, der Schweiz, Deutschland und Finnland dargestellt (*UAS4EUROPE* 2022, passim).

3. Strukturbildende Rahmenbedingungen für den Auf- und Ausbau der F&E an FHs

3.1 Der Strukturaufbau von F&E an FHs und die Rolle der österreichischen Forschungsförderungsgesellschaft (FFG)

Für den F&E-Aufbau an den österreichischen FHs war und ist das **Förderangebot der FFG** von besonderer Bedeutung. Von den seitens der FFG im Zeitraum zwischen 2020 und 2022 ausgeschütteten Fördermitteln von 1,642 Mia € flossen 48 Mio € (rund 3 %) in den österreichischen FH-Sektor (*FFG* 2023). Unter der Vielzahl genutzter Förderprogramme waren die themenoffenen Strukturförderprogramme für die FHs schon von Beginn der Sektorentwicklung an sehr wichtig. Im Fokus dieser Programme steht der Kompetenz- und Strukturaufbau an den FHs und damit verbunden auch die Förderung von Wissens- und Technologietransfer zwischen unterschiedlichen Partner:innen aus Wissenschaft, Wirtschaft und weiteren.

Für den F&E-Aufbau speziell des FH-Sektors wurden schon Ende der 1990er Jahre unter dem Titel „Impulsaktionen" I und II erste FFG-Förderprogramme umgesetzt, die ab 2002 in den „FH-Plus"-Programmen aufgingen und danach ab 2008 als ***COIN-Strukturaufbauförderungen*** weitergeführt wurden. Zwischenzeitlich waren diese auch unter anderem für die ACR-Institute zugänglich. In den letzten Jahren wiederum war das COIN-Strukturaufbauprogramm mit dem nunmehrigen Beinamen „FH-Forschung für die Wirtschaft" exklusiv durch die FHs ansprechbar. Dieses Programm zielt unmittelbar auf die Entwicklung von F&E und Innovationskompetenz an den FHs ab, die im strategischen Fokus der jeweiligen Hochschule liegen und kann sowohl für einen ersten Basisaufbau wie auch den Ausbau schon etablierter Forschungsbereiche genutzt werden. Die enge Verflechtung mit Akteuren des umgebenden Innovationssystems ist dadurch zu belegen, dass schon bei Antragsstellung mindestens zwei Interessensbekundungen von Unternehmen vorliegen müssen sowie während der Projektlaufzeit zumindest zwei Folgeprojekte aus der Wirtschaft in der Höhe von mindestens 15 % der Gesamtkosten nachzuweisen sind (*FFG* 2022, 25).

Diese Programmlinie wurde zwischen 2017 und 2022 insgesamt dreimal ausgeschrieben, mit einem Budget von durchschnittlich 8,1 Mio €, 49 Einreichungen, 13 geförderten Vorhaben und jeweils acht geförderter FHs. Die 25 geförderten Projekten aus den Calls 2017 und 2020 mit Gesamtkosten zwischen rund 300.000 € und 2 Mio € pro Projekt sind inhaltlich überwiegend Digitalisierungsthemen (zu 44 %) mit Anwendungen in Produktionsprozessen, der Gesundheit, Medien, Haustechnik, Handel etc zuzuordnen. Weitere Schwerpunktthemen umfassen nachhaltige Ernährung, Produktlebenszyklen und Mobilität (in Summe rund 16 %) sowie Bautechnik (16 %) und weitere. Um in diesem **sehr kompetitiven Programm** (durchschnittlich vierfach überzeichnet) erfolgreich zu sein, ist ein hoher Innovationsgehalt, Partnerschaften mit weiteren FH-Instituten organisationsintern bzw FH-übergreifend, eine gezielte Adressierung des Bedarfs der Wirtschaft und schließlich auch sehr gutes „Projektmanagement-Handwerk" notwendig. Da die Finanzierung dieser Projekte eine 30 %ige Eigenbeteiligung der FHs erfordert und es nicht zuletzt für dieses Programm eine Einreichlimitierung in Abhängigkeit der Studierendenzahlen der jeweiligen FH gibt, wurde an der FHJ in den letzten Einreichrunden ein interner Vorauswahlprozess bei einer größeren Anzahl an Ideen etabliert und dieser hat sich bewährt. Der Prozess gewährleistet einen bestmöglichen Fit zwischen Ausrichtung der Ausschreibung, strategischen Entwicklungszielen der Hochschule und Einreichung und beachtet auch mögliche Synergien und Überschneidungen der einzelnen Projektideen. So konnte die FHJ in den letzten drei Ausschreibungen fünf Projekte mit Planfördererlösen in der Höhe von rund 3,74 Mio € („Fit4BA", „Sustainable Protein SPI3", SCOBES, „ICON", „ENDLESS") erfolgreich einwerben. Diese sind eine wesentliche Determinante für die Entwicklung und Ausrichtung der Forschung an der FHJ in den nächsten Jahren.

Neben dem COIN-Programm sind auch die **weiteren kooperativen Strukturförderprogramme** der FFG für die FHs von besonderer Relevanz. Wie in Abbildung 2 dargestellt, wurden im Zeitraum zwischen 2020 und 2022 gut 7,5 Mio € an derartigen Fördererlösen von FHs genutzt. Dies ist nicht überraschend, da der Fokus dieser Programme – in Kongruenz mit der anwendungsorientierten Ausrichtung der FH-Forschung – darauf abzielt, „direkt oder indirekt die Innovationsfähigkeit und das Verwertungspotenzial von Innovationen bei Unternehmen durch Wissens- und Know-how-Transfer zwischen forschenden und innovierenden Akteuren zu steigern" (*FFG* 2023b) und somit auch den „Forschungs-USP" der FHs sehr gut trifft.

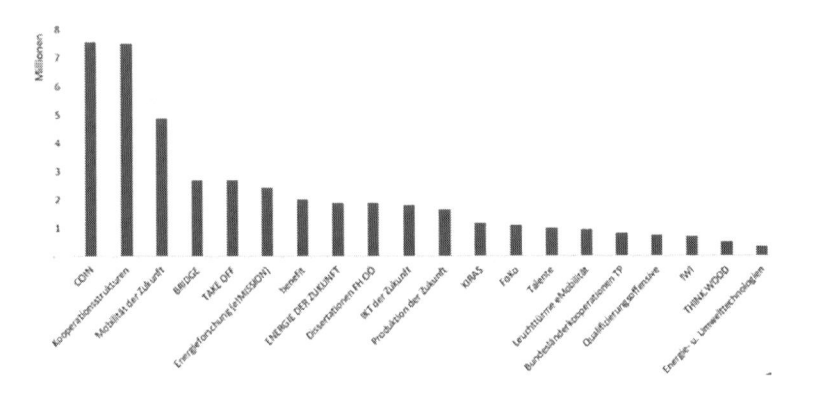

Abbildung 2: Die wichtigsten FFG-Programme für Fachhochschulen 2020–2022 (FFG, 2023a)

Mit Blick auf die Schwerpunkte dieser Programme sind besonders auch Aspekte wie „Open Innovation" und Interdisziplinarität zu erwähnen. Weitere Fokuspunkte sind kooperative Infrastrukturnutzungen, die Akzentuierung weiblicher Forschungskarrieren (zB Laura Bassi Zentren) und das Thema der Ausgründung aus Hochschulen zB im Zuge der Spin-Off Fellowship-Programme oder der ***Innovationslabore***. Gerade letztere ermöglichen einen offenen Zugang zu immaterieller wie auch materieller Infrastruktur und schaffen so ein Umfeld für Vernetzung, Forschung, Wissenstransfer. Diese Förderinstrumente sind spannende Beispiele für teilweise sehr niederschwellige Innovationsansätze unter Einbindung von KMUs, unterschiedlichen Stakeholdern bis hin zur breiten Bevölkerung. Die FHJ war in den letzten drei Jahren an der Ausgründung von zwei Innovationslaboren, darunter federführend der „AIRlabs Austria", einem Labor im Bereich der Drohnenforschung sowie dem „Digital Innovation Hub Süd" mit Fokus auf die Digitalisierungsunterstützung von KMUs beteiligt. In der Umsetzung erweisen sich diese Labore – beide nicht wirtschaftlichen Typs – hinsichtlich der beihilferechtlichen Dimension in der diskriminierungsfreien Nutzung durch Dritte als sehr herausfordernd. Auch die Koordination der zahlreichen beteiligten Partnereinrichtungen aus Wissenschaft und Wirtschaft gestaltet sich als durchaus anspruchsvoll. Der große Nutzen liegt dafür in der Generierung einer Vielzahl von neuen Forschungsideen und Innovationsprojekten der beteiligten Institute der FHJ mit externen Beteiligten. In einem Fall konnte bereits eine Ausgründung eines internationalen Unternehmens und Ansiedelung am Standort Graz infolge der Arbeiten im Innovationslabor erwirkt werden. Weiters dienen die Innovationslabore erfolgreich der Sichtbarmachung der Forschungskompetenzen und dem Wissenstransfer durch unterschiedliche Disseminationsformate und unterstützen auch die Schaffung neuer Praktikumsstellen und Arbeitsplätze für Studierende und Absolvent:innen. Auch bei diesen Programmen trifft wiederum deren Ausrichtung mit einem USP der FH-Forschung gut zusammen, nämlich der Funktion als Innovationsimpulsgeber im regionalen Umfeld. Daher sind diese Förderformate strukturell grundsätzlich für FHs auch künftig spannende Bereiche (sieht man von der geringen Finanzierung von 50 % Förderung auch im Falle des nicht-wirtschaftlichen Typs ab).

In den Förderprogrammen der FFG werden diese Labore aktuell in unterschiedlichen Technologiethemen (Luftfahrt, Digitalisierung, Energieforschung) wie auch im Bildungsbereich gefördert. Diese Instrumente dürften zukünftig noch **an Bedeutung gewinnen,** da Reallabore es ermöglichen können, temporär bzw räumlich/sektorell begrenzt in einer realen Umgebung innovative Technologien, Produkte, Dienstleistungen oder Ansätze zu testen, die potenziell nicht vollständig mit den bestehenden rechtlichen und regulatorischen Rahmenbedingungen konform sind. Mit Blick auf disruptive Technologieentwicklungen werden derartige Innovationsförderinstrumente in Policy-Überlegungen der EC zB im Kontext mit FinTech Produkten (*EC* 2020, 19 f) oder AI-Anwendungen (*Madiega/Van de Pol* 2022, passim) ins Blickfeld gerückt.

Um Möglichkeiten, Grenzen und Nutzen dieser Instrumente für den Hochschulsektor besser kennenzulernen, wird im Rahmen des aktuell laufenden Projekts *„Wissenstransferzentrum Süd 3"* (gefördert von der aws; https://www.wtz-sued.at/wtz-sued-iii/ [4.4.2023]) seitens der FHJ gemeinsam mit weiteren Hochschulen am Standort Südösterreich das Thema Reallabore in Theorie und Praxis (Workshop) analysiert und die Ergebnisse disseminiert.

3.2 „Spitzenforschung" in den Josef Ressel Zentren der Christian Doppler Forschungsgesellschaft

Schon im Jahr 2008 startete das damalige Bundesministerium für Wissenschaft, Jugend und Familie abgewickelt durch die FFG eine Pilotphase zum Testen eines neuen Förderprogramms, der sogenannten *„Josef Ressel Zentren"* (im Folgenden kurz: JRZ). Die mit diesem Programm verbundenen Zielsetzungen richteten sich auf

- die Etablierung von stabilen, längerfristigen Kooperationsbeziehung der FHs mit der Wirtschaft (vornehmlich in der Region der FH);
- die Stärkung der Forschungsfähigkeit und Innovationskraft bei Unternehmen, die so Zugang zu fundierter Expertise erhalten;
- Entwicklung von Forschungskompetenz an der FH und die Rückkoppelung in das Ausbildungsangebot der FH. Grundlagenbezogene Forschungsfragen sollen speziell durch eine Kooperation mit Universitäten bearbeitet werden.

Bereits in der ersten Ausschreibung wurde ein *hoher wissenschaftlicher Anspruch* (ausgehend von State-of-the-Art) sowie ein konkreter Nutzen für die beteiligten Unternehmen vorgeschrieben. Mit einem bundesseitigen Fördervolumen von 0,5 Mio € pro Jahr und einer Kofinanzierung von 50 % der Kosten durch mitwirkende Unternehmen wurden drei erste Zentren an der FH Oberösterreich, FH Vorarlberg und FH Burgenland implementiert. Eine Programmevaluierung im Jahr 2010 empfahl mit Blick auf eine Zieleüberfüllung der vorgegebenen Indikatoren bei diesen Zentren eine Weiterführung des Programms (*Convelop* 2010, 23). 2012 wurde das JRZ-Programm in das Förderangebot der Christian Doppler Gesellschaft (im Folgenden kurz: CDG) übernommen und als

Private Public Partnership-Modell, kofinanziert durch das damalige Bundesministerium für Wirtschaft und Arbeit und die mitwirkenden Unternehmen, weitergeführt. Im Jahr 2022 wurden 16 JRZ mit F&E-Ausgaben von rund 4 Mio € (Auskunft CDG, 11.04.2023) gefördert. Rund zwei Drittel dieser Zentren forschen in den zwei Themenbündeln Mathematik/Elektronik/Informatik sowie Life-Sciences/Umwelt und verteilten sich auf zehn FHs in Österreich (*CDG* 2023).

Die relevanten Charakteristika des JRZ-Programms sind unter anderem (*Bundesministerium für Digitalisierung und Wirtschaftsstandort* 2022, 6)

- die angestrebten Forschungsergebnisse in der angewandten ***Forschung auf hohem Niveau***. Den Zentrumsleiter:innen wird ein wissenschaftlicher Freiraum für Kompetenzaufbau im Umfang von rund 20 % des Volumens eingeräumt. Dem entsprechend wird auch eine Erarbeitung von wissenschaftlichen Grundlagen im Fachthema erwartet. Das Forschungsthema sollten einen strategischen Programmanspruch haben und jedenfalls nicht nur eine lose Rahmenklammer von einzelnen Umsetzungsinteressen der beteiligten Unternehmen im Sinne eines „Projekthotels" bilden. Die Qualitätssicherung erfolgt insbesondere durch die Bewertung der Anträge durch drei internationale Fachgutachter:innen und eine Prüfung der einschlägigen Qualifikation und Eignung der Zentrumsleiter:innen;

- das Erfordernis einer langfristigen und intensiven Kooperation und Mitfinanzierung durch Unternehmen und

- die erwünschte Entwicklung von Humanressourcen – insbesondere des wissenschaftlichen Nachwuchses.

Für die FHs haben diese Programme einen wesentlichen ***strukturbildenden Effekt***: Eine Voraussetzung ist der hohe fachlich/wissenschaftliche Qualitätsanspruch. Weiteres erfordern die JRZ die Abdeckung eines Eigenanteils von rund 30 % der Kosten bei einer Vollkostenbetrachtung (abgeschätzter Erfahrungswert aus dem Controlling von bislang vier JRZ bei der FHJ). Schließlich müssen potenziell mitwirkende Unternehmen im Thema gefunden werden, im besten Fall schon Erfahrung in der Kooperation mit diesen vorliegen, um gegenseitig das erforderliche Vertrauen für eine längerfristige Partnerschaft zu besitzen. Dies kann nur dann geleistet werden, wenn davor schon eine Selektion und Entwicklung des jeweiligen Forschungsthemas über eine gewisse Zeit an der FH erfolgt ist und auch eine begleitende strategische Entscheidung für eine Weiterentwicklung des Themas getroffen wird. Somit tragen die JRZ deutlich zur thematischen Profilbildung an den FHs bei.

Aus der bisherigen Implementierung von JRZ konnten bei der FHJ einige *Lerneffekte realisiert* werden:

- Aus einer Risikomanagementperspektive betrachtet, sollte möglichst *mehr als ein Unternehmenspartner pro JRZ* gefunden werden, um eine finanzielle Stabilität des JRZ gewährleisten zu können. KMUs sind hinsichtlich Finanzstabilität ohnehin eher exponiert, aber selbst Großunternehmen können durch Eigentümerwechsel, veränderte Strategie- und Produktportfolio- oder Personaländerungen kurzfristige Richtungswechsel im F&E-Portfolio durchführen und als Partner ausscheiden.

- Eine weitere Herausforderung ist die nachhaltige Weiterführung des Forschungsthemas bzw *Verwertung der Ergebnisse*. Die vergleichsweise kleinen Forschergruppen an den FHs sind häufig hinsichtlich überkritischer Masse grenzwertig. Durch das Ausscheiden von JRZ-Leiter:innen und Key-Personal können so schnell auch ganze Themen verloren gehen. Es erweist sich als zielführend, nur dann ein JRZ anzustreben, wenn das Forschungsthema mit mehreren Key-Researchern in der Organisation verankert ist und auch ein zentrales Fachthema des Ausbildungsangebots darstellt.

- JRZ sind meist ein Endpunkt einer längeren *Entwicklungstrajektorie eines Forschungsthemas* an der FH. An der FHJ bauen drei der bisher vier JRZ auf COIN-Strukturaufbauvorhaben auf, ein JRZ-Thema wurde in Folge einer COST-Netzwerkkoordination weiterentwickelt. Da alle Vorläuferprojekte mittel- oder unmittelbar kooperativer Natur waren, hat dies den Vorteil, dass darin bereits Partnerschaften mit Unternehmen vorbereitet und eine positive Selektion geeigneter Unternehmen durchgeführt werden konnte.

- JRZ sind mehr als nur ein Forschungsprojekt. Durch den *Zentrumscharakter* können besser als bei anderen Einzelprojekten Kompetenzen gegenüber der Scientific und Practice-Community, aber auch gegenüber Studierenden und Bewerber:innen transportiert werden. Auch in regionalpolitischen Umfeldern an den regionalen Standorten der FHs sind JRZ bestens prädestiniert, FHs als Forschungsanbieterinnen sichtbar und wirksam zu machen.

Betreffend die zukünftige Entwicklung der JRZ, strebt die CDG vorbehaltlich der Verfügbarkeit von ausreichenden Finanzmitteln an, die Anzahl der aktiven JRZ pro Jahr weiter leicht zu erhöhen, dauerhaft auf rund 20 JRZ (Persönliches Gespräch mit CDG-Präsidenten *Univ.-Prof. Martin Gerzabek* am 3.3.2023). Aus Sicht der CDG ist es für die FHs sehr wichtig, sich thematisch in bestehenden Bereichen strategisch denkend zu positionieren, Schwerpunkte zu bilden und darin Kompetenzen aufzubauen. Dies kann nicht in der gesamten Breite des Ausbildungs- und Forschungsangebots erfolgen, aber in Einzelthemen. JRZ sind dabei ausgezeichnete Instrumente, diese Schwerpunktbildung zu unterstützen. Auch das Thema der Personalentwicklung an den FHs ist – aus Sicht der CDG – von besonderer Bedeutung. Neben der Förderung von wissenschaftlichem Nachwuchs in den JRZ, werden auch die kooperativen Doktoratsprogramme des FWF (siehe nächster Abschnitt) sehr positiv bewertet und die Bedeutung dieser für die FHs gesehen. Es ist durchaus anzudenken und begrüßenswert, künftig eine *Vernetzung von kooperativen Doktoratsprojekten mit JRZ* anzustreben, um ein ausgewähltes Forschungsthema strategisch nachhaltig aufzustellen und zu stärken.

3.3 Doktorate an österreichischen Fachhochschulen – Status und Ausblick

Aktuell haben FHs in Österreich *noch kein eigenständiges Promotionsrecht*. Dass dies zur Stärkung des Forschungsprofils und zur Untermauerung der zwar anwendungsorientierten, aber gleichzeitig wissenschaftlich fundierten Ausbildung an FHs unerlässlich ist, wurde im österreichischen FH-Sektor schon früh erkannt. Einzelne FHs schlossen mit Universitäten im In- und Ausland Kooperationsverträge ab, um kollaborativ Doktoratsausbildungen anbieten zu können. Auf Drängen und intensiver politischer Lobbyarbeit des Sektors wurde im Februar 2020 seitens der österreichischen Bundesregierung ein neues, öffentlich gefördertes Programm zur *kooperativen Doktoratsausbildung* zwischen Universitäten und FHs vorgestellt, das vom Fonds zur Förderung der wissenschaftlichen Forschung (im Folgenden kurz: FWF) und CDG ausgearbeitet und mit der ersten Ausschreibung „Doc.Fund.Connect" im Herbst 2020 als Teil der Förderinstrumente des FWF umgesetzt wurde. Es zielt insbesondere darauf ab, einen Rahmen für eine wissenschaftlich hochwertige Ausbildung der Doktorand:innen zu schaffen, einerseits im Sinne eines fokussierten Forschungsrahmens, andererseits durch Schaffung von begleitenden Verfahren und Strukturen an den beteiligten Organisationen, die auch eine adäquate wissenschaftliche Begleitung der Doktorand:innen gewährleisten sollen (*FWF* 2020). Es war dem FWF wichtig zu betonen, dass an dieses Programm, das in der angewandten Grundlagenforschung positioniert ist, die gleichen Qualitätsstandards angelegt werden, wie an die universitären Doktoratsprogramme.

Für die erste Ausschreibung im Jahr 2020 standen rund fünf Mio € zur Verfügung und es wurden aus 28 Anträgen fünf Programme nach einem Gutachterverfahren und Hearings final ausgewählt, die im Studienjahr 2021/22 starten konnten. Mittlerweile wurde aufgrund des sehr ***positiven Echos*** der bisherigen Einreichungen im Februar 2023 bereits die dritte Ausschreibungsrunde geschlossen, aus den eingereichten Anträgen sollen zwei bis drei Projekte gefördert werden. Da pro Doc.funds. connect-Programm fünf Doktorand:innen gefördert werden können, wurden in den ersten zwei Ausschreibungsrunden insgesamt bereits 45 neue kooperative Doktoratsstellen in Österreich geschaffen.

An der FHJ konnte in der ersten Ausschreibung ein Doktoratsprogramm für „Dependable Electronic Based Systems" in Kooperation mit der Technischen Universität Graz eingeworben werden. Die Erfahrungen zeigen, dass schon allein während der Erstellung des Forschungsantrags die Zusammenarbeit zwischen den Institutionen ausgebaut und ein Ideenpool für weitere gemeinsame Forschungsarbeiten gefunden werden konnte.

Von der Finanzierungsseite her betrachtet, sind diese Programme für FHs wiederum eine ***größere Herausforderung,*** da dabei nur die Kosten der anzustellenden Doktorand:innen und in geringerem Umfang Sach- und Fortbildungskosten für deren Arbeit gefördert werden. Die Abdeckung des Aufwands für die Betreuung durch Hochschulpersonal bleibt den FHs überlassen, was ohne institutionelle Basisförderung oder eigentümerseitige Unterstützung für viele FHs einen limitierenden Faktor für zahlreiche Beantragungen darstellt.

Über die aktuellen Möglichkeiten der kooperativen Doktoratsausbildungen hinaus, strebt der österreichische FH-Sektor es mittel- bis längerfristig weiterhin an, eigenständige **Doktoratsrechte in extern akkreditierten Programmen** zu erhalten. Die Gründe dafür sind vielfältig: Sie reichen von FH-spezifischen Studienfeldern, wo „Pendants" auf universitärer Ebene schlicht fehlen, über attraktive Karriereperspektiven bis hin zum ressourcenbezogenen Kapazitätsaufbau im Forschungsbereich (*FHK* 2022, 29). Für eine nachhaltige Sektorentwicklung und den Ausbau der Möglichkeiten, auch im Hochtechnologieumfeld tätig zu werden, ist dies von hoher Relevanz.

Dieses Bestreben teilen wir mit unseren **Schweizer Nachbarn**, die ebenso seit 2017 über kooperative Doktoratsförderprogramme an den FHs verfügen. Einer qualitativen Umfrage der FH Schweiz (Dachverband der Schweizer FH-Absolvent:innen) aus dem Jahr 2021 zufolge, würden 88 % der befragten Interessierten (für ein Doktoratsstudium) ein eigenständiges Doktoratsrecht begrüßen, damit „die Hochschullandschaft auch wirklich ‚gleichwertig' aber ‚andersartig' ist", wobei der „praxisnahe" Aspekt auch bei der Doktoratsausbildung mit Blick auf die Bedürfnisse der Wirtschaft von besonderer Bedeutung ist (*FH Schweiz* 2022, passim).

Deutlich weiterentwickelt sind die in Bildungsthemen föderalistisch agierenden Bundesländer in Deutschland. In mehreren **deutschen Bundesländern**, wie zB seit 2017 in Hessen, seit 2021 in Berlin und seit Juli 2022 in Bayern, haben FHs, die „forschungsstarke Bereiche" aufweisen können, bereits eigenständige Doktoratsrechte. In einigen weiteren Ländern gibt es gemeinsam mit Universitäten kooperative Ausbildungsformen wie Promotionskollegs (seit 2020 in Nordrhein-Westfalen, die aus bereits in 2016 gegründeten Graduiertenkollegs hervorgingen) oder FH-übergreifende Promotionszentren, wie seit 2021 in Sachsen-Anhalt (für einen Überblick siehe *Wissenschaftlicher Dienst des Deutschen Bundestags* 2022, passim; für eine Definition der Kriterien forschungsstarker FH siehe zB *Gesetz über Hochschule, Forschung und Innovation in Bayern – BayHIG* 2022 und Referenzen darin).

Der Entwicklungsstatus der FHs im nahen Ausland sollte für unsere Bundesverwaltung ein Ansporn sein, bei den FHs keine nationalen sektorspezifischen Strukturdefizite weiter zu prolongieren. Nicht zuletzt mit Blick auf die sich dynamisch entwickelnde Wettbewerbssituation um Studierende im europäischen Bildungsraum sollte die Basis für eine hochqualitative und qualitätsgesicherte Weiterentwicklung dieses Sektors durch Vergabe des Promotionsrechts (zB wie in deutschen Bundesländern an Bedingungen geknüpft) unterstützt werden. Dadurch würde auch eine in diesem Punkt rechtliche *Gleichstellung zu den Privatuniversitäten* in Österreich erfolgen, die derzeit über Promotionsrechte in von der AQ Austria akkreditierten Programmen verfügen.

3.4 Geschäftsmodellinnovationen durch die Bildungsforschung im Rahmen von Erasmus+ Förderungen

Erasmus+ ist ein Programm der Europäischen Union (2021–2027), das neben der Unterstützung der Mobilität von Studierenden und Hochschulmitarbeitenden *auch kooperative Projekte von Hochschulen und weiteren Organisationen* in Europa und mit Drittstaaten unterstützt. Thematisch ist es auf die Förderung von lebenslangem Lernen in den Bereichen allgemeine und berufliche Bildung, Jugend und Sport ausgerichtet. In der aktuellen Programmförderperiode wird ein besonderer Fokus auf die qualitative Wirkung der Programmaktivitäten gelegt. Dabei soll ein Beitrag zu einer inklusiveren, kohärenteren, ökologischeren und mit digitalen Kompetenzen ausgestatteten Gesellschaft gelegt werden (*EC* 2023, 1). Es setzt unter anderem Innovationsanreize, um Qualifikations- und Kompetenzdefizite in zukunftsorientierten Bereichen wie Bekämpfung des Klimawandels, saubere Energie, künstliche Intelligenz, Robotik, Big-Data-Analyse zu beseitigen und unter anderem einen Beitrag zu einem künftig nachhaltigen europäischen Wachstum zu leisten.

Aus hochschulischer Sicht sind die Erasmus+ Projekte der Leitaktion 2, die zB im Rahmen der Förderaktionen der „Kooperationspartnerschaften", des „Kapazitätsaufbaus in der Hochschulbildung", der „Innovationsallianzen" oder der „Zentren beruflicher Exzellenz" umgesetzt werden, von besonderer Bedeutung. Durch diese „Bildungsforschungsprojekte" können neben den Vorteilen aus einer geförderten Internationalisierung und Vernetzung mit anderen Hochschulen *Kernkompetenzen in der Lehre innoviert* werden. So wurden beispielsweise an der FHJ Erasmus+ Projekte (auch schon während der vorigen Programmperiode) umgesetzt, die sich aus internationaler Perspektive mit neuen inhaltlichen Aspekten der Ausbildungsthemen beschäftigen, wie zB im Bereich Finanzmanagement und -instrumente für verschiedene Zielgruppen, nachhaltiger Tourismus, Smart Cities, Inklusion und Diversitätsthemen, Kompetenzentwicklung im Automotive- und Gesundheitssektor, und viele weitere. Eine größere Anzahl an Projekten behandelt(e) Aspekte der Digitalisierung und den damit verbundenen Aufbau von Aus- und Weiterbildungsprogrammen und -formaten für verschiedene Zielgruppen sowie einhergehende didaktische Fragestellungen.

Einen breiten Raum nehmen die Themen Innovation und Entrepreneurship ein, sowohl mit deren individueller Ausrichtung auf verschiedene Innovationsakteure, Wirkungsumfelder und Schnittstellen zum Arbeitsmarkt bzw zu unternehmerischen Aktivitäten. Zwei Beispiele seien an dieser Stelle erwähnt: die Wissensallianzprojekte „CORSHIP – Corporate Edupreneurship – Benefitting Startups, Universities and Corporates across Europe" (https://www.fh-joanneum.at/projekt/corship/15.5.2023) und „EMINDS – Development of an Entrepreneurial Mindset in Higher Education" (https://www.fh-joanneum.at/projekt/eminds/15.4.2023). Beide unterstützen die Weiterentwicklung der hochschulischen Entrepreneurship-Kompetenzen bzw den Wissenstransfer zu Studierenden und anderen Zielgruppen.

Über einen Fachkontext hinaus behandeln zahlreiche Projekte an der FHJ Themen der hochschulischen **Struktur- und Organisationsentwicklung,** beispielsweise durch vergleichenden Fokus internationaler Hochschulkonsortien auf Qualitätsmanagement oder auf Hochschulfinanzierung.

Auch Fragen nach der **Zukunft der Ausbildung** und damit verbundener Formate sowie deren Qualitätssicherung und Zertifizierung vor dem Hintergrund eines europäischen Bildungsraums werden in Erasmus+ Projekten behandelt. Die Anerkennung von Kompetenzen und Qualifikationen wird generell als besonders wichtiger Aspekt des Erasmus+ Programms explizit hervorgehoben (*EC* 2023, Leitfaden Teil A, 2). Die dafür eigens entwickelten bzw anerkannten Instrumente sollen zu einer höheren Transparenz und grenzüberschreitenden Vergleichbarkeit erlangter Qualifikationen und Kompetenzen beitragen. Hier sei erwähnt, dass auch das Europäische System zur Übertragung und Akkumulierung von Studienleistungen (European Credit Transfer and Accumulation System, ECTS) im Rahmen des Erasmus-Programms zwischen 1989 und 1997 erarbeitet worden war (*EU* 2015, 6 f und Referenzen darin) und im Zuge der Reformen durch den Bologna-Prozess (ab 1999) zu einem wichtigen Instrument im europäischen Hochschulraum wurde.

In ähnlicher Weise werden bereits auch zukünftig noch an Bedeutung gewinnende Ausbildungsformate wie die der Microcredentials, deren Definition, Qualitätssicherung, Zertifizierung und internationale Anerkennbarkeit im Rahmen aktuell laufender Projekte im Erasmus+Programm erarbeitet.

Mit diesen Ausbildungsformaten müssen auch Überlegungen zur künftigen Governance und Finanzierung einhergehen, schließlich operieren diese am Herzen des *Geschäftsmodells der Hochschulen* und entsprechende Bedeutung besitzen diese Projektergebnisse für die Zukunft.

Als Teil des Erasmus+-Programms der letzten Jahre wurden auch die im Jahr 2019 eingeführten Förderinstrumente der *„European Universities"* ausgeschrieben. Die mittlerweile 44 European Universities vereinen als „ambitionierte" internationale Allianzen bereits 340 Hochschulen, die eine langfristige strategische und strukturelle Zusammenarbeit anstreben. Dazu und zum European University Projekt „EU4DUAL" der FHJ wird an den eigenen Beitrag über die European Universities in dieser Publikation verwiesen. Einen Überblick in „Steckbriefform" findet man auch bei *EC* (2020b, passim).

Die FHJ ist in diesen Programmen *sehr erfolgreich* und erhielt im Zeitraum zwischen 2020 und 2022 in den genannten Programmschienen Förderzusagen für ein Projektbudget von 6,26 Mio € (nur Anteil FHJ), davon 51 % für EU4DUAL, rund 22 % für Kooperationspartnerschaften, 17 % für Kapazitätsaufbau im Hochschulumfeld und rund 10 % für ein Zentrum beruflicher Exzellenz (im Green-Tech Umfeld). Während in der Programmperiode vor 2021 die Finanzierung der durch gedeckelte Tagsätze und fehlende Overheads hohen Eigenanteile bei diesen Projekten die FHs wiederum vor größere Herausforderungen stellte, wurde dies in der aktuellen Förderperiode deutlich verbessert. Eine freie Wahl von (strategisch) angemessenen Eigenanteilen „bottom-up" auf Basis von Realkostensätzen einzelner Mitarbeiter:innenkategorien und zumindest 7 % Overhead auf alle Kosten unterstützen die finanzielle Realisierbarkeit der Projekte. Noch fehlen Erfahrungswerte mit den gleichzeitig eingeführten Lump-Sum-Modellen. Da mit diesen keine Finanzberichte mehr erforderlich sind, dafür eine nachweisliche Umsetzung bzw Erreichung von Zielen einzelner Arbeitspaketziele, ist dies für eine stärker Outcome-orientierte Projektarbeit und letztlich Forschungsleistung förderlich und begrüßenswert.

4. Fazit und Ausblick auf Herausforderungen für die Fachhochschule von morgen

Aus den dargelegten Charakteristika der FH-Forschung und strukturbildenden Rahmenbedingungen in Österreich lassen sich einige Beobachtungen zusammenfassend festhalten:

- Die österreichischen FHs sind im F&E-Umfeld sehr ***unterschiedlich entwickelt.*** Es gibt eine schmale Spitze von drei FHs, die mit F&E-Ausgaben im Jahr 2019 von 48,8 Mio € rund 37 % der sektorweiten Ausgaben aufweisen (*Statistik Austria* 2023) und in den meisten Förderprogrammen erfolgreich sind. Daran folgt eine Gruppe von knapp einem Dutzend forschungsaktiver FHs, die wiederholt über größere (strukturaufbauende) Projekte verfügen, die restlichen FHs sind in F&E weniger aktiv. Einige Daten deuten darauf hin, dass die Größe der F&E-Bereiche mit folgenden Faktoren korreliert sein könnte: besondere Erhalter-seitige Zuwendungen einst und jetzt, Eigenständigkeit in der Positionierung (Ausgründung ja/nein), Größe des umgebenden Innovationssystems bzw bezogen auf die vorhandenen Forschungsschwerpunkte und thematische Ausrichtung der Forschung (zB technische Bereiche versus sozial- und wirtschaftswissenschaftliche). Die Dynamik der Veränderung der Forschungsausprägung einzelner FHs ist eher gering.

- Mit Blick auf anwendungsorientierten Charakter, Innovationsfokus und regionale Verankerung sind FHs in jenen Förderprogrammen überproportional erfolgreich, deren strategische Förderzielsetzungen mit diesen „Unique selling points" der FH-Forschung zusammenfallen. Dies betrifft unterschiedliche Programmarten und Instrumenttypen.

- Der Aufbau des F&E-Sektors an den FHs wurde in Österreich durch die frühe Implementierung eigens für FHs entworfener Strukturaufbau-Programme besonders unterstützt. In so aufgebauten Forschungsschwerpunkten an FHs können dadurch auch konsekutive Förderprogramme, die auf hohem wissenschaftlichem Niveau ansetzen, gut erreicht werden. Insgesamt wird dadurch eine *Profilbildung der FH-Forschung* positiv angeregt.

Prognosen für die generelle Weiterentwicklung der FH-Forschung sind schwierig. Der unterschiedliche Entwicklungsstatus einzelner FHs impliziert auch einen individuellen Unterstützungsbedarf. Allen gemein ist jedoch die durchgängig prekäre Finanzierungssituation, die unter anderem für einen weiteren infrastrukturellen Aufbau und die Internationalisierung der Forschung an den FHs eine Barriere darstellt. Da die derzeitigen bundesseitigen Entwicklungspläne hier weder qualitativ noch quantitativ eine liebevolle Zuwendung erkennen lassen, wird es an der *endogenen Innovationskraft des Sektors* liegen, geeignete Entwicklungsstrategien zu entwerfen und umzusetzen. Die Chancen dafür stehen gar nicht schlecht, da die österreichischen FHs gerade darin trainiert und erfahren sind.

Bei Betrachtung der zukünftigen Entwicklung der FHs kann jedoch die Forschung nicht isoliert von der Lehre gesehen werden. Der gesamte Hochschulsektor steht derzeit vor großen Herausforderungen: Die demographische Entwicklung, die Digitalisierung, die ubiquitäre Verfügbarkeit von Wissen, die Art des Wissenserwerbs und Technologiekompetenzen der Jugend verbunden mit veränderten Lebensbildern und Mobilität erfordern ein Überdenken der Grundlagen der heutigen Studienangebote und hochschulischen Geschäftsmodelle. Flexible, modulare, jederzeit online-verfügbare und individuell gestaltbare Studienmodelle werden die Zukunft ebenso prägen wie das Auftreten neuer (Online-) Mitbewerber:innen auf einem zunehmend globalen Bildungsmarkt. Um diesen Herausforderungen beggnen zu können, werden eine stärkere unternehmerische Ausrichtung, neue modulare Studienprodukte und Governance- und Finanzierungsmodelle bei FHs erforderlich werden. Dabei können eine starke Forschungskomponente und die begleitende Vernetzung mit Wissenschaft und Wirtschaft die erforderliche *strategische Differenzierung der Hochschulen unterstützen*. Welche Instrumente und Maßnahmen dabei besonders erfolgversprechend sind, ist noch im Einzelnen zu erarbeiten. Eines scheint jedoch sicher: Nur weiter wie bisher, wird längerfristig wohl nicht genügen.

5. Zitierte Literatur

Bayrisches Staatsministerium für Wissenschaft und Kunst, Gesetz über Hochschule, Forschung und Innovation in Bayern (Bayerisches Hochschulinnovationsgesetz – BayHIG), 2210-1-3-WK (2022)

Brünner, Die bildungspolitischen Auswirkungen des Fachhochschul-Studiengesetzes, in: *Berka/Brünner/Hauser* (Hg), Schriften zum Wissenschaftsrecht der Ludwig Boltzmann Forschungsstelle für Bildungs- und Wissenschaftsrecht IV (2004)

Bundesministerium Digitalisierung und Wirtschaftsstandort, Richtlinie gemäß § 15 iVm § 12a FTFG (2022) für das Programm zur Förderung der Einrichtung und des Betriebs von Josef Ressel Zentren, GZ: 2022-0.419.806 (genehmigt am 15.6.2022)

CDG – Christian Doppler Forschungsgesellschaft, Zahlen-Daten-Fakten (2023); https://www.cdg.ac.at/ueber-uns/zahlen-daten-fakten (1.4.2023)

Convelop, Evaluierung des Pilotprogramms „Josef Ressel Zentren", Kurzfassung (vom Dezember 2010)

EC – European Commission, DG Internal Policies, Policy Department for Economic, Scientific and Quality of Life Policies, Parenti Radostina, Study "Regulatory Sandboxes and Innovation Hubs for FinTech Impact on innovation, financial stability and supervisory convergenc", PE 652.752 (2020)

EC – European Commission, EUROPEAN UNIVERSITIES A key pillar of the European Education Area, #EuropeanUniversities (2020b); https://ec.europa.eu/education/education-in-the-eu/european-education-area/european-universities-initiative_en (10.4.2023)

EC – European Commission, Erasmus+ Programmleitfaden, Version 1 vom 23. 11. 2022 (2023); download am https://erasmus-plus.ec.europa.eu/de/programme-guide/part-a (7.4.2023)

EU – Europäische Union, Amt für Veröffentlichungen, ECTS Leitfaden (2015); doi:10.2766/87353

FFG – Österreichische Forschungsförderungsgesellschaft, Ausschreibungsleitfaden 9. Ausschreibung, FH-Forschung für die Wirtschaft (2022); Download https://www.ffg.at/coinaufbau_9.AS_fh-wirtschaft (28.3.2023)

FFG – Österreichische Forschungsförderungsgesellschaft, Präsentationsunterlage Fachhochschulen vom 8.2.2023 (2023a)

FFG – Österreichische Forschungsförderungsgesellschaft, Beschreibung nationaler Förderungen /Technologietransfer (2023b); https://www.ffg.at/transfer (28.3.2023)

FHK – Fachhochschulkonferenz, FHK-Positionspapier zum FH Entwicklungs- und Finanzierungsplan ab 2023/24 (2022)

FH JOANNEUM, Good Practice Guide zu Forschung in der Lehre innovativ anwenden (FILIA), forthcoming (2023)

FH Oberösterreich, Jahresbericht 2022 (2022); https://www.fh-ooe.at/fileadmin/user_upload/fhooe/ueber-uns/qualit%C3%A4t/docs/FH_O%C3%96_Jahresbericht_2022.pdf (23.3.2023)

FH Schweiz, Doktorat an Fachhochschulen ist wichtig, Ergebnisse einer erstmalig breiten Umfrage zum 3. Zyklus an Fachhochschulen, Einführung, Auswertung, Forderungen, Ergebnisbericht vom August 2022 (2022); https://www.fhschweiz.ch/doktorat (7.4.2023)

FWF – Fonds zur Förderung der wissenschaftlichen Forschung, Kooperative Doktoratsprogramme starten im Herbst, Newsbeitrag vom 26. 2. 2020 (2020); https://www.fwf.ac.at/de/news-presse/news/nachricht/nid/20200226-2486 (6.4.2023)

Godin, The Linear Model of Innovation: The Historical Construction of an Analytical Framework, Project on the History and Sociology of Science & Technology Statistics, Working Paper Nr 20 (2005)

Koschatzky, Grundzüge der Innovationsökonomie: Innovation, Technischer Wandel und Lange Wellen, Seminar: theoretische Ansätze in der innovationsorientieren Wirtschaftsgeographie und deren politische Implikationen, Leibnitz Universität Hannover (2008)

Madiega/Van De Pol, Artificial intelligence act and regulatory sandboxes, Members' Research Service PE 733.544, European Parliamentary Research Service (2022)

Mayer ua, Das Angebot der direkten FTI-Förderung in Österreich, 5. Teilbericht zur Systemevaluierung der österreichischen Forschungsförderung und -finanzierung, im Auftrag von BMWFJ und BMVIT, Wien (2009).

OECD, Frascati Manual 2015: Guidelines for Collecting and Reporting Data on Research and Experimental Development, OECD Publishing (2015)

Sabbatini/Kastner, Forschung & Entwicklung an Fachhochschulen in Österreich: Leistung und Erfolgsgeschichte trotz herausfordernder

Rahmenbedingungen? e & i Elektrotechnik und Informationstechnik, 137 (1) 2020, 3

Statistik Austria, Erhebung über Forschung und experimentelle Entwicklung 2019, Finanzierung der Ausgaben für Forschung und experimentelle Entwicklung (F&E) 2019 nach Durchführungssektoren/ Erhebungsbereichen und Finanzierungsbereichen, erstellt am 6.8.2021 (2021)

Statistik Austria, Erhebung über Forschung und experimentelle Entwicklung 2019, erstellt am 5.4.2023 (2023)

Stokes, Pasteur's Quadrant, Basic Science and Technological Innovation, Brookings Institution Press, Washington D.C. (1997)

UAS4EUROPE, A-UASers-guide-to-building-innovation-ecosystems (2022); A-UASers-guide-to-building-innovation-ecosystems.pdf (uas4europe.eu) (25.3.2023)

Wiedenhofer, R&D as strategic pillar of higher education financing – A European Perspective, Proceedings of the International Final Conference of the EU-ALFA Project "SUMA – Towards sustainable financial management", July 2013, San Jose, Costa Rica (2013)

Wissenschaftlicher Dienst des Deutschen Bundestags, Hochschulen für Angewandte Wissenschaften mit Promotionsrechten in Deutschland und anderen EU-Staaten, Dokumentation, WD – 8 – 3000 – 022/22 (2022)

Perspektive
EUROPEAN UNIVERSITIES

Birgit Hernády und *Georg Wagner*

Im Rahmen der Allianz *EU4DUAL* ist die FH JOANNEUM Teil der „European Universities" Initiative der Europäischen Kommission. Durch ihre Mitarbeit in dieser Allianz trägt die FH JOANNEUM maßgeblich zur Weiterentwicklung eines europäischen Hochschulraums bei.

1. Sechs Schlüsselelemente für die Zukunft Europas und der Gedanke einer neuen Dimension europäischer Hochschulpolitik

In seiner Rede an der Sorbonne am 26.9.2017 referierte Staatspräsident *Emmanuel Macron* über seine Idee und seine Gedanken einer Initiative für Europa, in deren Zentrum er *sechs Schlüsselelemente* für die weitere Entwicklung Europas stellte. Diese sechs Schlüsselelemente, die *Macron* als entscheidende Faktoren für die Bedeutung Europas und seiner Souveränität in einer globalisierten und damit vor neuen Herausforderungen stehenden Welt identifizierte, sind:

- *Sicherheit als Grundlage* jeder politischen Gemeinschaft.
- Die *Sicherstellung der Souveränität* auf europäischer Ebene.
- Eine *gemeinsame Außen- und Entwicklungspolitik* auf europäischer Ebene.
- Gemeinsames Handeln auf europäischer Ebene, um auf die wichtigste Veränderung unserer Zeit und dieses Planeten zu reagieren: den *ökologischen Wandel*.
- *Digitalisierung als Chance und Herausforderung* für einen grundlegenden Wandel der europäischen Volkswirtschaften.

- Die **Eurozone als Herzstück** eines integrierten Europa mit einer starken und wettbewerbsfähigen europäischen Industrie und einer gemeinsamen Wirtschafts- und Währungspolitik.

Doch nicht nur politische und wirtschaftliche Rahmenbedingungen sieht *Emmanuel Macron* als entscheidende Elemente für die weitere Entwicklung Europas in seinen Gedanken und Überlegungen einer Initiative für Europa, sondern in sehr wesentlichem Maße auch die **Bildung**.

Für Staatspräsident *Macron* ist Bildung, auch in Form von Aus- und Weiterbildung, ein ***ganz wesentlicher Beitrag*** im Rahmen der von ihm formulierten sechs Schlüsselelemente. Sei es nun im Bereich der Sicherheitspolitik, durch eine gemeinsame Ausbildung im Bereich nachrichtendienstlicher Aufgaben oder im Bereich einer gemeinsamen Migrationspolitik Europas, wo durch Bildungs- und Integrationsprogramme solidarische Wege der Krisenbewältigung beschritten werden können.

Die aus Sicht der Universitäten und Hochschulen wohl bedeutendste Idee formuliert *Emmanuel Macron* in seiner Rede an der Sorbonne, indem er die ***Einrichtung gemeinsamer europäischer Hochschulen*** vorschlägt. Im Bewusstsein der Bedeutung der Sorbonne als jahrhundertealter „Heimat" von Vorreitern, Optimisten und Visionären, die in stetem Vertrauen auf die Fähigkeiten des Menschen geforscht und durch die Lehre Wissenschaft lebendig gemacht haben, formuliert *Macron* sehr fassbar seine Vorstellung gemeinsamer europäischer Hochschulen.

So schlägt er konkret die Einrichtung europäischer Universitäten vor, die ein Netzwerk von Universitäten aus mehreren Ländern Europas bilden und so einen Studienverlauf schaffen, in dem jede:r Studierende im Ausland studieren und Seminare in mindestens zwei Sprachen belegen kann. Diese europäischen Universitäten sollen, so die Vision von Staatspräsident *Macron*, auch Orte pädagogischer Neuerung und exzellenter Forschung sein, um die ***Bedeutung Europas als „Wissensgesellschaft"*** in das Bewusstsein der Menschen zu rücken und Europa als Forschungs- und Technologiestandort auch international zu positionieren. Als gemeinsames Ziel für Europa schlägt *Emmanuel Macron* vor, bis 2024 mindestens zwanzig europäische Universitäten aufzubauen, die aus gemeinsamen Entwicklungsprojekten von Universitäten und Hochschulen aus verschiedenen Ländern Europas hervorgehen und die mit „echten" europäischen Semestern und europäischen Abschlüssen ausgestattet sind.

2. Calls für European Universities im Rahmen der Erasmus+ Forschungsoffensive 2018 und 2019

2.1 Grundlagen und Rahmenbedingungen der ersten beiden Calls 2018 und 2019

Ausgehend von der Vision des französischen Staatspräsidenten präsentierte die Europäische Kommission den Staats- und Regierungschefs der Europäischen Union im Vorfeld des Göteborger Sozialgipfels im November 2017 die neue Initiative der European Universities als Teil des übergeordneten Ziels der *Schaffung eines europäischen Bildungsraums bis 2025*. Diese wurde im Dezember 2017 vom Europäischen Rat beschlossen. Im Oktober 2018 wurde der erste Call der European Universities Initiative im Rahmen von Erasmus+ veröffentlicht.

Durch die zukünftigen transnationalen European Universities Allianzen sollten die Qualität und Wettbewerbsfähigkeit der europäischen Hochschulbildung verbessert und die Zusammenarbeit zwischen den Hochschuleinrichtungen unterstützt werden. Sie sollten eine gemeinsame langfristige Strategie verfolgen und *europäische Werte und die europäische Identität* fördern. Ziel war die Bündelung von Fachwissen und Ressourcen und die Entwicklung eines Angebots gemeinsamer Lehrpläne verschiedenster Disziplinen. Durch größtmögliche Flexibilität sollten Studierende die Möglichkeit haben, ihre Ausbildung individuell zu gestalten und zwischen verschiedenen Studienorten in Europa zu wechseln. Ziel war es auch, durch enge Zusammenarbeit mit Unternehmen und Kommunalbehörden einen Beitrag zur nachhaltigen wirtschaftlichen Entwicklung der einzelnen Regionen zu leisten. Als Pioniere sollten die ersten Allianzen verschiedene Modelle zur Umsetzung des neuen Konzepts der European Universities testen und dessen Potenzial zur Förderung der Hochschulbildung ausloten. Weiters sollten sie einem strengen Monitoring unterliegen.

2.2 Die ersten Hochschulallianzen

Am 26.6.2019 gab die Europäische Kommission die Hochschuleinrichtungen aus ganz Europa bekannt, die gemeinsam die ersten 17 European Universities Allianzen bilden sollten – ein wichtiger Schritt zum Aufbau eines europäischen Bildungsraums war getan (European Commission – Press release: First 17 „European Universities" selected: a major step towards building a European Education Area, Brussels, 26.6.2019). Aus den 54 eingegangenen Bewerbungen wurden *17 Europäische Universitäten* unter Beteiligung von 114 Hochschuleinrichtungen aus 24 Mitgliedstaaten ausgewählt, darunter auch zwei österreichische Universitäten (die Karl-Franzens-Universität Graz im Rahmen der Allianz ARQUS sowie die Universität für Bodenkultur Wien im Rahmen der Allianz EPICUR).

Die Auswahl deckte ein *breites Spektrum von Hochschuleinrichtungen* ab und erfolgte auf Grundlage einer Bewertung durch ein 26-köpfiges unabhängiges Gremium von externen Expert:innen. Aufgrund der großen Anzahl qualitativ hochwertiger Bewerbungen wurden die ursprünglich für diese neue Erasmus+ Initiative vorgesehenen 60 Millionen Euro auf 85 Millionen Euro aufgestockt, somit konnten 17 statt der ursprünglich vorgesehenen zwölf Allianzen finanziert werden.

Im zweiten Pilotcall 2019 wurden insgesamt 62 Bewerbungen eingereicht, von denen 24 ausgewählt wurden (European Commission – Press release: 24 new European Universities reinforce the European Education Area, Brussels, 9.7.2020). Die Zahl der European Universities erhöhte sich somit auf *41 Allianzen mit 280 beteiligten Hochschulen aus ganz Europa.* Auch sechs österreichische Hochschulen waren vertreten, neben der Universität Innsbruck, der Montanuniversität Leoben und der Wirtschaftsuniversität Wien auch erstmals drei Fachhochschulen – die FH St. Pölten im Rahmen der Allianz E3UDRES2, die FH Vorarlberg mit RUN-EU und das MCI Management Center Innsbruck mit der Allianz ULYSSEUS. Damit setzten Österreichs Fachhochschulen ein deutliches Zeichen als Bündnispartner für eine gemeinsame europäische Hochschulpolitik.

Insgesamt wurden für die 41 European Universities 287 Millionen Euro aus dem EU-Haushalt bereitgestellt. Jede Allianz sollte bis zu fünf Millionen Euro über das Erasmus+ Programm und bis zu zwei Millionen über das Programm Horizon 2020 erhalten. Mit der Finanzierung durch beide Programme wurde so ein wichtiger Schritt zur *Stärkung der Zusammenarbeit zwischen dem Europäischen Bildungsraum und dem Europäischen Forschungsraum* gesetzt.

3. European Universities 2022 Erasmus+ call

3.1 Fortsetzung und Ausbau der European Universities Initiative

Aufgrund der äußerst positiven Resonanz auf die beiden Pilotcalls wurde beschlossen, die European Universities Initiative für den nächsten langfristigen EU-Haushalt (2021–2027) mit einem *deutlich aufgestockten Budget* vollständig einzuführen.

Um den weiteren Ausbau zu unterstützen, wurde ein neuer Call zur Einreichung von Vorschlägen im Rahmen von Erasmus+ zur Förderung der European Universities in ganz Europa mit einem Rekordbudget von insgesamt *272 Millionen Euro* veröffentlicht.

3.2 Grundlagen und Rahmenbedingungen des Calls 2022

Der European Universities 2022 Erasmus+ Call verfolgte zwei Ziele: Zum einen die *nachhaltige Förderung und den weiteren Ausbau* der bereits gestarteten Hochschulbündnisse, wie beispielsweise der Allianz ARQUS, in welcher die Karl-Franzens-Universität Graz vertreten ist. Auch neue Hochschulen sollten die Möglichkeit bekommen, sich bereits bestehenden Allianzen als vollwertige Partnerinnen anzuschließen.

Andererseits sollten auch neue Antragstellerinnen ermutigt werden, neue transnationale Allianzen aufzubauen und den Ausbau der European Universities Initiative weiter voranzutreiben, um das *Ziel der Etablierung von 60 europäischen Hochschulallianzen* zu erreichen.

Insgesamt gibt es nach dem Call 2022 nun *44 European Universities*, an denen rund 340 Hochschuleinrichtungen in 31 Ländern beteiligt sind, darunter alle EU-Mitgliedstaaten, Island, Norwegen, Serbien und die Türkei. Erstmals konnten auch Allianzen mit Partnerinstitutionen aus Ländern des Bologna-Prozesses eingegangen werden, wie zB der Ukraine, dem Vereinigten Königreich und der Schweiz. Durch die Zusammenarbeit mit rund 1300 assoziierten Partner:innen, zu denen NGOs, Unternehmen, Städte, lokale und regionale Behörden gehören, sind die European Universities Allianzen nun in der Lage, die Qualität und den Umfang der Hochschulbildung in Europa erheblich zu verbessern (European Universities 2022 Erasmus+ call: Results, 7.7.2020).

4. EU4DUAL eröffnet neue Dimension im Bereich der European Universities

Bildeten die im Rahmen der ersten beiden Calls eingerichteten 41 Allianzen die eher klassischen Strukturen universitärer Bildungswege ab, ermöglichte der European Universities 2022 Erasmus+ Call die Bildung einer Partnerschaft von Hochschulen, die ins Zentrum ihres Programms die Errichtung einer Dualen Europäischen Hochschule gesetzt hatten, um so das *Modell der „Dualen Tertiären Bildung"* als modernen und integrativen Bildungsansatz im Selbstverständnis europäischer Hochschulpolitik nachhaltig zu verankern (European Universities 2022 Erasmus+ call: Results).

4.1 EU4DUAL als integrativer Ansatz in Higher Education

Nicht erst seit dem Ende der Covid-19-Pandemie stellt die Problematik des Fachkräftemangels, auch aufgrund des demographischen Wandels, eine Herausforderung für die Wirtschaft und Gesellschaft in Europa und damit auch in Österreich dar. Dieser Umstand betrifft nicht nur den Bereich der so genannten MINT-Fächer, sondern umfasst mittlerweile praktisch alle Wirtschafts- und Gesellschaftsbereiche. Immer lauter werden daher die Stimmen in Wirtschaft und Politik, geeignete Maßnahmen zur Fachkräftesicherung und Ausbildung potenzieller Nachwuchskräfte auch auf Hochschulebene zu entwickeln und dauerhaft zu etablieren. Ziel dieser Maßnahmen ist einerseits eine größere Zahl von Schulabgänger:innen zu höheren Bildungsabschlüssen zu führen, andererseits sollen diese Maßnahmen auch bereits Berufstätigen entsprechende Weiterbildungsmöglichkeiten eröffnen und somit eine *höhere Durchlässigkeit zwischen den verschiedenen Bildungsabschlüssen* ermöglichen. Neben diesen Kernforderungen sieht vor allem die Wirtschaft die Notwendigkeit einer gewissen „Reorganisation" der tertiären Bildung in Richtung einer praxisnahen und anwendungsorientierten Ausbildung (*Katharina Maschke* in DAAD-BLICKPUNKT November 2015 „Das duale Studium als Exportmodell").

Dem Ansatz des dualen Studiums, welches durch eine *enge Verzahnung von theoretischer Ausbildung an einer Universität/Hochschule und einer intensiven praktischen Ausbildung in einem Unternehmen* gekennzeichnet ist, kommt vor dem Hintergrund des Fachkräftemangels und der demografischen Veränderung unserer Gesellschaft eine besondere Bedeutung zu (Wissenschaftsrat: Empfehlungen zum arbeitsmarkt- und demographiegerechten Ausbau des Hochschulsystems).

Wie kein anderes Studien-Organisationsmodell verbindet das duale Studium eine wissenschaftliche Ausbildung an einer Hochschule oder Universität mit einer beruflichen Ausbildung in einem Unternehmen bzw einer öffentlichen Einrichtung. Ausbildung und Wissenserwerb finden somit immer an *zwei Lernorten* statt: dem Ausbildungspartnerunternehmen und der Universität. Ziel ist es, die eher theorieorientierte Wissensvermittlung im Studium an einer Hochschule bzw Universität mit der unmittelbaren Anwendung des Wissens in der Praxis eines Unternehmens zu verknüpfen und somit den „Theorie-Praxis-Gap" bestmöglich zu schließen.

Eine nähere Analyse dieser Grundidee zeigt, dass das Modell des dualen Studiums an sich kein völlig neues Konzept darstellt; im Gegenteil, es schließt an das seit Jahrzehnten in Österreich oder auch in Deutschland etablierte System der Lehre an, bei dem es ebenfalls zu einer Verzahnung von theoretischem und praktischem Wissen durch parallele Ausbildung in Betrieb und Berufsschule kommt. Basierend auf diesem Organisationsmodell können damit junge Menschen im Bereich der dualen sekundären Ausbildung in Österreich aus mittlerweile über 200 Lehrberufen, entsprechend ihren individuellen Fähigkeiten und Interessen, wählen (*Lehrberufe in Österreich* Ausgabe 2022). Durch das Modell des Dualen Studiums wird dieses Konzept auf den Bereich der tertiären Bildung übertragen. Zahlreiche Expert:innen sehen daher im Modell des Dualen Studiums eine Form der kooperativen beruflichen Bildung, welche durch die Zusammenarbeit zwischen Hochschulen und den mit diesen strukturell verbundenen Ausbildungspartnerunternehmen eine *spezifische und praxisorientierte Ausbildung* entsprechend Niveau 6 und Niveau 7 des Europäischen Qualifikationsrahmens ermöglicht (Europäische Kommission: Der Europäische Qualifikationsrahmen für lebenslanges Lernen EQR).

4.2 Das Netzwerk von EU4DUAL

Der Vision von Staatspräsident *Emmanuel Macron* folgend ist auch die *Allianz EU4DUAL* ein Europa von Nord nach Süd und von Ost nach West umspannendes Netzwerk. Am Anfang dieser Netzwerksidee standen mit Sicherheit viele einzelne unterschiedliche Ideen und Konzepte, sodass sich retrospektiv wohl auch kein einzelnes Ereignis oder eine einzelne Gegebenheit als „Geburtsstunde" von EU4DUAL identifizieren lassen wird. Wesentliche ermöglichende Faktoren für die Entwicklung dieser Allianz waren aber mit Sicherheit die vor der Gründung des Konsortiums bereits bestehenden Kontakte und Erfahrungen zwischen den einzelnen Hochschulpartnerschaften. Viele dieser Kontakte gehen auf die Bearbeitung gemeinsamer Forschungsprojekte, wovon zahlreiche durch EU-Rahmenprogramme, wie zB Erasmus oder Horizon 2020 unterstützt wurden, zurück.

Die in aller Regel über mehrere Jahre laufenden Projekte ermöglichten es nicht nur gemeinsam an Forschungsfragen zu arbeiten und Lösungsansätze für aktuelle gesellschaftliche und wissenschaftliche Fragestellungen zu entwickeln; vielmehr trugen diese Projekte dazu bei, Vertrauen zwischen den jeweiligen Partner:innen aufzubauen und somit etwas zu entwickeln, das man einen *gemeinsamen Spirit* nennen könnte. Dem Gedanken der europäischen Hochschulinitiative folgend war es damit möglich, einzelne kleinere, zunächst unabhängig voneinander arbeitende Forschungs-Netzwerke, zu einer größeren Allianz weiterzuentwickeln. Gemeinsame Triebfeder für die Entwicklung und Gründung dieser Allianz war dabei zweifellos das Thema des „Dualen Studiums", wobei die beiden Lead Partner Mondragon Unibertsitatea (MU) und Duale Hochschule Baden-Württemberg (DHBW) von Anfang an als Motoren innerhalb dieser Allianz wirkten. Mit den erfolgreich abgeschlossenen Projekten und dem damit bestehenden Wissen um eine gute Zusammenarbeit und ein ausgeprägtes Vertrauensverhältnis im Hintergrund, haben sich schließlich neun europäische Universitäten zur Allianz EU4DUAL zusammengeschlossen. Es sind dies:

- Mondragon Unibertsitatea (Spanien)
- Duale Hochschule Baden-Württemberg (Deutschland)
- FH JOANNEUM (Österreich)
- Savonia UAS (Finnland)
- ESTIA Institute of Technology (Frankreich)
- John von Neumann University (Ungarn)
- PAR University College (Kroatien)
- Malta College of Arts, Science and Technology (Malta)
- Koszalin Technological University (Polen)

4.3 Gemeinsame Ziele der Allianz EU4DUAL

Ein wesentlicher Bestandteil der EU-Modernisierungsagenda für den Hochschulbereich ist eine *Strukturreform der Universitäten*, um so den Anforderungen des Arbeitsmarkts in Hinblick auf die vermittelten Fähigkeiten und Qualifikationen, insbesondere aber auf die Beschäftigungsfähigkeit (Employability) der Absolvent:innen, gerecht zu werden. Dieser Ansatz bedingt, dass die Strukturen der Universitäten über das traditionelle Modell von Bildung und Forschung hinausgehen. Vielmehr sollen die neuen Strukturen Basis eines holistischen Ansatzes sein, welcher Ausbildung – Forschung – Innovation über die Grenzen der Hochschulen hinaus ermöglicht. Universitäten sollen zu Impulsgeberinnen für Wirtschaft und Gesellschaft werden und die Entwicklung eines europäischen Ausbildungs- und Forschungsraums auf der Grundlage gemeinsamer Werte vorantreiben, um so die Wettbewerbsfähigkeit Europas sicherzustellen und künftige gesellschaftliche und ökologische Herausforderungen zu meistern.

Wie bereits vorstehend dargestellt, stellt das Duale Studienmodell aus der Sicht der Allianz einen *innovativen und zukunftsträchtigen Ansatz zur Bewältigung der wirtschaftlichen und gesellschaftlichen Herausforderungen* des 21. Jahrhunderts dar, da es, wie kein anderes Bildungsmodell, die Etablierung eines geschlossenen Regelkreises in der Gestaltung und Qualitätssicherung von Ausbildungsprogrammen auf Hochschulebene erlaubt. Einem PDCA-Ansatz entsprechend, ermöglichen die kurzen Antwortzeiten in Hinblick auf die Anwendung und Überprüfung des in den Theoriephasen erworbenen Wissens im Rahmen der Praxisphasen, einen raschen Informationsrückfluss an die Hochschulen und so eine laufende und qualitätssichernde Weiterentwicklung von Lehrveranstaltungsinhalten und Curricula.

Das gemeinsame strategische Ziel der Allianz EU4DUAL liegt in der Entwicklung und dem Aufbau der *weltweit größten multinationalen und multidisziplinären Dualen Hochschule*, um die Universitäten, Regionen und Menschen Europas miteinander zu verbinden und durch gemeinsame Lehr- und Forschungsaktivitäten zur Bewältigung aktueller und zukünftiger ökologischer, gesellschaftlicher und wirtschaftlicher Herausforderungen beizutragen. Im Rahmen der Strategieentwicklung für EU4DUAL wurden acht konkrete Vorhaben definiert, welche als Leitmotive der Allianz zu sehen sind. Es sind dies:

- Die Schaffung von Rahmenbedingungen, um eine *grenzüberschreitende Zusammenarbeit in Lehre, Forschung und Öffent-*

lichkeitsarbeit zu etablieren, um so den großen gesellschaftlichen Herausforderungen unserer Zeit gemeinsam begegnen zu können.

- Sicherstellung, dass die überwiegende Anzahl der von der Dualen Europäischen Hochschule angebotenen Programme auf Forschungs-, Lehr- oder Praktikumselementen von *zumindest zwei Allianzpartner:innen* aufgebaut ist.

- Konzeption und Weiterentwicklung eines gemeinsamen *Micro-Credential Portals*, welches von den Mitgliedern der Allianz und deren Ausbildungspartnerunternehmen aufgebaut wurde und das Studierenden aktuelle Lehrinhalte bietet sowie Möglichkeiten zu einer kontinuierlichen Karriereentwicklung schafft.

- Aufbau eines *Forschungs-Ökosystems*, welches die Bearbeitung gemeinsamer Forschungsprojekte auf allen Ebenen ermöglicht, um so den großen gesellschaftlichen Herausforderungen unserer Zeit gemeinsam begegnen zu können.

- Entwicklung eines völlig *neuartigen, transnationalen Dualen Studienprogramms*, welches von lokalen und internationalen Ausbildungspartnerunternehmen mitentwickelt und mitgetragen wird.

- Systematischer Aufbau einer gemeinsam entwickelten Organisationseinheit als *eigenständiger juristischer Person* in Form der „Dualen Europäischen Hochschule".

- Einrichtung eines *„Centers of Excellence"* für Duale Hochschulbildung, um die Beantwortung von Forschungsfragen und eine kontinuierliche Weiterentwicklung des Sektors zu gewährleisten.

- Schaffung aller Rahmenbedingungen, die eine *automatische Anerkennung von Studienzeiten und Studienleistungen* zwischen den Allianzpartner:innen sicherstellen, mit dem Ziel, dass 50 % der Studierenden und Mitarbeiter:innen von Mobilitätserfahrungen profitieren.

Perspektive EUROPEAN UNIVERSITIES

5. Die Rolle der FH JOANNEUM im Rahmen der Allianz EU4DUAL

Durch die bereits unter Punkt 4.2 erwähnte, äußerst erfolgreiche Zusammenarbeit im Rahmen mehrerer EU-Forschungsprojekte, wie etwa dem Projekt MicroCredX, in welchem die Grundlagen und Rahmenbedingungen für die Entwicklung von Bildungsangeboten auf Basis von sogenannten Micro-Credentials gemeinsam erarbeitet werden, gelang es dem *Team des Instituts für Angewandte Produktionswissenschaften der FH JOANNEUM (im Folgenden kurz: FHJ)* von Anfang an Teil der Allianz EU4DUAL zu sein und neben den Lead Partnern, der Mondragon Unibertsitatea (MU) und der Dualen Hochschule Baden-Württemberg (DHBW) entscheidend bei der Erstellung des Antrags für eine Bewerbung der EU4DUAL Allianz als European University mitzuwirken. Ausgehend von diesen gemeinsamen Erfahrungen war es dem Projektteam der Dualen Studiengänge „Produktionstechnik und Organisation" und „Engineering and Production Management" möglich, richtungsweisende Anregungen und spezifische, zukunftsrelevante Themen der „Dualen Hochschulbildung" in den Projektantrag einzubringen und so einen wesentlichen Beitrag zum Erfolg des Projektantrags zu leisten.

5.1 EU4DUAL – Brücken des Wissens für Europa

Mit dem im Jahr 2002 zunächst noch als Diplom-Studiengang gestarteten Dualen Studienangebot „Produktionstechnik und Organisation" etablierte sich die FHJ als *Pionier im Bereich der „Dualen tertiären Ausbildung"* in Österreich. Erst zwölf Jahre später folgte die FH Vorarlberg mit dem Dualen Bachelorstudiengang „Elektrotechnik Dual" und setzte somit die Aufbauarbeit der FHJ fort.

Ausgehend von dieser Pionierrolle im Bereich der „Dualen tertiären Ausbildung" war es dem Team des Instituts für Angewandte Produktionswissenschaften *möglich*, in *zahlreichen internationalen Forschungsprojekten zur Entwicklung von Dualen Studienangeboten* in anderen Ländern, wie zB für Montenegro oder für Südafrika, um nur zwei Projekte der jüngsten Zeit zu nennen, maßgeblich mitzuwirken und auch die mit der Entwicklung von „Dualen Hochschulprogrammen" einhergehenden Herausforderungen kennen und bewältigen zu lernen. Basierend auf dieser sehr weitreichenden Expertise des Forschungsteams des Instituts für Angewandte Produktionswissenschaften konnten entscheidende inhaltliche Elemente für die Allianz EU4DUAL eingebracht und der gemeinsame Handlungsrahmen für das Projekt maßgeblich mitgestaltet werden.

Ein wesentliches Kernelement des gemeinsamen Handlungsrahmens in der Allianz EU4DUAL ist ein holistisch geprägter, grenzüberschreitender Ansatz bei der Entwicklung der *Joint Master Degree Programme* im Rahmen von EU4DUAL. Grundprinzip der im Rahmen der sogenannten Grand Challenges zu entwickelnden Masterstudiengänge ist der Ansatz, dass zumindest vier Partnerhochschulen in gemeinsamer Anstrengung die Masterprogramme entwickeln, etablieren und künftig auch gemeinsam führen. Durch diesen Ansatz werden Brücken des Wissens zwischen den Ländern der Allianz, den Partnerhochschulen von EU4DUAL, vor allem aber zwischen den Menschen, den Studierenden und Lehrenden an den Partnerhochschulen gebaut und Bildung und Mobilität im Sinne der ursprünglichen Idee von Staatspräsident *Emmanuel Macron* in unserer Gesellschaft verankert.

Da mit dem Aufbau der Joint Master Degree Programme immer auch eine begleitende Entwicklung gemeinsamer Forschungsaktivitäten in den inhaltlichen Schwerpunktbereichen der Studienprogramme einhergeht, werden *grenzüberschreitende Kompetenzzentren* für Forschung und Entwicklung geschaffen, in denen die Allianz EU4DUAL zur Bewältigung der größten Herausforderungen unserer Zeit aktive Beiträge leisten und somit der Spirit gemeinsamer Wissens- und Forschungsnetzwerke zum Wohle der Gesellschaft etabliert werden kann.

5.2 Aufgaben und Verantwortlichkeiten der FHJ in der Allianz EU4DUAL

Da die im Rahmen der Allianz EU4DUAL formulierten Themenstellungen, nicht nur in Anbetracht der eher kurzen Projektlaufzeit, als durchaus ambitioniert zu bezeichnen sind, mussten von Beginn an konkrete Arbeitspakete definiert und mit Verantwortlichkeiten der einzelnen Allianzpartner:innen verknüpft werden. Basierend auf den umfassenden Kompetenzen im Bereich der „Dualen tertiären Ausbildung" des Teams des Instituts für Angewandte Produktionswissenschaften wurde daher die FHJ mit der Funktion des Project Lead in *der Grand Challenge „Future of Work"* betraut. Entsprechend der Projekt-Roadmap von EU4DUAL ist das Ziel dieser Grand Challenge 1 (GC1) die Entwicklung eines Joint Master Degree Programms im Themenbereich „Future of Work", wobei die Entwicklung des gemeinsamen Studienprogramms bereits nach drei Jahren abgeschlossen werden soll. Ausgangspunkt für diesen sehr engen zeitlichen Rahmen war die Überlegung, Entwicklungserfahrungen aus der Grand Challenge 1 auf die beiden anderen Grand Challenges zu übertragen und so einen allianzweiten „Modus Operandi" für die Entwicklung, den Aufbau und den gemeinsamen Betrieb von Joint Master Degree Programmen zu erhalten. Daraus folgend, wird die FHJ auch in die Entwicklung der Joint Master Degree Programme im Rahmen der beiden weiteren Grand Challenges „Green Economy" und „Healthy Living" eingebunden sein und wesentliche Beiträge liefern können.

Da die Joint Master Degree Programme der Allianz EU4DUAL auf sogenannten *„Micro Credentials" als Lehr- und Lernbasis* aufbauen werden, kommt auch in diesem Themenbereich, dh konkret dem Arbeitspaket 4 (WP 4), aufgrund der im Team des Instituts für Angewandte Produktionswissenschaften vorhandenen Expertise, der FHJ eine entscheidende Rolle, konkret jene der Funktion des „Co Leads" im Arbeitspaket 4 (WP 4), zu.

Neben den Aufgaben im Bereich der Entwicklung von Joint Master Degree Programmen hat die FHJ auch im Bereich „University Governance and Management" innerhalb der Allianz eine sehr verantwortungsvolle Rolle übernommen. Wiederum aufgrund der Expertise des Teams des Instituts für Angewandte Produktionswissenschaften wird die FHJ auch den Project Lead im Arbeitspaket 9 *„Quality Management & Impact Monitoring"* übernehmen. *So kann* die FHJ die organisatorische Struktur der gemeinsamen Hochschule EU4DUAL entscheidend mitgestalten und wesentliche Beiträge zu einer nachhaltigen Entwicklung dieses European Universities Projekts leisten.

5.3 EU4DUAL eröffnet neue Zukunftsperspektiven für Studierende, Lehrende und Forschende der FHJ

In einem zunehmend globalisierten Handlungsumfeld sind nicht nur der Klimawandel und Fragen der Nachhaltigkeit im Umgang mit den Ressourcen dieser Welt herausfordernde Fragestellungen. Auch Entwicklungen im Bereich der Aus- und Weiterbildung zeigen durchaus disruptive Ansätze und dies nicht erst seit dem Erscheinen **KI-basierter Chatbot-Systeme wie „ChatGPT"**. Vor allem im Bereich der Weiterbildung und des „Lebens-Langen-Lernens (LLL)" etablieren sich immer mehr kommerzielle Anbieter:innen in diesem Marktsegment und bieten, primär auf Basis von Online-Kursen, Weiterbildungsangebote auf breiter Basis an.

Diese Entwicklungen wurden im Rahmen der Entwicklung der Allianz EU4DUAL sehr ausführlich erörtert und fanden dementsprechend auch Eingang in den Forschungsantrag. Es steht innerhalb der Allianz außer Frage, dass auch im Bereich der tertiären Bildung Umbrüche und Veränderungen die Zukunft prägen werden und Hochschulen auf diese Entwicklungen und Herausforderungen werden reagieren müssen. Eine wesentliche Rolle wird dabei der **Erneuerung traditioneller Rollenbilder** zukommen. So ist etwa davon auszugehen, dass sich die Rolle der Universitäten und Hochschulen von einer „Wissensanbieterin" zu einer „Ermöglicherin für Wissensanwendung" wandeln wird. Die Rollen der Lehrenden werden sich somit zusehends aus dem Bereich der Vermittlung von Wissen in Richtung von „Anwendungs-Coaches" für Wissen und wissenschaftliches Arbeiten und Handeln weiterentwickeln.

Dieser Übergang wird die **Beteiligten auf allen Ebenen der hochschulischen Bildung vor neue Herausforderungen** stellen, da für diese Weiterentwicklung bisher wohl jegliche Erfahrung und damit auch die berühmten „Patent-Rezepte" fehlen. Diese unausbleibliche Entwicklung gemeinsam mit den Partner:innen innerhalb der Allianz EU4DUAL erarbeiten und erproben zu können und das „Rad" nicht selbst ständig neu erfinden zu müssen, ist ein unermesslicher Benefit des gemeinsamen Projekts und eröffnet somit Zukunftsperspektiven für Studierende, Lehrende und Forschende der FHJ.

Teil 2

Ausgewählte Beispiele zur forschenden Lehre und zur wissenschaftlichen Forschung an der FH JOANNEUM

Grundlagen

Disruptive Entwicklungen im Hochschulwesen – Globale Trends und wie österreichische (Fach-)Hochschulen darauf reagieren (könnten/sollten)

Doris Kiendl

Der Hochschulbereich ist im Umbruch. Dieser Beitrag skizziert einige maßgebliche Trends und zeigt auf, welche Chancen und Risken sich daraus für österreichische Hochschulen ergeben.

1. Aktuelle globale Trends

Bahnbrechende Veränderungen sind nichts grundsätzlich Neues. Und auch das Phänomen, dass (technische) Innovation die Auslöschung zuvor etablierter Produkte und Unternehmen bewirken kann, ist schon vor Jahrhunderten erkennbar gewesen, man denke nur zum Beispiel an die Erfindung der Eisenbahn (*Acemoglu/Robinson* 2012, 213). Derartige Verdrängungsmechanismen, die tradierte Organisationen vor Herausforderungen stellen, werden als disruptiv bezeichnet.

Neu im 21. Jahrhundert sind allerdings die *Geschwindigkeit des Wandels und die globalen Auswirkungen von Veränderungen.* Während sich in früheren Jahrhunderten die Auswirkungen von Innovation sowohl in räumlicher als auch in zeitlicher Hinsicht langsam verbreiteten, hat sich die Dynamik von Veränderungsprozessen im 21. Jahrhundert stark beschleunigt. Dies ist insbesondere auf den technischen Fortschritt zurückzuführen, mit dem die menschliche Anpassungsfähigkeit mitunter nur schwer Schritt halten kann (*Harari* 2018, 217). Durch die globale Vernetzung und den weltweiten Einsatz von Kommunikations- und Transporttechnologien, die ubiquitär verfügbar sind, entfalten praktisch alle Entwicklungen nicht bloß regionale Auswirkungen, sondern sie breiten sich im Regelfall binnen weniger Tage oder Wochen auf den gesamten Planeten aus. Dies hat sich unter anderem auch in der COVID-Pandemie gezeigt.

Manche der aktuellen Veränderungen sind disruptiver Natur. Als „disruptiv" gelten Veränderungen dann, wenn sie derart eingreifend sind, dass sie zerstörerisch wirken können. Der Begriff der „Disruption" wird häufig iZm *„disruptiver Innovation"* verwendet und beschreibt dabei Vorgänge und Prozesse, bei denen Produkte und Dienstleistungen von neuartigen Problemlösungen radikal in Frage gestellt und anschließend unter Umständen sogar vollständig vom Markt verdrängt werden können (*Christensen* 2006, 43).

Aktuelle Entwicklungen und Trends, die potenziell disruptive Auswirkungen auf die Gesellschaft und den gesamten Bildungssektor haben (können), werden hier beispielhaft und ohne Anspruch auf Vollständigkeit genannt:

- *Urbanisierung und Migration*: Menschen ziehen in Räume, in denen sie sich eine bessere Lebensqualität sowie Arbeitsplätze und Bildungschancen für sich und ihre Kinder erwarten.

- *Digitalisierung*: Das moderne Leben ist stark durch den Einsatz von Technologien bestimmt, die in alle Lebensbereiche hineinspielen.

- *Decarbonisierung/Defossilisierung:* Weltweit sind die Folgen der Umweltzerstörung sichtbar; öffentliche und private Stakeholder entwickeln und implementieren Zielvorgaben und Maßnahmen, um die Umwelt zu schützen und den Umstieg auf alternative Energiequellen zu forcieren.

- *Verunsicherung und Fragmentierung der Gesellschaft*: Zahlreiche Krisen in den letzten Jahren haben sichtbar gemacht, dass der Zusammenhalt in der Gesellschaft in vielen Ländern sehr brüchig geworden ist; Wahlergebnisse bei lokalen, regionalen und nationalen Wahlen weltweit zeigen, dass viele Wähler:innen dazu tendieren, traditionellen Parteien den Rücken zu kehren. Zumindest in Europa besteht schon seit längerem eine große Verunsicherung und Frustration in weiten Teilen der Bevölkerung, wodurch teilweise ein Rückzug ins Private erfolgt, der quasi eine „Biedermeierkultur" wieder Einzug halten lässt.

2. Wie verändert sich der Hochschulsektor

Die oben skizzierten Veränderungen betreffen alle Bereiche, auch den Hochschulsektor. Im Hochschulwesen führen diese Trends zu Umbrüchen, die bis in die Kernprozesse von Hochschulen hineinreichen und diese dazu zwingen, *Change-Management* als ein zentrales Mittel der Hochschulsteuerung zu etablieren.

Das Potential der *Digitalisierung* wurde schon seit längerem erkannt, um Personengruppen, für die der Zugang zu klassischer Hochschulbildung schwer realisierbar ist, niedrigschwellige Angebote für Aus- und Weiterbildung zu geben. Dies hat unter anderem auch zur Etablierung von *MOOCs* (Massive Open Online Courses) geführt. Weltweit wird seit fast 20 Jahren *open education* angeboten und dabei Neuland in den typischen hochschulischen Geschäftsmodellen betreten (*Burd* 2015, 40).

Die nahezu vollständige Umstellung auf die *Online-Lehre*, die aufgrund der globalen COVID-Pandemie erforderlich war, hat Hochschulen gezeigt, dass das Unmögliche möglich ist. Post-COVID sind viele Hochschulen entschlossen, auch in Zukunft hybride oder digitale Lehre durchzuführen.

Nicht nur die Digitalisierung bewirkt einen Marktdruck auf Hochschulen, vielmehr führt die globale Mobilität unter Studierenden und Forscher:innen dazu, dass sich Hochschulen im *globalen Wettbewerb* um die besten Köpfe befinden, und zwar sowohl die besten Köpfe unter den Forschenden und Lehrenden als auch die besten Köpfe unter den Studierenden. Employer Branding, attraktive Arbeitsbedingungen für Wissenschaftler:innen und der Einsatz spezifischer Dienstleistungen, unter anderem im Zusammenhang mit Dual Careers, zum erfolgreichen Onboarding und zur Bindung von Schlüssel-Arbeitskräften sind zentrale Aufgaben, die eine Hochschule, welche sich zu den Top-Einrichtungen zählen will, zu erledigen hat. In Bezug auf die Attraktivität für Studierende gilt es, den Erwartungen hinsichtlich englischsprachiger Studienangebote, Joint Degrees, internationaler Akkreditierungen von Studiengängen, besonders ausgefallener extra-curricularer Angebote und vielem mehr zu entsprechen und diese Erwartungen zu übertreffen, um hervorzustechen aus der unendlichen Bandbreite verfügbarer Bildungsangebote.

Die *Fragmentierung der Zielgruppen* stellt dabei eine Herausforderung dar, weil die Gruppe „der Studierenden" äußerst heterogen ist und die verschiedenen Subgruppen unterschiedliche und teilweise konträre Bedürfnisse und Erwartungen an ein Hochschulstudium haben. Um welche Studierenden will sich die Hochschule bemühen? Um „klassische" Studierende, die finanziell ausreichend ausgestattet und (noch) ohne familiäre Verpflichtungen ihr Studium genießen und möglichst viele Eindrücke gewinnen wollen, wobei die konkrete Berufsorientierung bei dieser Zielgruppe zunehmend in den Hintergrund tritt? Oder will sich die Hochschule um Studierende bemühen, die berufstätig sind und das Studium zur besseren Qualifizierung im Beruf nutzen möchten? Will sich die Hochschule primär am Ausbildungsmarkt positionieren oder am Weiterbildungsmarkt?

Darüber hinaus spielen *neue (unerwünschte?) Player* mit am Hochschulmarkt, vor allem im Bereich der Weiterbildung, der ohnehin einen „Red Ocean" darstellt, also einen heiß umkämpften Markt. Private Bildungsanbieter, wie zB LinkedIn mit seiner Bibliothek an Lernvideos, „Glacier" mit seinen Weiterbildungsangeboten für Firmen im Bereich Nachhaltigkeit, einschlägige Masterlehrgänge an Einrichtungen wie dem „WIFI" und vergleichbaren Institutionen und viele mehr bringen Hochschulen „ins Schwitzen", was die Marktfähigkeit akademischer Weiterbildungsangebote anbelangt. Wird es auf die Dauer für Hochschulen ausreichen, sich „nobel" zurückzulehnen und darauf zu verweisen, dass man Weiterbildungen auf Hochschulniveau anbietet? Oder liegt die Zukunft in Kooperationen über Sektorengrenzen hinweg? Wie wollen Hochschulen mit diesen, potenziell disruptiven Innovationen, umgehen?

3. Mögliche Strategien und Zugänge für Hochschulen

Die Komplexität der dargestellten Herausforderungen erlaubt es nicht, einfache Antworten zu geben, welche Strategie die beste ist. So viel ist jedoch sicher: Eine Hochschule kann nicht alle Bereiche abdecken, sondern muss sich spezialisieren. „One size fits all" war vermutlich niemals eine zutreffende Aussage und ist dies erst recht nicht im dynamischen Ökosystem der globalen Hochschullandschaft im 21. Jahrhundert. *Die eigenen Stärken zu kennen* und zur Umsetzung zu bringen ist essenziell, um entscheiden zu können, welche Bildungssegmente eine Hochschule am besten abdecken kann und will. Die „Value Proposition", also das Nutzenversprechen der Hochschule, hat präzise auf die jeweiligen Zielgruppen abgestimmt zu sein.

Strategische Partnerschaften werden immer wichtiger. Hochschulen, deren Mission und Vision vergleichbar sind und zu denen enge Kooperationen aufgebaut wurden, sind wertvolle Partner im globalen Hochschulmarkt. Im Europäischen Hochschulraum haben sich insbesondere die European Universities bewährt und werden auch in Zukunft eine zentrale Rolle in der Vertiefung der Verbindungen unter den europäischen Hochschulen spielen. Europäische Hochschulen müssen darüber hinaus auch mit Universitäten in anderen Kontinenten kooperieren, um global präsent zu sein und Entwicklungen in anderen Bildungsräumen mitzugestalten und von Bildungsräumen in anderen Erdteilen wertvolle Impulse für Europa zu bekommen. Hier sind insbesondere Erasmus+ Projekte zu Capacity Building in Higher Education unverzichtbar, zumal diese auch bei der Umsetzung der Third Mission Europäischer Hochschulen hohe Relevanz haben.

Schließlich sollten sich ***Hochschulen öffnen*** und verstärkt mit unterschiedlichen Stakeholder:innen kooperieren, auch mit Mitbewerber:innen, die (scheinbar) disruptive Konkurrent:innen „von unten" sind, denn diese können wachsen und Hochschulen in Bedrängnis bringen. Die Marktveränderungen, welche zB die Firma Uber gegenüber Taxis in vielen Ländern bewirkt hat oder Airbnb gegenüber Hotels können auch über kurz oder lang im Bildungssektor passieren. Hochschulen sollten darauf vorbereitet sein und mit diesen Mitbewerber:innen rechtzeitig in Kooperation treten.

4. Literatur

Acemoglu/Robinson, Why Nations Fail (2012)

Burd, Exploring Business Models for MOOCs in Higher Education, Innovative Higher Education (2015) 37

Chan Kim/Mauborgne, Blue Ocean Strategy (2015)

Christensen, The Ongoing Process of Building a Theory of Disruption, Journal of Product Innovation Management (2006) 39

Christensen/Eyring, The innovative university: Changing the DNA of higher education from the inside out (2011)

Ehlers, Future Skills: Lernen der Zukunft – Hochschule der Zukunft (2020)

FutureLearn, The Future of Learning Report (2021)

Harari, 21 Lessons for the 21st Century (2018)

Kiendl/Schmalzer, Small is Beautiful – How a Young University Can Successfully Establish University Partnerships, in: *Blessinger/Cozza* (Hg), University Partnerships for Academic Programs and Professional Development (2016) 201

Lapovski, The Higher Education Business Model: Innovation and Financial Sustainability (2013)

McKinsey Global Institute (Hg), Skill Shift: Automation and future of the workforce (2018)

Paradoxien der Wissensgesellschaft

Manfred Prisching

1. Vorbemerkung

Die übliche Beschreibung der Wissensgesellschaft ist optimistisch, futuristisch, euphorisch: Die Moderne sei in einen ungeheuren Prozess der Erkenntnis- und Wissensanreicherung eingetreten. Der Prozess sei dynamisch, er beschleunige sich, den Individuen stünden mehr Informationen zur Verfügung als je zuvor, damit könnten besser informierte Entscheidungen getroffen werden. Mit dem erweiterten Zugang zu Bildung und Informationen entstehe eine klügere Gesellschaft. Man werde in der Lage sein, komplexe Probleme zu lösen und Fortschritte in vielen Dimensionen des Daseins zu erzielen. Die Digitalisierung befördere und gewährleiste diesen Prozess hin zu einer Wissensgesellschaft, die als kompetent, demokratisch und sittlich zu denken sei. Wissen als Ressource der Spätmoderne habe einen entscheidenden Vorteil: Sie sei unendlich vermehrbar. Wissen werde nicht aufgebraucht, wenn es benutzt wird; Wissen sei für andere nicht verloren, wenn es angeeignet wird. Und niemals zuvor habe es so viele Bildungsmöglichkeiten gegeben: Weiterqualifikation, Fortbildung, neues Wissen. Alle Wissensformen flössen zusammen. Die Fachhochschulen in Österreich sind (wie Schulen und Universitäten) Teil dieses aufgefächerten Systems der Wissensproduktion, -verarbeitung und -anwendung: Zentren der gesellschaftlichen Entwicklung.

Manchmal vermitteln Marketing-Abteilungen von Universitäten und Fachhochschulen ein wenig von dem skizzierten Wissenspathos. Es ist irgendwo zwischen naiven Aufklärungsschriften des 18. Jahrhunderts und europapolitischen Verkündigungen des 21. Jahrhunderts anzusiedeln. Wie immer in gesellschaftlichen Umbrüchen, sind diese Erwartungen von aktuellen Erlebnissen und Erfahrungen geprägt. In der Tat sind Zugänglichkeit und Verfügbarkeit enormer Wissensbestände durch das Internet und die Digitalisierung explodiert. Das betrifft aktuelle Informationen (man ist bei allen Geschehnissen der Welt in wenigen Minuten dabei); es betrifft das Wissen über nahezu alle Sachverhalte (die man sich im Internet ohne Schwierigkeiten beschaffen kann); es betrifft schließlich auch Bildungsgüter (keiner muss aufgrund materieller Restriktionen von den Kulturgütern der Menschheit ausgeschlossen bleiben, von der klassischen Literatur bis zur bildenden Kunst kann man sich im Netz durchblättern). *Alle diese Beobachtungen sind richtig, und die daraus gezogenen Schlussfolgerungen für die Identität und das Zusammenleben der Menschen sind falsch.* In diesem letzteren Sinne ist die Wissensgesellschaft tot: im Sinne eines erwartbaren Zukunftsgebildes, in dem alles Wahre, Gute und Schöne zusammenfließt.

Das hochdifferenzierte Bildungssystem entwickelter westlicher Länder verfügt über unterschiedliche Qualifizierungsinstitutionen, die mit der Aufgabe, die *Neugestaltung der „Wissensräume" voranzutreiben,* zu tun haben. Manche tun sich leichter, manche schwerer. Ich möchte an wenigen Punkten andeuten, wie sich Universitäten und Fachhochschulen in diesem Gefüge situieren lassen. Ich fasse es in zehn Paradoxien.

2. Paradoxie 1: Die rationale Moderne ist ein Bildungschaos

Wie immer die Menschen *privatim* mit dieser Wissensfülle zu Rande kommen, welche Strategien der Selektion oder der Ignorierung sie dafür entwickeln – für die *offizielle* Wissenswelt bedarf es offenbar neuer Formen der Gliederung, Strukturierung, Wissensaufschichtung. Deshalb ergeben die unterschiedlichen Perspektivierungen, wie sie sich in Berufsschulen, mittleren und höheren Bildungseinrichtungen, Fachhochschulen, Pädagogischen Hochschulen, Universitäten und anderen Fortbildungseinrichtungen etablieren, ein unterschiedliches *Patchwork* von Qualifizierungen: mit Überlagerungen und Verdoppelungen, mit unterschiedlichen Schwerpunktsetzungen, mit verschiedenen Schwierigkeitsgraden, mit differenzierten Berufsperspektiven. Gegen das zuweilen chaotisch anmutende System ist nichts einzuwenden, obwohl es in einer hochrationalisierten Welt ein Paradoxon darstellt.

Die Menschen sind ebenso unterschiedlich wie die Systemanforderungen. Man mag manches an der These finden, dass in der komplexen Gegenwart alle Jobs höhere Qualifizierungen benötigen, und gerade die Fachhochschulen haben eine Reihe von Arbeitsplätzen *„akademisiert".*

Aber manche Personen gleiten in diesem komplizierten System bis an die Grenzen ihrer Kompetenzausweitungsmöglichkeiten, und auch Unqualifizierte müssen letztlich ihren Platz in der Arbeitswelt finden. Sie brauchen auch Rückfallpositionen. Kopf-Kompetenz-Angebote und Job-Kompetenz-Anforderungen müssen ihre „Abbildung" im Kompetenzsystem des Ausbildungssektors finden. Zunehmend finden (zum Teil infolge der Unübersichtlichkeit) Versuch-und-Irrtums-Prozesse auch im Bildungssystem statt.

3. Paradoxie 2: Die Überfülle des Wissens bedeutet Überforderung

Was allerdings weder einzelne Institutionen noch das genannte Institutionen-Patchwork insgesamt beseitigen können, ist die grundlegende *Überforderung der Menschen*. Das Wissen vermehrt sich exponentiell, es gibt eine globale Allgegenwärtigkeit allen Wissens. Doch die *Verarbeitungsfähigkeit der Menschen* lässt sich nicht wesentlich ausweiten. In der Wissenschaftswelt sind tausende Publikationen zugänglich, aber man kann nicht alles durchstudieren. In der Medizin sind tausende Krankheitsbilder beschrieben, aber kein Mensch kann sie im Kopf behalten. Die digitalen Fazilitäten ermöglichen es, ein Forschungsprojekt mit tausenden Beiträgen abzuwickeln; doch es ist unklar, wie dieses Wissen zusammenfließen kann. Der Horizont des an sich Aneigenbaren, aber dennoch unbekannt bleibenden Wissens weitet sich rasend schnell aus.

Wissensausweitung kann nicht parallel zur Wissensaneignung gesehen werden. Dieses Wissen wäre zugänglich, doch paradoxerweise bleibt es unzugänglich, weil die Menschen es nicht verarbeiten können.

4. Paradoxie 3: Wissensvermittlung wird Fiktion

Diese Kluft produziert Enttäuschung: *Man weiß anteilsmäßig immer weniger von dem, was man wissen könnte (oder müsste).* Aber um weiterarbeiten zu können, benötigt man die Fiktion, dass man alles Essentielle oder Relevante weiß. Man kann schließlich als Ergebnis eines gelungenen Qualifizierungsprozesses nicht in die Verzweiflung rutschen. Die

Wissenschaft von den Big Data kann uns bei der Ausweitung und Vervollständigung unseres persönlichen Wissens nicht viel helfen, denn die Menschen in ihrer begrenzten Leistungsfähigkeit (schärfer gesagt: in ihrer Unterentwickeltheit im Verhältnis zur Komplexität der Hypermoderne und zur Leistungsfähigkeit der digitalen Apparaturen) werden immer abhängiger von den immer intelligenteren Maschinen, die sie benötigen, um in dieser datengesteuerten Szenerie überhaupt den Kopf über Wasser zu halten. Systemhafte Wechselwirkungen sind im Realen und im Kognitiven nicht mehr zu steuern; geschweige denn ist das umzusetzen, was eigentlich immer wichtiger wird: komplexe, über Einzelprobleme hinausreichende Entscheidungskompetenz.

Wissen wird zu einem kurzlebigen Gut; deshalb geht es um die Vermittlung von *Lern- und Wissensverarbeitungsfähigkeit* – aber was das genau heißen soll, ist schwierig. Es ist mehr als Datenbanksuche. Dennoch müssen Universitäten und Fachhochschulen ihren Studierenden weithin das Gefühl vermitteln, dass sie am Ende ihrer Ausbildung zumindest das Nötigste wissen – was im Fortgang der Erkenntnisse immer unrealistischer wird. Man jubelt über Kompetenz, von deren Brüchigkeit man weiß. *Studiengänge werden zu Fiktionen.* Nach dem Eintritt in die Praxis stellt sich ohnehin heraus, dass ein Gutteil der Lernprozesse erst beginnt.

5. Paradoxie 4: Informationsbeschaffung steht auf unbekannten Fundamenten

Es bleibt nicht bei der Erkenntnis von Grenzen in der wissenschaftlichen Verarbeitungsfähigkeit. Hochentwickelte Gesellschaften schaffen ein Habitat, das durch eine Vielzahl von *komplexen Apparaturen* angereichert ist. Man produziert wissensintensive Produkte und erbringt wissensintensive Dienstleistungen. Man ist Teil von Wissensnetzwerken und muss Informationen aus Wissensdatenbanken abrufen. Wer nicht mitspielt, scheidet aus. Ohne Bildschirme geht nichts: Zeitungen und Zeitschriften, Bücher und Daten, neue Medien, Ausweise und bürokratische Formulare, Rezepte und Befunde, Banküberweisungen und Zahlungsvorgänge, Impfpässe und Rezepte, Einkäufe und Tickets jeder Art – nahezu die Gesamtheit von Handlungen in einer Gesellschaft ist an Informationsströme gebunden, die man letzten Endes nicht durchschaut. Man hat im

Allgemeinen keine Vorstellung davon, wie diese Apparaturen funktionieren, denn man hat nur mit den Schnittstellen zu tun. Was viel wichtiger ist: Man hat keine Vorstellung davon, welchen Logiken sich hinter der Wirkungsweise dieser Apparaturen verbergen: Algorithmen, Cookies, Profile.

Ein alltagspraktisches Beispiel: Um die unendliche Information des Internets in eine googlefähige Zugänglichkeit zu transformieren, bedarf es ausgefeilter Algorithmen. Diese Algorithmen bestimmen, was etwa bei einer einfachen Google-Suche gezeigt wird – sie selegieren und „ranken" nach objektiver Wichtigkeit ebenso wie nach subjektivem Profil des Suchenden. Warum die Maschine „für mich" diese oder jene Informationen ausgesucht hat, nach welchen Kriterien und Analysen, bleibt allerdings verborgen. Man bekommt viele tausend Fundstellen geliefert, aber kann bestenfalls die ersten 20 oder 30 ansehen. Diese hat „Freund Google" für mich ausgewählt. Man verfügt über so umfangreiche Kenntnisse wie nie zuvor, doch die **Grundlagen des Wissens** und die mit der Wissensüberlastung verbundenen **Selektionsprozesse** werden immer unbekannter. Man muss sich auf das Nichtwissen über diese Verfahrensweisen einlassen, um überhaupt etwas zu wissen – ansonsten ist man im Wissensprozess paralysiert.

6. Paradoxie 5: Die beste Bildung braucht Blindheit

Von jeher war es Aufgabe wissenschaftlicher Einrichtungen, ihren Studierenden den **Glauben an die Wissenschaft** einerseits zu **nehmen**, andererseits zu **verfestigen**. Ersteres bedeutet: Wissenschaftliches Wissen ist immer unvollkommen, Falsifizierbarkeit ist immer möglich, Verzerrungen (im Sinne von subjektiven Perspektivierungen) sind normal. Letzteres bedeutet: Es gibt jeweils einen (vorläufigen) Stand des wissenschaftlichen Wissens, und an diesem festzuhalten, ist das Beste, was wir tun können. Wir haben nichts Besseres. Schließlich müssen wir mit diesem Wissen praktisch handeln können.

Während man an die universitäre Forschung den Anspruch stellt, sich mit den erkenntnistheoretischen Fragen auseinanderzusetzen, tun sich Fachhochschulen in ihren Arbeitsbereichen leichter. Auch wenn in Österreich der Anspruch erhoben wird, dass der Fachhochschulsektor ebenso wie der Universitätssektor „Wissenschaftlichkeit" im Auge behalten soll, ist doch an den Fachhochschulen eine starke Anwendungsorientierung vorherrschend, die vermeidet, sich in (teils unlösbare) *Grundlagenfragen* zu verlieren.

Fachhochschulen kultivieren deshalb eine *bewusste Blindheit:* Sie exkludieren, was ohnehin nicht hinreichend zu bearbeiten ist oder was offenbleiben muss. Sie reduzieren sich auf das „Menschenmögliche". Für das verfügbare Wissen gilt ein *pragmatisches Prinzip*: Wahr ist, was funktioniert. Das ist beispielsweise für die Gestaltung eines technischen Geräts ausreichend. Dennoch gibt es auch bei Fachhochschulstudiengängen einige „weiche" Bereiche: Architektonische Gestaltung gehört zu diesen weichen Wissensvermittlungsbereichen, auch die Universitäten können nicht hinreichend explizieren, wie man den Studierenden das (architektonische, ästhetische, räumliche) „Sehen" beibringt. Alle Bereiche, die in ästhetische Dimensionen hinüberführen, vom Industrial Design über Ausstellungsgestaltung bis zum IT-Design, stehen vor denselben Vermittlungsproblemen. Therapeutische Studiengänge gehören auch zu den „weichen" Optionen. Für die meisten Studiengänge ist es ausreichend, Strategien zu verwenden, um den Erkenntniszweifel zu eliminieren und Absolvent:innen selbstbewusst zu entlassen. *Sie wissen selten, was sie alles nicht wissen.*

7. Paradoxie 6: Steigende Wissenszugänglichkeit erzeugt schmäleres Wissen

Da *Erkenntnisfortschritt und Wissensfülle* die Verarbeitungsfähigkeit einzelner Personen übersteigen, zeigt sich (auf allen Ebenen) die Tendenz, dass die von den Expert:innen kompetent bearbeiteten Gebiete immer kleiner werden: Arbeitsteilung, Spezialisierung, Fokussierung, Fragmentierung.

Dies hat den *Vorteil*, dass sich Professionisten auf engere Wissensgebiete konzentrieren können, dass sie sich tiefgreifenderes Wissen in einzelnen Gebieten aneignen, dass sie ihre Fähigkeiten in diesen Gebieten vertiefen und insgesamt leistungsfähiger werden. Durch ihr Spezialwissen kann auch weiteres Wissen generiert werden, so dass Probleme bearbeitet werden können, die ansonsten ungelöst bleiben.

Aber es hat den *Nachteil*, dass die Experten den Überblick über das Ganze verlieren, dass sie sich in einem klitzekleinen Spezialgebiet einigeln, dass sie den Kontext ihres hochspezialisierten Wissens nicht mehr verstehen. Dass die Kommunikation zwischen benachbarten Wissensgebieten dadurch erschwert oder verunmöglicht wird, bedarf keiner näheren Erläuterung. Eine solche *Extremspezialisierung* lässt sich auf universitärer Ebene in vielen Fächern beobachten.

Folge 1: *Langeweile.* Zuweilen bekommt man universitäre Vortragseinladungen, wo das Thema nach allen Seiten arg beschnitten ist, etwa von der Art: „Die Bildung von Organisationen in der rumänischen Frauenbewegung zwischen 1980 und 1990" (ein erfundener, aber nachempfundener Titel). Wer wollte über dieses Thema schon immer informiert werden? Nicht alles, was man wissen kann, ist wissenswert.

Folge 2: *Kontrolle.* Dieses Geschehen mindert die Wirksamkeit eines der zentralen Prinzipien wissenschaftlicher Selbstkontrolle: Wenn jeder in seiner hochspezialisierten Nische sitzt, gibt es kaum noch jemanden, der in der Lage ist, die Arbeiten und Ergebnisse seines Kollegen oder seiner Kollegin zu bewerten, zu prüfen und zu kritisieren. Man muss sich nur einen möglichst entlegenen Claim abstecken, dann ist man immunisiert gegen Angriffe und Kritik; denn in diesen peripheren Gebieten kann sich niemand auskennen.

8. Paradoxie 7: Spezialisierungsvorteile erzeugen Generalistenmangel

Man braucht aber Generalisten. Die (nicht zuletzt durch akademische Sitten erzwungene) Extremspezialisierung kann beispielsweise im medizinischen Bereich dazu führen, dass es kaum noch *Fachärzte und Fachärztinnen* gibt, die als „Internist:in" angesehen werden können – sie sind spezialisiert auf Darmkrebs, auf Gefäße, auf Herzinfarkt, auf Alterskrankheiten und unzählige andere Spezialitäten. Doch es fehlen Fachärzte und Fachärztinnen, die das Gebiet der „Inneren Medizin" beherrschen. (Aber genau diese Übersicht ist für eine Diagnosestellung bei relativ diffusen Krankheitsbildern entscheidend, man muss eine ganze Reihe von einzelnen Symptomen und Indikatoren *zusammendenken*.) Es kommt zum Generalistenmangel.

Das geht einher mit einer *Abwertung der Übersicht.* Wenn Versuche unternommen werden, durch wissenschaftliche Arbeiten eine größere Übersicht zu schaffen, wie dies etwa Historiker:innen auf ihren Fachgebieten des Öfteren anstreben, werden solche Bemühungen von einer restriktiven Fachwissenschaft mit Indignation betrachtet: Da stecke keine eigene Archivarbeit dahinter. Ähnliches geschieht mit Zeitdiagnosen, die nach den großen Tendenzen in der Spätmoderne suchen. Und Ähnliches geschieht mit Anläufen zur Interdisziplinarität, die zwar immer bejubelt wird, aber in Wahrheit fast nie gelingt.

Fachhochschulen haben einen gewissen Vorteil gegenüber den Universitäten, insofern sie von vornherein von einem Berufsbild her denken, für das sie die Studierenden vorbereiten sollen. Sie kommen zwar um das Problem der Formatierung des Wissens (nach Breite und Tiefe) nicht herum, aber der unumgängliche Kompromiss fällt leichter, wenn man die *professionspraktischen Anforderungen* auf den von Fachhochschulen angebotenen Berufsfeldern vor Augen hat. (a) Was die *Tiefe* betrifft: Sie können sich nicht in Spezialitäten verlieren, denn man muss die beruflichen Anforderungen möglichst umfassend (ohne größere „weiße Flecken") beherrschen. (b) Was die *Breite* betrifft: Die Grenzen der jeweiligen beruflichen Tätigkeit legen auch die Dimensionen der Qualifizierung fest. Man muss nicht wissen, was man professionspraktisch nicht braucht. – Allerdings unterliegt selbst das derart zurechtgeschnittene Wissen einem raschen Wandel, sodass eine ständige Anpassung vonnöten ist. Universitäten haben es im Grunde mit der „Unendlichkeit" jedes Faches zu tun. Ihr „Wissensselektionsdruck" ist deshalb noch gravierender als jener der Fachhochschulen. Wir haben es jedenfalls mit einer neuen „Wissensunordnung" zu tun.

9. Paradoxie 8: Verwissenschaftlichung geht mancherorts mit Ideologisierung einher

Das *geringste Problem* mit ihrer Positionierung auf der akademischen Szene haben die *naturwissenschaftlich-technischen Fächer,* auf welcher Stufe des Bildungssystems sie auch gelehrt werden mögen. Sie bringen verwendbare Produkte hervor, sie tragen bei zur wirtschaftlichen Entwicklung, sie haben relativ klare Geltungskriterien. (Unter diesen Rahmenbedingungen wird sogar da und dort Grundlagenforschung toleriert.) Wer ist schon gegen die nächste Generation der Smartphones? Was sollte man gegen Navis und selbstfahrende Autos haben? Buchhaltung und Kostenrechnung sind auch nützliche Sachen.

Andere Disziplinen haben es schwerer, nicht zuletzt wird immer wieder die Krise der **Geisteswissenschaften** (und teilweise der **Sozialwissenschaften)** thematisiert. Das mag mit dem Verschwinden jeder Bildungsvorstellung zu tun haben, die sich auch in höheren Schulen oder in Universitäten längst nicht mehr zu behaupten vermag, und mit dem um sich greifenden Desinteresse an Disziplinen, die keinen verwertbaren Output für die Märkte dieser Welt liefern können. Es ist aber auch eine hausgemachte Krise. Geisteswissenschaftler:innen neigen zu Übertreibungen und zu Ideologisierungen.

Erstens: Geisteswissenschaftler:innen neigen zu **Übertreibungen**, indem sie Erkenntnisse und Erfahrungen, die durchaus einen gewissen Realitätsgehalt haben, auf eine Weise übertreiben, dass die daraus zu gewinnenden Aussagen nur noch falsch sind. Beispiel 1: Natürlich ist die Wirklichkeit durch individuelle Erfahrung und kollektive Prägung beeinflusst, sie wird in den Köpfen der Menschen „konstruiert". Man kann die Idee des Konstruierens nun allerdings so radikalisieren, dass man (unsinnigerweise) die Welt für ein gänzlich in den Köpfen (oder in der Sprache) konstruiertes Gebilde hält. Beispiel 2: Natürlich ist die Sprache kein neutrales Instrument, sondern „bewirkt" im menschlichen Zusammenleben etwas. Aber die Sprache für jene Entität zu halten, durch deren Änderung man auch die Wirklichkeit schlechthin ändert, ist wiederum eine unsinnige Übertreibung. Es entsteht ein autoritäres Sprachregularium. Es ist kein Zufall, dass sich Verschwörungstheorien aus den überzogenen Argumentationen bedienen.

Zweitens: Geisteswissenschaftler:innen neigen zu **Ideologisierungen**, da sie (im Selbstverständnis als Intellektuelle) Teil eines urban-progressistischen Milieus sind, in dem sie sehr genaue Vorstellungen darüber haben, was geboten und verboten ist, was man sagen und nicht sagen darf, was schlechthin die richtige Weltanschauung und das richtige Verhalten ist – und diese Vorstellungen werden in den gängigen Arenen mit autoritären Praktiken durchgesetzt. (Wir reden natürlich über Phänomene wie **woke, cancel culture** und ähnliche demokratiegefährdende Zeitgeisterscheinungen).

Fachhochschulen sind vor einem solchen Kräuseln des Denkens weitgehend geschützt. Aber ihre höhere Resistenz liegt zum einen daran, dass aufgrund der thematischen Ausrichtung die reinen Geisteswissenschaften nicht vertreten sind. Zum anderen wird durch die Berufsnähe auch eine **Realitätsnähe** aufrechterhalten, die nicht zulässt, dass sich die Gedanken allzu sehr in Luftigkeiten verlieren. (Es gibt nur wenige „softere" Fächer, die für Ideologisierung anfällig sind, wie etwa Medienwissenschaften oder therapeutische Fächer.)

10. Paradoxie 9: Anwendungsorientierung

Von der *Spannung zwischen Theorie und Praxis,* zwischen Grundlagen und Anwendung war bereits die Rede, und die praktischen Vorteile der Anwendungsnähe wurden herausgestellt. Allerdings haben die Wissenschaftsinstitutionen mit der Spannung zwischen den genannten Polen ein dauerndes Problem. Auch dabei gibt es eine gängige Sprechweise: In der modernen Wissenschaftsforschung gibt es die Unterscheidung gar nicht mehr, weil man ohne Grundlagenforschung die Anwendung nicht betreiben kann und weil grundlegende Erkenntnisse sehr rasch in direkte Anwendung umgesetzt werden. Außerdem ist in den meisten Disziplinen ziemlich unklar geworden, was denn Grundlagenforschung überhaupt sei.

Für den Mainstream der Forschung und Ausbildung ist eine differenzierende Wissensaufschichtung, die von der beinahe *„reinen Theorie"* zur beinahe *„reinen Angewandtheit"* reicht, nachvollziehbar. Bei einem niedergelassenen Arzt kann man fragen, wieviel an Grundlagenforschung er in seinem Wissensbestand haben muss, um seine Arbeit tun zu können; umso mehr kann man die Frage bei Pflegekräften aus der Fachhochschule stellen. An der Universität ausgebildete Architekt:innen sollen solide und ansprechende Häuser bauen; sie müssen sich nicht in philosophische Ästhetikfragen vertiefen. Lehrer:innen sollen erfolgreich unterrichten können; sie müssen nicht die neueste wissenschaftliche Literatur über *C. G. Jung* kennen. Personen, die an Technischen Universitäten arbeiten, pflegen in ihren meisten Projekten sehr „industrienahe" zu sein. Sie brauchen Grundlagen, aber der Leitgedanke ist nicht so selten ein „Produkt". – Dagegen produzieren Historikerinnen, die über NS-Lager im regionalen Umfeld forschen, „Kultur", das heißt für viele: „Unbrauchbares". Umgekehrt formuliert: Was bei einer Historikerin Anwendungsorientierung eines Projekts heißen könnte, ist offen (allenfalls ihre beratende Kompetenz bei einer Museumsausstellung und daher ihre „Rentabilität" unter touristischen Gesichtspunkten; aber das ist wohl nicht Kern der Geschichtswissenschaft). Dennoch wollen wir das Fach Geschichte nicht missen. Seit langem werden jedoch auf konkreter Ebene in vielen Disziplinen Diskussionen geführt: Brauchen Jurist:innen Rechtsphilosophie und Gerechtigkeitstheorie? Eigentlich nicht. Aber sollten Jurist:innen nicht irgendwann im Zuge ihrer Ausbildung über Gerechtigkeit nachgedacht haben?

Man ist sich unsicherer als früher, was denn – unter Berücksichtigung der *graduellen Skala zwischen Grundlagen und Anwendung* – mit unzähligen Zwischen- und Mischstufen, in den Institutionen gelehrt werden soll.

11. Paradoxie 10: Qualifizierung schafft Schieflage auf dem Arbeitsmarkt

Für das Personalangebot in verschiedenen Berufen stellt sich gerade bei der Fachhochschule im Zuge der Akademisierung von Professionen das alte *„Häuptling-Indianer-Problem"*: Man wird beispielsweise ein geringeres Personalvolumen benötigen, das im Bereich des „Pflegemanagements" (mit entsprechenden Positionserwartungen) eingesetzt wird, man wird aber sehr viele Pflegekräfte benötigen; und nicht alle müssen eine (wie auch immer gehandhabte) „wissenschaftliche" Ausbildung bekommen. Aber natürlich legt eine Fachhochschule den Akzent darauf, einschlägigen Studierenden „Karrieren" zu versprechen. Wenn sie dann dennoch auf „normalen" Jobs landen, macht sich Enttäuschung breit. Aber Akademisierung bedeutet nicht, dass alle irgendwann Direktor:in werden; es gilt auch die Verdrängung nach unten: Fachhochschulabsolvent:innen verdrängen Absolvent:innen höherer Schulen und diese drängen weiter in Abwärtsrichtung.

Das Problem *übersteigt freilich den Kompetenzbereich einer Fachhochschule,* es handelt sich um Wissenschaftspolitik, die nicht immer das gesamte Mosaik unterschiedlicher Ausbildungsgänge mit unterschiedlichen Schwerpunkten und Vertiefungen im Blick hat, wenn es um die Verbesserung des gesamten Kompetenzfeldes geht.

12. Schlussbemerkung

Einer Wissensgesellschaft ist es angemessen, neben der Wirtschaftsordnung, der Rechtsordnung und der Politikordnung auch der „Wissensordnung" gebührende Aufmerksamkeit zu schenken. *Die Wissensräume der Hypermoderne arrangieren sich neu.* Es wäre falsch, übertriebene Optimierungsvorstellungen anzuwenden, weil man mit den andauernden Verschiebungen, mit Schließungen und Öffnungen von Optionen nicht zurechtkommen kann. Binnen weniger Jahrzehnte haben die Möglichkeiten des Internets einen völlig neuen Wissensraum (mit zahlreichen internen Differenzierungen) eröffnet. Texte und Bilder sind auf neue Weise zugänglich und verwendbar geworden. Open Access. Zeitungen verschwinden. Kommunikationsprozesse haben sich grundlegend verändert. Soziale Plattformen. Wikipedia als Kompilation des Weltwissens. DeepL als Übersetzungstool. Chatgpt als neues Formulierungsinstrument. In fünf Jahren wird schon wieder vieles anders sein. Die riesige Masse des Wissens wird neu aufgehäuft, aber wie sich dieses Wissen zu den begrenzten Verarbeitungsfähigkeiten der Menschen und zu den möglichen Platzierungen in der realen Welt verhält, ist unvorhersehbar. Das ist das „große Paradoxon": *Wir sind beinahe allwissend; und wir wissen beinahe nichts.*

Didaktik

Hochschulen vor neuen Herausforderungen – Reminiszenzen und Reflexionen zu Didaktik und Demokratie

Werner Lenz

Für Klimakrise und aktive Demokratie braucht es engagierte Bürger:innen. Reduzierte demokratische Mitsprache von Studierenden in den Hochschulen wirkt kontraproduktiv. Hochschulen sind herausgefordert, mehr zur Demokratisierung der Gesellschaft beizutragen.

1. Hochschuldidaktik als Mitbestimmung

Zunächst fanden sich einige idealistische Studierende. Sie gründeten eine *Zeitschrift für Hochschuldidaktik* (1978). Sie errangen wissenschaftliche Anerkennung für dieses Thema durch Forschung und Lehrtätigkeit. Sie traten für ***attraktive Lehre*** an Universitäten ein. Bewegt von der Aufbruchstimmung und der Bildungseuphorie der 1970er Jahre. Inspiriert durch Erfahrungen, wie sie selbst Lehre – mehr oder weniger lernfreundlich – erlebten, ermutigt durch eigene Lehrtätigkeit in Proseminaren, Fachtutorien und Arbeitskreisen, orientiert an einer Idee von Wissenschaft, die Menschen helfen soll zu verstehen, was die Welt bewegt und wie man sie „verbessern" könnte.

Motivation kam auch durch die gesetzliche Möglichkeit, sich im Studium Gehör zu verschaffen, es mitzugestalten und in der Universität mitzubestimmen. 1975 hatte durch das Universitätsorganisations-Gesetz die Ablöse der traditionellen „Ordinarien-Universität" eingesetzt. Dozent:innen, Assistent:innen, Studierende bekamen durch die sogenannte „Drittelparität" ein ***Recht auf Mitsprache*** – vor allem die Lehre betreffende Angelegenheiten: zB bei Studienplänen, Habilitationsverfahren, Berufung von Professor:innen.

Um 1990, unter der Ägide des Rechtswissenschaftlers *Christian Brünner* in seiner Funktion als Vorsitzender der Österreichischen Rektorenkonferenz (ÖRK heut UNIKO), wurde das Thema Hochschuldidaktik den Universitäten anempfohlen. Eine wissenschaftliche Publikation (*Lenz/Brünner* 1990) resümierte und unterstützte die Initiative. Zusätzlichen Schub erhielt das Anliegen des **Lehrens und Lernens in einer demokratisch organisierten Universität** durch die *Sorbonne- und Bologna-Deklarationen* (1998/99*)*, die den Fokus auf wissenschaftliche Lehre und Weiterbildung legten.

2. Mitbestimmung wegorganisiert

Alle Institutionen mit Demokratie zu „durchfluten", galt in diesen Jahrzehnten als Leitmotiv der Politik. Doch der Neoliberalismus, politisch repräsentiert durch *Margaret Thatcher* (Premierministerin in Großbritannien von 1979 bis 1990) und *Ronald Reagan* (Präsident der USA von 1981 bis 1989) setzte sich durch. Auf bildungspolitischer Ebene folgte als Konsequenz **die Ökonomisierung des Bildungswesens**.

Mit dem Universitätsgesetz von 2002 erhielten die Universitäten relative Autonomie, etwa beim Budget, was Insider als **Verwaltung des Mangels** deklarieren, und ein unternehmensorientiertes Management. Der Fokus verschob sich von Lehre zur „exzellenten Forschung", zur „Exzellenzuniversität", in Österreich bescheiden „Weltuniversität" genannt. Die demokratische Mitbestimmung wurde eindeutig und klar reduziert – unter anderem mit dem Argument, sie erschwere die operative Steuerung! Ein eklatanter Abbau von Demokratie erfolgte *(20 Jahre Universitätsgesetz 2022)*.

Die Chancen für Studierende, Demokratie in ihren Hohen Schulen, in ihren Instituten und Departments zu erfahren und zu lernen, wurden massiv eingeschränkt. Service für Studierende anstelle studentischer Mitbestimmung wurde zur Devise. Ein Ort weniger, um miteinander zu diskutieren, Argumente abzuwägen und auszutauschen – viele Gelegenheiten weniger, um **demokratisches Verhalten** zu erproben.

Wissenschaft – Wissen schaffen – beruht auch wesentlich auf Kommunikation. Argumente austauschen, Belege analysieren, Beweise überprüfen, Widersprüche diskutieren – das Handwerk der Wissenschaft besteht aus Rede und Gegenrede. Diese Kommunikation am Ort des Entstehens wissenschaftlicher Erkenntnisse zu reduzieren, ist ein auch ein **latenter Grund für wachsende Wissenschaftsskepsis**. Wo Wissenschaft sprachlos bleibt, wo sie nicht diskursiv geschaffen und vermittelt wird, wirkt Wissenschaft befremdend.

Macht das nicht nachdenklich? 392.000 Studierende waren im Jahr 2021/22 in Österreich in Studien und Lehrgängen inskribiert. Für Hunderttausende Studierende der letzten zwanzig Jahre, für heute im leitenden mittleren und höheren Management tätige Absolvent:innen, für Lehrer:innen an Schulen und Nachwuchswissenschaftler:innen wurden *Chancen, Demokratie zu erfahren,* einfach wegorganisiert!

3. Mehr Studierende – weniger Betreuung?

Die österreichische Hochschullandschaft hat sich in den letzten drei Jahrzehnten gründlich diversifiziert, oder wie Manager:innen vielleicht sagen: neu aufgestellt. Neben den öffentlichen Universitäten (etwa 266.000 Studierende), gibt es nun Fachhochschulen (60.000), Pädagogische Hochschulen (20.000) und Privatuniversitäten (15.000), allesamt auch Anbieter von Universitäts- und Hochschullehrgängen mit Tausenden Teilnehmer:innen. (*Statistik Austria* 2023).

Das akademische Personal ist allerdings nicht im gleichen Verhältnis zu den zunehmenden Studierendenzahlen gewachsen. Deshalb meinen viele der Universitätsprofessor:innen übrigens, *Studierende nicht ausreichend betreuen* zu können. Die Studierenden spüren das. Sie greifen zu anderen Mitteln: Paukkurse, Plagiat, Ghostwriter, Chatbot ...

Für Universitäten ein altes Dilemma. Zu viele *Studierende stören beim Forschen*! Zudem, um dem von *Isolde Charim* (2022) diagnostizierten „quälenden Narzissmus" Rechnung zu tragen, wollen Professor:innen, gemäß ihrer Selbstwertschätzung, nur die besten Studierenden betreuen. Dies steht ihnen aufgrund ihrer jeweils besonderen Eigenbewertung wohl zu. Der aktuelle Widerspruch: Seit 2017 ermöglichen Indikatoren in den Leistungsvereinbarungen den Universitäten für jede:n Studierende:n, der:die über 16 ECTS im Jahr erbringt, mehr Geld zu erhalten. Besonders schnell Studierende lassen die Kasse extra klingeln.

Das Problem, wie bekommt man *weniger Studierende und trotzdem mehr Geld*, rückt in die Nähe eines Koans. Dass zu dessen Lösung eine Kommission mit asiatischen Zen-Meistern eingesetzt wurde und es auch zu Meditationszwecken verwendet wird, lässt sich bislang noch nicht verifizieren.

4. Wer organisiert?

Hochschulen – es gibt 76 dieses Typus in Österreich (*BMBWF 2023*) – haben zwar nun jeweils ein leitendes Management, aber wird dort bezüglich *Organisation und Entwicklung* nachgedacht? Offensichtlich zu wenig – denn so genau will es gar niemand wissen. Aber wo sonst? Im zuständigen Ministerium? Nein, das verwaltet, ist für das Controlling zuständig sowie für Statistiken bestimmt für EU und OECD. Im Wissenschaftsrat? Wo?

Hilft der aktuelle *Österreichische Hochschulplan* 2023 des Ministeriums? Lesen Sie mal: Gebeten wird um mehr Kooperation, versprochen werden bessere Betreuungsrelation, gewollt werden erhöhte Output-Zahlen von Absolvent:innen. Er bietet leider keine substanziellen Vorschläge für eine *kommunikative Hochschule* – er strahlt keine besondere Euphorie für Reformen aus, wie auf die Transformationen in der Gesellschaft zu reagieren ist!

Der tertiäre Sektor in Österreich erscheint nicht diversifiziert, sondern zersplittert – für Möglichkeiten des Zusammenwirkens fehlt die entsprechende koordinierende Struktur. Warum nicht in die USA blicken, wo man sich doch so gerne, zugegeben etwas naiv, meist nur an der Methodik von Messungen, an Audit und Evaluation begeistert. Jeder Bundesstaat hat dort einen Verbund aller staatlichen Hochschulen, ein state university system. ZB Kalifornien mit etwa 400.000 Studierenden – eine Anzahl, die jener in Österreich entspricht. Das wäre hierzulande ein neues Organisationsmodell, das nur die *Hürden von landes- und bundespolitischen Einflüssen* zu überwinden hätte, jede Menge an Universitätsräten, Rektoren und Vizerektoren einsparen könnte, die Eigenständigkeit, das Profil, das Alleinstellungsmerkmal jeder Hochschule aber achtet. Effekt: Konzentration von Verwaltung, erleichterte Zusammenarbeit in der Forschung und vor allem, Abstimmung für ein vereinheitlichtes Studienrecht.

Ein *Austrian University System* (AUS, sollte es wohl aus symbolischen Gründen nicht genannt werden), hätte doch nach den Erfahrungen der letzten zwanzig Jahre die Chance, sich auf dem Wissenschaftsmarkt, pardon in der scientific community, neu zu positionieren. Und vor allem mit neuen, zeitgemäßen interdisziplinären Studien, mit flachen Hierarchien, mit einer kooperativen Verfassung, die direkte demokratische Mitbestimmung aller Angehörigen berücksichtigt.

Die gleichzeitige Einführung eines *Community-College-Systems* – Ende der Sekundarstufe II und den Anfang des Hochschulstudiums integrierend – in Kooperation mit Einrichtungen der Weiterbildung, würde nicht nur die Hochschulen entlasten, sondern Studierenden Zeit geben, ihre tatsächlichen Studienambitionen bis zum Bachelorniveau zu erproben. Die Abbruchsquote von Studien liegt statistisch gemessen in Österreich seit Jahren um die 50 %! Die eigenen Stärken in Bildungs-, Lern- und Studienprozessen zu erfahren – ein Gewinn für jede:n Studierende:n. Ein Gewinn für den demokratischen Staat.

5. Klimaschutz braucht Politik

Krisenmodus gehört zum täglichen Gepäck. Was uns wirklich Sorgen machen sollte – und der jungen Generation, die generell zu wenig mitreden und mitbestimmen darf: *Klima und Demokratie*. Der Politiker und Umweltwissenschaftler, *Ullrich von Weizsäcker* (2020, 9), liefert eine überzeugende Erkenntnis: „Fast alles, was dem Klimaschutz dient, hat starke politische Komponenten." Wer sich gegen Maßnahmen zum Klimaschutz wendet, befindet er weiters, leugnet nicht bloß und hat keine Denkschwächen, nein, das geschieht eben meist, um kurzfristige, egoistische Interessen wahrzunehmen. Genügsamkeit und Verzicht, meint Weizsäcker, sind ehrenwert, sie ersetzen aber nicht politisches Handeln. Solches betrifft zB das Arbeitsvolumen anders zu verteilen, Umweltsteuern und -zölle einzuführen, internationale Synergien intensiver zu nutzen, Subventionen für fossile Energieträger abzubauen ...

Für die Vorbereitung solcher politischen Entscheidungen braucht es eine *kritische beteiligte Öffentlichkeit*. Dazu gehören Diskussionen, Abwägen von Risiken, Überlegungen, um neu entstehende Ungleichheiten zu bearbeiten und – eine demokratisch denkende und engagiert agierende Bevölkerung.

6. Demokratie in der Defensive

Um Demokratie könnte es besser bestellt sein. Politikwissenschaftler (*Levitsky/Ziblatt* 2018) aus den USA geben, auch unter dem Eindruck des „Trumpismus", eine warnende Einschätzung: Sie nennen vier Merkmale, die autoritäre Politiker:innen und ihr Verhalten, das die Demokratie gefährden könnte, kennzeichnen. *Als besorgniserregend gilt*, wenn politische Mandatare

- demokratische Spielregel in Wort und Tat ablehnen;
- politisch Andersdenkenden die Legitimität absprechen;
- Gewalt tolerieren oder befürworten;
- bürgerliche Freiheiten politischer Gegner inklusive der Medien einschränken.

Die Autoren sehen Demokratie in der Defensive, in einer Haltung der Verteidigung. Sie kommen zum Schluss, dass sich die gegenwärtige Krise der Demokratie in den USA nicht so sehr von der in anderen Staaten unterscheidet. Sie empfehlen, westliche Demokratien sollten nicht nur ihre liberalen Ideale und ihre demokratischen Normen wiederbeleben, sie sollten sie auch auf die Gesamtheit der immer vielfältiger werdenden westlichen Gesellschaft ausweiten, um multiethisch und wahrhaft demokratisch zu agieren. Ihr Credo, wie Demokratie abgesichert werden kann, lautet: *sich gegenseitig zu achten und institutionelle Zurückhaltung zu üben* – das heißt, institutionelle Rechte im Geiste des Fairplay nicht völlig auszunutzen. Wann immer amerikanische Demokratie funktionierte, so urteilen die Autoren in einer Grundaussage ihrer Studie, habe sie sich auf diese zwei Normen gestützt.

7. Kompetente Bürgerinnen und Bürger

Roger de Weck, Manager, Ökonom und Publizist aus der Schweiz, diagnostiziert in seinem Buch, *Die Kraft der Demokratie. Eine Antwort auf die autoritären Reaktionäre* 2020, 62 ff, was er für problematisch hält: *Aus der liberalen wurde die neoliberale Demokratie.* Die Ökonomie lenkt die Demokratie, die Wirtschaft reguliert den Staat. In der Freiheit des Kapitalverkehrs, der Autor spricht von der „Mutter aller Deregulierungen", sieht er Machtgewinn für die Wirtschaft und Machtverlust für nationale Demokratien. Diese sind erpressbar geworden und müssen um die Gunst der Unternehmen buhlen. „Ultrakapitalismus" erweist sich stärker als liberale Demokratie – dieser fehle es an Diskussion über ihre dringenden Reformen. Nicht nur, aber auch hier wird ein Manko an „Gesprächskultur" konstatiert!

Roger de Weck (2020, 83 und 246) regt an, die ***staatsbürgerliche Erziehung*** – liberal education – zu überdenken. Demokratische Bildung inklusive der Modernisierung von Demokratie im Sinne der Aufklärung sollte neu konzipiert und nicht zuletzt das Übergewicht der Ökonomie über die Politik bekämpft werden.

Auch der renommierte deutsche Politikwissenschaftler *Herfried Münkler* (2022, 54) sieht unsere Demokratie bedroht; ***durch Interventionen von außen und durch Resignation von innen***. Ein Grund: In der Geschichte der Demokratie hat die Empfindung, sie sei gefährdet, immer schon eine erkennbare Rolle gespielt. Oligarchischen oder monarchischen Regierungsformen wurde offenbar mehr Stabilität zugetraut, als einer Regierung von Parteien und politisch engagierten Bürger:innen.

Demokratie ist komplex. Sie bringt ***Interessenskonflikte und konkurrierende Werte*** mit sich, die kontinuierlich auszuhandeln sind. Klingt mühsam, jedoch am Beispiel der ökologischen Krise zeigt *Münkler*, dass die Demokratie, hinsichtlich der Sensibilisierung der Bürger:innen, dem autoritär-technologischen Regime Chinas überlegen ist.

Besonders durch Verschwörungstheorien in den letzten Jahrzehnten mit ihren Feinderklärungen werden gesellschaftliche Spaltungen vertieft. Intensiviert durch die ***Wirkung sozialer Medien***, urteilt der Politikwissenschaftler, werde Demokratie in die Defensive gedrängt.

Was die Demokratie benötigt? Seine klare Antwort: ***kompetente und engagierte Bürger:innen***. Konkret plädiert *Münkler* für mediale und kommunikative Kompetenz, für Bereitschaft zu politischem Engagement auch in der Kommunalpolitik – „an den Graswurzeln der Demokratie". In einer „kompetenten Beteiligung am demokratischen Prozess" liegt die Chance, die Machthabenden, die Vermögenden, die Regierenden zu kontrollieren und mittels Wahlen politische Richtungsentscheidungen mitzubestimmen.

Demokratie muss permanent reformiert werden, meint *Münkler.* Deshalb ist es nicht ausreichend, allein in der Schule Wissen zu erwerben. Große Bedeutung und Verantwortung befähigt zu werden, an politischen Prozessen teilzunehmen, kommen deshalb, so kann man folgern, auch dem Studium, der Weiterbildung und der Selbstbildung zu.

„Graswurzeln der Demokratie" finden sich in der Lokalpolitik und selbstverständlich in allen Institutionen der Bildung, des Lernens, der Aus- und Weiterbildung. Aktuell weist ein *„Handbuch der Demokratiepädagogik" (Beutel* ua 2022) auf die Vielfalt von Orten, auch die Hochschulen gehören dazu, und didaktischen Chancen hin, **Demokratiebildung** zu vermitteln.

8. Schutz des Gemeinwohls

Hochschulen sind auch noch auf andere Weise in den Erhalt des demokratischen Gefüges und des sozialen Friedens eingebunden. *Michael J. Sandel,* international respektierter Professor für Politische Philosophie in Harvard, sorgt sich in den USA um den Bestand des Gemeinwohls. **Politische Versäumnisse** sieht *Sandel* (2020, 212) darin, dass in den 1980er/90er Jahren, in der Zeit der Globalisierung, keine strukturellen Wirtschaftsreformen erfolgten, sondern weitreichende Ungleichheiten und stagnierende Löhne der Arbeiterklasse akzeptiert wurden. Statt Reformen wurde Chancengleichheit angestrebt. Dem lag das „Gerede vom Aufstieg" zugrunde, urteilt *Sandel.* Wer ihn unter gleichen Chancen schafft, hat ihn dann verdient.

So wurde Bildung – einseitig betont als Lösung von Ungleichheit – zur Antwort auf diese. Das bedeutete, die scheinbar mit Naturgewalt etablierte globale Wirtschaft nicht mit politischen Mitteln zu ändern, sondern sich ihr anzupassen und den **Zugang zu höherer Bildung zu erweitern.** Die Leistungsgesellschaft wurde immer leistungsorientierter, was hingegen zu Ungleichheit geführt hatte, blieb außerhalb grundlegender Analysen. Das seien die Fehler der Politik, die – orientiert an Leistungsgesellschaft und Technokratie – weg vom Gemeinwohl und hin zu Unzufriedenheit und autoritärem Populismus führten.

Die daraus entstandene negative Attitüde gegenüber Bildung benennt *Sandel*: **Noten statt Bildung.** Eine Wettbewerbskultur ist entstanden, in der Auslese und Eifer interessiertes Studieren verdrängen. *Sandel (*2020, 291) kritisiert die neue Rolle von Colleges und Universitäten: „Man wird darin ausgebildet, sich als Produkt zu verpacken und für Jobs zu bewerben". Er bedauert ein Bildungswesen, das statt intellektueller Neugier Noten priorisiert. Die Absolvente:innen werden mit einer finanziellen „Hochschulprämie" belohnt, die sie über das Einkommen von Nicht-Absolvent:innen deutlich erhebt.

9. Mut zur Demut

Neoliberale Bildungspolitik, das bedeutet unter anderem Ökonomisierung des Bildungswesens, enge fachgebundene Qualifizierung, Effizienz durch Zahlen, Bildung als Investition, hat sich großflächig durchgesetzt. Natürlich gibt es auch Bedenken, die sich bei Unternehmen etwa auf diese Weise äußern: Wir brauchen nicht Absolvent:innen, *wir suchen Persönlichkeiten.* Wir suchen nicht konkurrierende Ich-Aktivisten, sondern kooperationsfähige, sozial verantwortliche Mitarbeiter/innen.

In diesem Zusammenhang kritisiert *Sandel,* dass die „Tyrannei der Leistung" die Würde der Arbeit untergräbt. Arbeit versteht er als Möglichkeit, Geld für den Lebensunterhalt zu verdienen und als Quelle sozialer Anerkennung. Die Menschen wollen als Produzent:innen – sie stellen Waren zur Verfügung –, die die Bedürfnisse der Mitmenschen erfüllen, anerkannt werden, nicht bloß als Konsument:innen. Um die Würde der Arbeit – die *Würde des Studierens* – wiederherzustellen, sollten wir die sozialen Bindungen – zwischen Lehrenden und Lernenden – reparieren, die das Zeitalter der Leistungsgesellschaft – der Leistungsuniversität – zerstört hat. Die Analogie ist leicht zu erkennen: Studieren nicht als Konsument:innen, sondern als Mitproduzent:innen von Wissenschaft – Stichwort: „forschendes Lernen".

Nicht zuletzt verlangt *Sandel demutsvolle Einsicht!* Die Zufälligkeiten des Lebens hätten uns auch in ganz anderen Verhältnissen aufwachsen lassen können – es hing nicht nur allein von unseren Leistungen ab, wer wir geworden sind.

Ergeben sich daraus nicht *interessante Herausforderungen für die Hohen Schulen,* für den tertiären Sektor mit seine vielen „Didaktischen Zentren" und „postsekundären Institutionen", für seine vielen Mitglieder in Curriculum-Kommissionen, seine vielen für Lehre zuständigen Vizerektor:innen? Herausforderungen, sich verstärkt der demokratischen Bildung der Studierenden anzunehmen?

10. Zukunft der Bildung

Eine radikale Veränderung des tertiären Sektors fordert die *OECD* ein. Der Schwerpunkt der neuen Publikation, *„Bildung auf einen Blick 2022, OECD-Indikatoren"* liegt auf dem Tertiärbereich. Das begründet sich, weil ein Abschluss im Sekundarbereich oder postsekundär „für die erfolgreiche Teilhabe an einer modernen Wirtschaft und Gesellschaft entscheidend geworden" ist (*OECD* 2022, 50).

Mit Nachdruck wird die Notwendigkeit von Weiterbildung und lebenslangem Lernen hervorgehoben. Aufgrund des demographischen Wandels treten immer weniger junge Menschen in den Arbeitsmarkt ein – Digitalisierung und Automatisierung erleichtern die Verlagerung von Arbeitsplätzen ins Ausland. Deshalb ist es dringend notwendig, die *Kompetenzen der vorhandenen Arbeitskräfte zu erweitern*. Sogenannte „Microcredentials", sie beziehen sich auf kurze Angebote (bis zu 200 Stunden) und meinen den entsprechenden Bildungsgang oder die dadurch vermittelten Qualifikationen, bieten sich als neue Formate an.

Vordringliches Ziel der Mitgliedsländer, empfiehlt die *OECD*, sollte es sein, neue Bildungssysteme zu entwickeln, die sich durch Kooperation mit Arbeitgebern und mit Unternehmen von Bildungstechnologie auszeichnen. *Besonders die traditionellen tertiären Ausbildungsmodelle eignen sich nicht länger.*

Außerdem wird hervorgehoben, dass aufgrund der Pandemie digitale Kompetenzen inzwischen Voraussetzung geworden sind, um an Bildungsangeboten teilzunehmen. Dabei geht es nicht nur um Berufsbezug, sondern auch um *persönlichkeitsbildende Aspekte*. „Erwachsene ohne Abschluss im Tertiärbereich sind am wenigsten auf den Nutzen durch digitalen Wandel vorbereitet" (*OECD* 2022, 141). Neue Bildungsmodelle, innovative Bildungsstrategien traditioneller Anbieter oder neuer Anbieter sind gefordert.

Gesucht wird ein *neues Bildungskonzept*, das Erwachsenen jederzeit ermöglicht, neue Kompetenzen zu erwerben. Bedingt ist das auch, weil die Kosten der tertiären Bildung steigen, weniger Nachwuchs vorhanden ist, Verlegung von Arbeitsplätzen ins Ausland leicht vor sich geht und Fachkräftemangel bestehen bleiben wird.

11. Strategie lebensbegleitender Bildung

Ganz nachvollziehbar ist diese Suche nicht, wenn man an das Konzept der lebensbegleitenden Bildung/des lebenslangen Lernens denkt. Angeregt durch europäische Initiativen wurde vor mehr als einem Jahrzehnt, nämlich 2010, die *„Strategie zum lebensbegleitenden Lernen in Österreich"* (*Republik Österreich* 2011) in Kooperation verschiedener Politikfelder, repräsentiert durch vier Ministerien – Bildung, Wissenschaft, Soziales und Wirtschaft – vorgestellt. Diese Strategie setzt sich unter anderem zum Ziel: geschlechtergerechtes Handeln, Durchlässigkeit des Bildungssystems, Professionalisierung der Lehrenden, Sicherung von Effektivität.

Die Kooperation zwischen Gemeinden, Ländern, Bund und Sozialpartnern bekommt in diesem Bildungskonzept zentralen Stellenwert. Ebenso kommt der *Kooperation der einzelnen Bildungssektoren* sowie der Anerkennung non-formal und informell erworbener Kenntnisse und Kompetenzen hohe Bedeutung zu. Verstärkte Community-Education in neuen kommunalen Einrichtungen, zB Community-Colleges, sollen auch die Zivilgesellschaft stärken.

Dieser europäischen und nationalen Bildungskonzeption sollte wieder mehr bildungspolitische Aufmerksamkeit gewidmet werden. *Die Vorteile dieser Bildungskonzeption:* Sie will die bestehende fraktale Bildungsstruktur überwinden! Sie zielt auf soziale Gerechtigkeit! Sie engagiert sich für gleichberechtigten Zugang zu allen Bildungswegen! Sie fordert zur Kooperation von Bildungseinrichtungen, Lehr- und Leitungspersonal auf! Sie ist eindeutig an einem demokratischen Europa orientiert! Sie beabsichtigt, Europa mittels Bildung zu stärken!

12. Bildungsziel

Welche Gelegenheit! Wir brauchen Menschen, die etwas von „Zukunft" verstehen, die sich mit fachlicher Kompetenz innovativer Denkmuster bedienen, um komplexe, neue Situationen zu bewältigen. Menschen, die sich über Klimaziele und demokratische Lebensformen Gedanken machen. Ist das nicht eine attraktive Aufgabe für die 76 Hohen Schulen? Ist das nicht eine Gelegenheit, verstärkt oder überhaupt die Frage nach *Demokratiebildung der Studierenden* aufzunehmen?

Ist das nicht eine Gelegenheit für eine gemeinsame Perspektive: Studierende, engagiert für „Zukunft", sollen ihre *beruflichen Fähigkeiten mit Klimazielen und mit demokratischen Entwicklungen* in Verbindung bringen. Sie sollen ihre fachliche Expertise in Alltag und Beruf mit sozialen Zielen kombinieren.

Ein erstrebenswertes Bildungsziel – nicht nur für den tertiären Bereich: *fachlich kompetente Menschen mit sozialer Verantwortung!*

13. Literatur

Beutel ua (Hg), Handbuch der Demokratiepädagogik (2022)

Republik Österreich (Hg), Strategie zum lebensbegleitenden Lernen in Österreich (2011); https://www.qualifikationsregister.at/wp-content/uploads/2018/11/Strategie1.pdf (5.3.2023)

Charim, Die Qualen des Narzissmus. Über freiwillige Unterwerfung (2022)

BMBWF (Hg), Hochschulsystem (2023); https://www.bmbwf.gv.at/Themen/HS-Uni/Hochschulsystem.html (5.3.2023)

Lenz/Brünner, Universitäre Lernkultur. Lehrerbildung – Hochschullehrerfortbildung – Weiterbildung (1990)

Levitsky/Ziblatt, Wie Demokratien sterben. Und was wir dagegen tun können (2018)

Münkler, Die Zukunft der Demokratie (2022)

OECD (Hg), Bildung auf einen Blick 2022. OECD – Indikatoren (2022)

de Weck, Die Kraft der Demokratie. Eine Antwort auf die autoritären Reaktionäre (2020)

Österreichischer Hochschulplan (2023); https://www.bmbwf.gv.at/Themen/HS-Uni/Hochschulgovernance/Steuerungsinstrumente/hochschulplan.html (5.3.2023)

Sandel, Vom Ende des Gemeinwohls. Wie die Leistungsgesellschaft unsere Demokratie zerreißt (2020)

Statistik Austria (2023); https://www.statistik.at/statistiken/bevoelkerung-und-soziales/bildung/studierende-belegte-studien (5.3.2023)

20 Jahre Universitätsgesetz (2022); https://www.derstandard.at/story/2000140648423/20-jahre-universitaetsgesetz-es-koennen-die-uni-angehoerigen-weniger-mitsprechen (5.3.2023)

von Weizsäcker, „Mit Verzicht allein ist das Klima nicht zu retten", Außerschulische Bildung, Zeitschrift der politischen Jugend- und Erwachsenenbildung 3/20, 4

Zeitschrift für Hochschuldidaktik (1978); http://www.oeghd.at/index.php/de/zeitschrift (5.3.2023)

Unterrichten wir falsch? Überlegungen zur Zukunft der Hochschulbildung

Jutta Pauschenwein

Was sind aktuelle Herausforderungen der Hochschullehre und welche Umsetzungsbeispiele können als Good Practice der Weiterentwicklung dienen?

1. Einleitung

Die Welt ändert sich rasant. *Junge Erwachsene setzen andere Schwerpunkte* und sind oft anders als nicht mehr „so junge Lehrende"; anders in ihrer Art zu lernen und zu kommunizieren, anders in ihren Kompetenzen. Doch sie werden die Welt von morgen gestalten und man kann fragen, ob sie an unseren Hochschulen das dafür nötige Rüstzeug erhalten.

Zwar sind viele Lehrende offen für Neues, betrachten ihre Inhalte, Methoden und Aufgaben kritisch und entwickeln diese im Kleinen, in Bezug auf die eigene Lehrveranstaltung weiter. *Doch vollgestopfte Curricula, unflexible organisatorische Rahmenbedingungen, Gesetze, Vorschriften etc. beschränken den Innovationsgrad in der Gestaltung.* Dieser Beitrag zeigt exemplarisch einige Herausforderungen, die auf die Hochschulen zukommen (werden) und plädiert dafür, den Studierenden mehr Freiheiten und zugleich mehr Verantwortung zu geben.

Perspektive 1: Online-Lehre

„In 50 years, if not much sooner, half of the roughly 4,500 colleges and universities now operating in the United States will have ceased to exist. The technology driving this change is already at work, and nothing can stop it. The future looks like this: Access to college-level education will be free for everyone; *the residential college campus will become largely obsolete;* (…)" (*Harden* 2012).

Diese amerikanische Perspektive ist zwar nicht vollständig auf Europa zu übertragen, den starken Trend zur flexiblen Handhabung der Anwesenheit an den Hochschulen ist jedoch spürbar. **So hinterfragen etwa berufsbegleitend Studierende kritisch die Anwesenheitspflicht**, insbesondere wenn sie mit langen Anfahrtszeiten verknüpft ist (*Schinnerl-Beikircher/Pauschenwein*, in: *Dittler/Kreidl* 2023, 177). Im Wintersemester 2022/23 fand in vielen Lehrveranstaltungen hybrider Unterricht statt, wenn Studierende Covid-bedingt zu Hause bleiben mussten, sich jedoch fit genug für den Unterricht fühlten.

Perspektive 2: Haltung der Lehrenden

Robyn R. Jackson legt sieben Masterprinzipien für gute Lehre fest, von denen vier als besonders relevant erscheinen, nämlich:

„Master teachers expect to get their students to their goal.
Master teachers support their students along the way.
Master teachers use feedback to help them, and their students get better.
Master teachers focus on quality rather than quantity" (*Jackson* 2018, 3).

Damit Studierende ihre Lernziele erreichen können, müssen diese konkret formuliert und messbar sein. *Jackson* empfiehlt ein Minimum der Leistung als Ziel anzugeben, um fast alle Studierende herauszufordern, dieses Minimum zu überschreiten (64). Die Erwartungen von Lehrpersonen an Studierende haben mehr mit dem Glauben an ihre eigene Wirksamkeit als mit den Fähigkeiten der Studierenden zu tun (86). ***Kontinuierliche Unterstützung der Studierenden schließt Interventionen ein, bevor Studierende scheitern*** (109). Effektives Feedback während des Semesters zeigt den Studierenden den aktuellen Stand ihrer Leistung und gibt Hinweise, wie sie sich weiterentwickeln können, um die Lernziele zu erreichen (133).

Perspektive 3: Sicht der Studierenden

Anlässlich der Entwicklung eines Planspiels, welches am 22. E-Learning Tag der FH JOANNEUM im September 2023 gespielt wird, wurden 14 Studierende aus Bachelor- und Masterstudiengängen sowie Masterlehrgängen interviewt. Bei dem Planspiel werden die Teilnehmenden in 13 unterschiedlichen Rollen inhaltliche, methodische und organisatorische Elemente eines zukunftsweisenden (Bachelor-)Studiengangs diskutieren (*Pauschenwein* 2023, passim). Die interviewten Studierenden befanden sich in den ersten Wochen des Studiums, in der Mitte, oder vor bzw. kurz nach ihrer Bachelor- oder Masterprüfung. Fast durchgängig wünschen sie sich **mehr inhaltliche und organisatorische Flexibilität im Studium und weniger Inhalte**, um Zeit zum Lernen und Nachdenken zu haben und für den Austausch untereinander.

Im Juni 2021, am Ende von Lockdowns und erzwungenem Online-Unterricht wurden Studierende der FH JOANNEUM zu ihren Erfahrungen in den Corona-Semestern befragt, als Basis für eine Diskussion zur Zukunft der Online-Lehre (*Schinnerl-Beikircher/Pauschenwein*, in: *Dittler/Kreidl* 2023, 177). 1.037 Studierende (Rücklaufquote 20,8 %) füllten die Umfrage vollständig aus. *93 % der Studierenden möchten weiterhin die Möglichkeit haben, am Online-Unterricht teilnehmen zu können* (der größte Anteil von 29 % in einem Ausmaß zwischen 25 % und 50 % Online-Unterricht). Die oben genannte organisatorische Flexibilität im Studium wird durch diese Umfrage gestützt.

Emergent Learning gibt einen theoretischen Rahmen für selbstbestimmte Studierende (*Williams/Mackness* 2014, 3 und *Williams/Karousou/Mackness* 2011, 40).

Perspektive 4: Interdisziplinarität

Mirjam Braßler (2020, 33) sieht **Interdisziplinarität als Schlüsselkompetenz**, um aktuelle und zukünftige Probleme zu bewältigen. Einerseits sollen Studierende lernen, in interdisziplinären Gruppen zu kommunizieren und zu kollaborieren, andererseits sollen sie die unterschiedliche Herangehensweise einzelner Disziplinen verstehen, vielfältige Perspektiven anerkennen und diese Perspektiven verbinden, integrieren und synthetisieren können.

Robert Frodeman sagt den Fachdisziplinen ihr Ende voraus und meint, **dass zukünftige Bildung „post-disziplinär" ablaufen wird**. „If a name is needed to identify the period now ending, call it ‚the age of disciplinarity'" (*Frodeman*, in: *Weingart/Padberg* 2014, 175).

Perspektive 5: Nachhaltigkeit

Um Verantwortung für Morgen übernehmen zu können, müssen Studierende über ihre Disziplin hinaus Wissen zu einer sich ändernden Welt erwerben und den kritischen Diskurs üben. Die neue Strategie der FH

JOANNEUM, die mit 1. 7. 2023 in Kraft tritt, sieht vor, dass *Demografie, Defossilisierung, Digitalisierung, Demokratie und Didaktik* (im Sinne der „Sustainable Development Goals") in den Bereichen Lehre, Forschung und Hochschulmanagement mitgedacht und, wo möglich, berücksichtigt werden.

Was das für die Lehre bedeutet, halten *Philips/Philips*, in: *Kareem* 2020, 4 f.) fest: „Education for sustainability and social justice must therefore go beyond disseminating information and conveying a scientific understanding of the issues at hand". „This requires a *pedagogical approach that can facilitate a paradigmatic shift in how we understand the world and our place within it.*"

2. Umsetzungen

Eine Integration dieser fünf Perspektiven würde in unseren Hochschulsystemen einiges durcheinanderbringen, *müsste Lehre doch gravierend neu gedacht und implementiert werden*. Da Hochschullehrende und Teams aus Supporteinrichtungen die sich ändernde Welt beobachten und reflektieren, finden sich punktuell Umsetzungsbeispiele, die in eine gute Richtung weisen und als „Good Practice" für eine fundiertere Umgestaltung der Hochschullehre in inhaltlicher, didaktischer und organisatorischer Sicht dienen können (*ZML* 2023).

MOOCs in der Hochschullehre (Perspektiven Online-Lehre/ Interdisziplinarität)

Massive Open Online Courses ermöglichen es, Interessierten aus der ganzen Welt zu einem Inhalt ihrer Wahl online gemeinsam mit anderen zu lernen. Im weltweit ersten MOOC tauschten sich im Jahr 2008 über 2000 Lernende zu „Connectivism" aus, einem theoretischen Modell des Lernens in einer digitalen Welt. Den MOOC zum Thema „Introduction Into AI" der Stanford University im Jahr 2011 besuchten bereits 160.000 Lernende (*Ng/Widom,* in: *Hollands/Tirthali* 2014, 34). Seit 2011 setzt sich das Team der Supporteinrichtung „ZML-Innovative Lernszenarien" (ZML) mit MOOCs auseinander. Die Kooperation mit Studiengängen ermöglichte die Entwicklung eines MOOC zu „Competences of Global Collaboration", bei dem Studierende unterschiedlicher Studiengänge gemeinsam mit Interessierten aus über 30 Ländern lernten und sich vernetzten (*Pauschenwein/Schinnerl-Beikircher*, in: *Miglbauer/Kieberl/ Schmid* 2018, 383).

Das **Know-how zur Gestaltung von MOOCs** wurde an der FH JOANNEUM seither in zahlreichen Forschungsprojekten angewandt. Darüber hinaus werden MOOCs eingesetzt, um das fachliche Niveau zu Studienbeginn abzugleichen, indem Studierende in internationalen MOOCs (etwa im Masterstudiengang „Soziale Arbeit"), oder in einem eigens konzipierten MOOC des Studiengangs (etwa beim Erwerb von molekularbiologischem und chemischem Fachwissen im Masterstudiengang „Massenspektrometrie und molekulare Analytik") lernen.

Workshops des ZML (Perspektiven Online-Lehre, Haltung der Lehrenden, Interdisziplinarität)

Seit 2020 werden die Workshops des ZML ausschließlich online angeboten. Dies ermöglicht den Teilnehmer:innen Flexibilität und macht eine Teilnahme für externe Lehrende oft erst möglich. Workshops aus den Bereichen „Online-Didaktik", „Angewandte Didaktik" sowie „Visualisierung & Videos" können kostenpflichtig auch von Kolleg:innen anderer Hochschulen und Organisationen besucht werden. ***Dies fördert den Austausch** über Disziplinen und Organisationen hinweg.*

Explizit stehen bei den Workshops **Gruppenarbeit und individuelle Lernprozesse** im Zentrum. Reine Inputs sind kurz und prägnant. Eine meist umfassende Materialiensammlung ermöglicht die Vertiefung nach Workshop-Ende. Konkrete Aufgabenstellungen fördern die Entwicklung von Produkten in der Gruppe. Den Überlegungen zum Transfer des Erarbeiteten in den eigenen Kontext wird ausreichend Platz eingeräumt.

Disziplinenübergreifende Lern- und Austauschformate (Perspektive Interdisziplinarität)

Der **jährliche „E-Learning Tag" der FH JOANNEUM** bringt seit dem Jahre 2001 Lehrende, Lehrer:innen und Trainer:innen unterschiedlicher Organisationen und aus diversen Fachrichtungen zusammen und fördert den Austausch über Fachgrenzen hinweg.

Das viersemestrige, interne Weiterbildungsangebot der **Hochschuldidaktischen Weiterbildung (HDW)** im Ausmaß von insgesamt 18 ECTS richtet sich an Lehrende aller Studiengänge. Die jeweiligen HDW-Gruppen zeichnen sich durch hohe fachliche Diversität aus und leben den interdisziplinären Austausch.

„Die HDW ist eine der wenigen Flächen im FH-Leben, *bei denen wir uns interdisziplinär vernetzen*, die Perspektiven von Lehrenden aus anderen Instituten erkennen können. Das bringt neue Erkenntnisse und relativiert manches, das man im eigenen Umfeld erlebt" (*Wolfgang Kühnelt*, Teilnehmer HDW18, Institut „Journalismus und Digitale Medien")

Im **Barcamp der Studiengänge „Physiotherapie" und „Gesundheits- und Krankenpflege"** im Februar 2023 brachten die Lehrenden Themen ein, tauschten sich aus und suchten Lösungen zu den jeweiligen Fragestellungen. Dies fördert die gemeinsame Sicht von Themen der beiden Fachdisziplinen.

Barcamps als Unterrichtsmethode (Sicht der Studierenden)

Am Institut „Journalismus und Digitale Medien" sind **Barcamps als Unterrichtsmethode** sowohl im Masterstudium „Content Strategy" als auch im Bachelorstudium „Journalismus und Public Relations" integriert. Während Erstsemestrige in der Lehrveranstaltung „Social Web" im Barcamp ihre Erfahrungen über das Web, Tools und neueste Trends diskutieren, bringen die im Master berufsbegleitend Studierenden im Rahmen der Lehrveranstaltung „Open Space and Portfolio" ihre beruflichen Erfahrungen ein und holen sich Unterstützung bei aktuellen Problemen. Im Feedback zur Lehrveranstaltung heben die Studierenden oft hervor, wie attraktiv sie die studentischen Sessions finden.

Im Studiengang „Software Design & Cloud Computing" heißt sogar die Lehrveranstaltung selbst „Barcamp". Sie findet im ersten Semester statt und fördert gemeinsame Lernprozesse der Studierenden.

Bildung für Nachhaltige Entwicklung (Perspektive Nachhaltigkeit)

Modul C der Weiterbildung zur Hochschuldidaktik wurde im Sommersemester 2023 auf Initiative der wissenschaftlichen Leiterin, *FH-Prof.^{in} Mag.^{a} Dr.^{in} Birgit Philips*, erweitert.

„Bildung für Nachhaltige Entwicklung hat das Ziel, **Menschen in einer hochkomplexen Welt dazu zu befähigen, sich aktiv an einer gesellschaftlichen Transformation hin zu einer gerechteren und ökologisch tragfähigen Lebensweise zu beteiligen und somit zukunftsfähig zu denken und zu handeln**" (*Philips* 2023, 1). Die Teilnehmer:innen reflektieren ihre eigene Haltung und Praxis in Bezug auf Nachhaltigkeit und überlegen Methoden, Synergien und Kooperationen, um eine „transformative Lehr-Lern-Kultur" an der Hochschule anzustoßen und zu entwickeln.

3. Diskussion

Unterrichten wir also falsch? Diese Frage kann nicht mit Ja oder Nein beantwortet werden, abgesehen davon, dass es keine allgemein gültige Definition von „falschem Unterricht" gibt. **Die in der Einführung angesprochenen Herausforderungen** – also größere organisatorische Flexibilität durch Online-Lehre, Lehrende als Begleiter:innen studentischer Lernprozesse, mehr inhaltliche Freiräume für Studierende, Förderung interdisziplinärer Inhalte und Diskussionen, Integration von Nachhaltigkeitsaspekten in allen Bereichen der Hochschule – **verlangen allerdings einen gröberen Umbau der Hochschulen.**

Wie sich Organisation und Curricula verändern könnten, probiert die FH JOANNEUM im Rahmen des **„EU4Dual" Projekts, einer transnationalen Allianz von „European Universities"**, aus (*FH JOANNEUM* 2023). Studierende und Mitarbeitende der Hochschule können flexibel und online Inhalte der Partnerhochschulen erlernen und sich durch Micro-Credentials anrechnen lassen. Auf diese Weise könnten sich die Hochschulen auch für die Gesellschaft öffnen.

Aktuell erleben die Hochschulen, **wie AI-Software („Artifical Intelligence") den Unterricht verändert. Studierende lassen bereits AI-Soft-**

ware für sich arbeiten. Dies verschärft für Lehrende den Druck, zu reflektieren und zu verändern, wie studentische Lernprozesse konzipiert sind und welche Leistungen bewertet werden.

Man kann auch kritisch hinterfragen, inwieweit Lernmaterialien wie Skripten und Folien für heutige Studierende geeignet sind. In der Medizin werden verstärkt **Comics im Feld „Medical Humanities"** eingesetzt (*Czerwiec* et al 2020, 5). Sie bringen Dinge auf den Punkt, sind für schwierige Themen geeignet und laden zur Reflexion ein (*Kutalek/Ellinger* 2023).

Unterrichten wir also „falsch"? Der vorstehende Beitrag skizziert vielfältige Verbesserungsmöglichkeiten für die Hochschullehre und zeigt Good Practices auf, die bei der Weiterentwicklung unterstützen können.

4. Zitierte Literatur

Braßler, Praxishandbuch Interdisziplinäres Lehren und Lernen: 50 Methoden für die Hochschullehre (2020)

Czerwiec /Williams/ Squier/Green/Myers/Smith, Graphic medicine manifesto (2020)

FH JOANNEUM (Hg), EU4DUAL – The European Dual Studies University (2023); https://www.fh-joanneum.at/projekt/eu4dual-the-european-dual-studies-university/ (6.4.2023)

Frodeman, The end of disciplinarity, in: *Weingart/Padberg* (Hg) University experiments in interdisciplinarity: Obstacles and opportunities (2014), 175

Harden, The End of the University as We Know It (2012); https://www.the-american-interest.com/2012/12/11/the-end-of-the-university-as-we-know-it/ (28.2.2023)

Jackson, Never work harder than your students and other principles of great teaching (2018)

Kutalek/Ellinger, Graphic medicine: Comics als Kunst – Kunst in den Unterricht! Vortrag im Rahmen des 40. WISIA-Symposion „Comics und Visualisierungen in Lernprozessen" an der FH JOANNEUM (2023)

Ng/Widom, Origins of the modern MOOC (xMOOC), in: *Hollands/ Tirthali* (Hg) MOOCs: Expectations and Reality: Full Report (2014) 34

Pauschenwein, Call for papers, E-Learning Tag 2023; https://cdn.fh-joanneum.at/media/2022/10/Call-for-Papers-E-Learning-Tag-2023-1.pdf (28.2.2023)

Pauschenwein/Schinnerl-Beikircher, Potenziale von MOOCs für Hochschulen und Studierende, in: *Miglbauer/Kieberl/Schmid* (Hg), Hochschule digital.innovativ| #digiPH (2018) 383; https://www.fnma.at/content/download/1529/5759 (28.2.2023)

Philips, Internes Informationsblatt zu Modul C der hochschuldidaktischen Weiterbildung (2023)

Philips/Philips, Research Paradigms for Sustainable Development in Education: Critical reflective pedagogies for sustainable development and social transformation, in: *Kareem* (ed) Research Paradigms for Sustainable Development Education (2020) 2

Schinnerl-Beikircher/Pauschenwein, Online-Lehre–funktioniert ja! Unterricht in Zeiten der Corona-Pandemie an der FH JOANNEUM, in: *Dittler/Kreidl* (Hg), Wie Corona die Hochschullehre verändert (2023) 177

Williams/Karousou/Mackness, Emergent Learning and Learning Ecologies in Web 2.0 (2011) 40; http://www.irrodl.org/index.php/irrodl/article/view/1267 (28.2.2023)

Williams/Mackness, Surfacing, sharing and valuing tacit knowledge in open learning, in In *Pauschenwein* (Hg), Evaluierung offener Lernszenarien (2014) 3; https://cdn.fh-joanneum.at/media/2016/04/Tagungsband_ELT2014.pdf (28.2.2023)

ZML (Hg), Good Practice – Sammlung von erfolgreichen didaktischen Konzepten als Open Educational Resorce (2023); https://oer.fh-joanneum.at/zml/good-practice/ (6.4.2023)

Gesundheit

„Hochschulische Qualifikation folgt keinem Selbstzweck": Die Akademisierung der Gesundheitsberufe in Österreich

Jennifer Blauensteiner

Von einer akademischen Ausbildung der Gesundheitsberufe profitieren Patient:innen sowie das Gesundheitspersonal durch Qualität und Interprofessionalität gleichermaßen.

1. Die Akademisierung der ersten Gesundheitsberufe: Vorwort

Was haben ein Minister:innenwechsel im Gesundheitsressort, eine überskeptische österreichische Ärztekammer und die sogenannten „Bologna Reformen" der europäischen Hochschullandschaft gemeinsam?

Sie waren Anfang der 2000er Jahre die Zutaten eines „Krimis", der schlussendlich zu den ersten *Gesundheits-Bachelorstudiengängen an Österreichs Fachhochschulen* führte (vgl *Mériaux-Kratochvila* 2021, 142; *Hufnagl* 2014, 41).

2. Der Nutzen der Akademisierung aus Sicht der Wissenschaft

In den letzten Jahrzehnten befassten sich Wissenschaftler:innen mit der Frage, welchen Nutzen eine Akademisierung des Gesundheitspersonals volkswirtschaftlich, betriebswirtschaftlich und aus Patient:innensicht hat. Dazu ein (kleiner) Ausschnitt der Literatur:

Im Jahr 2003 konnten *Aiken* ua 2003, 1617 zeigen, dass in Krankenhäusern mit einem größeren Anteil an Pflegepersonal mit höherer Ausbildung die Sterblichkeitsraten sowie die Quote der erfolglosen Wiederbelebungen bei chirurgischen Patient:innen rückläufig waren. 2014 veröffentlichten *Aiken* ua 2014, 1827 eine retrospektive Studie aus neun europäischen Ländern, in der dargestellt wurde, dass eine Verringerung der Anzahl der Mitarbeitenden und eine Verringerung des Niveaus der Ausbildung zwar zu einer Kostenreduktion führt, aber zu Lasten der Patient:innen geht: Es kommt insbesondere zu mehr vermeidbaren Todesfällen in Krankenhäusern.

Es sind demografische und epidemiologische Veränderungen, die das Gesundheitssystem der Zukunft herausfordern werden; die wachsende Komplexität des Versorgungsauftrags in den Gesundheitsberufen benötigt eine Verbindung von praktischem Wissen und akademischer Qualifikation (*Walkenhorst* ua 2015, 12). Eine Akademisierung der Gesundheitsberufe kann diesen komplexer werdenden Versorgungsbedarf adressieren: Durch Aufbau einer wissenschaftlichen Basis und Forschung findet sich ein neuer Ansatzpunkt für Versorgungsleistungen (*Nickel/ Thiele* 2019, 45). Diese Verbindung von Forschung, Lehre und Praxis kann in einer hochschulischen Ausbildung durch wissenschaftlich ausgebildetes Lehrpersonal stattfinden. Zusätzlich zur evidenzbasierten Praxis, interdisziplinären Zusammenarbeit, Clinical Reasoning, gemeinsamer Entscheidungsfindung mit Patient:innen, Reflexion und Selbstreflexion befähigt eine hochschulische Ausbildung die Angehörigen der therapeutischen MTD-Berufe, angemessen auf gegenwärtige und zukünftige Herausforderungen zu reagieren (*Pfingsten/Borgetto* 2022, 130). Um den Stellenwert der Gesundheitsberufe zu verbessern, bedarf es einer Akademisierung sowie einem hohen Organisationsgrad, wie von *Dreischer* 2011, 49 betont. Zusammenfassend lässt sich feststellen, dass *die Akademisierung von Gesundheitsberufen sowohl die Qualität der beruflichen Praxis verbessert als auch die Fähigkeit zur wissenschaftlichen Anwendung erhöht, was wiederum eine bessere gesundheitliche Versorgung der Bevölkerung zur Folge hat*, und eine Förderung des wissenschaftlichen Nachwuchses sicherstellt (*Friederichs/Schaub* 2011, 3; *Lehmann* 2016, 411; *Hagemann* 2017, 33). Ein weiterer Vorteil der Akademisierung beruht auf der externen Qualitätssicherung für den gesamten hochschulischen Tertiärbereich und auf dem reglementierten Qualitätsmanagement der Akkreditierung von Studiengängen, die zu Transparenz und Standards in der Ausbildung sowie zur Einhaltung von Mindestqualifikationen von Lehrkräften an Hochschulen führen (*Pfingsten/Borgetto* 2022,135; *Hauser*, zfhr 2011, 4). Die Sorbonne-Erklärung, die „gemeinsame Erklärung zur Harmonisierung der Architektur der europäischen

Hochschulbildung" vom 25.5.1998, die sogenannten „Bologna-Reformen", waren unter anderem auch durch die Besorgnis um die Qualität der Hochschulbildung beeinflusst worden, da „Qualität die grundlegende Bedingung für das Vertrauen in den europäischen Hochschulraum, für seine Relevanz, für Mobilität, Kompatibilität und Attraktivität ist" (*Riegler* 2010, 162).

3. Die gesetzliche Grundlage der Hebammen und MTD-Berufe

Das Bundesgesetz über die Regelung der gehobenen medizinischtechnischen Dienste (BGBl 1992/460 idgF; im Folgenden kurz: MTD-Gesetz) sowie das Bundesgesetz über den Hebammenberuf (BGBl 1994/310 idgF; im Folgenden kurz: Hebammengesetz) wurden 2005 durch das Bundesgesetz über die Änderung des MTD-Gesetzes und des Hebammengesetzes im Gefolge der BGBl I 2005/70 konsolidiert. In Kombination mit der Verordnung der Bundesministerin für Gesundheit und Frauen über Fachhochschul-Bakkalaureatsstudiengänge für die Ausbildung in den gehobenen medizinisch-technischen Diensten (BGBl II 2006/2) legte dies den rechtlichen Grundstein für die Schaffung der sechssemestrigen Fachhochschul-Bachelorstudiengänge, deren Abschluss zur Berufsberechtigung des jeweiligen Berufs der gehobenen medizinisch-technischen Dienste (MTD) bzw zum Hebammenberuf befähigt. Die sieben **MTD-Berufe** sind: **Biomedizinische Analytik, Diätologie, Ergotherapie, Logopädie, Orthoptik, Physiotherapie und Radiologietechnologie.**

Waren diese Gesetzesänderungen also der Anfang? Ja und nein; sie standen am Ende eines langen Prozesses und waren doch der Anfang; der „Startschuss" für die Implementierung entsprechender Studiengänge an den bis dato von technischen Studiengängen geprägten österreichischen Fachhochschulen (*Kainz/Rother* 2007, 2 und *Hufnagl* 2014, 42).

Laut *Hufnagl* 2014, 41 f waren die damaligen Gegebenheiten, die auf diesen Weg geführt hatten:

- die formale Gleichachtung der Absolvent:innen der MTD-Berufe zum Bachelor durch die Europäische Union (EU)

Hier kam den Absolvent:innen zugute, dass die Akademie Matura als Voraussetzung hatte und die dreijährige Ausbildung mit einer Diplomarbeit abzuschließen war (*Hufnagl* 2014, 42). Die Gleichwertigkeit in der Theorie konnte in der Praxis allerdings zum Teil nicht umgesetzt werden, weil Absolvent:innen im Ausland auf viel Unwissenheit bezüglich der akademischen Einordnung der Akademien trafen (*Mériaux-Kratochvila*, 2021, 142).

- die Harmonisierung der europäischen Hochschulbildung
- der Wechsel ministerieller Verantwortlichkeit im Gesundheitsressort von *Herbert Haupt* auf *Maria Rauch-Kallat*
- die mehrheitliche Zustimmung der Länder für die Einführung von Fachhochschulen statt der Akademien

Doch es gab auch Hindernisse auf dem Weg zu MTD- und Hebammengesetz, beispielsweise gab es Widerstand der Ärztekammer sowie Vorbehalte der Arbeitgeber über weniger Praxisstunden in der Ausbildung (*Mériaux-Kratochvila* 2021, 142 und *Rother* 2013, 14).

4. Die gesetzliche Grundlage der Gesundheits- und Krankenpflege

Die Tertiarisierung der Pflegeberufe war bereits in den 90er Jahren des letzten Jahrhunderts in Europa, insbesondere in Skandinavien und im englischsprachigen Raum, eine unbestrittene bildungspolitische Forderung, die in den deutschsprachigen Ländern erst später umgesetzt wurde bzw sich noch in der Umsetzung befindet (*Esposito* 2022, 45 und *Friederichs/Schaub* 2011, 5). ***Demnach hinkte auch in Österreich die akademische Entwicklung des Pflegeberufs dem der anderen nichtärztlichen Gesundheitsberufe hinterher;*** es wurden zwar im Jahr 2008 die rechtlichen Rahmenbedingungen im Bundesgesetz über Gesundheits- und Krankenpflegeberufe (BGBl I 1997/108 idgF; im Folgenden kurz: GuKG) und in der FH-Gesundheits- und Krankenpflege-Ausbildungsverordnung (BGBl II 2008/200) geschaffen, doch erst im Jahr 2016 wurde das GuKG umfassend novelliert und entsprach damit den langjährigen Reformbestrebungen um den Anforderungen im Gesundheitssystem, der Pflegewissenschaft und den Umstrukturierungen im europäischen Hochschulraum im Rahmen des Bologna-Modells gerecht zu werden: Die Ausbildung zum gehobenen Dienst in der Gesundheits- und Krankenpflege wurde vollständig in den tertiären Bildungssektor überführt (*Pleschberger/ Holzweber*, 2019, 9).

5. Wo steht Österreich im Jahr 2023?

Sind wir in Österreich demnach am Ziel der Akademisierung der Gesundheitsberufe angekommen?

Das lässt sich derzeit nicht abschließend beantworten; zunächst sind Zahlen akademischer Studienbeginner:innen von Bundesland zu Bundesland uneinheitlich; außerdem hat das Bundesland Wien bereits mit Jahrgang 2008/2009 mit der Implementierung von Studienplätzen der Pflege begonnen, andere Bundesländer folgten später – die letzten Einführungen von Studienplätzen der Pflege gab es in Vorarlberg, Tirol und Kärnten im Studienjahr 2018/2019 (*Pleschberger/Holzweber* 2019, 12). Die Ausbildung im Pflegebereich in Österreich ist noch weit entfernt von einer vollständigen Akademisierung (*Schoßmaier* 2021, 5). Es gibt in den meisten Gesundheitsberufen keine Möglichkeit der durchgängigen Ausbildung von Bachelor- bis zum PhD-Abschluss, da keine konsekutiven, berufsspezifischen und öffentlich finanzierten Masterstudiengänge, sondern zurzeit nur (kostenpflichtige) Hochschullehrgänge existieren. Dementsprechend ist der Anteil an Master- und PhD-Abschlüssen in den Gesundheitswissenschaften gering und infolgedessen wachsen die Forschungsaktivitäten (zu) langsam (*Mériaux-Kratochvila* 2021, 145). Auch nach 16 Jahren hochschulischer Ausbildung bzw 13 Jahren MTD- und Hebammen Absolvent:innen gibt es akademischen Nachholbedarf in der Praxis, wie *Kulnik* ua 2022, 1294 und 1299 exemplarisch für die Physiotherapie durch eine Umfrage bei 586 Physiotherapeut:innen zeigen:

Für die große Mehrheit der Physiotherapeut:innen ist wissenschaftliche Forschung nicht Teil ihres Berufsalltags: 70,8 % der Teilnehmenden gaben an, keine Zeit für Forschung zu haben. Circa die Hälfte der Teilnehmenden (51,9 %) berichteten, keine Forschung durchzuführen und begründeten dies mit begrenzten Kenntnissen und Erfahrungen im Hinblick auf Forschungsmethoden. 46,9 % gaben als Grund mangelndes Selbstvertrauen an, Forschung zu initiieren und durchzuführen; und 43 % der Teilnehmer:innen führten mangelndes Interesse an der Durchführung von Forschung an. Es zeigte sich aber bei der Umfrage auch, dass es eine kleine Untergruppe von Physiotherapeut:innen gibt, die wissenschaftliche Forschung durchführen möchte und dies auch teilweise tut; dh es existiert eine Basis, auf die sich in Zukunft aufbauen lässt.

Abschließend bleibt zu erwähnen, dass der Titel des vorliegenden Artikels sich auf das Zitat von *Höppner* ua 2021 bezieht, welches wie folgt lautet: **„Hochschulische Qualifikation folgt keinem Selbstzweck. Es gilt, die Versorgung von (...) Patient:innen in kritischen Situationen zu gewährleisten. Dies braucht eigene Forschung."**

6. Literatur

Aiken/Clarke/Cheung/Sloane/Silber, Educational levels of hospital nurses and surgical patient mortality, JAMA 290/12 (2003) 1617

Aiken/Sloane/Bruyneel/Van den Heede/Griffiths/Busse/Diomidous/Kinnunen/Kózka/Lesaffre/McHugh/Moreno-Casbas/Rafferty/Schwendimann/ Scott/Tishelman/van Achterberg/Sermeus/N4CAST consortium, Nurse staffing and education and hospital mortality in nine European countries: a retrospective observational study, Lancet 383/9931 (2014) 1824

Dreischer, Professionalisierung durch Organisation und Akademisierung, HeilberufeScience 2 (2011) 49

Esposito, Ausbildungsqualitäten – andersartig, aber gleichwertig? Ein Vergleich konkurrierender Gesundheitsausbildungen in der Schweiz, in: *Diaz-Bone/Knoll* (Hg) Soziologie der Konventionen (2022)

Friederichs/Schaub, Akademisierung der Gesundheitsberufe – Bilanz und Zukunftsperspektive, GMS Journal for Medical Education 28/4 (2011)

Hauser, Regelungsziele und -inhalte des Entwurfs zum „Qualitätssicherungsrahmengesetz", zfhr (2011) 3

Höppner/Gerber-Grote/Bucher, Pflege- und Therapieberufe an die Hochschulen! Dokumentation der Online-Symposien „Sind duale Studiengänge der Hebammen ein Modell für die Therapieberufe?" und „Bachelor-Studiengänge in Österreich und der Schweiz: Modelle für die Therapie- und Pflegeberufe in Deutschland?" vom 18.3.2021 und vom 8.9.2021, International Journal of Health Professions, 8/1 (2021) 125; https://digitalcollection.zhaw.ch/bitstream/11475/23724/2/2021_

Hoeppner-etal_Pflege-und-Therapieberufe-Hochschulen.pdf (20.3.2023)

Hufnagl, Prozess der Akademisierung der Biomedizinischen Analytikerinnen und Analytiker in Österreich, MTA Dialog 12 (2014) 41

Kainz/Rother, Von der Akademie zur Fachhochschule, logoTHEMA 10 (2007) 2

Kulnik/Latzke/Putz/Schlegl/Sorge/Meriaux-Kratochvila, Experiences and attitudes toward scientific research among physiotherapists in Austria: a cross-sectional online survey, Physiotherapy theory and practice 38/9 (2022) 1289

Lehmann/Ayerle/Beutner/Karge/Behrens/Landenberger, Bestandsaufnahme der Ausbildung in den Gesundheitsfachberufen im europäischen Vergleich (GesinE) – zentrale Ergebnisse und Schlussfolgerungen, Gesundheitswesen (2016) 407

Mériaux-Kratochvila, Akademisierung der Gesundheitsberufe in Österreich: Zahlen und Fakten, International Journal of Health Professions 8/1 (2021) 141–145

Nickel/Thiele, Die Rolle berufserfahrener Studierender bei der Akademisierung des Gesundheitssektors, Die Hochschule 2 (2019) 45

Pfingsten/Borgetto, Vorteile einer vollständigen Akademisierung der therapeutischen Gesundheitsberufe für die Versorgung, in: *Repschläger/Schulte/Osterkam* (Hg), bifg. Barmer Institut für Gesundheisystemforschung, Beiträge und Analysen, Gesundheitswesen aktuell (2022) 130

Pleschberger/Holzweber, Evaluierung der GuKG-Novelle 2016, Gesundheit Österreich (2019); https://goeg.at/Evaluation_GuKG-Novelle2016 (20.3.2023)

Riegler, Qualitätssicherung: Unde venis et quo vadis? Zur Genese und zukünftigen Entwicklung eines Leitmotivs der europäischen Hochschulreformen, zfhr (2010) 157

Rother, Akademisierung so einfach? Das Beispiel Österreich. Ein Erfahrungsbericht, logoThema 2 (2013) 13

Schoßmaier, Akademisierung des gehobenen Dienstes für Gesundheits- und Krankenpflege in Österreich, Pflege professionell, 2021; https://pflege-professionell.at/akademisierung-des-gehobenen-dienstes-fuer-gesundheits-und-krankenpflege-in-oesterreich (23.3.2023)

Walkenhorst/Mahler/Aistleithner/Hahn/Kaap-Fröhlich/Karstens/Reiber/ Stock-Schröer/Sottas, Position statement GMA Comittee – „Interprofessional Education for the Health Care Professions"å, GMS Zeitschrift für medizinische Ausbildung 32/2 (2015)

ehealth in Österreich – eine persönliche Sicht

Robert Mischak

Es gibt kaum einen Bereich unserer Gesellschaft, der nicht von der digitalen Transformation erfasst ist. Daher ist auch das Gesundheitswesen betroffen – möglicherweise mehr als andere Bereiche. Im Folgenden sind persönliche Beobachtungen dargestellt.

1. Was ist eHealth?

Das Wort „eHealth" ist ein Neologismus, welcher offensichtlich aus dem Präfix „e" und dem englischen Wort „Health" für Gesundheit besteht. Manchmal sieht man auch die Schreibweise „E-Health". Vergleichbare Wortschöpfungen sind zB: E-Mail, E-Learning, E-Business und E-Government. Das Präfix steht hier für *electronic* und weist auf „irgendetwas mit Informatik" hin, also: „irgendetwas mit Informatik und Gesundheit" bzw *Gesundheitsinformatik*.

1.1 Definitionen für eHealth

Eine erste bekannte Definition stammt von *Eysenbach*, 2001, 1 und lautet wie folgt:

„e-health is an emerging field in the intersection of medical informatics, public health and business, referring to health services and information delivered or enhanced through the Internet and related technologies. In a broader sense, the term characterizes not only a technical development, but also a state-of-mind, a way of thinking, an attitude, and a commitment for networked, global thinking, to improve health care locally, regionally, and worldwide by using information and communication technology."

Es gibt noch weitere Versuche eHealth zu definieren (siehe zB *Oh* ua 2005, 4). Um sich in dieser Fülle von Definitionen nicht zu verlieren, hat das eHealth-Institut der FH JOANNEUM anlässlich einer internen Strategieklausur 2012 folgende Definition erarbeitet:

> *„eHealth ist die Entwicklung und managementgerechte Anwendung von Informations- und Kommunikationstechnologien zur Erhaltung, Förderung und Wiederherstellung der Gesundheit der Bevölkerung."*

In dieser Definition ist der Anwendungsbereich sehr weit gefasst: von der Akuttherapie in Spitälern über die Langzeitversorgung in Pflegeheimen sowie die ambulante Versorgung im niedergelassenen Bereich ist der gesamte Gesundheits- und Sozialbereich eingeschlossen. Insbesondere im Fokus sind aber auch neue Versorgungsformen von Telemedizin bis Self-Care.

2. Die Anfänge von eHealth in Österreich

Ohne Daten ist eHealth nicht möglich, wobei natürlich auch die Datenqualität von großer Bedeutung ist. Für einen fehlerfreien Datenaustausch bzw aussagekräftige Datenauswertungen sollten die Gesundheitsdaten – am besten international – standardisiert sein, eine Voraussetzung für die sogenannte Interoperabilität. Ab den 1980er Jahren hat sich in Österreich nach und nach eine immer besser werdende Datengrundlage entwickelt.

2.1 Vorarbeiten für eine gute Datengrundlage im österreichischen Gesundheitswesen

Es werden im Folgenden einige Meilensteine genannt, diese sind eher thematisch geordnet als chronologisch.

2.1.1 Daten der Krankenanstalten-Kostenrechnung

Da in den öffentlichen Spitäler in Österreich vor 1980 meistens das Buchführungssystem der Kameralistik verbreitet war und dieses von den Bundesländern verantwortet wurde, waren österreichweite Vergleiche und Auswertungen nur eingeschränkt möglich. Daher wurde für Österreich eine für öffentliche Spitäler verpflichtende Kostenrechnung eingeführt.

Gemeinsam mit einheitlichen Festlegungen für Kostenstellen und Kostenarten wurden in weiterer Folge auch Definitionen für Krankenhauskennzahlen geschaffen und gemäß Bundesgesetz über die Dokumentation im Gesundheitswesen (BGBl 1996/745 idgF), verbindlich gemacht.

Damit war es erstmals möglich, österreichweit Verweildauern, Aufnahme- und Entlassungsarten, die Anzahl von Ärzte und Ärztinnen und Pfleger:innen sowie die Anzahl von Akut- und Intensivbetten und vieles mehr auszuwerten.

2.1.2 Daten der leistungsorientierten Krankenanstaltenfinanzierung (LKF)

Die Einführung der LKF in Österreich 1991 kann als Startpunkt für eine gesteigerte Gesundheitsdatenkultur in Österreich aufgefasst werden. Das LKF-System ist ähnlich den internationalen DRG-Systemen und bildet im Kern ein prospektives Vergütungssystem für Spitalsleistungen in Form von Fallpauschalen. Wesentliche Dateninhalte sind zusammen mit den Kostenrechnungsdaten:

- Diagnosen, welche nach ICD-10 zu dokumentieren sind (ehemals ICD-9) sowie
- ein Katalog ausgewählter medizinischer Leistungen (MEL-Katalog)

Auf Basis der LKF-Daten hat sich dann eine Fülle von Anwendungen entwickelt: LKF-Scoring, Parallelrechnungen, Plausibilitätsprüfungen der Landesfonds sowie Planrechnungen für Spitalskapazitäten für den Österreichischen Strukturplan Gesundheit (ÖSG). Auch die behördlichen Datenmeldungen Österreichs im internationalen Umfeld an WHO, OECD etc wurden wesentlich durch LKF-Daten unterstützt.

2.1.3 Medizinische Dokumentation und Standards

Die verpflichtende Einführung der International Classification of Diseases (ICD) in Österreich und in weiterer Folge von internationalen Pflegeaufwands- und Schweregrad-Scores für Intensivpatient:innen sind vorbildlich. Leider ist der MEL-Katalog eine Ausnahme, da er eine rein österreichische Entwicklung ist und mit internationalen Prozeduren-Terminologien kaum abbildbar ist. Dennoch wurde schon damals erkannt, dass der Weg zu höherer Interoperabilität nur über international anerkannte medizinische Standards führen würde.

2.1.4 Strategische Vorarbeiten der STRING-Kommission und die MAGDA-LENA Empfehlungen

Aus der Beantwortung auf eine parlamentarische Anfrage (AB 3675 21. GP) folgt eine gute Zusammenfassung der damaligen Aktivitäten:

„Ende 1995 wurde gemäß § 8 Bundesministeriengesetz die STRING-Kommission als ehrenamtliches Beratungsgremium für IT-Angelegenheiten des für Gesundheitsangelegenheiten zuständigen Bundesministers eingerichtet. Die von der STRING-Kommission ausgearbeiteten MAGDA-LENA-Empfehlungen („Medizinisch-Administrativer Gesundheitsdatenaustausch – Logisches Elektronisches Netzwerk Austria") fassen die Rahmenbedingungen zusammen, nach denen Gesundheitsdiensteanbieter patientenbezogene Daten in standardisierter und sicherer Weise in einem offenen Gesundheitsdatennetz austauschen sollen. Diese Empfehlungen liegen nunmehr in einer im Juni 2000 aktualisierten Fassung vor und sind auch über die Homepage des Bundesministeriums für soziale Sicherheit und Generationen allgemein zugänglich. (...) Die primären Zielsetzungen von MAGDA-LENA sind, vergleichbar einem 'code of good practice', die Sicherheitsstandards für den elektronischen Datenaustausch im Gesundheitswesen auf Grund der Sensibilität der Daten anzuheben und die Interoperabilität beim Gesundheitsdatenaustausch zu fördern."

Diese Vorarbeiten ebneten in Österreich den Weg für die Nutzung moderner Standards wie: HL7, DICOM, LOINC, ATC/DDD, IHE. Diese sind wesentlich für die Entwicklung und den Betrieb der Elektronischen Gesundheitsakte (ELGA).

3. E-Card und elektronische Gesundheitsakte (ELGA)

3.1 Die E-Card und E-Government

Die österreichische E-Card oder SV-Chipkarte ermöglicht seit 2005 den Zugang zum elektronischen Verwaltungssystem der österreichischen Sozialversicherung und soll digitale Prozesse zwischen Versicherten, Dienstgeber:innen, Ärzte und Ärztinnen, Spitälern, Apotheken usw unterstützen. Neben den E-Cards werden auch O-Cards für Ordinationen ausgestellt. Auf dem Chip der E-Card werden keine medizinischen Daten gespeichert, sondern lediglich Daten zur eindeutigen Identifikation der Versicherten. Die Speicherung von Notfalldaten wird diskutiert.

Die E-Card war ursprünglich auch als Bürgerkarte mit der Funktionalität einer elektronischen Signatur geplant. Da sich die dafür erforderlichen Kartenlesegeräte nicht durchgesetzt haben, wird diese Funktion derzeit mittels Handy-Signatur ausgeübt. Dennoch stellt die E-Card einen wichtigen Meilenstein des E-Government in Österreich und somit auch für eHealth dar.

3.2 Entwicklung und aktueller Stand der ELGA

Nach diversen Vorarbeiten des Gesundheitsministeriums und der Sozialversicherung war mit Inkrafttreten des ELGA-Gesetzes (BGBl I 2012/111 idgF) am 1.1.2013 die Rechtsgrundlage für die Umsetzung der bundesweiten ELGA geschaffen. Wesentliche Bestandteile der ELGA sind technischen Komponenten (ELGA-Portal für Bürger, der Zentrale Patientenindex, der Index der Gesundheitsdiensteanbieter, das Berechtigungs- und Protokollierungssystem, lokale ELGA-Bereiche) sowie individuelle Gesundheitsdaten (ärztliche und pflegerische Spitalsentlassungsbriefe, Labor- und Radiologiebefunde). Seit 2019 ist zusätzlich die *e-Medikation* im niedergelassenen Bereich ausgerollt. Während der Covid-Pandemie wurde der e-Impfpass einer breiten Öffentlichkeit bekannt. Derzeit wird an der *e-Prescription* und weiteren Projekten gearbeitet.

Im ELGA-System selbst werden keine Daten gespeichert, sondern es werden lediglich Datenauszüge der für die ELGA bereitgestellten Quelldokumente der Gesundheitsdiensteanbieter (GDA) vernetzt und mit einem strikten Berechtigungssystem geschützt. Gerade die Arbeiten am Zentralen Patientenindex und dem Index der GDA stimulieren wichtige Weiterentwicklungen des E-Government in Österreich.

4. eHealth und Wearables

Mit dem Aufkommen kostengünstiger Consumer-Wearables (Fitnesstracker, Smartwatches, Smart Clothes etc) haben sich aufgrund deren Ausstattung mit modernsten Sensoren, der Vernetzungsmöglichkeiten über Funktechnologien sowie der enormen Datenverarbeitungsgeschwindigkeit und -möglichkeiten mittels KI neue bahnbrechende Voraussetzungen für eHealth Anwendungen (siehe *Mischak* 2016, 278) ergeben. Zweifellos haben sogenannte mHealth- oder pHealth-Anwendungen das disruptive Potenzial, etablierte Versorgungsprozesse radikal zu verändern bzw zu verbessern. Als Beispiele seien hier das Einkanal-EKG oder die kontinuierliche Blutdruckmessung mittels Pulswellenanalyse genannt, welche mit LED-Sensoren und entsprechenden Algorithmen mobil und jederzeit verfügbar mit Wearabels ohne Unterstützung von Ärzten und Ärztinnen durchgeführt werden können. Diese Anwendungen werden von den Menschen zusehends akzeptiert und als Mehrwert verstanden. Letztlich führt dies zur (notwendigen) Stärkung der Gesundheitskompetenz (health literacy) der Bevölkerung.

5. Die eHealth-Ausbildung an der FH JOANNEUM

Aufbauend auf den Ideen und den Vorarbeiten des Vorgänger-Studienganges „Health Care Engineering (HCE)" (siehe *Burgsteiner/Jelinek-Krickl*, in: *Burgsteiner/Pfeiffer* 2011, 171) wurde mit Beginn 2011 sowohl der Bachelorstudiengang als auch der Masterstudiengang ständig überarbeitet. Erster Meilenstein war die Umbenennung in „eHealth" – später aus Marketinggründen erweitert auf „Gesundheitsinformatik/eHealth" für den Bachelor. Mit der Namensänderung ist auch eine inhaltliche Neuausrichtung durch die Verstärkung von Fächern der angewandten Medizininformatik zulasten der eher elektrotechnisch orientierten Medizintechnik einhergegangen.

Das Bachelorstudium bietet heute die Vertiefungsrichtungen: Digitale Assistenzsysteme und Gesundheitsinformationssysteme an und schließt mit dem „*Bachelor of Science in Engineering*" ab. Das Masterstudium bietet die drei Vertiefungsrichtungen: Software-Engineering, Machine Learning und IT-Management an, wobei der jeweilige Bezug zu eHealth im Mittelpunkt steht. Telemedizin, Elektronische Gesundheitsakten, Epidemiologie, Medizinische Bildverarbeitung, Prozessmanagement auf Basis von klinischen Leitlinien sind einige der Fachgebiete, die zum Abschluss „*Master of Scienc in Engineering*" berechtigen. In den letzten Jahren wird die Lehre am Institut durch hochkarätige Forschungsprojekte auf nationaler und EU-Ebene stimuliert, indem vor allem Masterstudierende in die Projekte eingebunden werden.

Die Mission des eHealth-Institutes besteht darin, studierwillige Menschen so auszubilden, dass sie die digitale Transformation des Gesundheitswesens aktiv und verantwortungsvoll vorantreiben können.

Vergleichbare Ausbildungen gibt es in Österreich zB am FH Technikum Wien, an der FH Wiener Neustadt, FH Hagenberg und an der FH Kärnten. Die Zahl ähnlicher Ausbildungen aber auch der Bedarf wachsen ständig.

6. Ausblick

Gerade die erst durchlebte Covid-Pandemie hat gezeigt, dass das österreichische Gesundheitswesen in den Bereichen der Datengenerierung und Datenverarbeitung bzw in der Bereitstellung von qualitativen Informationen für die Behörden, die Gesundheitsdiensteanbieter, die Medien und die Bevölkerung große Schwächen aufweist. Daran zu arbeiten ist das Thema von eHealth. Mögen die vielen hundert Absolvent:innen von eHealth sowie die noch Kommenden ihren Beitrag leisten!

7. Zitierte Literatur

Burgsteiner/Jelinek-Krickl, Entstehung und Entwicklung der Studienrichtungen Health Care Engineering und eHealth mit Helfrid Maresch, in: *Pfeiffer/Burgsteiner* (Hg), FH & Health Care Engineering. FS Maresch (2011) 171

Eysenbach, What is e-health? J Med Internet Res 2001; 3(2):e20; https://www.jmir.org/2001/2/e20 DOI: 10.2196/jmir.3.2.e20 (24.3.2023)

Mischak, Wearables als Herausforderung im Gesundheitswesen – Revolutionieren Wearables das Gesundheitswesen im 21. Jahrhundert? in: *Pfannstiel/Da-Cruz/Mehlich* (Hg) Digitale Transformation von Dienstleistungen im Gesundheitswesen (Band I) – Impulse für die Versorgung (2016) 277

Oh/Rizol/Enkin/Jadad, What Is eHealth (3): A Systematic Review of Published Definitions. J Med Internet Res 2005, 7(1):e1); doi:10.2196/jmir.7.1.e1

Etablierung der Forschungsidentität von Gesundheitsberufen an Fachhochschulen in Österreich am Beispiel der FH JOANNEUM

*Helmut Ritschl, Marlies Wallner,
Alexander Nischelwitzer, Sandra Schadenbauer,
Gerhard Sprung, Robert Strohmaier,
Andreas Jocham, Julia Tomanek,
Wolfgang Staubmann und Theresa Draxler*

Im Rahmen eines interdisziplinären Fallbeispiels eines FFG Förderprojekts im Bereich einer Virtual Reality Anwendung wird der Mehrwert von anwendungsorientierter und forschungsgeleiteter Lehre in der Ausbildung von Gesundheitsberufen am Beispiel der FH JOANNEUM erörtert.

1. Einleitung

Gesundheitsstudiengänge der Medinisch-Technischen Dienste (MTD) wurden ***ab 2006*** in das tertiäre Bildungssystem übergeführt; das Hebammenwesen sowie die Gesundheits- und Krankenpflege haben beginnend ab dem Wintersemester 2008/09 ebenfalls „nachgezogen" (*Hauser* ua 2020[4], 110 sowie 137).

Die genannten Ausbildungen der gehobenen Gesundheitsberufe waren bis dahin bereits hervorragende ***duale Ausbildungen in Praxis und Theorie***, jedoch eine ***eigenständige Forschung bzw Forschungsidentität*** wie beispielsweise im skandinavischen Raum (*Saukko* ua 2021, 867 ff) musste in Österreich erst nach der Überführung aufgebaut und etabliert werden. Dabei sind die Begriffe „eigenständige Forschung" und „Forschungsidentität" zu definieren:

- **Eigenständige Forschung:** In einem eigenständigen Forschungsprozess werden Fragestellungen aus einem definierten Handlungsfeld entwickelt und diese werden mit Konzepten und Methoden der handelnden (Gesundheits-)Berufsgruppe beantwortet. Ziel ist es unter anderem, sein Handeln kritisch zu reflektieren und weiterzuentwickeln.

- **Forschungsidentität:** Unter Forschungsidentität wird die Summe aller Einflussfaktoren und Rahmenbedingungen auf Forscher:innen eines Fachbereichs verstanden, die dazu beitragen, Konzepte und Methoden zur Forschung im eigenen beruflichen Handlungsfeld zu ermöglichen.

Es bestand *keine* eigenständige angewandte Forschung bzw Forschungsidentität der Gesundheitsberufe zu Beginn der Überführung der Ausbildungen in den Fachhochschul-Bereich 2006 bzw 2008 *(Problemstellung)*. Daraus ergibt sich die *zentrale Fragestellung*, mit welcher Strategie gesundheitswissenschaftliche Studiengänge eine eigenständige Forschung bzw Forschungsidentität als *Teil ihrer Berufsidentität* (*Cornett* ua 2022, passim) im Setting der Fachhochschulen in Österreich entfalten können. Betrachtet wird die Etablierung anwendungsorientierten und forschungsgeleiteten Lehre (AFGL) als eine mögliche Strategie, um eine eigenständige Forschung bzw Forschungsidentität in den gesundheitswissenschaftlichen Studiengängen als *zentrales Element der Akademisierung* zu erreichen. Der *Betrachtungszeitraum* erstreckt sich von 2006/2008 bis 2023. Im Folgenden wird dies anhand von Beispielen exemplarisch aufgearbeitet.

Rahmenbedingungen:

Unter *anwendungsorientierte und forschungsgeleitete Lehre (AFGL)* wird in der vorliegenden Festschrift die Entwicklung von Kompetenzen/ Fähigkeiten gesehen, die durch extern finanzierte (Förder-)Projekte generiert werden, und die in einer oder mehrerer konkreter Lehrveranstaltungen verwendet bzw angewendet werden können *(Wissens-/ Kompetenztransfer)*.

Ein konkretes *Beispiel* ist die *Erstellung eines Antrages zur klinischen Prüfung* von Gesundheitstechnologien im Rahmen von Förderprojekten an die zuständige Ethik-Kommission. Die erarbeiteten

Kompetenzen umfassen (1) die Forschungs-Methodenkompetenz, (2) die Expertise im definierten (Be-)Handlungsfeld, (3) die Einordnung des rechtlichen Rahmens (unter anderem Patient:innen-Recht, Medizinprodukterecht, Datenschutz) sowie (3) ethische Überlegungen. Des Weiteren ist (4) die Patienten:innen-Information in einfacher und verständlicher Form zu verfassen (einfache Sprache) und (5) die erhobenen Daten sollen akkurat zusammengefasst und dargestellt werden (Statistik).

Lehrende selbst sind im (Förder-)Projekt in der Rolle des Lerners und werden – im Idealfall – zu erfahrene Expert:innen. ***Erfahrungsbasierte Lehre*** orientiert sich am Modell des ***erfahrungsbasierten Lernens,*** welche (I) die konkrete Erfahrung, (II) die reflektierte Beobachtung, (III) die abstrakte Konzeptualisierung und (IV) das aktive Experimentieren in einem ***Lehr-Lernprozess*** betrachten (*Kolb/Kolb* 2022, passim).

2. Interdisziplinärer Forschungsrahmen an Fachhochschulen

Es bietet sich aufgrund der räumlichen Nähe an, unterschiedlichen Fachrichtungen einer Bildungseinrichtung und deren Kompetenzen, wie beispielsweise gesundheitswissenschaftliche Studien und die angewandte Informatik, zu kombinieren. Die zentrale ***Aufgabenstellung*** ist es dabei stets, Fragestellungen im Umfeld der Digitalisierung von Prozessen zu beantworten ***(miteinander lernen – voneinander lernen).*** ***Ziel*** ist es, komplexe und zum Teil fachübergreifende Fragestellungen für die Gesellschaft aus einer Organisation zu bearbeiten, ***Prototypen*** zu entwickeln, bzw ***Machbarkeitsuntersuchungen*** in einem regional verankerten und klar abgegrenzten Setting durchzuführen. Eine Herausforderung dabei ist **eine *gemeinsame Sprache*** der unterschiedlichen Fachdisziplinen zu ***entwickeln*** (Begriffseinheit/Begriffsübereinstimmung/kongruentes Begriffsverständnis) und ***die unterschiedlichen „Denkschulen"*** der Fachdisziplinen zusammenzuführen. Wichtig erscheint in diesem Zusammenhang das Bewusstsein, dass die ***gesellschaftlich relevanten Fragestellungen*** unserer Zeit kaum durch einen Fachbereich allein lösbar sind, sondern meist die Komplexität der Fragestellungen eine interdisziplinäre Herangehensweise und Lösung erfordert. Weitere ***fördernde Rahmenbedingungen*** in der Entwicklung der Gesundheitsberufe – im

Sinne eines Katalysators – sind Fort- und Weiterbildung/Weiter-Akademisierung des akademischen Personals, eine zeitgemäße moderne Infrastruktur, eine gelebte *Unternehmenskultur der Offenheit und Neugier* an der Bildungseinrichtung, um Entwicklungen und die *Förderung der nationalen und internationalen Vernetzung* an den Studiengängen zu ermöglichen. *Weitere externe Einflussgrößen* sind Veränderungen der Gesellschaft, die Digitalisierung, Krisen wie die Klimaerwärmung oder die SARS-COV-2-Pandemie und kriegerische Auseinandersetzungen wie aktuell zwischen der Ukraine und Russland, die unter anderem Themen wie Gewalt, Armut, Inflation, Energieknappheit und Korruption in den Fokus rücken lassen.

3. Kompetenzentwicklungen in Gesundheitsstudiengängen am Beispiel des interdisziplinären Projekts Immersive Co-Creation Hub (ICON) – Bereich Cross Media Anwendungen

Das laufende Projekt ICON (Stand 2023) beschäftigt sich mit *Interaktionsformen* und dem *Wissenstransfers,* verortet in (1) gemischterweiterten-virtuellen (virtuelle Realität VR/augmentierte Realität AR) und (2) kollaborativen Erfahrungsräumen. Es soll gemeinsames Lernen, Verstehen und Handeln an einem konkreten Szenario – in einem ortsunabhängigen Setting – ermöglicht werden – *Co-Creation.* Beteiligt sind Abteilungen der Produktionstechnik, Luftfahrt, Industrial Design, Informatik, Radiologietechnologie, Diätologie und Physiotherapie. Von den Gesundheitsstudiengängen wurde ein *Szenario* rund um die Wissensvermittlung zum Thema *Neuroanatomie generiert,* konkret *das limbische System* (das Gehirn der Emotionen). Die Begründung zur Wahl des Themas lag darin, dass die Inhalte der Neuroanatomie in der Ausbildung von Studierenden als besonders schwierig wahrzunehmen sind. Das Unwohlsein bei der Auseinandersetzung mit solchen Inhalten wird in der Literatur konkret als *Neurophobie* beschrieben (*Abasıyanık* ua 2022, passim). Die interaktive Lern-Umgebung wurde in einer Unity-Umgebung programmiert und auf der Virtual Reality (VR) Brille von Oculus Quest 2 (Meta Platforms, Inc., Menlo Park, Kalifornien) umgesetzt.

3.1 Methode im Projekt ICON

Forschung im Bereich der Digitalisierung im Gesundheitswesen soll primär Prozesse vereinfachen, den Aufwand reduzieren, wertvolle personelle Ressourcen freispielen, die Patienten:innen, Angehörige sowie Gesundheitsexperten:innen unterstützen, aber auch individuelle Bedürfnisse/Verhaltensvorlieben ermöglichen. In der *Aus- und Weiterbildung* sind *Lernplattformen, Simulationen* (*So* ua 2019, 52–57) und *Trainingsspiele* (*van Gaalen* ua 2021, passim) wertvolle Lernumgebungen, die auch in der Ausbildung von Gesundheitsexperten/innen nicht mehr wegzudenken sind. Zur Entwicklung der Lehr-Lern-Applikation wurde die *Design Thinking (DT) Methode verwendet,* ein für die Entwicklung von Software-Programmen verbreitetes Konzept (*Sohaib* ua 2019, passim). Es wurden Problemstellungen der Lerninhalte und der Lernumgebung identifiziert – *Empathize*, Bedürfnisse und Lern-Ziele definiert – *Define*, die technischen Interaktions- und Kollaborations-Möglichkeiten in den Erfahrungsräumen erfasst – *Ideate*, und eine Evaluation in Bezug auf (I) Lernstil, (II) Technologie-Akzeptanz, (III) Interaktion und subjektiv wahrgenommener Mehrwert durchgeführt – *Test.*

3.2 Die VR-Lern-Applikation SLICON im Detail

Die *VR-Lern-Applikation* SLICON besteht aus drei virtuellen Räumen, (I) dem Erklärungs- und Trainingsraum zu den einzelnen Interaktionsformen, (II) dem Informations- und Wissensraum und (III) den abschließenden Quiz- und Kommunikationsraum. Zentrales Element in allen drei Räumen ist ein virtuelles Modell des menschlichen Gehirns, basierend auf MRT-Bilddatensätzen, kombiniert mit Strukturen/Volumina, die dem *limbischen System* (das Gehirn der Emotionen und Gefühle) zugeordnet und farblich markiert sind. Die Studierenden können sich in diesen virtuellen Räumen frei bewegen (Abbildung L1a). Neben den 3D-Modellen ist ein *Informationsmonitor* vorhanden, der nach Aktivierung weitere Informationen anzeigt (Abbildung L1b). Im *Quiz-Raum* können im aktuellen Prototyp bis fünf Personen gleichzeitig diskutieren, auch wenn sie die Applikation räumlich getrennt voneinander ausführen – *Chat-Funktion.* Eine Person (Gruppenleiter:in) kann auf einzelne Strukturen im dreidimensionalen MR-Bild verweisen, die anderen Teilnehmer:innen sehen diese Hinweise zur konkreten Fragestellung in Echtzeit.

Die abschließenden *Quiz-Fragen* werden so im Rahmen eines *kollaborativen Prozesses* gemeinsam besprochen und beantwortet.

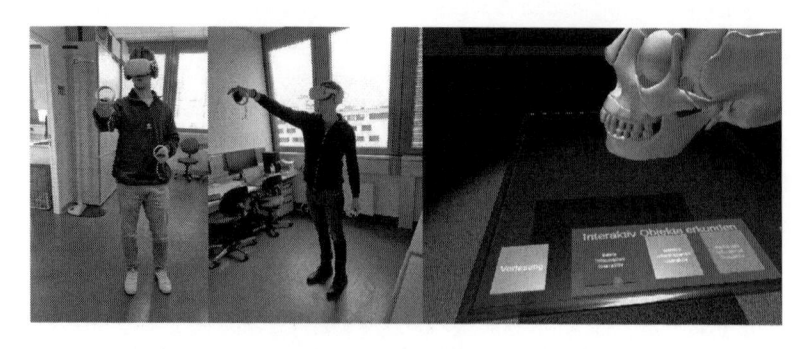

L1a und L1b: VR-Lern-Applikation SLICON
(Fotos: *Helmut Ritschl* und *Gerhard Sprung*)

Die prototypische VR-Lernanwendung wird im Rahmen eines *Feldtests* mit insgesamt 78 Studierenden der Physiotherapie, Radiologietechnologie und Diätologie evaluiert. Es werden *Lernstile* [Assimilierer (Theoretiker), Konvergierer (Problemlöser), Akkomodierer (Anpasser), Divergierer (Perspektivenwechsler)] der Studierenden identifiziert (*Kolb/ Kolb* 2013, passim) und die *allgemeine Technologieakzeptanz* (*Paluri/ Mehra* 2015, 194–210) *vor* dem Test mit Oculus Quest 2 VR-System abgefragt. Nach der *Lernerfahrung mit der VR-Applikation* wird mittels MECUE 2.0 Fragebogeninventar (*Díaz-Oreiro* ua 2019, passim) das Nutzungserleben erhoben. Sämtliche Fragebögen werden über ein Web-System den Studierenden zugänglich gemacht.

3.3 Erste Ergebnisse/Erstes Outcome zur Kompetenzentwicklungen aus dem interdisziplinären Projekt „Immersive Co-Creation Hub" (ICON)

Eine wesentliche Erkenntnis im Zuge der Entwicklung der (1) gemischt-virtuellen (VR/AR), (2) kollaborativen und (3) interaktiven Lernumgebung ist, dass ein erfolgreicher *Design Thinking Process* in vier unterschiedlichen *Schichten* stattfindet, bzw ineinandergreifen muss (siehe L2). Basis und Ausgangssituation für die Entwicklung ist der Inhalt der Wissensvermittlung – *Content Layer*. Hier braucht es Experten:innen aus den einzelnen Domänen. Es erfolgen didaktische Überlegungen – *Didaktik Layer*. In der weiteren Folge steht dann die Auswahl der Medien, die das didaktische Konzept ermöglichen bzw. unterstützen sollen. Beispielsweise können unterschiedliche 3D-Projektionen und Licht-Schatten-Darstellungsformen das räumliche Vorstellungsvermögen unterstützen oder ein Chat Server die Audiokommunikation und somit die Kollaboration fördern – *Medien Layer*. Die letzte Ebene betrifft die Programmierumgebung selbst, die erforderliche performante Hardware und im Hintergrund erforderliche Server-Infrastruktur – *Technik Layer* (siehe L2).

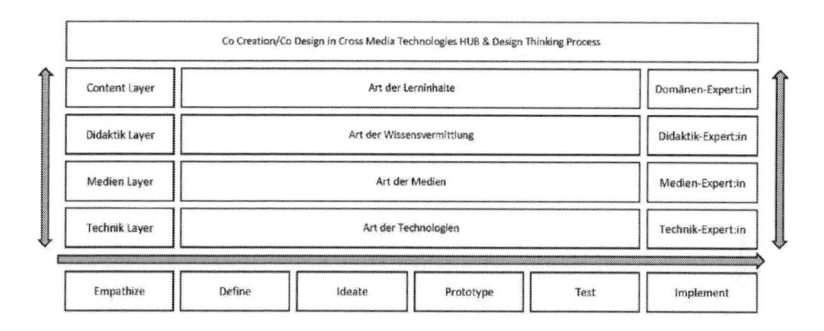

Co Creation/Co Design in Cross Media Technologies HUB & Design Thinking Process		
Content Layer	Art der Lerninhalte	Domänen-Expert:in
Didaktik Layer	Art der Wissensvermittlung	Didaktik-Expert:in
Medien Layer	Art der Medien	Medien-Expert:in
Technik Layer	Art der Technologien	Technik-Expert:in

| Empathize | Define | Ideate | Prototype | Test | Implement |

L2: Co Creation/Co Design & Design Thinking Prozess
(Grafik: *Ritschl*)

Diese methodische Erkenntnis und die Visualisierung der einzelnen Schichten (Entwicklungsebenen) hat im weiteren Entwicklungsprozess zu einer *Verbesserung im gegenseitigen Verständnis* geführt und die *Effizienz* der einzelnen Entwicklungsprozesse zwischen den einzelnen Experten:innen gebracht.

Kompetenzen zur Konzeption und Operationalisierung von technologiegestützten Lernanwendungen wurden dadurch weiterentwickelt, in Kooperation zwischen den Kollegen:innen der Informatik und der Gesundheitsstudien.

Im weiteren Projektverlauf konnten *Kompetenzen zur Evaluation von Technologien im Umfeld des Gesundheitswesens* weiter entwickelt werden, basierend auf den Theorien des *Task Technology Fit* Modells (TTF) (*Alanazi* ua 2020, passim). Speziell die Kompetenzen zur *Evalua-*

tion von Technologien lassen sich unter anderem (A) auf die *Technologienfolgenabschätzung* im Gesundheitsbereich (klinischer Mehrwert, Ökonomie, Ethik und Gesellschaft) (*Wang* ua 2020, passim) als auch auf die Themen (B) *Patient Empowerment* (*Cheng* ua 2021, 851 ff) und (C) *Health Literacy* (*Zhou/Fan* 2019, 31-32) übertragen, bzw anwenden. Mit anderen Worten könnten VR-Lehr-Lernapplikationen im Kontext der Aufklärung und Entscheidungsunterstützung von *Patienten:innen*, der *Patienten:innen Entscheidungsunterstützung* sowie in der *Stärkung der Gesundheitskompetenz* einen Mehrwert erzielen. Ebenfalls könnten VR-Lehr-Lern-Applikationen in der *Tele-Consultation* (*Zhang* ua 2020, passim) Einsatz finden, da *3D-Modelle* oder *Animationen* für Erklärungen eingebettet werden können.

4. Fazit – Weiterentwicklung bestehender Berufsbilder, Entwicklung neuer Berufbilder

Die Berufsbilder der Gesundheit (gemeint sind hier gehobene medizinisch-technische Dienste, Hebammenwesen und die gehobene Gesundheits- und Krankenpflege) sind eingebettet im österreichischen Gesundheitswesen, der Politik, den Kammern und deren Kultur. Hier befinden sich die Berufe in einem *Spannungsfeld* zwischen *regionalen Rahmenbedingungen* und der *Orientierung an globalen Entwicklungen und Herausforderungen*. Vision ist ein harmonisches *Zusammenspiel* unterschiedlicher Berufsgruppen und das Brückenbauen, im Interesse der Patienten:innen. Am Beispiel der Radiologietechnologie sind unter anderem Themen wie die *künstliche Intelligenz*, der *Umgang mit großen Datenstrukturen* sowie *innovative Formen der Datenvisualisierung* potenzielle Forschungsbereiche der Zukunft und *Game Changer*. Hier braucht es Offenheit für diese Entwicklungen und die Zusammenarbeit mit den entsprechenden unterschiedlichen Berufsgruppen mit dem Ziel einer *Verbesserung der Versorgung von Patienten:innen* und die *Adaptierung der Ausbildung an die entsprechenden Rahmenbedingungen*.

5. Literatur

Abasıyanık/Emük/Kahraman, Attitudes of physiotherapy students toward neurology: Does "neurophobia" exist among physiotherapy students? Physiotherapy Theory and Practice (2022) 1; https://doi.org/10.1080/09593985.2022.2154627 (15.3.2023)

Alanazi/Frey/Niileksela/Lee/Nong/Alharbi, The Role of Task Value and Technology Satisfaction in Student Performance in Graduate-Level Online Courses, TechTrends 64/6 (2020) 922; https://doi.org/10.1007/s11528-020-00501-8 (15.3.2023)

Cheng/Wie/Zhong/Zhang, The empowering role of hospitable telemedicine experience in reducing isolation and anxiety: Evidence from the COVID-19 pandemic, International Journal of Contemporary Hospitality Management 33/3 (2021) 851; https://doi.org/10.1108/IJCHM-07-2020-0786 (15.3.2023)

Cornett/Palermo/Ash, Professional identity research in the health professions – A scoping review, Advances in Health Sciences Education (2022); https://doi.org/10.1007/s10459-022-10171-1 (15.3.2023)

Díaz-Oreiro/López/Quesada/Guerrero, Standardized Questionnaires for User Experience Evaluation: A Systematic Literature Review. Proceedings 31/1, Art 1 (2019); https://doi.org/10.3390/proceedings2019031014 (15.3.2023)

Hauser/Kröll/Stock, Grundzüge des Gesundheitsrechts[4] (2020)

Kolb/Kolb, Experiential Learning Theory as a Guide for Experiential Educators in Higher Education, Experiential Learning and Teaching in Higher Education 1/1 (2022) 38; https://doi.org/10.46787/elthe.v1i1.3362 (15.3.2023)

Kolb/Kolb, The Kolb Learning Style Inventory 4.0: Guide to Theory, Psychometrics, Research & Applications (2013); https://learningfromexperience.com/downloads/research-library/the-kolb-learning-style-inventory-4-0.pdf (28.2.2022)

Paluri/Mehra, Exploring the acceptance for e-learning using technology acceptance model among university students in India, in International Journal of Process Management and Benchmarking 5 (2015) 194; https://doi.org/10.1504/IJPMB.2015.068667 (15.3.2023)

Saukko/Andersson/Bolejko/Debess/Fridell/Henner/Mussmann/Sanderud, Radiographers' involvement in research activities and opinions on radiography research: A Nordic survey, Radiography 27/3 (2021) 867; https://doi.org/10.1016/j.radi.2021.02.002–872 (15.3.2023)

So/Chen/Wong/Chan, Simulation in Medical Education, Journal of the Royal College of Physicians of Edinburgh 49/1 (2019) 52; https://doi.org/10.4997/jrcpe.2019.112–57 (15.3.2023)

Sohaib/Solanki/Dhaliwa/Hussain/Asif, Integrating design thinking into extreme programming, Journal of Ambient Intelligence and Humanized Computing 10/6 (2019) 2485; https://doi.org/10.1007/s12652-018-0932-y–2492 (15.3.2023)

van Gaalen/Brouwer/Schönrock-Adema/Bouwkamp-Timmer/Jaarsma/ Georgiadis, Gamification of health professions education: A systematic review, Advances in Health Sciences Education 26/2 (2021) 683; https://doi.org/10.1007/s10459-020-10000-3 (15.3.2023)

Wang/Tao/Yu/Qu, Understanding consumer acceptance of healthcare wearable devices: An integrated model of UTAUT and TTF, International Journal of Medical Informatics (2020) 139; 104156. https://doi.org/10.1016/j.ijmedinf.2020.104156 (15.3.2023)

Zhang/Gao/Ye, Remote consultation based on mixed reality technology, Global Health Journal 4/1 (2020) 31; https://doi.org/10.1016/j.glohj.2020.01.001 (15.3.2023)

Zhou/Fan, Understanding the Factors Influencing Patient E-Health Literacy in Online Health Communities (OHCs): A Social Cognitive Theory Perspective, International Journal of Environmental Research and Public Health 16/14 (2019), Art 14; https://doi.org/10.3390/ijerph16142455 (1.3.2023)

Physiotherapie – Wissenschaft und Spezialisierung

Bernhard Taxer

Sowohl der Beruf als auch das Berufsbild der Physiotherapie haben sich in den letzten 30 Jahren von einem klassischen Assistenzberuf zu einer akademisierten und spezialisierten Profession entwickelt. Der Weg dieser Entwicklung war und ist geprägt von Herausforderungen, sowohl im klinischen als auch im akademischen Rahmen.

1. Historisches zum Berufsbild „Physiotherapie"

Historisch betrachtet findet man physiotherapeutische Ansätze bereits in der Antike. Berichte und Darstellungen von speziellen Trainern griechischer Olympioniken, welche sich mit der Gesundheit und dem Wohlbefinden ihrer Athleten zu befassen hatten, beschreiben bereits vergleichbare Methoden und Techniken der heutigen *spezialisierten Sportphysiotherapie.* Wie in so vielen Bereichen rückte auch der körperliche Aspekt im Mittelalter in den Hintergrund und erst das Zeitalter der Renaissance und in weiterer Folge die Aufklärung führte dazu, dass ein Körperbewusstsein wieder an Bedeutung gewann und ein *humanistischer* Ansatz zu Bedürfnissen von körperlich und geistig beeinträchtigten Menschen an Bedeutung zunahm.

Physiotherapie ist heute ein Beruf der *gehobenen medizinisch-technischen Dienste.* Schon seit jeher war die Ausbildung zu Physiotherapeut:innen in Österreich ausschließlich mit dem Abschluss der Matura möglich und somit zumindest mit den Voraussetzungen zu Studiums-Richtungen an Universitäten vergleichbar. Die Ursprünge der Physiotherapie in Österreich lassen sich bis ins späte 19. Jahrhundert zurückverfolgen, als Mediziner:innen begannen, die Bedeutung von körperlicher Bewegung und manueller Therapie für die Behandlung verschiedener Erkrankungen zu erkennen. Einer der Pioniere der Physiotherapie war

Dr. Gustav Zander, ein schwedischer Arzt, der Ende des 19. Jahrhunderts begann, weltweit Vorläufer von Physiotherapie-Instituten zu eröffnen. Diese waren mit verschiedenen Geräten ausgestattet, die mit Hilfe von Widerstand und Vibration die Muskeln stärken und die Beweglichkeit der Gelenke verbessern sollten. *Zanders* Methoden basierten auf damals wissenschaftlichen Grundsätzen und fanden in der medizinischen Fachwelt großen Anklang.

Zu Beginn des 20. Jahrhunderts begann die Physiotherapie in Österreich zu expandieren und sich zu diversifizieren. Die erste Schule wurde 1916 in Wien gegründet, und in den folgenden Jahren folgten mehrere weitere Ausbildungsstätten. Diese boten eine umfassende Ausbildung in *Anatomie, Physiologie, Bewegungstherapie und manueller Therapie* und brachten eine neue Generation von qualifizierten Physiotherapeut:innen hervor.

2. Anfänge als Assistenzberuf

Parallel zur Entwicklung des Fachbereichs der Orthopädie, welche ja lange Zeit nicht Bestandteil der Medizin war, etablierten sich im 18. Jahrhundert aus den verschiedenen europäischen Schulen zu „Gymnastik" (pädagogische Gymnastik, schwedische Heilgymnastik) der Begriff des „Gymnasten". Wesentliche Bestandteile waren dabei klassische Massageverfahren, welche mit bewegungstherapeutischen Ansätzen kombiniert wurden. Während Ende des 19. Jahrhunderts im *angloamerikanischen Raum* im Fachbereich der Pflege das Berufsbild der Physiotherapie bereits gesetzlich verankert werden konnte (*Quin* 2017, 2), sprach man in unseren deutschsprachigen Breiten lange von Krankengymnastik und etwas später auch von Heilgymnastik.

Verschiedene gesellschaftspolitische Herausforderungen wie erster und zweiter Weltkrieg, verschlechterte Hygienebedingungen und ein Mangel an Medikamenten oder klassisch medizinischen Interventionen sorgten dafür, dass es zu einer raschen Ausbreitung des Berufes kam. Ausgebildet wurden in Österreich *primär Frauen ab dem Jahr 1916* in einer Privatschule des Kaiserjubiläumsspitals Wien. In wenigen Monaten wurden die Schülerinnen zu „Hilfskräften der physikalischen Therapie" geschult, ab 1932 dauerte diese Ausbildung bereits 6 Monate. Schwerpunkte der Ausbildung waren einfache bewegungstherapeutische Übungen, Massage und vor allem elektrotherapeutische Interventionen.

In der Mitte des 20. Jahrhunderts entwickelte sich die Physiotherapie in Österreich als Reaktion auf die sich verändernde Gesundheitslandschaft weiter. Durch die Einführung neuer Technologien wie Ultraschall und Elektrotherapie erhielten Physiotherapeut:innen neue Instrumente zur *Diagnose und Behandlung* von Patient:innen. Darüber hinaus entwickelte sich der Bereich der Sportmedizin, in dem Physiotherapeut:innen eine immer wichtigere Rolle bei der Prävention und Behandlung von Sportverletzungen spielen.

3. Ausbildung an Akademien

Der erste akademische Lehrgang startete 1952 unter dem Namen „Schule zur Ausbildung von Assistentinnen für physikalische Medizin" und man erhielt dabei die Berufsbezeichnung *„Krankengymnastin und Assistentin für physikalische Therapie"*. Im Jahr 1961 wurde diese Schule von der Stadt Wien übernommen und gilt damit als erste staatlich anerkannte und gesetzlich geregelte Ausbildung für den „physikotherapeutischen Dienst". Mit zwei Jahren und drei Monaten fehlten somit nur noch neun Monate auf die seit Anfang der 90er Jahre dreijährige Diplom-Ausbildung zum Physiotherapeuten bzw zur Physiotherapeutin.

4. Physiotherapie an Fachhochschulen

Der so genannte „Bologna-Prozess" machte glücklicherweise auch vor der Ausbildung der Physiotherapie nicht halt und so wird in Österreich in mehreren Bundesländern seit 2006 die Ausbildung zur Physiotherapeutin bzw zum Physiotherapeuten an Fachhochschulen angeboten. Der Abschluss zum *„Bachelor of Science (BSc) in Health-Studies"* stellt gleichzeitig die Grundlage für die Berufsberechtigung in diesem Bereich dar; als Rechtsgrundlage dafür sind das Bundesgesetz über die Regelung der gehobenen medizinisch-technischen Dienste (BGBl 1992/460 idgF; kurz: MTD-G) sowie die darauf basierende Verordnung der Bundesministerin für Gesundheit und Frauen über Fachhochschul-Bakkalaureatsstudiengänge für die Ausbildung in den gehobenen medizinisch-technischen Diensten (BGBl II 2006/2; kurz: FH-MTD-AV) anzusprechen.

In Graz entwickelte sich der einschlägige Studiengang rasant und zählt inzwischen mit jährlich ca 70 Absolvent:innen zu einem der Größten in Österreich. Nach insgesamt drei Curriculums-Anpassungen kann der Studiengang „Physiotherapie" (kurz: PTH) an der FH JOANNEUM (im Folgenden kurz: FHJ) mit insgesamt 20 Mitarbeiter:innen auf eine moderne und evidenzbasierte Ausbildung stolz sein. Das aktuelle Curriculum selbst orientiert sich unter anderem am **Kompetenzprofil von Physioaustria**, dem Bundesverband für Physiotherapeut:innen in Österreich, und nach internationalem Vorbild (*Eckler/Gödl-Purrer* ua, 2017, 12). Somit wird im Zuge der drei Ausbildungsjahre streng darauf geachtet, dass die verschiedenen Fachbereiche den Ansprüchen folgender Kompetenzen bzw Rollen gerecht werden:

- Expert:in
- Kommunikator:in
- Teamworker:in
- Manager:in
- Gesundheitsförder:in
- Innovator:in
- Professionsangehörige:r

Man kann aus diesem Kompetenzprofil und den dargestellten Begriffen sehr gut erkennen, dass es sich beim Beruf Physiotherapie inzwischen um deutlich mehr handelt als um eine primär ausführende Profession. Die Entwicklung hin zu einer selbständig und **eigenverantwortlich** handelnden Berufsgruppe ist nicht zuletzt parallel zu einer akademisch-wissenschaftlichen Weiterentwicklung zu betrachten. Forschung im Bereich der Physiotherapie wird zwar in Österreich nach wie vor kritisch betrachtet, allerdings wird deren Wichtigkeit und Relevanz erkannt und immer mehr Physiotherapeut:innen schlagen neben einschlägigen Master-Studien- bzw Lehrgängen auch den Weg in Richtung Promotion ein (*Kulnik/Latzke* et al 2022, 26).

Die akademische Festigung dieses Berufsbilds gilt als wesentlicher Beitrag zur Stärkung im Gesundheitswesen und in der medizinisch-akademischen Community insgesamt. Auch wenn sich diese professionelle und akademische Emanzipation noch in einem Entwicklungsprozess befindet und längst nicht von allen Beteiligten im Gesundheitssystem wohlwollend gesehen wird, zeigt sich in vielerlei Hinsicht eine mehr als positive Entwicklung. Auch Physiotherapeut:innen, vor allem ein Teil jener, welcher noch im Akademie-System ausgebildet wurden, zeigen sich teils mehr, teils weniger konstruktiv kritisch dem jetzigen System gegenüber. Nichtsdestotrotz beweisen internationale Best-Practice Beispiele, Länder wie Großbritannien, Belgien, die Niederlande oder Schweden, dass nicht nur die Gesundheitsversorgung durch eine universitäre Ausbildung gesichert sein kann, sondern auch die Entwicklung des Berufsbildes selbst. Angewandte Wissenschaft stellt einen der wichtigsten Eckpfeiler in einem Gesundheitsberuf dar. Könnte diese in den nächsten Jahren auch noch unterstützt werden von *Grundlagenforschung*, durchgeführt von Physiotherapeut:innen, wäre das der nächste Schritt der Entwicklung.

Neben der Forschung ist auch die Ausbildung ein wichtiger Entwicklungsbereich im Bereich der Physiotherapie in Österreich. Die Ausbildungsprogramme für Physiotherapie in Österreich werden immer umfassender und spezialisierter und bieten den Studierenden die Möglichkeit, Fähigkeiten in Bereichen wie Neurorehabilitation, Atemwegsphysiotherapie und pädiatrische Physiotherapie zu entwickeln. Auch das Angebot an Weiterbildungsprogrammen und *postgradualen Kursen* wurde erweitert, so dass Physiotherapeut:innen immer auf dem neuesten Stand der Entwicklungen in diesem Bereich bleiben können.

5. Spezialisierung im Berufsbild

Parallel zur wissenschaftlichen Entwicklung und deren Sichtbarkeit im Zuge der Bachelor-Ausbildungen, zeigt sich inzwischen ein deutlich breiteres klinisches Tätigkeitsfeld als es vor einigen Jahrzehnten, zumindest für die breite Öffentlichkeit erkennbar, der Fall war. Klassischerweise assoziiert man mit Physiotherapie gerade in einem Land wie Österreich vor allem die Behandlung und Rehabilitation nach Sportverletzungen. Während dieser Bereich unumstritten Bedeutung besitzt, gibt es aber noch mehr Bereiche, die sich mindestens so intensiv mit evidenzbasiertem, klinischem Vorgehen auseinandersetzen. Prinzipiell kann *jedem medizinischen Fachbereich* heutzutage eine spezialisierte Physiotherapie zugeordnet werden. Von der urologisch-gynäkologisch-proktologischen Spezialisierung über den pädiatrischen Bereich bis hin zu den Fachbereichen der Rheumatologie oder Geriatrie besteht die Möglichkeit, sich zu spezialisieren. Gesundheitspolitische Herausforderungen, wie eine alternde Gesellschaft, zunehmend westliche Gesellschaftserkrankungen wie Diabetes und Adipositas oder ein zu verzeichnender Anstieg chronischer Schmerzsyndrome und Mental Health Erscheinungen erfordern vermehrt eine multiprofessionelle Auseinandersetzung und dabei unter anderem den präventiven und bewegungstherapeutischen Ansatz der Physiotherapie.

Der Übertrag wissenschaftlicher Erkenntnisse in die klinische Umsetzbarkeit ist eine der großen Herausforderungen für das Berufsbild der Physiotherapie. Es scheitert nicht an nicht-vorhandener Evidenz, sondern vielmehr an einer adäquaten Übersetzung dieser Ergebnisse in die klinische Praxis. Lehrende am Studiengang „Physiotherapie" der FHJ Graz sehen sich dazu verpflichtet, unter anderem in dieser *Übersetzerrolle* zu fungieren. Im Zuge problemorientierter Lehrveranstaltungen, der Verfassung einer Bachelorarbeit und der Darstellung wissenschaftlicher Hintergründe zu klinisch-praktischen Unterrichtseinheiten erlernen die Studierenden diese Lücke zwischen Wissenschaft und Praxis zu erkennen und teilweise selbstkompetent zu füllen. Dieser Prozess dient der Qualitätssicherung und der Kompetenzerweiterung.

Gerade am Beispiel der **Behandlung des Rückenschmerzes** lässt sich die Prämisse von Wissenschaft und Praxis gut ableiten. Kliniker:innen unterschiedlicher Professionen stehen Leitlinien kritisch gegenüber, lesen und befolgen diese nicht und tragen somit streng genommen dazu bei, dass es zu Fehl-, Unter- oder Überversorgung kommt (*Buchbinder/van Tulder* et al, 2018, 2384). Wenn Leitlinien noch dazu von Professionen geschrieben werden, die nicht der eigenen entsprechen, entsteht ein ungleich höherer Widerstand und die beschriebenen Aspekte der Versorgungsproblematik bleiben aufrecht (*Foster/Anema* et al 2018, 2372). Um diese Prämisse zu bewältigen ist es unumgänglich, Kolleginnen und Kollegen nicht nur anhand von Leitlinien auszubilden, sondern so viel Kompetenz zu erwerben, dass Physiotherapeut:innen aktiv in die Erstellung von Leitlinien eingebunden werden. Neben einschlägiger praktischer Expertise ist der wissenschaftliche Hintergrund unumgänglich.

6. Zusammenfassung

Zusammenfassend handelt es sich bei Physiotherapie um einen *Gesundheitsberuf*, der darauf abzielt, die körperliche Funktion und das Wohlbefinden der Betroffenen zu fördern, wiederherzustellen und zu erhalten. In Österreich hat die Physiotherapie im Laufe der Jahre eine bedeutende wissenschaftliche Entwicklung durchlaufen, mit Fortschritten in Technologie, Forschung und Ausbildung.

In den letzten Jahrzehnten wurde die Physiotherapie in Österreich zunehmend forschungsorientiert, wobei der Schwerpunkt auf *evidenzbasierter Praxis* lag. Heute sind Physiotherapeut:innen in Österreich an einer Vielzahl von Forschungsprojekten beteiligt, in denen Themen wie die Wirksamkeit verschiedener manueller Therapien, der Nutzen von Bewegung bei der Behandlung chronischer Erkrankungen und die Auswirkungen von Technologien auf die Rehabilitation untersucht werden. Letzteres bildet auch einen der Schwerpunkte des Studiengangs „Physiotherapie" an der FHJ.

Physiotherapeutische Prozesse wurden gerade in den letzten 15 Jahren durch die Implementierung der International Classification of Function, Disability and Health (ICF) und durch Clinical-Reasoning-Strategien geschärft, forciert und verfeinert. Praxis- und Erfahrungswissen, kombiniert mit einem reflektierten evidenzbasierten Anspruch können das Berufsbild der Physiotherapeut:innen auch zukünftig im positiven Sinne beeinflussen und eine adäquate Patient:innen-Versorgung gewährleisten. Durch die Darstellung der erlernten und ausgeführten Kompetenzen stellen Physiotherapeut:innen innerhalb des Gesundheitswesens auch in weiterer Zukunft eine Schlüsselrolle dar und könnten durch die Erweiterung der Eigenverantwortlichkeit, im Sinne eines *„Direct Access"*, das österreichische Gesundheitssystem in Bezug auf Kosten entlasten (*Bishop/Chen* et al 2021, 54; *Hon/Ritter* et al 2021, 9).

Sozioökonomische, weltweite Veränderungen, Ängste aufgrund geo- und umweltpolitisch zu betrachtender Krisen, neue Erkenntnisse und die Schnelllebigkeit der Gesellschaft und ihrer modernen Medizin lassen noch viele Hürden und *Herausforderungen* auf den Beruf der Physiotherapie zukommen. Die Entwicklung der letzten Jahre, und damit der Beitrag einer akademisierten Ausbildung durch Fachhochschulen können für diese Herausforderung eine Unterstützung sein.

7. Literatur

Bishop/Chen et al, Providing patients with direct access to musculoskeletal physiotherapy: The impact on general practice musculoskeletal workload and resource use. The STEMS-2 study. Physiotherapy 111/2021, 48; https://doi.org/10.1016/j.physio.2020.04.006 (25.4.2023)

Buchbinder/van Tulder et al, Low back pain: A call for action, The Lancet 391 (10137)/2018, 2384; https://doi.org/10.1016/S0140-6736(18)30488-4 (25.4.2023)

Eckler/Gödl-Purrer ua, Die Physiotherapeutin/Der Physiotherapeut. Kompetenzprofil, Physio Austria (2017) 22

Foster/Anema et al, Prevention and treatment of low back pain: Evidence, challenges, and promising directions, The Lancet 391 (10137)/2018, 2368; https://doi.org/10.1016/S0140-6736(18)30489-6 (25.4.2023)

Hon/Ritter et al, Cost-Effectiveness and Outcomes of Direct Access to Physical Therapy for Musculoskeletal Disorders Compared to Physician-First Access in the United States: Systematic Review and Meta-Analysis, Physical Therapy 101 (1)/2021, pzaa 201; https://doi.org/10.1093/ptj/pzaa201 (25.4.2023)

Kulnik/Latzke et al, Experiences and attitudes toward scientific research among physiotherapists in Austria: A cross-sectional online survey, Physiotherapy Theory and Practice 38 (9)/2022, 1289; https://doi.org/10.1080/09593985.2020.1836695 (25.4.2023)

Quin, The Rise of Massage and Medical Gymnastics in London and Paris before the First World War, Canadian Bulletin of Medical History = Bulletin Canadien D'histoire De La Medecine 34/2017 (1), 206; https://doi.org/10.3138/cbmh.153-02022015 (25.4.2023)

Wie viele Ergotherapeut:innen braucht Österreich? Eine nähere Betrachtung der MTD-Personalprognose bis 2030 und ein Ausblick für die Zukunft

Julia Unger

In den Jahren 2019 und 2020 wurden konkrete und umfassende Abschätzungen für den zukünftigen Mehrbedarf an Gesundheitsberufen in Österreich kommuniziert. Im gegenständlichen Beitrag erfolgt eine nähere Auseinandersetzung mit der veröffentlichten MTD-Personalprognose und den Herausforderungen, die sogenannte „workforce requirement studies" mit sich bringen.

1. Weltweite Gesundheitskrise – welche Rolle spielt das Personal?

Beinahe tagtäglich wird der aktuelle ***Personalmangel in der Gesundheitsversorgung*** in den öffentlichen Medien diskutiert, für die Zukunft werden noch weitaus größere Engpässe hinsichtlich des Gesundheitspersonals prophezeit. Nicht nur medial findet das Thema Berücksichtigung, welches wohl zu den größten globalen Herausforderungen zählt. Auch die Weltgesundheitsorganisation (WHO) greift diese Thematik auf und spricht von einer *„health workforce crisis"*. Aktuellen Abschätzungen zufolge wird es bis 2030 rund zehn Millionen an fehlenden *„health workers"* geben, wobei insbesondere Länder mit geringem Einkommen betroffen sein werden (*Boniol/Kunjumen/Nair/Siyam/Campbell/Diallo* 2022, 1 ff).

Eine älter werdende Gesellschaft, das Bevölkerungswachstum, Veränderungen der Krankheitsmuster oder die ökonomische Situation eines Landes sind nur einige der Faktoren, die den Bedarf an Personal beeinflussen (*Unger* ua 2018, 17). Begleitet wurde die aktuelle und zukünftig prognostizierte Personalknappheit auch durch die weltweite COVID-Pandemie, welche zusätzlich Auswirkungen auf das Gesundheitspersonal hatte (*WHO* 2021, 2; *United Nations* 2022, 33).

Das Jahr 2021 wurde aufgrund dessen seitens der WHO auch als *„year of health and care workers"* ausgerufen (*WHO* 2021, 3) und es wurde aufgezeigt, dass in die Ausbildung, die Fähigkeiten sowie in adäquate Arbeitsverhältnisse und in die Gesundheit des Gesundheitspersonals investiert werden muss. Bezugnehmend auf die **Sustainable Development Goals (SDGs)** wird dies auf globaler Ebene dahingehend relevant sein, um zukünftig dem dritten Ziel „ein gesundes Leben für alle Menschen jeden Alters gewährleisten und ihr Wohlergehen fördern" (*United Nations* 2022, 3) adäquat begegnen zu können.

Einen wesentlichen Beitrag zur Gesundheitsversorgung der österreichischen Bevölkerung leisten neben der Medizin und zahlreichen anderen Gesundheits- und Sozialberufen die sogenannten *gehobenen medizinisch-technischen Dienste (MTD),* zu welchem die sieben Berufe der Biomedizinischen Analytik, der Diätologie, der Ergotherapie, der Logopädie, der Orthoptik, der Physiotherapie und der Radiologietechnologie zählen. Gesetzliche Grundlage für deren Berufsausübung, Tätigkeitsbereiche und Berufsbezeichnungen bildet das Bundesgesetz über die Regelung der gehobenen medizinisch-technischen Dienste (BGBl 1992/460 idgF; kurz: MTD-Gesetz).

In Anbetracht der zuvor beschriebenen weltweiten *personellen Herausforderungen in der Gesundheitsversorgung* stellt sich die Frage, ob auch in Österreich mit einer Personalknappheit bei den gehobenen medizinisch-technischen Diensten zu rechnen ist und wie sich der Personalbedarf in den kommenden Jahren gestalten wird.

2. Die MTD-Personalprognose 2030 – Personalknappheit in Österreich?

Im Jahr 2019 wurde ein Zwischenbericht einer österreichischen Studie hinsichtlich der *Personalprognose für die gehobenen MTD* seitens der *Gesundheit Österreich GmbH* publiziert (*Rappold* 2019[2], III ff). Im Jahr 2020 folgte der umfassende Ergebnisbericht zur durchgeführten

Studie, welche eine Abschätzung des zukünftigen Bedarfs nach Angehörigen der MTD bis 2030 abgibt (*Rappold/Mathis-Edenhofer* 2020, 6 ff).

Entsprechend den Ergebnissen dieses Prognosemodells zur Personalbedarfsprognose ist bis zum Jahr 2030 mit einem *Mehrbedarf an über 10.000 Berufsangehörigen* zu rechnen, welcher sich durch einen Ersatzbedarf aufgrund von Pensionierungen und einem Zusatzbedarf aufgrund von diversen Einflussfaktoren, wie die demographische Entwicklung oder Trends im intramuralen Bereich etc, ergibt (*Rappold/Mathis-Edenhofer* 2020, III ff). Je nach berechnetem Szenario *schwankt dieser Mehrbedarf zwischen 10.100 und 17.900 an benötigten Berufsangehörigen der MTD* (*Rappold/Mathis-Edenhofer* 2020, V). Die Szenarien unterscheiden sich vom Basisfallszenario dahingehend, dass sie zusätzlich zur demografischen Entwicklung und zum intramuralen Bedarfstrend noch weitere Faktoren (wie zB „Teilzeit", „Angleich regional nach zumindest dem Bundesdurchschnitt" oder „plus 20 Prozent") in deren Berechnungen berücksichtigen und damit unterschiedliche mögliche Szenarien der Zukunft abbilden (*Rappold/Mathis-Edenhofer* 2020, 4 ff).

Bei einer näheren Betrachtung der prognostizierten Daten hinsichtlich der Profession Ergotherapie kann davon ausgegangen werden, dass *bis 2030 ein Mehrbedarf von 1.317 Ergotherapeut:innen* entstehen wird. Dieser ergibt sich auf Basis von rund 384 Ergotherapeut:innen, welche aufgrund des Pensionsantritts die Profession verlassen werden und 933 Ergotherapeut:innen, die aufgrund des Zusatzbedarfs gebraucht werden (*Rappold/Mathis-Edenhofer* 2020, 14). Wobei das prognostizierte Basisfallszenario von einem Mehrbedarf von über 1.300 zusätzlichen Ergotherapeut:innen ausgeht, wird in einem weiteren berechneten Alternativszenario der *Mehrbedarf auf 2.280 Ergotherapeut:innen* geschätzt (*Rappold/Mathis-Edenhofer* 2020, 15). In Abhängigkeit des jeweiligen Szenarios kann durch die Absolvent:innen der Ausbildungsstätten dem Mehrbedarf an zukünftig benötigten Ergotherapeut:innen bis 2030 nicht immer adäquat begegnet werden (*Rappold/Mathis-Edenhofer* 2020, 14).

Auf Basis der dargestellten Datenlage ergibt sich die Frage, wie der zukünftige Bedarf an Gesundheitspersonal (inter-)national berechnet bzw abgeschätzt werden kann und welche Herausforderungen mit solchen Prognosemodellen zur Personalbedarfsplanung in Verbindung stehen.

3. Studien zur Personalprognose für die Zukunft – (k)eine exakte Wissenschaft?

Um antizipieren zu können, wie sich der zukünftige Bedarf an Personal in der Gesundheitsversorgung entwickelt wird, gibt es Studien zur Personalprognose (im internationalen Kontext werden unter anderem dafür auch die Begriffe *„forecasting", „workforce requirement studies" oder „manpower studies"* verwendet). In Österreich wurde für die Abschätzung des zukünftigen Bedarfs an zusätzlich benötigten Berufsangehörigen der MTD ein seitens der GÖG entwickeltes Prognosemodell zur Personalbedarfsplanung herangezogen. Obwohl das eingesetzte Prognosemodell sowohl Einflussfaktoren seitens des Angebots als auch seitens der Nachfrage berücksichtigt (*Rappold/Mathis-Edenhofer* 2020, 24), einer kontinuierlichen Weiterentwicklung unterliegt und in der Vergangenheit für verschiedenste Prognosen eingesetzt wurde (*Rappold/Mathis-Edenhofer* 2020, 2), weisen die Autor:innen der MTD-Personalprognose 2030 auf mehrere Limitationen ihrer Studie hin (*Rappold/Mathis-Edenhofer* 2020, 3). Als Limitationen der MTD-Personalprognose werden ua **Daten unterschiedlicher Granularität** genannt. So konnten keine robusten Daten hinsichtlich einer potenziellen geografischen oder beruflichen Abwanderung berücksichtigt werden. Ebenso wird auf eine vorsichtige Interpretation der Daten im Hinblick auf die Zuordnung zu den jeweiligen Settings der Berufstätigkeit aufmerksam gemacht und beschrieben, dass Unklarheit darüber herrscht, in welchem Ausmaß registrierte Berufsangehörige tätig sind und Leistungen erbringen. Eine Aussage über die Systemwirksamkeit von registrierten MTD kann nicht getroffen werden. Zusätzlich wird seitens der Autor:innen der MTD-Personalprognose angeführt, dass im **internationalen Kontext Daten, wie bspw der Versorgungsschlüssel, heterogen** erscheinen (*Rappold/Mathis-Edenhofer* 2020, 3 ff).

Eine **Heterogenität hinsichtlich der Anzahl an MTD** auf 1.000 Einwohner:innen scheint im internationalen Kontext nicht nur im Bereich der MTD vorhanden zu sein, sondern wird auch für andere Disziplinen der Gesundheitsversorgung beschrieben. Im Rahmen einer systematischen Literaturarbeit wurde aufgezeigt, dass die Berechnungen und Abschätzungen hinsichtlich zukünftiger benötigter Rheumatolog:innen im Rahmen von „workforce requirement studies" um das Fünffache variieren (*Dejaco/Lackner/Buttgereit/Matteson/Narath/Sprenger* 2016, 1875).

Aufgrund der Diversität des prognostizierten zukünftigen Bedarfs an Rheumatolog:innen und der Heterogenität von methodischen Ansätzen bei Studien zur Personalprognose wurde im Zuge einer weiteren systematischen Literaturarbeit der Ist-Stand hinsichtlich der Art und Weise, wie „workforce requirement studies" im Bereich der Rheumatologie und weiteren medizinischen Fachbereichen durchgeführt werden, erhoben (*Unger* ua 2018, 2 ff).

Die daraus gewonnenen Ergebnisse dienten als Grundlage für die Entwicklung eines *„workforce prediction risk of bias tool"*, welches zur **Bewertung von Studien zur Personalprognose hinsichtlich ihres Risikos von Verzerrungen** herangezogen werden kann (*Unger* ua 2018, 14 ff).

Mit den auf Basis dessen entwickelten *„points to consider" (PTC)* wurde ein möglicher Bezugsrahmen für zukünftige Berechnungen des Personalbedarfs im Bereich der Rheumatologie und in anderen Disziplinen geschaffen, welcher eine methodische Orientierung geben soll, um den benötigten Bedarf an Personal möglichst valide und zuverlässig abschätzen zu können (*Dejaco* ua 2018, 2 ff). Auch wenn die *„EULAR PTC"* und das *„workforce prediction risk of bias tool"* mit speziellem Fokus auf die Rheumatologie entwickelt wurden, könnten einzelne formulierte Empfehlungen auch für zukünftige Prognosen für den Mehrbedarf an MTD von Relevanz sein und herangezogen werden.

4. Ausblick mit weiterführenden Gedanken für die Zukunft

Die Frage, wie viele Ergotherapeut:innen in Österreich benötigt werden, wird in der umfassenden MTD-Personalprognose 2030 (*Rappold/ Mathis-Edenhofer* 2020, 14 ff) mit einer Abschätzung des Mehrbedarfs an Ergotherapeut:innen beantwortet. Gleichzeitig wurde deutlich, dass einige Parameter, die für eine robuste Vorhersage und Abschätzung des zukünftigen Personalbedarfs von Wichtigkeit sind, ua aufgrund von fehlendem (hochwertigen) Datenmaterial leider nicht in einem erwünschten Ausmaß berücksichtigt werden konnten. Um die Validität und Reliabilität von Vorhersagen hinsichtlich des Personalbedarfs in Zukunft noch weiter auszubauen, möchte die Autorin dieses Beitrags einige Gedanken teilen:

- **_Art und Qualität des Datenmaterials:_** Daten sind das zentrale Element von „workforce requirement studies". Zusätzlich erhöht die Verwendung von mehr als einer Datenquelle für Einflussfaktoren die Genauigkeit der Berechnungen (*Unger* ua 2018, 25 ff). Wie kann zukünftig für eine Datenbasis gesorgt werden, damit für die nächste Personalbedarfsplanung eine noch bessere Grundlage zur Verfügung steht? Wer ist dafür verantwortlich, dass die Qualität der Daten erhöht, und wenn notwendig, dass weitere Daten mittels quantitativer und qualitativer Methoden erhoben werden? Gibt es dafür aktuell seitens unterschiedlicher Stakeholder Strategien und Handlungen, um die Datenbasis für zukünftige Berechnungen vorzubereiten? Welche Stakeholder können einen Beitrag zur Datensammlung, Datenanalyse und Interpretation leisten, und wie kann eine gemeinsame Nutzung von Daten erfolgen?

- **_Update der Prognose:_** Aufgrund der stetigen Entwicklungen/ Trends in der Gesundheitsversorgung und der sich veränderten angebots- und nachfrageseitigen Faktoren, sollten regelmäßige Updates der Vorhersagen erfolgen (*Unger* ua 2018, 25 ff). Auch in der MTD-Personalprognose wird angeführt, dass „Veränderungen laufend neu bewertet werden müssen" (*Rappold/Mathis-Edenhofer* 2020, 3). Wann ist ein erstes Update der aktuell zur Verfügung stehenden MTD-Personalprognose 2030 angedacht, und in welchen regelmäßigen Abständen können Neubewertungen vorgenommen werden?

- **_„Demand/needs-based"-Faktoren:_** Die Auswirkung von technologischen Entwicklungen im Sinne der Nutzung von neuen Technologien, Big Data, Artificial Intelligence etc, aber auch die nationale ökonomische Entwicklung, die Entwicklung der Bevölkerungsstruktur sowie Erkrankungen, die durch die gesetzlich geregelten MTD abgedeckt werden, können neben zahlreichen anderen Einflussfaktoren Faktoren sein, die die Personalnachfrage und den Personalbedarf beeinflussen. Wie beeinflussen Fortschritte im Bereich der Digitalisierung die Tätigkeitsbereiche und Aufgaben der MTD in Zukunft? Wie wird sich die Anzahl der Personen, die Leistungen seitens der MTD in Anspruch nehmen müssen/wollen, entwickeln? Welchen Einfluss auf die Nachfrage haben Veränderungen in der Bevölkerungsstruktur (nicht nur bezogen auf das

Alter und Geschlecht, sondern auch auf andere sozioökonomische Faktoren)?

- ***„Supply based"-Faktoren:*** Die Absolvent:innen der jeweiligen MTD-Studienrichtungen stellten in der MTD-Personalprognose 2030 eine wesentliche Planungsgrundlage dar. Dabei wurden für die Prognose Durchschnittswerte der vergangenen Jahre 2012–2017 verwendet und eine ähnliche Entwicklung angenommen (*Rappold/Mathis-Edenhofer* 2020, 8). Ähnlich wie in der Rheumatologie kann auch im MTD-Bereich davon ausgegangen werden, dass ein Teil derjenigen, die das Studium beginnen, es nicht abschließen (Drop-outs) oder Personen das Ausbildungsland verlassen oder auch einen anderen Beruf wählen (*Unger* ua 2018, 30). Wie werden sich Studierenden- und Absolvent:innenzahlen in Zukunft (nach Erfahrungen mit einer Pandemie oder einem Krieg in unmittelbarer Nähe zu Österreich) entwickeln? Welchen Einfluss hatte die weltweite Pandemie auf die Wahrnehmung der Bevölkerung auf die Gesundheitsberufe? Welche Maßnahmen sind im Erwerbsleben angedacht, um Berufseinsteiger:innen gut zu begleiten und in weiterer Folge zu binden? Welche Rolle nehmen die jeweiligen Fachhochschulen im Hinblick auf das Vorhandensein von robusten Daten über berufliche Karrierewege ihrer Absolvent:innen ein, bzw wie können diese dahingehend unterstützen?

5. Zitierte Literatur

Boniol/Kunjumen/Nair/Siyam/Campbell/Diallo, The global health workforce stock and distribution in 2020 and 2030: a threat to equity and 'universal' health coverage? BMJ Global Health (2022); doi: 10.1136/bmjgh-2022-009316

Dejaco/Lackner/Buttgereit/Matteson/Narath/Sprenger, Rheumatology Workforce Planning in Western Countries: A Systematic Literature Review, Arthritis Care & Research (2016); doi: 10.1002/acr.22894

Dejaco/Putrik/Unger/Aletaha/Bianchi/Bijlsma/Boonen/Cikes/Finckh/ Gossec/Kvien/Dias/Matteson/Sivera/Stamm/Szekanecz/Wiek/Zink/ Ramiro/Buttgereit, EULAR ́points to consider ́ for the conduction of workforce requirement studies in rheumatology, RMD Open (2018); doi: 10.1136/rmdopen-2018-000780

Rappold, Personalprognose Österreich: Medizinisch-technische Dienste[2]. Entwicklung der Studierendenzahlen an den Fachhochschulen seit 2011, Prognose-Teilmodul akutstationär. Gesundheit Österreich (2019)

Rappold/Mathis-Edenhofer, MTD-Personalprognose für Österreich bis 2030, Gesundheit Österreich (2020)

United Nations (Hg), The Sustainable Development Goals Report 2022 (2022); https://unstats.un.org/sdgs/report/2022/The-Sustainable-Development-Goals-Report-2022.pdf (4.4.2023)

Unger/Putrik/Buttgereit/Aletaha/Bianchi/Bijlsma/Boonen/Cikes/Dias/Falzon/Finckh/Gossec/Kvien/Matteson/Sivera/Stamm/Szekanecz/Wiek/Zink/Dejaco/Ramiro, Workforce requirements in rheumatology: a systematic literature review informing the development of a workforce prediction risk of bias tool and the EULAR points to consider. RMD Open (2018); doi: 10.1136/rmdopen-2018-000756

World Health Organization (Hg), The impact of COVID-19 on health and care workers: a closer look at deaths. Working paper (2021); https://apps.who.int/iris/bitstream/handle/10665/345300/WHO-HWF-Working-Paper-2021.1-eng.pdf?sequence=1&isAllowed=y (4.4.2023)

Technik

Von WWW zu Metaverse in Lehre und Forschung – Ein Institut als Drehscheibe zwischen akademischer Wissensvermittlung, Forschung und Wirtschaft

Sonja Gögele

Dieser Beitrag beleuchtet die Genese und die zukünftigen Herausforderungen für Forschung und Lehre am Institut „Software Design und Security" im Lichte einer Balance zwischen realer und virtueller Sichtweise.

1. Wie alles begann

„Es is scho lang lang her", singt ein der jüngeren Generation angehöriger Musiker und Sänger in populärer Weise. Diese Textstelle könnte man auch mit der Implementierung der Fachhochschulen in der Österreichischen Bildungslandschaft in Bezug bringen. Aber was sind schon drei Jahrzehnte? Ein Zeitraum stellvertretend für zwei Generationen. Einer Generation von Menschen und jungen Bildungsbürgern, die sich am bestehenden Bildungsmarkt umsehen und sich für eine Ausbildung mit Zukunftschancen entscheiden. Und sich sicher sein wollen, dass sie mit der gewählten Bildungsform das für sie Richtige ausgewählt haben. Das bedeutet: eine Entscheidung für ein zukünftiges Leben zu treffen.

Alles andere als einfach. Noch dazu, wo das akademische Bildungsangebot in Österreich vor 30 Jahren um eine weitere Bildungseinrichtung wesentlich erweitert wurde, ohne traditionelle Erfahrungswerte in das Entscheidungskalkül einbeziehen zu können. Aber auch für die seinerzeitigen „Gründungsväter" war die Entwicklung dieser neuen Hochschule nur mit dem erforderlichen *„Pioniergeist"* und der festen Überzeugung verbunden, dass diese neue Bildungsinstitution ihren Platz in der Österreichischen Bildungslandschaft finden wird. Dem Zusammenwirken vieler konstruktiver Kräfte und dem Aufbringen der erforderlichen Energien und Mittel ist es letztlich zu verdanken, dass die seinerzeitige bildungspolitische Idee eine gesellschafts- und bildungspolitische Verankerung gefunden hat. Der Leitgedanke einer schwerpunktmäßigen Berufsorientierung mit gleichzeitiger Beobachtung der Bedienung des heimischen Arbeitsmarktes kann als **„Mainstream-Prinzip"** *der Fachhochschulphilosophie* angesehen werden und hat damit bildungsfreudigen Menschen eine echte Alternative zu den bis dahin bestehenden Bildungsinstitutionen eröffnet. Zu dieser **Bereicherung des Bildungsangebotes** haben auch die verschiedenen Fachbereiche und unterschiedlichen Disziplinen an drei Standorten in der Steiermark im Rahmen der FH JOANNEUM (im Folgenden kurz: FHJ) beigetragen.

2. Informationstechnologie hat Zukunft

„Künstliche Intelligenz? Wollen wir es nicht erst mal mit echter versuchen?"

(Verfasser unbekannt)

Die Entwicklung der Informationstechnologie war seit Menschengedenken mit der Entwicklung der Menschheit verbunden, ohne dass der Terminus technicus *„Informations- und Kommunikationstechnologie"* im Sprachgebrauch der unterschiedlichen Kulturen präsent war. Möglicherweise kann die technische Revolution des 19. Jahrhunderts mit ihren zahlreichen Innovationen und technischen Errungenschaften als jene Epoche gelten, in der das Vokabel *„Technik"* einen besonders intensiven und weit verbreiteten Klang bekommen hat, und die gesellschaftlichen Bedürfnisse mit Mystik und Intensität bis hin zur sogenannten Technikgläubigkeit befriedigt hat. Dass die Anwendung von technischem Wissen auf den Transfer von Daten und Informationen verstärkt im 20. Jahrhundert Eingang gefunden hat, kann als konsequenter menschlicher Innovationstrieb angesehen werden. Diesem Gedanken folgte auch die Namensgebung „TECHNIKUM JOANNEUM" als Träger von Fachhochschul-Studiengängen bei ihrer Gründung. Es wurde nur zu deutlich, dass eine schnelllebige Zeit mit rasanten gesellschaftlichen und wirtschaftlichen Erfordernissen, gepaart mit einer immer zeitlich verkürzten Möglichkeit, Informationen und Daten in Echtzeit austauschen zu können, harrte. Salopp ausgedrückt: Das Computerzeitalter war eingeläutet. Telefon, Funk und andere begleitende IK-Technologien wurden verstärkt von binärer Logik der Rechner der ersten Generation unterstützt. Das vielzitierte *„Mailüfterl" aus den Jahre 1958* wird nicht umsonst als Symbol für ein neues Technologiezeitalter angesehen. Damit bekam auch das Begriffspaar „Information" und „Technologie" eine neue Bedeutung. Ohne die in den unterschiedlichsten Lebensbereichen anzuwendenden Rechnerleistungen in Mega- und Gigadimensionen ging bzw geht also gar nichts mehr. Oder zumindest fast nichts mehr, was mittlerweile die in den privaten Haushalten zum Einsatz kommende „Helferleins" bestätigen können. Und erst die zahlreichen Anwendungsgebiete der verschiedenen Bereiche vor allem in der zivilisierten Welt der Wohlstandsgesellschaften auf unserem Planeten.

„Inspiration – der Rausch ohne Alkohol"

(Alexander Otto Weber)

Ein „way of no return" also, mit den bekannten Begleiterscheinungen positiver, aber auch negativer Art. Denn die Medaille hat ja bekanntlich zwei Seiten und es gilt auch hier der Grundsatz: „Es ist alles eine Frage der Betrachtung und Perspektive." Und die perspektivische Darstellung führt zwangsläufig zu ergänzenden Blickwinkeln und bildungspolitischen Aufträgen, denen mit dem **gehörigen Augenmaß in Forschung und Lehre** begegnet werden muss. Dass neben der fachlichen Auseinandersetzung mit den Anwendungsformen und der Weiterentwicklung von informationstechnologischen Schwerpunkten auch ethischen Themen ein Augenmerk geschenkt werden muss, liegt im Rahmen einer verantwortungsvollen Gestaltung der Lehrpläne und Vorträge als wissenspolitisches Credo, dem sich auch die IT-technischen Bildungs- und Studienangebote am Institut „Software Design und Security" der FHJ als quasi geistigen Auftrag des „Steirischen Prinzen" in der Hochsteiermark verschrieben hat, auf der Hand. Die Neugier der Menschen am Institut ist ein Zeichen von Lebendigkeit und Inspiration, welche sich in vielen Facetten zeigt: Kreativität, Offenheit nach außen, Selbstbewusstsein, Innovations- und Teamgeist.

So haben die letzten 30 Jahre nicht nur **technische Veränderungen durch das World Wide Web** hervorgebracht, sondern auch das menschliche Verhalten durch das Eindringen in fast alle Lebensbereiche verändert. Diese Entwicklung wiederum ruft nach neuen Formen des Datenschutzes und der Cyber-Ethik. Sie steht in Verbindung mit kryptografischen Methodiken in vielen Belangen. Auch „grüne" und nachhaltige Überlegungen im Betreiben von IT-Infrastrukturen, Blockchain und Metaversum bieten Entwickler:innen und Anwender:innen neue Chancen und Herausforderungen. Die ausgewogene Verschmelzung von realen und virtuellen Welten wird somit in Forschung, Lehre, Wirtschaft und Industrie weiterhin einen hohen Stellenwert haben.

3. Didaktik – ein Gradmesser der Wissensvermittlung

„Lehrbücher sollen anlockend sein; das werden sie nur, wenn sie die heiterste, zugänglichste Seite des Wissens und der Wissenschaft hinbieten."

(Johann Wolfgang von Goethe)

Technische Disziplinen gelten in erster Linie als anwendungsorientiert. Die Formel: „If then else go to" hat gerade in der Informationstechnologie prinzipiellen Charakter und widerspiegelt in dieser reduziert anmutenden Einfachheit der Formulierung diese grundlegende Praktikabilität, auf die sich sämtliche informationstechnisch ausgerichtete Systeme zurückführen lassen. Es erscheint daher fast müßig zu sein, sich in der Lehre von Informationstechnologiestudiengängen Gedanken über Prinzipien und allgemeine Grundsätze zur **Kreation von Unterweisung und Wissensvermittlung** für unterschiedliche Gruppen von Studierenden (Vollzeit, Dual und Berufsbegleitend) zu machen. Und dennoch ist die Forderung nach gültigen Regeln für die Organisation von Lehre und die Vermittlung von Lehrinhalten, sowie die Aufnahme von Lerninhalten gemäß den aktuell gültigen **didaktischen Konzepten auch in IT-affinen Studiengängen mit hohem Praxisbezug** legitim, und nachweislich mit allen digitalen innovativen Gegebenheiten der Didaktik erforderlich. Diesen hohen Ansprüchen müssen auch die IT-technischen Studien der Bildungseinrichtung FHJ gerecht werden. Daher bemüht sich auch der gesamte Staff des Instituts *„Software Design und Security"* den Grundsätzen eines zeitgemäßen didaktischen Erkenntnisstandes zu entsprechen. Das positive Ergebnis dieser Anstrengungen zeigt sich immer wieder in der Resonanz der in der Vergangenheit durchgeführten Begehungen und externen Audits sowie der deutlich zum Ausdruck gebrachten Akzeptanz von Absolvent:innen am Arbeitsmarkt. Diese wertvollen Feedbacks bestätigen sehr oft den national und international geforderten „state of the art" dieses Instituts.

4. Institut „Software Design und Security" – ein akademischer Entwicklungsprozess

„Eine freie Gesellschaft darf sich von den Forschungsergebnissen distanzieren, aber niemals von der freien Forschung als solche."

(Gabriel Michael Triebstein)

„Panta rhei – cuncta fluunt – alles fließt" lautet der Stehsatz aus der Antike, der naturgemäß auch in unserer Zeit nichts an Aktualität eingebüßt hat. Begriffe wie Web 2.0, Netzwerktechnologien, Datenbanken, traditionelle Informatikkenntnisse, angereichert mit Prozess- und Qualitätsmanagement, Machine Learning, Künstlicher Intelligenz, IT-Security mit allen Aspekten der derzeitigen 4.0-Welten stehen synonym für eine stetige Dynamik und flexible Anpassung dieser wissenschaftlichen Disziplin. Diesen Erfordernissen trägt auch das Institut „Software Design und Security" der FHJ am Standort Kapfenberg Rechnung, und hat sich somit im trendigen, technologisch ausgerichteten Wissensbereich für die Zielgruppe der Studierenden (Lehre – Ausbildung), der Wirtschaft (Transfer der F&E Ergebnisse in die Wirtschaft in Form von Weiterbildungen) und der Gründer:innen am ***Kapfenberger Akzelerator für IT*** als Marke in der sich permanent verändernden Bildungslandschaft etabliert. Die Entwicklung, Einrichtung und Führung eines Instituts mit dieser fachlichen Ausrichtung können nur mit einer in hohem Maße ausbalancierten Gestaltung und Einbeziehung der betroffenen Wissensgebiete gelingen. Ein solches Anforderungsprofil erfordert fundierte wissenschaftliche Expertise genauso wie eine notwendige berufliche Praxis des Führungs-, Lehr- und Forschungspersonals, um auch den ursprünglichen und noch immer gültigen Leitgedanken an der FHJ mit der strategischen ***„5D-Ausrichtung"*** (Defossilisierung, Digitalisierung, Demografie, Demokratie und Didaktik) in den nächsten Jahren zu entsprechen. Lässt man abschließend nochmals die Entwicklung des Institutes Revue passieren, wird deutlich, welche Fortschritte die wissenschaftliche und bildungspolitische Auseinandersetzung mit den gebündelten Fachbereichen genommen hat. Eingebettet in eine ***universale Bildungsinstitution***, die per se einer permanenten Weiterentwicklung und einem flexiblen gesellschaftspolitischen Anpassungserfordernis unterliegt, hat sich das Institut seit 2001 verstärkt hinsichtlich Bildungs- und Arbeitsmarktkonformität ausgerichtet. Mit dieser selbstbewussten unternehmerischen Strategie entstand ein „handelbares Produkt" in Lehre und Forschung, an dem mit dem erforderlichen Wissen und der notwendigen Dynamik im Sinne eines kontinuierlichen Verbesserungsprozesses fortlaufend gearbeitet wird. Dieser trendmäßige Weg zeigt sich unter anderem auch in einer neu kreierten Vision und Mission mit aktuellen Curricula (Stichwort: *Didaktik 4.0)*, in unterschiedlichen Organisationsformen und F&E Projekten, gestaltet im Lichte von Interdisziplinarität, Nachhaltigkeit und Zukunftsorientierung.

Thomas Edison als Vater des elektrischen Lichts meinte einmal: „Erfolg ist das Gesetz der Serie und Misserfolge sind Zwischenergebnisse. Wer weitermacht, kann gar nicht verhindern, dass er irgendwann auch Erfolg hat." Er wusste zu diesem Zeitpunkt selbstverständlich nicht, dass auch seine bahnbrechende technische Errungenschaft trotz seines Bemühens, die Welt zu erleuchten auch einmal mit Schatten (Lichtsmog) behaftet sein wird. Denn: Übermut (-maß) tut selten gut. Dem Grundsatz einer **Balance zwischen dem Fortschritt und dem Grundsätzlichen** haben die Mitarbeiter:innen des Instituts „Software Design und Security" am Standort Kapfenberg in den letzten 22 Jahren in vorbildlicher Weise entsprochen. Ich bin daher voller Zuversicht, dass dieses Team seine Rolle als Drehscheibe in Lehre und Forschung für die Themen Software Design, IT-Security und -Privacy auch in der in Zukunft zufriedenstellend wahrnehmen wird, und damit der Marke „FH JOANNEUM" in seiner Ursprünglichkeit und Beständigkeit erfolgreich dienen kann.

Agentenbasierte Modellierung als Teil der Ausbildung im Bereich Data Science an Fachhochschulen – Von zellulären Automaten zum tiefen Verständnis komplexer Systeme und Zusammenhänge

Wolfgang Granigg und *Raphaele Raab*

Statistische „Black-Box-Modelle" sind oft nicht ausreichend. Sowohl System Dynamics als auch insbesondere die agentenbasierte Modellierung sollten daher Einzug in jedes moderne Data Science Studium finden.

1. Einleitung

„Data Science" ist ein relativ junges, sich schnell entwickelndes Gebiet, das sich in gewisser Weise synchron mit den in immer größerem Ausmaß zur Verfügung stehenden zentralen und dezentralen Rechen- und Speicherkapazitäten entfaltet. Wenn heute von Data Science die Rede ist, so sind damit meist einerseits die ***Methoden und Algorithmen*** zur Aufbereitung, Analyse und Visualisierung von umfangreichen Daten gemeint und andererseits die ***Tools und Technologien*** zur Speicherung und Verarbeitung großer Datenmengen bzw Datenbestände (*Granigg/Raab/ Zimmermann* 2022, 8 f).

Im ersten Bereich, dh der Aufbereitung, Analyse und Visualisierung von Daten wird dabei überwiegend auf Verfahren der Mathematik, des ***maschinellen Lernens*** sowie insbesondere der ***multivariaten Statistik*** zurückgegriffen. Ebenfalls kommen in diesem Zusammenhang auch die Möglichkeiten der datengestützten Modellbildung (und Simulation) zum Einsatz. Ein stets wiederkehrendes Konzept ist dabei das eines *„Optimierungsproblems"*, das im Kern vielen Methoden und Algorithmen zugrunde liegt. Als Programmiersprachen zur Implementierung der verschiedenen Methoden und Algorithmen haben sich dabei im Bereich Data

Science vor allem die Sprachen „*Python*" und „*R*" etabliert (*Oracle Cloud Infrastructure* 2023, passim).

Im zweiten Bereich, dh der Speicherung und Verarbeitung großer Datenmengen ist ein zentraler Begriff „***Big Data***", der entsprechend der bekannten ***Definition von Gartner*** (*Gartner* 2023, passim) den Umgang mit großen (high „volume") und sehr heterogenen (high „variety") Datenbeständen, die für eine schnelle (high „velocity") Verarbeitung bzw Analyse zur Verfügung stehen, beschreibt. In diesem Zusammenhang spielen beispielsweise auch die Themen „Cloud Computing", „High Performance Computing", „Database Management" sowie Aspekte des Datenschutzes und der Datensicherheit eine zentrale Rolle.

Im Zusammenhang mit der oben erwähnten Modellierung und Simulation wird meist auf sogenannte „***Black-Box-Modelle***" zurückgegriffen.

„Black-Box-Modelle des Maschinellen Lernens sind Modelle rein statistischer Art. ***White-Box-Modelle*** dagegen bezeichnen analytische und physikalische Beschreibungen, deren Modellierung meist sehr aufwändig ist. Bei ***Grey-Box-Modellen*** kombiniert man beide Ansätze, um die jeweiligen Vorteile zu vereinen" (*Döbel* 2018, 43).

Je größer die vorliegende ***Komplexität*** von zu betrachtenden Zusammenhängen bzw des darunterliegenden Systems ist, desto stärker bieten sich die Grey-Box- oder White-Box-Modellierungen an, da diese Komplexität im Rahmen von einfacheren Black-Box-Modellen meist nicht mehr sinnvoll gehandhabt werden kann. Als Ausnahme sind hier die „***Künstlichen Neuronalen Netze***" erneut zu erwähnen, die trotz „Black-Box-Ansatz" ein verblüffendes Level an Komplexität in den Griff bekommen.

Es gibt im Bereich der Grey-Box- und White-Box-Modellierungen zahlreiche verschiedene Modellierungsarten und entsprechende Tools. Besonders breit eingesetzt werden können hierbei die „***agentenbasierte Modellierung***" und „***System Dynamics***", welche auch im Bereich der Systemwissenschaften eine wichtige Rolle spielen.

„System Dynamics und agentenbasierte Modellbildung sind zwei Methoden zur Modellierung ***dynamischer Systeme***. Beide basieren auf dem Konzept, dass einfache Regeln und Zusammenhänge komplexes dynamisches Verhalten hervorbringen können. Trotzdem gibt es wesentliche Unterschiede: Agentenbasierte Modelle werden beispielsweise als flexibler angesehen, haben aber im Normalfall einen höheren **Rechenaufwand**" (*Enzinger* 2014, iii).

Zentraler Unterschied dieser beiden Modellierungsarten ist das *Aggregationsniveau*:

„System Dynamics provides an aggregate-level perspective, highlighting thinking in feedback loops and employing differential equations to model the causal relations in a system, exploring the system's dynamics by numerically solving the equations. Agent-based modeling, in a ***bottom-up method***, focuses on constituent units (agents) and their ***interactions*** to explore the emerging behavior at a system level by means of simulation" (*Achachlouei/Hilty* 2015, 1).

2. Agentenbasierte Modellierung und System Dynamics im Data Science Studium

Wie im vorigen Abschnitt erwähnt, stellen die „*agentenbasierte Modellierung*" (AB bzw ABM) sowie „*System Dynamics*" (SD) zwei breit einsetzbare Modellierungsarten zur Erstellung von Grey-Box- oder White-Box-Modellen dar. Hinsichtlich der **Vor- und Nachteile** dieser beiden Arten der Modellierung halten *Achachlouei* und *Hilty* in ihrer Arbeit zusammenfassend fest:

„The studies reviewed suggest that both approaches are capable of representing temporal aspects of dynamic systems, but AB approaches are more appropriate for modeling spatially explicit complex systems. AB modeling is also a better approach for modeling ***heterogeneity*** in individual attributes and in the network of ***interactions*** among population elements; however, this means that AB modeling requires the collection of more data at the level of individuals, which in turn lead to a ***slower modeling process***, higher computational costs, and more difficult calibration in the AB modeling, compared to the SD approach." (*Achachlouei/Hilty* 2015, 24).

Betrachtet man die angeführten Vor- und Nachteile, so kann man durchaus schließen, dass beide Modellierungsarten – allen voran aber die agentenbasierte Modellierung – Platz in einem modernen Data Science

Studium finden sollten bzw sogar müssen. Aufgrund der direkten Anwendbarkeit dieser beiden *Modellierungsarten* trifft dies insbesondere (aber nicht ausschließlich) auch auf *Fachhochschulstudiengänge* zu.

Im viersemestrigen Masterstudium „*Data Science and Artificial Intelligence*" an der *FH JOANNEUM* hat man sich seit Beginn des Studiengangs im Curriculum auch den Grey-Box- bzw White-Box-Modellierungen gewidmet. Während hier der ältere System-Dynamics-Ansatz zumindest rudimentär in der Lehre erläutert wird, ist dem agentenbasierten Ansatz eine eigene Lehrveranstaltung im 2. Semester gewidmet (*FH JOANNEUM* 2023, passim).

Auf die agentenbasierte Modellierung wird in diesem Zusammenhang aus zweierlei Gründen zurückgegriffen: zusätzlich zur Tatsache, dass diese Grey-Box- bzw White-Box-Modellierungstechnik zum Handwerkszeug jedes Data Scientists gehören sollte (*Anwendungsorientierung*), lassen sich auch verschiedene Methoden und Algorithmen im Rahmen von agentenbasierten Modellen gut demonstrieren (*Didaktische Perspektive*) – so zum Beispiel verschiedene, im Data Science Bereich sehr wichtige „Metaheuristiken" (Algorithmen zur näherungsweisen Lösung von komplexen Optimierungsproblemen), wie „Ant Colony Optimization" und „Particle Swarm Optimization". Auch lassen sich agentenbasierten Modellen aufgrund ihrer multidimensionalen Komplexität wiederum selbst vorzüglich im Rahmen von praxisnahen Übungen mittels der bekannten *Metaheuristiken* „Hill Climbing", „Simulated Annealing" und „Genetischen Algorithmen" optimieren (*Stonedahl* 2010, passim). Des Weiteren können agentenbasierte Modelle auch abseits verschiedener Metaheuristiken als wichtiges didaktisches Hilfsmittel dienen, beispielsweise zur Demonstration der Funktionsweisen von Cluster-Algorithmen (zB k-Means Clustering) sowie von Künstlichen Neuronalen Netzen (zB Perceptron) (*Wilensky* 1999, passim).

3. Historische Aspekte der agentenbasierten Modellierung

Agenten werden im Kontext der agentenbasierten Modellierung als Computerprogramme verstanden, deren drei zentrale Eigenschaften „*Autonomie*", die „primäre *Interaktion* auf lokaler Ebene" und ihre

„*Heterogenität*" sind. Anstatt ein komplexes System als Ganzes zu modellieren, werden die einzelnen Bausteine bzw Individuen modelliert. Ziel ist es, einen Zusammenhang zwischen den individuellen Verhaltensweisen einzelner Agenten und dem Verhalten des gesamten Systems herstellen zu können (*Railsback/Grimm* 2019, 10). In diesem Kontext spricht man auch von „Emergenz". Diese wird von *Sayama* beispielsweise folgendermaßen definiert:

> „*Emergence* is a nontrivial relationship between the properties of a system at microscopic and macroscopic scales. Macroscopic properties are called emergent when it is hard to explain them simply from microscopic properties." (*Sayama* 2015, 6).

Diese Idee der Modellierung ist jedoch keine Erfindung der agentenbasierten Modellierung, sondern existierte schon zuvor, beispielsweise im ***naturwissenschaftlichen Kontext***. So erkannte man in der Biologie, dass man anstatt des gesamten Ökosystems auch dessen einzelnen Bestandteile und die Auswirkungen ihrer Verhaltensweisen auf das Ökosystem modellieren könne, um somit über ein detailgetreueres Abbild der Realität zu verfügen – vgl dazu beispielsweise das bekannte ***Räuber-Beute-Modell*** (*Wilensky* 1997a, passim). Im Bereich der Physik wiederum zeigt das ***Ising-Modell***, dass sich mithilfe einfacher Regeln auf atomarer Ebene ein komplexes Phänomen wie der Magnetismus erklären lässt (*Wilensky* 2003, passim). Da mithilfe agentenbasierter Modelle naturwissenschaftliche Phänomene modelliert werden können, aber diese Modellalgorithmen auch zur Lösung von ***Problemstellungen aus anderen Domänen*** (zB Modellierung der Futtersuche von Ameisen zur Auffindung kürzester Routen in Straßennetzen) herangezogen werden, lässt sich agentenbasierte Modellierung an der ***Schnittstelle zwischen Naturwissenschaften und der Informatik*** verorten (*Wilensky/Rand* 2015, 431–441). Jedoch beschränkt sich die Relevanz der agentenbasierten Modellierung bei weitem nicht auf die Naturwissenschaften. So erkannte man beispielsweise in den Sozialwissenschaften, dass man mit gleichungsbasiertem System Dynamics Modellierung die für deren Disziplinen bedeutsame Heterogenität von Individuen nicht abbilden könne. Das ***Segregations-Modell*** von *Schelling* (*Wilensky* 1997, passim), gilt sogar gemeinhin als das erste agentenbasierte Modell (*Wilensky/Rand* 2015, 432).

„*Zelluläre Automaten*" werden häufig als Vorläufer und als unbewegliches Pendant der Agenten im Kontext der agentenbasierten Modellierung dargestellt. Jedoch hat sich die agentenbasierte Modellierung unabhängig von den Zellulären Automaten entwickelt. Deren Ausgangspunkt war die Suche des Mathematikers *John von Neumann* nach einer Maschine, die sich selbst replizieren könnte (*Wilensky/Rand* 2015, 431–435). Es handelt sich bei Zellulären Automaten um **diskrete dynamische Systeme**. Der Raum wird dabei durch ein Gitter in gleichgroße Zellen unterteilt (*Zheng* 2009, 438). Jede dieser Zellen nimmt einen Zustand ein. Der Zustand einer Zelle im nächsten Zeitschritt hängt dabei von den Zuständen in seiner Nachbarschaft ab. Dabei können unterschiedliche Definitionen von Nachbarschaft (von Neumann, Moore, Euklid) verwendet werden. Festgelegte Regeln bestimmen, wie sich der Zustand einer Zelle im jeweiligen Zeitschritt ändert (*Scholz* 2014, 2 ff). Zu den bekanntesten Modellen zählt das unten abgebildete „***Game of Life***".

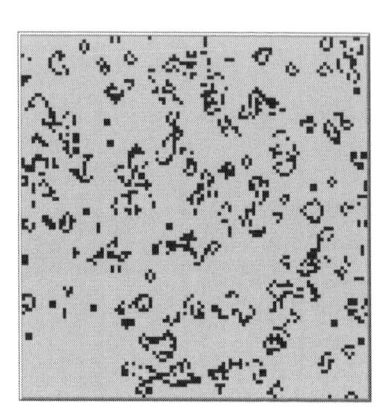

Graphiken erzeugt mithilfe von NetLogo (*Wilensky* 1998)

Dieses Modell besteht aus Zellulären Automaten. Jede Zelle kann dabei entweder „lebendig" oder „tot" sein. Das wird als der „***Zustand***" der Zelle bezeichnet. Nach bestimmten Regeln wechseln oder behalten die Zellen ihren Zustand. Nach anfänglich zufällig Zuständen (Abbildung links) entstehen nach einigen Zeitschritten sukzessive bestimmte ***Muster*** (rechte Abbildung) (*Wilensky* 1998, passim).

Neben Zellulären Automaten und beweglichen Agenten wurden in jüngerer Vergangenheit *Netzwerke* zusätzlich als Kernelement der agentenbasierten Modellierung inkorporiert (*Wilensky/Rand* 2015, 432 ff). Das spiegelt sich auch in der agentenbasierten Programmierung wider.

4. Agentenbasierte Programmierung am Beispiel von NetLogo

Mittlerweile existieren *zahlreiche verschiedene Frameworks* zur Erstellung agentenbasierter Modelle (*Abar* ua 2017, 14 ff). Der Fokus der Beschreibung hier liegt auf dem Framework *NetLogo* (*Wilensky* 1999, passim), einem der ersten Modellierungstoolkits, das auch heute noch zu den meistgenutzten Werkzeugen im Bereich der agentenbasierten Programmierung zählt. Die agentenbasierte Programmierung im Allgemeinen ist verwandt mit der objektorientierten Programmierung. So ähneln beispielsweisen Gruppen von Agenten dem Konzept der Klasse in der *objektorientierten Programmierung*. NetLogos Syntax ist – wie auch andere agentenbasierte Programmiersprachen – zu einem großen Teil von *Logo*, einer in den 60er-Jahren für Kinder entwickelte Programmiersprache, inspiriert. Die Stärke von Logo war, dass sich die Kinder dabei in die Lage des aufgerufen Agenten versetzen konnte, um so Probleme zu lösen. Im Gegensatz zu Logo gibt es in NetLogo jedoch nicht nur einen, sondern viele Agenten. NetLogo setzt sich wie Logo zum Ziel, über eine *geringe Einstiegsbarriere* zu verfügen. Gleichzeitig soll es keine Limitationen hinsichtlich der Modellierung geben (*Wilensky/Rand* 2015, 439 ff).

In NetLogo gliedert sich agentenbasierte Programme meist in zumindest zwei Prozeduren. Zunächst werden in einer *Setup-Prozedur* Umgebung, Agenten und Parameter initialisiert. Im Anschluss daran werden die Agenten immer und immer wieder gebeten, ihre Umgebung wahrzunehmen und dann auf Basis dieser Wahrnehmung zu handeln (*Go-Prozedur*). Zentral dafür ist der sogenannte „ask"-Befehl (*engl: fragen*). Das heißt, die Agenten werden sozusagen von der modellierenden Person oder einem anderen Agenten gefragt bzw gebeten, eine Handlung auszuführen. Die Reihenfolge des Aufrufs der Agenten kann je nach Modell variieren, je nachdem ob man synchrones Verhalten simulieren möchte oder nicht. NetLogo umfasst die drei zuvor beschriebenen Agententypen, die jedoch jeweils eigene Bezeichnungen haben: „*Patches*" (Zelluläre Automaten), „*Turtles*" (bewegliche Agenten) und sogenannte „*Links*", mit derer sich in Kombination mit den beweglichen Agenten Netzwerke modellieren lassen.

Ist ein agentenbasiertes Modell erstellt, wird dieses mit zahlreichen unterschiedlichen *Parameterkonfigurationen* (unabhängige Variablen) hinsichtlich einer *Zielgröße* (abhängige Variable) evaluiert. Da die einzelnen Simulationen keine Abhängigkeiten untereinander aufweisen, lassen sie sich parallel durchführen. Für die Auffindung der hinsichtlich der Zielgröße optimalen Parameterkonfiguration stehen wie bereits erwähnt unterschiedliche Algorithmen wie „Hill Climbing", „Simulated Annealing" oder „Genetischen Algorithmen" zur Verfügung.

5. Fazit

Warum sollte die agentenbasierte Modellierung Bestandteil eines Data Science Studiums sein? Zunächst wird in den Bereichen Data Science und Künstlicher Intelligenz der Ruf nach erklärbaren Modellierungsansätzen immer lauter und die agentenbasierte Modellierung kann diesen gewünschten ***hohen Grad an Erklärbarkeit*** bieten. Zusätzlich zur Tatsache, dass diese Grey-Box- bzw White-Box-Modellierungstechnik, wie erwähnt, zum praktischen Handwerkszeug jedes Data Scientists gehören sollte (***Anwendungsorientierung***), lassen sich auch verschiedene Methoden und Algorithmen im Rahmen von agentenbasierten Modellen gut im Unterricht demonstrieren (***Didaktische Perspektive***).

Außerdem wird die agentenbasierte Modellierung mit der stets steigenden Zunahme an ***Rechenkapazitäten*** tendenziell auch immer weiter an ***Relevanz*** gewinnen, da sich damit ein immer höherer ***Detailgrad*** in der Modellierung realisieren lässt.

6. Zitierte Literatur

Abar/Theodoropoulos/Lemarinier/O'Hare, Agent Based Modelling and Simulation tools: A review of the state-of-art software, Computer Science Review 24 (2017), 13

Achachlouei/Hilty, System Dynamics vs agent-based modeling – comparing models and approaches: A literature review and a transformation procedure (2015)

Döbel ua, Maschinelles Lernen, Eine Analyse zu Kompetenzen, Forschung und Anwendung (2018); https://www.bigdata-ai.fraunhofer.de/content/dam/bigdata/de/documents/Publikationen/Fraunhofer_Studie_ML_201809.pdf (3.4.2023)

Einzinger, A Comparative Analysis of System Dynamics and Agent-Based Modelling for Health Care Reimbursement Systems (Dissertation – 2014); https://publik.tuwien.ac.at/files/PubDat_233074.pdf, 2014 (3.4.2023)

FH JOANNEUM, Data Science and Artificial Intelligence; https://www.fh-joanneum.at/dat (3.4.2023)

Gartner, Big Data, Gartner Glossary (2023); https://www.gartner.com/en/information-technology/glossary/big-data (3.4.2023)

Granigg/Raab/Zimmermann, Bedarf an ausgebildeten Personen in den Bereichen Data Science und Cloud Computing und entsprechende Ausbildungsangebote in der Steiermark: eine Bestandsaufnahme und Prognose (2022)

Railsback/Grimm, Agent-based and individual-based modeling: a practical introduction, Princeton University Press (2019)

Sayama. Introduction to the modeling and analysis of complex systems, Open SUNY Textbooks, Geneseo (2015)

Scholz, Pixelspiele (2014)

Stonedahl, BehaviorSearch Documentation (2010); https://www.behaviorsearch.org/documentation/tutorial.html (3.4.2023)

Oracle Cloud Infrastructure, Was versteht man unter Data Science? (2023); https://www.oracle.com/de/what-is-data-science/ (3.4.2023)

Wilensky, NetLogo, Center for Connected Learning and Computer-Based Modeling (1999); http://ccl.northwestern.edu/netlogo/ (3.4.2023)

Wilensky, NetLogo Life model, Center for Connected Learning and Computer-Based Modeling (1998); http://ccl.northwestern.edu/netlogo/models/Life (3.4.2023)

Wilensky, NetLogo Ising model, Center for Connected Learning and Computer-Based Modeling (2003); http://ccl.northwestern.edu/netlogo/models/Ising (3.4.2023)

Wilensky, NetLogo Segregation model, Center for Connected Learning and Computer-Based Modeling (1997); http://ccl.northwestern.edu/netlogo/models/Segregation (3.4.2023)

Wilensky, NetLogo Wolf Sheep Predation model, Center for Connected Learning and Computer-Based Modeling, Northwestern University, Evanston (1997a); http://ccl.northwestern.edu/netlogo/models/WolfSheepPredation (3.4.2023)

Wilensky/Rand, An introduction to agent-based modeling: modeling natural, social, and engineered complex systems with NetLogo (2015)

Zheng/Zhong/Liu, Modeling crowd evacuation of a building based on seven methodological approaches, Building and environment 44/3 (2019) 437

Von Startflaggen zu Siegespodesten: Professor Karl Peter Pfeiffer und die FH JOANNEUM auf der Überholspur in der Formula Student

Kurt Steiner

Es ist mir eine große Ehre, in dieser Festschrift für *Professor Pfeiffer*, einem Förderer der Fachhochschulbildung in Österreich, einen Beitrag aus dem Bereich der Fahrzeugtechnik beisteuern zu dürfen.

1. Vorbemerkung

Seit rund 30 Jahren spielen Fachhochschulen in Österreich eine wichtige Rolle in der Ausbildung von Expert:innen in verschiedenen Bereichen. Fachhochschulen tragen maßgeblich zur Stärkung der Wirtschaft und Gesellschaft bei, indem sie *praxisorientierte* und *anwendungsbezogene Ausbildungsmöglichkeiten* bieten. Im Bereich der Fahrzeugindustrie haben die Fachhochschulen Österreichs entscheidend dazu beigetragen, qualifizierte und innovative Arbeitskräfte auszubilden, die in der Lage sind, die Herausforderungen der Mobilität der Zukunft zu bewältigen.

In diesem Beitrag möchten wir die Entwicklungen und Erfolge des Studiengangs für Fahrzeugtechnik an unserer Fachhochschule FH JOANNEUM (im Folgenden kurz: FHJ) in den letzten 20 Jahren mit dem Vorzeigeprojekt „Formula Student" beleuchten und zeigen, wie unter der Leitung von *Professor Pfeiffer* an der FHJ diese Vision und sein Engagement dazu beigetragen haben, diese Entwicklungen zu stärken und weiter auszubauen.

Die *Fahrzeugindustrie* ist ein wichtiger Bereich der österreichischen Wirtschaft. Allein in Österreich sind rund 355.000 Menschen im automotiven Sektor beschäftigt. Die Fahrzeugindustrie erwirtschaftet rund zehn Prozent der österreichischen Industrieleistung. Österreich profitiert dabei sowohl als Produktions- wie auch als Vertriebsstandort von seiner besonderen Position.

2. Hinweise zum Institut

Das österreichweit einzigartige **Bachelorstudium** „**Fahrzeugtechnik/Automotive Engineering**" und das konsekutiv darauf aufbauende **Masterstudium** „**Fahrzeugtechnik/Automotive Engineering**" an der FHJ bildet Allrounder auf dem Gebiet des Automobilbaus aus, die auch in umwelttechnischen, wirtschaftlichen und rechtlichen Fragestellungen kompetent sind. Die hoch qualifizierten Absolvent:innen dieses Studiums tragen seit Jahrzehnten dazu bei, die Bedeutung des Wirtschaftsstandorts Österreich zu stärken.

Das **Studium** „Fahrzeugtechnik/Automotive Engineering" der FHJ bietet eine berufsfeldbezogene Ausbildung mit Schwerpunkten in den Grundlagenfächern (beispielsweise Ingenieursmathematik, Technische Mechanik, Thermodynamik), Ingenieursfächern (beispielsweise Elektrotechnik, Konstruktion/CAx, Antriebstechnik), sowie in den Bereichen Projektarbeit (Praxis) und Labor, Wirtschaft, Recht und Sprachen (Englisch).

Die intensiven Kontakte mit der Wirtschaft und den Partnerhochschulen erleichtern den Studierenden den Zugang zu einem Praktikum und sichern ihnen einen ausgezeichneten Start in das Berufsleben. Im Sinne des „**Project Based Learning**" arbeiten Studierende vom ersten bis zum letzten Studienjahr an anwendungsorientierten Projekten. Es bestehen hier zahlreiche Möglichkeiten mit Studierenden anderer Studienrichtungen der FHJ interdisziplinär zusammenzuarbeiten. Dies ergänzt die technische Ausbildung um spannende Aspekte der Kreativität und des Ideenreichtums.

Ein weltweites Netzwerk von über 1.000 Absolvent:innen unserer Kaderschmiede für Fahrzeugtechnik der FHJ trägt den hervorragenden Ruf des Hauses in alle Welt. Eine Vielzahl von beeindruckenden Fachkarrieren bis in die Vorstandsebene internationaler Konzerne, aber auch von nicht fachspezifischen Erfolgsgeschichten der bisherigen Absolvent:innen des Instituts für Fahrzeugtechnik bestätigen die Entscheidung, an der FHJ eine Studienrichtung für Fahrzeugtechnik 1996 etabliert zu haben.

3. Das zentrale Projekt „Formula Student"

Eines der größten und herausforderndsten Projekte des Studiums ist das Projekt „Formula Student", das unter dem Namen *Joanneum Racing* von Studierenden am Institut für Fahrzeugtechnik seit dem Jahr 2003 erfolgreich umgesetzt wird.

Formula Student ist auch das derzeit größte studentische Projekt an der FHJ, welches fächer-, studiengangs-, hochschul- und länderübergreifend ist. Es beinhaltet sowohl die Entwicklung, Fertigung und Vermarktung eines leichten Rennfahrzeugs als auch die Teilnahme an den jährlich international stattfindenden „Formula Student"-Bewerben.

Formula Student ist ein *internationaler Wettbewerb*, bei dem Studierende aus der ganzen Welt gegeneinander kompetitiv antreten, um ein Rennfahrzeug zu entwickeln, zu bauen und zu fahren. Der Wettbewerb ist einzigartig und innovativ, weil er Studierende auf verschiedene Weise herausfordert und fördert:

- *Interdisziplinäres Teamwork:* Der Wettbewerb erfordert, dass Studierende aus verschiedenen Fachrichtungen zusammenarbeiten, um das Fahrzeug zu entwickeln und zu bauen. Dies fördert die Zusammenarbeit und die Kommunikation zwischen Studierenden aus verschiedenen Disziplinen und bereitet sie auf die Zusammenarbeit in einem realen Arbeitsumfeld vor.

- *Anwendung von Theorie in der Praxis:* Studierende müssen ihr theoretisches Wissen aus den einzelnen Lehrveranstaltungen und Seminaren in die Praxis umsetzen, um das Fahrzeug zu entwickeln und zu bauen. Die Anwendung von Wissen und die Fähigkeit, Probleme zu lösen, werden so verbessert.

- *Innovation und Technologieoffenheit:* Studierende bringen ihre eigenen Ideen und Innovationen in die Entwicklung des Fahrzeugs ein. Das nützt der Kreativität und die Fähigkeit, neue Lösungen zu finden.

- *Unternehmerisches Denken:* Die Studierenden entwickeln und präsentieren ein Geschäftsmodell, um das Fahrzeug zu vermarkten und zu verkaufen. Dies kommt dem unternehmerischen Denken und der Fähigkeit, Geschäftsideen umzusetzen, zugute.

- *Internationale Konkurrenz:* Der Wettbewerb findet auf internationaler Ebene statt und ermöglicht es Studierenden, ihr Fahrzeug mit anderen aus der ganzen Welt zu vergleichen und von anderen Teams erfolgreich zu lernen. Die Förderung von Austausch von Wissen und die internationale Zusammenarbeit sind in diesem Zusammenhang wesentlich.

All diese Faktoren machen Formula Student zu einem einzigartigen und innovativen *Wettbewerb*, der Studierenden die Möglichkeit gibt, ihre Fähigkeiten und Kenntnisse aus dem Studium in einem realitätsnahen Umfeld zu entwickeln und zu verbessern.

3.1 Konzeptive Ausgangssituation im Projekt

Ein Formula-Student-Wettbewerb wird in die Klassen *Combustion Vehicle, Electric Vehicle* und *Driverless Vehicle* unterteilt. Man entscheidet sich als teilnehmendes Team bereits in der Vorbereitung und der Konzeptphase eines Fahrzeugs für eine der drei Klassen.

Angetreten wird sodann bei den *weltweiten* Veranstaltungen in statischen und dynamischen Events, vor denen technische und mechanische Inspektionen durchlaufen und bestanden werden müssen. Zu den statischen Events zählen die Präsentation eines *Business Plans* – also einer Idee, wie der Rennwagen bestmöglich in ein profitables Geschäft integriert werden könnte – *Cost and Manufacturing* und dem *Engineering Design*. Die dynamischen Events bestehen aus *Skidpad, Acceleration, Autocross* und *Endurance* – hier geht es um die technische Zuverlässigkeit des Fahrzeugs und natürlich ist die Schnelligkeit von entscheidender Bedeutung. Aber auch die Energieeffizienz wird im Rahmen des Endurance Events bewertet.

3.2 Mit der Zielflagge aufs Siegerpodest – eine Erfolgsgeschichte

Im Jahr 2004 hat erstmals ein Team von leidenschaftlichen Enthusiasten vom Institut für Fahrzeugtechnik an dem Wettbewerb teilgenommen. Damals noch stolz auf ein Bestehen in allen Teildisziplinen, brachte die Einsatzwilligkeit und das Durchhaltevermögen schnell unglaubliche Erfolge mit sich.

Ein nachfolgendes Studierendenteam hat 2006 erstmals in Italien einen Gesamtsieg bei einem Wettbewerb eingefahren. Dies ist umso erstaunlicher, weil damit weltweit der **erste Sieg einer Fachhochschule** im internationalen Umfeld unter zahlreichen Technischen Universitäten erreicht werden konnte. Das Fahrzeug JR06 strotzt bis heute vor unglaublicher Dynamik und beeindruckender Akustik bei so mancher Fahrvorführung.

Unter *Professor Pfeiffer* wurde das Projekt „Formula Student" an der FHJ disziplinenübergreifend erweitert und ausgebaut. Es wurden vonseiten der Geschäftsführung zusätzliche Mittel freigegeben, die ein Umfeld für teilnehmende Studierende schaff(t)en, in dem unglaubliche Erfolge ermöglicht wurden und zukünftig auch sichergestellt sind.

Abbildung 1: Das Formula Student Team JR22 der FHJ
(Foto: Joanneum Racing Graz)

Bis zur Saison 2021 sind alle Rennwagen mit Verbrennungsmotor an den Start gegangen und waren damit auch sehr erfolgreich. Es gelang den jährlich neu zusammengestellten Teams, mehrere **Gesamtsiege** mit nach Hause zu nehmen. Darüber hinaus wurde ab der Saison 2012 ein eigener Verbrennungsmotor von den jungen Technik-Freaks auf den eigenen Prüfständen am Institut entwickelt. Die Rohteile dafür kamen von Mercedes-AMG aus Deutschland bzw in einer nachfolgenden Neuentwicklung ab der Saison 2017 von BRP-Rotax aus Oberösterreich.

Damit schaffte es das Formula Student-Team der FHJ zwischenzeitlich in der *Weltrangliste*, die aus rund 650 teilnehmenden Teams von weltweiten Universitäten aus allen Kontinenten besteht, sich auf *Rang 2* zu klassieren. In der aktuellen Rangliste wird das Team mit Weltranglistenplatz 9 unter den über 600 teilnehmenden Universitäten geführt.

Seit der Saison 2022 bauen die jungen Ingenieur:innen des international als *Joanneum Racing* auftretenden Formula Student-Teams der FHJ einen elektrisch angetriebenen Rennboliden. Mit dem JR22 haben sie bei den Bewerben Formula Student Netherlands und Formula Student Austria Siege in den einzelnen statischen Disziplinen geholt. Aber auch in der ersten Saison mit einem *elektrischen Boliden* konnten sie bei der Formula Student Alpe Adria in Kroatien 2022 bereits eine Gesamtwertung für sich entscheiden. Damit ist das Racing Team der FHJ auch das allererste österreichische Team, das einen *Gesamtsieg in der Elektro-Klasse* bei einem Formula Student-Wettbewerb einfahren konnte.

3.3 Das Racing Team

Die Teilnahme an Formula Student bietet den Studierenden viele Vorteile. Es ergeben sich nicht nur Synergien für die Hochschule, sondern auch für die Studierenden selbst. Einige der wichtigsten *Vorteile* sind die Förderung von interdisziplinärem Teamwork, unternehmerischem Denken, industriellen Beziehungen, Innovation und Design, Sichtbarkeit und Ansehen sowie internationaler Zusammenarbeit.

Derzeit besteht das Team aus *84 aktiven Teammitgliedern* – den sogenannten Weasels. Namensgebend war die selbstgewählte Bezeichnung bei der Vereinsgründung 2003, die für besondere Schnelligkeit, Ausdauer und Nachtaktivität des Wiesels als kleinstes Raubtier in der Tierwelt steht. Daran beteiligt sind aktuell Studierende aus mehreren Instituten (s Abbildung 2).

Der Großteil der Studierenden stammt vom Institut für Fahrzeugtechnik, 36 Studierende des Bachelorstudiengangs „Fahrzeugtechnik" und 19 Studierende des Masterstudiengangs „Fahrzeugtechnik/Automotive Engineering". Neun Studierende sind vom Institut für „International Management and Entrepreneurship", sieben Studierende von „Journalismus und Digitale Medien", fünf von „Electronic Engineering", zwei von „Industrial Design" und jeweils ein:e Studierende:r von „Physiotherapie", "Industrial Management", "Software Design & Security", "Gesundheitsinformatik", "Mobile Software Development" und "Design & Kommunikation".

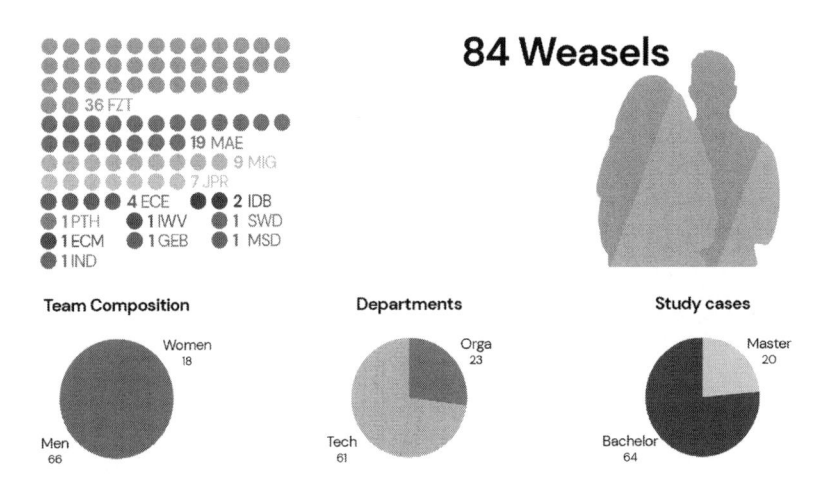

84 Weasels

36 FZT
19 MAE
9 MIG
7 JPR
4 ECE 2 IDB
1 PTH 1 IWV 1 SWD
1 ECM 1 GEB 1 MSD
1 IND

Team Composition
Women 18
Men 66

Departments
Orga 23
Tech 61

Study cases
Master 20
Bachelor 64

Abbildung 2: Team JR23 (Quelle: Joanneum Racing Graz)

4. Der Einfluss auf die Fachhochschule und die Studierenden

Durch die *Zusammenarbeit von Studierenden* aus verschiedenen Fachrichtungen bei der Entwicklung, dem Bau und dem Testen des Rennfahrzeugs werden Fähigkeiten im Teamwork und in der Kommunikation gefördert. Die Entwicklung eines Geschäftsmodells für das Rennfahrzeug und die Präsentation dieses Modells vor einer Jury fördert frühzeitig unternehmerische Fähigkeiten und betriebswirtschaftliche Kenntnisse unter technikbegeisterten Studierenden. Zusätzlich haben die Studierenden infolge einer Teilnahme an Formula Student die Möglichkeit, Kontakte zu Unternehmen und Industrie-Experten aufzubauen, die als Sponsoren, Mentoren oder potenzielle Arbeitgeber fungieren können.

Mit der Entwicklung eigener Ideen und Innovationen in der Rennfahrzeugkonstruktion werden die Fähigkeiten der Studierenden in diesen Bereichen gestärkt. Aufgrund der erfolgreichen Teilnahme an Formula

Student wird die **Sichtbarkeit** und das **Ansehen des Instituts** und der **FHJ** in der akademischen Welt sowie in der Industrie erhöht. Durch die Teilnahme an dem internationalen Wettbewerb wird die Möglichkeit geschaffen, die Projektergebnisse mit anderen Teams aus der ganzen Welt zu vergleichen und von anderen zu lernen.

Insgesamt bietet die Teilnahme an Formula Student den Studierenden eine einzigartige und innovative Möglichkeit, ihre Fähigkeiten und Kenntnisse aus dem Studium in einem realitätsnahen Umfeld zu entwickeln und zu verbessern. Die unglaubliche Lernkurve im Fachbereich wird zusätzlich um das Motto *„Erlebe den Spaß deines Lebens"* erweitert.

Formula Student bietet der FHJ die Möglichkeit, das Studium der Fahrzeugtechnik nach außen sichtbarer zu machen und neue Bewerber:innen anzuziehen. Das international agierende Rennteam stellt eine Art **Leuchtturm innerhalb der Bildungslandschaft** dar, der potenzielle Bewerber:innen von der Leistungsfähigkeit und dem Engagement des Instituts bzw den gelehrten Vorlesungsinhalten überzeugen kann.

Der Beitrag, den *Joanneum Racing* als Werbeträger für zukünftige Bewerber:innen eines Technik-Studiums an der FHJ liefert, ist in einem stark umkämpften Markt mit einer überschaubaren Anzahl von potentiellen Interessenten von enormer Bedeutung. Zum einen können die Erfolge und herausragenden Ergebnisse des Teams kommuniziert werden, um potenzielle Bewerber:innen anzusprechen. Bei Veranstaltungen wie dem „Open House" oder allgemeinen Informationsveranstaltungen wie der „Langen Nacht der Forschung" können Interessierte das Formula Student-Team und das Rennfahrzeug sehen und mit Teammitgliedern sprechen, um sich ein gutes **Bild vom Studium** zu machen. Außerdem kann das Formula Student-Team erstklassige Eindrücke und einzigartige Bilder für **Bewerbungsmaterialien** des Instituts oder der Hochschule liefern, um potenzielle Bewerber:innen zu begeistern. Zum anderen ergeben sich durch die Teilnahme an Formula Student Kontakte und Partnerschaften mit Industrieunternehmen als Sponsoren des Teams, die zukünftige potenzielle Bewerber:innen ansprechen und überzeugen können. Die Praktikums- und **Karrieremöglichkeiten** für Studierende, die an Formula Student teilnehmen, sind zahlreich und führen oft zu herausragenden Karrieren in der Fahrzeugindustrie.

5. Ausblick und Dank

Insgesamt hat die Teilnahme an Formula Student zu zahlreichen Erfolgen und Meilensteinen geführt, die das Institut und die Studierenden an der FHJ ausgezeichnet haben. Die Fähigkeit, sich in einem realitätsnahen Umfeld für Technik zu entwickeln und zu verbessern, hat den Studierenden *wertvolle Erfahrungen* und Fähigkeiten vermittelt, die sie in ihrer zukünftigen Karriere als schaffende Ingenieur:innen einsetzen können.

Darüber hinaus hat der Wettbewerb dazu beigetragen, das Ansehen der Fachhochschule zu stärken und neue Bewerber:innen anzuziehen. Wir sind stolz darauf, dass die FHJ ein wichtiger Teil der Formula Student-Community ist und freuen uns auf viele weitere erfolgreiche Teilnahmen in der Zukunft.

Wir vom Institut für Fahrzeugtechnik der FHJ möchten *Professor Pfeiffer* herzlich **danken**, dass er in seiner Funktion als wissenschaftlicher Leiter an der FHJ entscheidende Voraussetzungen zur Weiterentwicklung dieser Projektidee und der einhergehenden **Begeisterung der Studierenden für Technik** geschaffen hat. Sein Engagement und seine Unterstützung der MINT-Studiengänge, insbesondere für Fahrzeugtechnik und für das Formula Student-Team, haben dazu beigetragen, dass die Studierenden ihre Fähigkeiten und Kenntnisse in einem realitätsnahen Umfeld entwickeln und verbessern konnten. Dank der geschaffenen Rahmenbedingungen und Motivation konnte das Team beeindruckende Ergebnisse erzielen und zahlreiche Auszeichnungen gewinnen.

Lieber *Karl*, herzlichen Dank für deine Unterstützung des Formula Student-Teams von **Joanneum Racing**. Im Namen des gesamten Teams, Studierenden wie Lehrenden, wünsche ich dir als Institutsleiter für Fahrzeugtechnik für die Zukunft alles Gute und für den Ruhestand – ganz nach dem Motto des Racing Teams – „Never Stop Pushing!"

„Darf ein Netzbetreiber „Nein" sagen?" – Eine netztechnische und elektrizitätsrechtliche Betrachtungsweise der Auswirkungen von Einspeisungen aus kleinen Fotovoltaikanlagen mit einer Wirkleistung von maximal 5 kWp

Uwe Trattnig

Kleine Fotovoltaikanlagen mit einer Wirkleistungseinspeisung von maximal 5 kWp boomen zurzeit derartig, dass Netzbetreiber immer häufiger Einspeisebeschränkungen aussprechen. Dieser Artikel untersucht, ob solche Beschränkungen zu Recht verfügt werden können oder nicht.

1. Einleitung und zentrale Fragestellung

Elektrische Energie hat eine zentrale Bedeutung für die Gesellschaft, deren Lebensstandards und Wirtschaftstätigkeiten. Fotovoltaikanlagen mit einer elektrischen Wirkleistung von maximal 5 kWp sind seit Jahren bei Privatkunden sehr beliebt. Die Gründe dafür sind die verfügbaren Förderungen, die Kostenersparnis für den eigenen Energiebezug bzw die Aussicht auf Energieverkaufserlöse und auch der Gedanke, sich mit einer eigenen CO_2-freien Energieproduktion an der nachhaltigen Energieerzeugung zu beteiligen. *Aufgrund der Preisanstiege in den Jahren 2021 und 2022 für elektrische Energie boomt die Errichtung solcher Fotovoltaikanlagen derart, dass es mittlerweile immer häufiger zu Einspeisebeschränkungen seitens der Netzbetreiber kommt.*

Ein konkretes, anonymisiertes Beispiel soll dies verdeutlichen: Ein Privatkunde mit einem Einfamilienhaus südlich von Graz verfügt über eine Nachtspeicherheizung mit einer elektrischen Gesamtleistung von 18 kW. Aufgrund der aktuellen Preissituation für elektrische Energie wollte dieser Kunde eine handelsübliche, kleine Fotovoltaikanlage mit einer Wirkleistung von 5 kWp auf dem Gebäudedach montieren lassen. Der zuständige Netzbetreiber verweigerte diese Einspeiseleistung und sprach eine Einspeiseleistungsbeschränkung auf 2 kWp aus.

Im nachfolgenden Beitrag soll nun aus netztechnischer und elektrizitätsrechtlicher Sicht beleuchtet werden, ob solche Einspeisebeschränkungen zu Recht verfügt werden können oder nicht.

2. Netztechnische Betrachtungsweise

Die technischen Anschlussbedingungen für den Anschluss an öffentliche Versorgungsnetze mit Betriebsspannungen bis 1000 V sind in den Technischen Anschlussbedingungen für den Anschluss an öffentliche Versorgungsnetze mit Betriebsspannungen bis 1000 V, mit Erläuterungen der einschlägigen Vorschriften – Bundeseinheitliche Fassung 2020 (im Folgendem kurz: TAEV) festgelegt. Dabei handelt es sich um Bedingungen, die von der Interessenvertretung der österreichischen Energiewirtschaft – oesterreichs energie – im Einvernehmen mit der Bundesinnung der Elektro-, Gebäude-, Alarm- und Kommunikationstechniker und in Kooperation mit dem Österreichischen Verband für Elektrotechnik OVE festgelegt worden sind.

Im Kapitel 2 der TAEV wird die Bemessung der elektrischen Anschlussleitung vorgegeben. Es wird dabei zwischen zwei Arten von Wohneinheiten unterschieden – der vollelektrifizierten und der allelektrifizierten Wohneinheit. Bei der vollelektrifizierten Wohneinheit erfolgt die Beheizung nicht mit elektrischer Energie, bei der allelektrifizierten Wohneinheit jedoch schon. ***Demnach wird für die vollelektrifizierte Wohneinheit eine elektrische Anschlussleistung von 18 kW festgelegt.*** Für die allelektrifizierte Wohneinheit ist eine elektrische Anschlussleistung von 18 kW zuzüglicher der jeweiligen elektrischen Leistung der Heizung für die Auslegung der Anschlussleitung anzusetzen. Für beide Fälle sind mittlerweile 11 kW für elektrische Ladeeinrichtungen für die Auslegung der Anschlussleitung hinzuzufügen. Die letztgenannte Bestimmung ist neueren Datums, weshalb Bestandsobjekte zumeist ohne diese Ladeleistung betrachtet werden können, da elektrische Anlagen grundsätzlich nach den zum Zeitpunkt der Errichtung geltenden Vorschriften bewertet werden müssen (Bestandsschutz für elektrischen Anlagen gemäß Elektrotechnikgesetz).

Es ist also eine elektrische Anschlussleistung von zumindest 18 kW (vollelektrifizierte Wohneinheit) anzusetzen. Diese 18 kW sind für die Leitungsdimensionierung selbst mit einem Gleichzeitigkeitsfaktor zu bewerten (TAEV – Abbildung II/2-1). Für den allgemeinen elektrischen Bedarf *einer* Wohneinheit ist der Gleichzeitigkeitsfaktor naturgemäß gleich 1 – bei 100 Wohneinheiten hat dieser Faktor den Wert 0,2. Dies bedeutet, dass für eine einzelne Wohneinheit die Bemessung der Anschlussleistung mit 18 kW zu erfolgen hat, bei 100 Wohneinheiten beträgt die Bemessungsleistung 18 kW * 0,2 = 3,6 kW (gerundet 4 kW) je Wohneinheit. Diese Mindestleistung von 4 kW – in den einzelnen Bundesländern variiert diese Leistung üblicherweise zwischen 3 kW und 5 kW – war bzw ist somit die Grundlage für die Niederspannungsnetzauslegung und auch für die tariftechnische Behandlung des elektrischen Energiebezuges im Rahmen der Systemnutzungsentgelte-Verordnung für einzelne Wohneinheiten.

Es stellt sich nun die Frage, welche netztechnischen Auswirkungen der Anschluss einer kleinen Fotovoltaikanlage mit einer elektrischen Anschlussleistung von 5 kWp tatsächlich hat. Dazu wird nachfolgend eine fiktive Netzkonfiguration herangezogen und mittels der Vorgaben der Norm für Kurzschlussströme in Drehstromnetzen – Teil 0: Berechnung der Ströme (IEC 60909 Ed 2 – 2016) für Kurzschlussberechnungen und einer branchenüblichen Lastflussberechnungsmethode die Anschlusssituation für ein typisches Eigenheim ermittelt.

Diese fiktive Netzkonfiguration besteht aus einem vorgelagerten 20 kV Mittelspannungsnetz mit einer Netzkurzschlussleistung von $S_k'' =$ 50 *MVA*, einem 400 kVA 20/0,4 kV Verteilnetztransformator, einer 300 m langen Niederspannungsleitung NAYY 4x50 und der Kundenanlage selbst. Für alle nachfolgenden Berechnungen werden für die einzelnen Netzkomponenten typische Dimensionierungsdurchschnittswerte herangezogen.

Berechnet man nun die Verhältnisse am Verknüpfungspunkt der Kundenanlage mit dem Niederspannungsnetz bei einer elektrischen Leistung von 18 kW (s oben) und keiner Einspeiseleistung, so ergibt sich an diesem Verknüpfungspunkt ein Spannungsabfall über die Niederspannungsleitung und der vorgelagerten Netzkonfiguration von -2,32 %. Ermittelt man die Situation derselben Netzkonfiguration für den Fall einer Fotovoltaikeinspeisung mit 5 kWp (kein gleichzeitiger Verbrauch – Worst Case-Betrachtung) so ergibt sich am selben Verknüpfungspunkt ein Spannungsanstieg von 0,57 %. Beide Prozentsätze sind innerhalb der zulässigen Grenzwerte für Niederspannungsnetze von ± 3 % gemäß den Technischen und organisatorischen Regeln für Betreiber und Benutzer von Netzen, 2017, Abschnitt D2 (im Folgenden kurz: TOR – D2), wobei die Spannungsänderung (Spannungsanhebung) durch die Fotovoltaikeinspeisung aufgrund der geringeren Leistungseinspeisung (gegenüber 18 kW Entnahmeleistung – siehe oben) und der im Vergleich zur Entnahme höheren Bezugsspannung deutlich kleiner ausfällt.

Nehmen wir nun zur Verdeutlichung der Verhältnisse eine grenzwertige Netzkonfiguration an. Die obige Kundenanlage werde über eine 10 mm^2 Kupferleitung versorgt (NYY 4x10). Um die maximale Spannungsabsenkung bei 18 kW (– 3 %) nicht zu überschreiten, darf diese Anschlussleitung maximal 138 m lang sein. In diesem Fall ergibt die Berechnung einen Spannungsabfall am Verknüpfungspunkt von – 2,99 %. Ermittelt man nun die maximale Spannungsanhebung durch eine 5 kWp Fotovoltaikanlage ohne gleichzeitigen Eigenverbrauch, ergibt sich ein Wert von lediglich 0,75 %, was also weit innerhalb der zulässigen Grenze von + 3 % liegt.

Die vorhin erwähnte Mindestleistung (im Allgemeinen 3 bis 5 kW) ist einerseits im Elektrizitätswirtschafts- und -organisationsgesetz 2010 (BGBl I 2010/110 idgF; im Folgenden kurz: ElWOG) und üblicherweise in den Allgemeinen Bedingungen für den Zugang zum Verteilernetz der jeweiligen Netzbetreiber angegeben und kennzeichnet die im Bereitstellungsentgelt enthaltene und vom Kunden bereits bezahlte Mindestentnahmeleistung. *Dies bedeutet mit anderen Worten, dass ein Netzkunde in jedem Fall das Recht hat, eine elektrische Leistung in der Höhe dieser Mindestleistung entgeltlos zu beziehen.*

Adaptieren wir nun das obige fiktive Beispiel für einen elektrischen Bezug von 4 kW und einer 5 kWp Fotovoltaikanlage. Lässt man sonst alle Parameter gleich, kann die Leitungslänge der Versorgungleitung bei einer Leistungsentnahme von 4 kW (statt 18 kW) von 138 m auf 630 m erhöht werden und der Spannungsabfall bleibt bei – 3 %. Dieselbe größenordnungsmäßige prozentuelle Spannungserhöhung durch Einspeisung

„Darf ein Netzbetreiber „Nein" sagen?"

der Fotovoltaikanlage von + 3 % wird bei einer Leistung von 4,4 kWp erreicht (ohne gleichzeitiger Entnahme) – dies liegt an dem Umstand, dass eine Spannungsanhebung bei gleicher Leistung einen geringeren Stromfluss hervorruft, als es bei einer Spannungsabsenkung infolge einer Leistungsentnahme der Fall wäre.

Wenn man nun den immer vorhandenen Standby-Verbrauch und allenfalls weitere Leistungsverbräuche des täglichen Bedarfs hinzurechnet, wird ersichtlich, dass selbst bei einer derartig grenzwertigen Annahme einer Netzkonfiguration eine Einspeisung von 5 kWp technisch möglich ist.

Nun gibt aber die Norm für Elektrische Niederspannungsanlagen, 2020, Abschnitt 132.6 (OVE E 8101/AC1) vor, dass Leiterquerschnitte grundsätzlich nach mehreren Kriterien, aber auch nach dem zulässigen Spannungsabfall auszulegen sind (wie bereits erwähnt ± 3 %). *Im Regelfall wird daher davon auszugehen sein, dass wenn ein Netzbetreiber eine Einspeiseleistungsbeschränkung < 5 kW ausspricht, die Spannungsverhältnisse vor Ort beim Bezug derselben Leistung auch nicht den Regeln der Technik entsprechen dürften.*

3. Diskussion einiger Begründungen von Einspeisebeschränkungen bei kleinen Fotovoltaikanlagen (≤ 5 kWp) seitens einiger Verteilenzbetreiber

3.1 Verletzung der relativen Spannungsänderungen nach TOR – D2

Im Abschnitt 9.2.2 der TOR – D2 ist angegeben, dass die Gesamtheit aller im betrachteten, galvanisch verbunden Verteilnetzabschnitt vorhandenen Einspeisungen zusammengenommen an keinem Verknüpfungspunkt in diesem Netzabschnitt eine Spannungsanhebung von > 3 % verursachen dürfen.

Diese Bestimmung wird seitens einiger Verteilnetzbetreiber zum Teil so ausgelegt, dass eine für einen speziellen Verknüpfungspunkt durchaus zulässige maximale Spannungsanhebung von 3 % seitens des Netzbetreibers mit der Begründung nicht zugelassen wird, dass bereits weitere Einspeisungen im betrachteten Netzabschnitt eine Spannungsanhebung bewirken würden und somit die betrachtete Fotovoltaikanlage nicht die gesamten 3 % für sich verbuchen dürfe.

Demgegenüber steht grundsätzlich die allgemeine Anschlusspflicht von Kunden an das jeweilige Verteilernetz (§ 46 ElWOG), die spezielle Anschlusspflicht für Erzeugungsanlagen ≤ 20 kW (§ 17a ElWOG) sowie das erworbene Ausmaß der Netznutzung (§ 55 Abs 9 ElWOG) von zumindest der erworbenen Mindestleistung (im Allgemeinen 3 bis 5 kW). Unter Punkt 2 in diesem Artikel wurde gezeigt, dass eine Leistungsentnahme von 4 kW in Bezug auf Spannungsänderungen strenggenommen einer Einspeisung von 4,4 kWp entspricht. Zieht man die in der Praxis bei jedem Kunden vorhandene, gleichzeitige Leistungsentnahme (zumindest Standby-Verbrauch) hinzu, erhöht sich die mögliche Einspeiseleistung entsprechend, was in den allermeisten Fällen für eine Realisierung einer 5 kWp Anlage ausreichend sein wird, weil der verbleibende Leistungsunterschied zwischen einer Einspeiseleistung mit der gesetzlichen oder vertraglichen Mindestleistung (zumeist 3 kW <= P < 5 kW) und 5 kWp in den allermeisten Fällen als vernachlässigbar zu bezeichnen sein wird.

Für den Netzkunden bedeutet dies, dass PV-Anlagen mit einer Einspeiseleistung in der Höhe der garantierten Mindestleistung (im Allgemeinen 3 bis 5 kW) in keinem Fall abgelehnt oder beschränkt werden dürfen. Der Netzbetreiber hat die vereinbarte Mindestleistung (bzw eine allfällige vereinbarte höherer Netznutzung) allen Netzkunden zur Verfügung zu stellen. Das Heranziehen der oben erwähnten Bestimmung der TOR – D2 ist somit für Fotovoltaikanlagen mit einer Leistung kleiner oder gleich der jeweiligen vereinbarten Mindestleistung nicht möglich.

3.2 Die mögliche Einspeiseleistung ist bereits an andere Kunden vergeben worden

Wie bereits unter Punkt 3.1 ausgeführt, hat jeder Netzkunde ein Anrecht auf eine Inanspruchnahme von zumindest der gesetzlich oder vertraglich vereinbarten Mindestleistung (Entnahme wie Einspeisung). *Der Netzbetreiber muss diese Leistung garantieren bzw allen Netzkunden die gesetzliche oder vertraglich vereinbarte Mindestleistung garantieren.* Der Netzbetreiber kann also nicht eine solche Mindestleistung einem Netzkunden entziehen und einem anderen Netzkunden zuordnen. Zudem verpflichtet § 17a ElWOG alle Netzbetreiber, dass Erzeugungsanlagen oder Erzeugungseinheiten auf Basis erneuerbarer Energieträger und Demonstrationsprojekte im Bereich erneuerbarer Energie mit einer Engpassleistung bis 20 kW an das Verteilernetz anzuschließen sind. Verweigert darf ein solcher Netzzutritt nur aus Sicherheitsbedenken oder technischen Inkompatibilitäten werden und muss für den Netzbenutzer nachvollziehbar begründet sein. Nachvollziehbar bedeutet in diesem Zusammenhang, dass die Begründung für den Netzkunden verständlich und schriftlich vom Netzbetreiber vorgebracht werden muss.

3.3 Adäquater Netzausbau ist wegen fehlender tariflicher Finanzierung nicht möglich

Mit dem vom Netzkunden zu entrichtenden Netznutzungsentgelt werden dem Verteilnetzbetreiber die Kosten für die Errichtung, den Ausbau, die Instandhaltung und den Betrieb des Netzsystems abgegolten (§ 52 Abs 1 ElWOG) – somit ist ein technologisch bedingter Netzausbau in den Netznutzungsentgelten enthalten. Zudem muss festgehalten werden, dass der „Boom" der kleinen Fotovoltaikanlagen ≤ 5 kWp nicht erst plötzlich aufgetreten ist, sondern bereits seit gut einem Jahrzehnt stattfindet.

Zudem wurde im Jahre 1998 die Verordnung des Bundesministers für wirtschaftliche Angelegenheiten über die Anforderungen an öffentliche Verteilungsnetze mit der Nennspannung 400/230 V und an diese angeschlossene Verbraucheranlagen zur grundsätzlichen Anwendung der Schutzmaßnahme Nullung (im Folgenden kurz: Nullungsverordnung) in Kraft gesetzt. Der Sinn dieser Verordnung war, dass das gesamte öffentliche Leitungsnetz bis 2008 so ertüchtigt werden musste, dass die Erhöhung der Zuverlässigkeit von Schutzmaßnahmen bei indirektem Berühren in elektrischen Anlagen gegeben sein muss. Diese Ertüchtigung lief darauf hinaus, dass das öffentliche Leitungsnetz entsprechend leistungsfähig sein musste und sein muss, um im Fehlerfalle eine entsprechend große Netzkurzschlussleistung zur Verfügung stellen zu können, damit die Schutzmaßnahme „Nullung" funktioniert. Die Spannungsänderung am Verknüpfungspunkt hängt aber ebenfalls von dieser Netzkurzschlussleistung ab. *Somit kann bei Einspeiseleistungsbeschrän-*

kungen kleiner 5 kW berechtigt die Frage gestellt werden, ob diese Nullungsverordnung vom Netzbetreiber korrekt umgesetzt worden ist.

3.4 Einspeisung ist möglich, jedoch muss der Netzkunde dem Netzbetreiber den entstehenden Aufwand abgelten

Hierfür enthält § 54 Abs 4 ElWOG die grundsätzliche Bestimmung, dass für die Errichtung von Erzeugungsanlagen ein gestaffeltes, pauschales Netzzutrittsentgelt vom Netzkunden an den Netzbetreiber entrichtet werden muss. Für Erzeugungsanlagen mit einer Anlagengröße bis 20 kW sind das pauschal 10 € pro kW – mit der Ausnahme, dass besonders hohe Netzzutrittskosten mit dem den Betrag von 175 € pro kW übersteigenden Anteil dem Netznutzer in Rechnung gestellt werden können.

§ 17a Abs 6 ElWOG bestimmt hingegen, dass für Fotovoltaikanlagen mit einer Engpassleistung bis 20 kW, die über einen bestehenden Netzanschluss verfügen, zu 100 % der vereinbarten Netznutzung (Einspeisung) an das Verteilernetz anzuschließen sind, ohne dass hierfür ein zusätzliches Netzzutrittsentgelt an den Netzkunden verrechnet werden darf.

Leider zielt diese Bestimmung auf die vereinbarte Entnahme von elektrischer Energie aus dem Netz ab, obwohl es sich bei Fotovoltaikanlagen um eine Einspeisung handelt. Wie bereits ausgeführt, ist die vereinbarte Entnahmeleistung für Privatkunden im Allgemeinen 4 kW (3 bis 5 kW). Somit sind die handelsüblichen 5 kWp Anlagen nicht komplett erfasst. Daher ergibt diese Bestimmung, dass für kleine Fotovoltaikanlagen mit einer Einspeiseleistung kleiner der garantierten Mindestleistung in keinem Fall ein Entgelt zu verrechnen ist. Bei Anlagen mit einer Einspeiseleistung von 5 kWp könnte der Netzbetreiber somit für jedes volle, die Mindestleistung übersteigende, Kilowatt den Pauschalbetrag von 10 €/kW verrechnen – wobei die Netzbetreiber wohl überlegen werden, ob ein Entgelt von 10 bis 20 € den Aufwand einer Rechnungslegung rechtfertigt. Sollten in Sonderfällen die Netzzutrittskosten den Betrag von 175 €/kW übersteigen, könnte der Netzbetreiber auch den, diese Kosten übersteigenden, Anteil an den Netzkunden verrechnen, aber er müsste nachvollziehbar darlegen, welche technischen Maßnahmen der Grund dafür sind.

Nicht klar ist im ElWOG geregelt, wie das allfällige Bezahlen eines Netzzutrittsentgeltes bei einer Einspeisung durch eine Fotovoltaikanlage sich auf die Entnahme einer gleichgroßen Leistung aus dem Verteilernetz auswirkt. Ist dann bei der Entnahme dieser zusätzlichen Leistung ein Netzzutrittsentgelt und Netzbereitstellungsentgelt vom Netzbenutzer zu entrichten oder nicht? Der Verfasser ist der Auffassung, dass das nicht der Fall sein kann, weil sich in Bezug auf die elektrotechnischen Komponenten (Leitungen, Schaltgeräte, Sicherungen etc.) nichts ändert, wenn sich eine Leistungslieferung in einen gleichgroßen Leistungsbezug verändert – es ändert sich ja nur die Energieflussrichtung, nicht die Höhe der transportierten elektrischen Leistung. Somit wäre mit Bezahlen des zusätzlichen Netzzutrittsentgelts für Fotovoltaikanlagen bis 20 kW das Netzzutrittsentgelt auch für die Entnahme bereits geleistet.

Der Verfasser würde dies auch für das Netzbereitstellungsentgelt sehen – jenes Entgelt, das gemäß § 55 Abs 1 ElWOG bei Überschreiten des vereinbarten Ausmaßes der Netznutzung bei einem Leistungsbezug (nicht Leistungseinspeisung) einmalig in Rechnung gestellt wird. Mit der vorhin erwähnten Bezahlung des Netzzutrittsentgeltes für die Einspeisung von Fotovoltaikanlagen ist das Ausmaß der Netznutzung aber bereits vereinbart worden – eine neuerliche Vereinbarung wäre daher nach Meinung des Verfassers nicht zulässig.

Die Allgemeinen Bedingungen für den Zugang zum Verteilnetz der Netzbetreiber enthalten dazu unterschiedliche Regelungen – beispielsweise gibt es Allgemeine Bedingungen die das, durch die Fotovoltaikanlage erhöhte, Netznutzungsrecht zeitlich auf die Bestandsdauer der Fotovoltaikanlage beschränken – was für den Verfasser eine äußerst fragwürdige Regelung darstellt.

Es wäre an dieser Stelle dringend anzuregen, dass dieser Umstand bei der nächsten Novelle des ElWOG klargestellt und verbessert wird. In diesem Zusammenhang ist zu empfehlen, dass bei der nächsten Novelle auch die Frage der vereinbarten Mindestleistung neu geregelt wird. *Die bereits vielfach erwähnte Mindestleistung von 3 bis 5 kW ist weder zeitgerecht noch zukunftsträchtig. Hier sollte die kostenneutrale Erhöhung auf 11 kW (entspricht bei einer Nennspannung von 400 V einer Standardsicherungsgröße von 16 A in einem Dreiphasennetz) dringend erwogen werden.* Dies sollte – allenfalls mit einer zeitlichen Übergangsregelung – für alle Netzbetreiber umsetzbar sein.

Zusammenfassend ist festzuhalten, dass für Fotovoltaikanlagen kleiner oder gleich der jeweiligen garantierten Mindestleistung (im Allgemeinen 3 bis 5 kW) in keinem Fall ein Netzzutrittsentgelt zu verrechnen ist – die Erwartungshaltung des Verfassers wäre, dass somit die überwiegende Mehrheit der 5 kWp Anlagen ohne Netzzutrittsentgelte an das Verteilernetz angeschlossen werden müssen.

4. Vorgehensweise bei allfälligen Einspeisebeschränkungen bei kleinen Fotovoltaikanlagen (≤ 5 kWp) seitens des Verteilnetzbetreibers

Wie bereits ausgeführt, muss ein Verteilnetzbetreiber eine Ablehnung der gewünschten Einspeiseleistung gemäß § 17a ElWOG für den Netzkunden nachvollziehbar begründen. *Daher sollte der Netzkunde auch auf einer schriftlichen Übermittlung der Begründung bestehen und eine allfällige Nichtbefolgung schriftlich dokumentieren.* Diese Unterlagen können zusammen mit einem schriftlichen Antrag bei der Schlichtungsstelle der e-control eingereicht werden. Der Antrag zur Schlichtung selbst ist kostenfrei, die Detailerfordernisse sind auf der Homepage der Schlichtungsstelle der e-control veröffentlicht. Wichtig ist, dass der Netzkunde bereits einen Einigungsversuch mit dem Netzbetreiber unternommen hat (schriftliche Dokumentation!).

Zur Überprüfung der Argumentation des Netzbetreibers kann zudem eine Spannungsmessung im betrachteten Objekt sein. Dabei ist zu protokollieren, wie sich die Spannungsverhältnisse an der Übergabestelle zum Niederspannungsnetz (näherungsweise der Zählerkasten des Kunden) über den Tag ändern. Solche Messungen dürfen aber nur von elektrotechnisch befugten Personen durchgeführt werden.

5. Zusammenfassung

Technisch gesehen haben alle Netzkunden ein Recht auf eine Netznutzung von zumindest der vereinbarten oder gesetzlich geregelten Mindestleistung (im Allgemeinen zwischen 3 bis 5 kW). Der (kurzfristige) Leistungsbedarf heutiger Wohneinheiten kann diese gesetzliche oder vereinbarte Mindestleistung deutlich übersteigen, was trotzdem nicht zu einer Verletzung der Spannungsgrenzen führen darf (gemäß der Norm für Merkmale der Spannung in öffentlichen Elektrizitätsversorgungsnetzen OVE EN 50160).

Der Verfasser kommt zum Schluss, dass handelsübliche 5 kWp Fotovoltaikanlagen sowohl aufgrund elektrizitätsrechtlicher Bestimmungen als auch netztechnischen Überlegungen in den allermeisten Fällen an das Niederspannungsnetz anzuschließen sind. Eine allfällige Ablehnung oder Leistungsbeschränkung muss vom Verteilnetzbetreiber verständlich und schriftlich begründet werden.

Gesellschaft/Soziales/Recht

Designerisches Denken für Planeten-orientiertes Gestalten im Post-Anthropozän

Birgit Bachler

In Zeiten des Anthropozäns braucht es neue Denkansätze, um das Leben auf unserem Planeten für kommende Generationen sicher zu stellen. Designerisches Denken in Kombination mit Philosophien, welche die Interessen des Planeten in den Designprozess miteinbeziehen, stellen neue Herausforderungen einer zukunftsorientierten Designausbildung dar.

1. Willkommen im Anthropozän

Der enorme menschliche Einfluss auf die Erde und die Atmosphäre auf globaler Ebene hat zu dem Vorschlag geführt, die aktuelle geologische Epoche „Anthropozän" zu nennen (*Crutzen/Stoermer* 2000, passim). Diese Bezeichnung macht deutlich, dass der Mensch für die sich immer weiter entwickelnden Krisen verantwortlich gemacht wird, und daher auch *die Zukunft unseres Planeten in der Verantwortung des Menschen liegt*. An dieser Stelle ist es wichtig anzumerken, dass indigene Völker auf die mit dem Anthropozän verbundenen Herausforderungen wie die drohende Klimakatastrophe schon lange bevor sie im westlichen Diskurs anerkannt wurden, hingewiesen haben.

Die 2021 vom Kunstmagazin Monopol als zur aktuell wichtigsten Person der Kunstwelt erkorene Professorin und feministische Posthumanistin *Donna Haraway* 2015, 160 fordert, dass es als Menschen unsere Aufgabe ist, das Anthropozän zu verkürzen, und miteinander auf jede erdenkliche Weise zukünftige Epochen zu kultivieren, in denen es wieder vermehrt Orte der Zuflucht gibt. Dieser *Aufruf zur Verantwortung und vor allem zum kreativen Beitrag von Designer:innen* findet sich auch in der Arbeit des österreichisch-amerikanischen Designers, Lehrers und Autors *Viktor Papanek* wieder. Er beschreibt Design als eine universalistische Tätigkeit: „Design muss ein innovatives, höchst kreatives, interdisziplinäres Werkzeug sein, das auf die Bedürfnisse der Menschen eingeht. Es muss stärker forschungsorientiert sein, und wir müssen aufhören, die Erde selbst mit schlecht gestalteten Objekten und Strukturen zu verschmutzen. (…) Dies verlangt von Designer*innen eine hohe soziale und moralische Verantwortung" (*Papanek* 2019, IX f).

Die zunehmende Verantwortung von Designer:innen im Zeitalter des Anthropozäns lässt sich auch innerhalb der Designforschung wahrnehmen: **Der Fokus wendet sich von Human-Centeredness zu einer Planet-Centeredness**. Das bedeutet, dass der nutzer:innenorientierte Ansatz nicht nur den Menschen, sondern unseren Planeten, die Erde als gesamtheitliches Konzept priorisiert. Damit schränken sich Design-Probleme nicht alleine auf die Bedürfnisse des Menschen ein, sondern nehmen die Komplexität der Verknüpfungen zwischen Mensch, Umwelt und Technologie wahr.

2. Posthumanismus oder der Planet und das Nicht-Menschliche als Zielgruppe für Gestaltung

In den letzten Jahrzehnten kann in verschiedenen akademischen Disziplinen ein zunehmendes Interesse am Nicht-Menschlichen, an der mehr-als-menschlichen Welt und an der Dezentrierung des Menschen beobachtet werden. Eine Dezentrierung des Menschlichen und eine entsprechende Verlagerung der Aufmerksamkeit auf die Belange des Nicht-Menschlichen findet sich in einer **Vielzahl neuerer und aktueller westlicher philosophischer Denkrichtungen** (*Grusin* 2015, vii), darunter objektorientierte Ontologien (*Harman* 2018, passim), Neuer Materialismus (*Dolphijn/Tuin* 2012, passim) und Spekulativer Realismus (*Shaviro* 2014, passim).

Dieses relativ junge, weit verbreitete Interesse an der Infragestellung der scheinbar traditionellen Trennungen zwischen Menschen und Nicht-Menschen in der Wissenschaft hat zu einem **wachsenden Drängen nach Methoden** beigetragen, die mit dem Wissen arbeiten können, das sich nicht rein auf menschliche Interessen bezieht. In Neuseeland hat die legale Personifizierung des Whanganui River durch den Te Awa Tupua Act

(2017) weltweit Wellen geschlagen. Auch in Europa befasst sich ein Forschungsprojekt mit der Frage, wie der französische Fluss Loire die Möglichkeit bekäme, seine Interessen als legale Person zum Ausdruck zu bringen und verteidigen zu können (*ESAD Orléans* 2023).

Solche Denkweisen erfordern eine kritische Neudefinition der **Grenzen zwischen dem, was als „menschliche" und „nicht-menschliche" Interessen** gesehen werden könnten. Solche Fragestellungen finden sich unter anderem im Konzept des Posthumanen wieder. Das Konzept des Posthumanen stammt ursprünglich aus dem 19. Jahrhundert (*Blavatsky* 1888/1997, 684), erlangte aber in den letzten Jahrzehnten durch die Arbeiten von Akademiker:innen wie *N. Katherine Hayles* (1999) und *Rosi Braidotti* (2013) bemerkenswerte Popularität. *Hayles*, eine Literaturwissenschaftlerin, deren Arbeit in der Kybernetik und Informatik verankert ist, sagte für das neue Jahrtausend eine erhöhte Dringlichkeit von Fragen zum Posthumanen voraus.

Laut *Hayles* beschreibt die Vorsilbe „post-" sowohl die Konnotation auf der einen Seite, dass das **Konzept des Menschlichen ein Auslaufmodell** ist, auf der anderen Seite fasst es auch zusammen, was nach dem Menschlichen kommen mag (*Hayles* 1999, 83). Sie distanziert sich hier aber stark von Ideen rund um das das Antihumane und Apokalyptische. Sie ist überzeugt, dass wir andere Zukunftsversionen gestalten können, die dem langfristigen Überleben der Menschen gemeinsam mit anderen biologischen und künstlichen Lebensformen, förderlich sind (*Hayles* 1999, 291).

Im Gegensatz dazu zeichnet sich der Posthumanismus von *Braidotti* (2013) mehr durch seine antihumanistischen und feministischen Grundzüge aus. *Braidotti* sieht die **Notwendigkeit einer Erneuerung des idealen Menschenbildes** des vitruvianischen Menschen und beschreibt postanthropozentrische Subjektivitätskonzepte als notwendige Erneuerung der Geisteswissenschaften.

Der Neue Materialismus entstand etwa zur gleichen Zeit wie die Popularität des „Posthumanen" in den frühen 2000er Jahren und beschreibt eine heterogene philosophische Bewegung, welche die Geistes-, Natur- und Technowissenschaften umfasst und ihre Wurzeln im Feminismus und Marxismus hat. Der Neue Materialismus zeichnet sich durch eine Rückkehr zur Materie und einer Beschäftigung mit materiellen Objekten aus. Hier wird unter anderem die **Rekonfiguration von hartnäckigen Dichotomien** wie Natur/Kultur, Körper/Gedanken, konkret/abstrakt als ein zentrales Anliegen der neumaterialistischen Agenda (*Parikka* 2010, passim) beschrieben. Die Verschiebung dieser dualistischen Strukturen ermöglicht die Konzeptualisierung der Fluidität der Konzepte von Natur und Kultur, Materie und Geist (*Dolphijn/Tuin* 2012, 48).

Im Hinblick auf die Designforschung, insbesondere für und mit einer Welt, in der mehr Subjektivitäten existieren als die der Menschheit, beschreibt *Plumwood* (2001) die Natur als etwas, das nicht als Hintergrund unseres Handelns gesehen werden soll. Sie soll in den Designprozess als ethisches Subjekt einbezogen werden, dem wir **Dankbarkeit, Großzügigkeit und Anerkennung** schulden.

Auf globaler Ebene kann das Thema Nachhaltigkeit dabei als Schlüsselbegriff gesehen werden, das sich der Idee annähert, die Interessen des Planeten besser mit jenen der Menschheit zu vereinbaren. Mit der Verabschiedung der *17 Nachhaltigkeitsziele (17 SDGs) der United Nations* (s dazu unter: https://sdgs.un.org/goals) ist ein Rahmen geschaffen, der unter Einbeziehung des Zusammenspiels von Ökonomie, Ökologie und Sozialem, das Leben für kommende Generationen auf unserem Planeten sicherstellen soll. *Wie kann hier das Interesse der Ökologie gerecht vertreten werden?* Designer:innen sind hier einerseits aufgefordert, sich mit Denkweisen zu befassen, die von einer Subjektivität des Planeten ausgehen, um ihn als gleichwertige:n Teilnehmer:in in Designprozesse von Lösungsansätzen einzubinden. Andererseits sind Designer:innen gefragt, ihr Wissen bei der Auseinandersetzung mit komplexen, „verzwickten" Problemen, wie den Herausforderungen der 17 SDGs einzubringen.

3. Designerisches Denken für „wicked problems"

Unter den von *Horst Rittel* (1971/2012) geprägten *„wicked problems"*, also *„verzwickten Problemen"* versteht man im Allgemeinen die unüberblickbare Zahl an sich gegenseitig bedingenden Faktoren, die jeden Planungs- und Entwurfsprozess erschweren. Um mit „wicked problems" im Design umzugehen, wird gerne das Schlagwort „Design Thinking" verwendet.

Der Begriff Design Thinking beschreibt generell eine iterative und menschenzentrierte Methode, die es ermöglicht, komplexe Probleme aus verschiedenen Blickwinkeln zu betrachten und kreative Lösungen zu finden. Design Thinking hat seine Anfänge in den 1960er und 1970er Jahren an der Stanford University in den USA. In den frühen 1990er Jahren wurde das internationale Design- und Beratungsunternehmen IDEO gegründet und gilt heute als eine der wichtigsten Instanzen, die Design Thinking in den Mainstream gebracht haben. Die d.school, an der Stanford University, ist eine der bekanntesten Einrichtungen, die maßgeblich dazu beigetragen hat, seit den 2000er Jahren Design Thinking als Methode im Bildungsbereich sowie in der Wirtschaft zu etablieren. *Design Thinking als Ansatz zur kreativen Problemlösung* ist in den letzten Jahren immer populärer geworden.

Der Prozess besteht aus *verschiedenen Phasen,* die vom Verständnis des Problems über die Ideenfindung bis zur Umsetzung und Validierung der Lösung reichen. Die Anzahl der genannten Phasen variiert je nach Literatur, jedoch wird das „Design Thinking"-Modell häufig in fünf Phasen beschrieben:

1. Empathize
2. Define
3. Ideate
4. Prototype
5. Test

Diese Phasen sind hilfreich, um komplexen Design-*Problemstellungen mit einer klar strukturierten Methodologie zu begegnen.* Wichtig hierbei ist auch anzumerken, dass der iterative Prozess keine strenge, lineare Vorgehensweise erzwingt. Je nach Projektfortschritt und Erkenntnissen, die gemacht wurden, können frühere Phasen wiederholt werden, um den Anforderungen von komplexen Fragestellungen flexibel zu begegnen.

An *Kritik des universalistischen Design Thinking Ansatzes,* der für eine Vielzahl an Fragestellungen von Nicht-Designer:innen angewendet werden kann, mangelt es jedoch nicht. Hier wird oft zwischen Design Thinking und Designerly Thinking, also designerischem Denken, unterschieden. Designerisches Denken konzentriert sich generell auf die Paradigmen und methodischen Ansätze des Designs, während sich das Design

Thinking auf die konkreten „Handlungsvorschläge" sowie auf die Werkzeuge und Techniken konzentriert hat (*Laursen* ua 2019, 13). Auch der Designforscher und -theoretiker *Nigel Cross* untersucht den Aufstieg des Begriffs „Design Thinking" kritisch und schlägt zwei unterschiedliche Verwendungen des Begriffs vor: das designbasierte, wissenschaftliche „Design Thinking 1" für die ursprüngliche, design-fokussierte Version und das populäre, zugängliche „Design Thinking 2" für die neue, besonders in geschäftsorientierten Medien verbreitete Version (*Cross* 2023, 7). Hier wird kritisiert, dass das Fehlen von methodischen Ansätzen im Design Thinking einen Mangel darstellt, weil Ergebnisse des Design Thinking Prozesses zu sehr von den an ihm beteiligten Menschen – oft Nicht-Designer:innen – abhängig sind.

Als Beispiel hierfür werden die **unterschiedlichen Rollen eines Prototyps** im Design und im Engineering genannt. Designer:innen sehen Prototypen oftmals als Dialog mit der Fragestellung und wenden methodische Ansätze wie eine reflektierende Praxis an. Während des Denkprozesses im Design, wird der Prozess unbewusst entsprechend dieser methodischen Ansätze angepasst. Im Gegensatz dazu wird ein Nicht-Designer, zB ein Ingenieur, der einem recht allgemein gehaltenen Design Thinking-Leitfaden folgt, möglicherweise einige methodische Ansätze aus seinem eigenen Fachgebiet anwenden, die weitgehend aus einem rationalen Paradigma stammen. Diese Diskrepanz stellt eine große Herausforderung dar, denn die „Handlungsvorschläge" im Design Thinking-Prozess geben Anwender:innen die Zuversicht, dass sie das Problem lösen könnten, während ihnen in Wirklichkeit eine der Schlüsselkompetenzen von Designer:innen fehlt, nämlich die Fähigkeit, (kreative) Werkzeuge und Techniken auf einen bestimmten Problembereich zuzuschneiden (*Laursen* ua 2019, 16). Eine reflektierte Design-Praxis, mit Einbezug der Interessen des Planeten und in Zusammenarbeit mit Nicht-Designer:innen ist ein zentraler Aspekt einer Designausbildung, die resiliente Absolvent:innen ausbildet, die den Herausforderungen zukünftiger Generationen gewachsen sind.

4. Wer sind die Teilnehmer:innen in einem Planeten-orientierten Designprozess?

Die Praxis, *Nicht-Designer:innen in den gesamten Designprozess einzubinden,* wird als „Participatory Design", „Co-Design" oder „Co-Creation" beschrieben (*Sanders/Stappers* 2008, 15). „Participatory Design (PD)" entsteht in den frühen 1970er Jahren in Norwegen als Versuch, Arbeiter:innen mehr Einfluss auf die Einführung von Computersystemen am Arbeitsplatz zu ermöglichen, um Systeme zu entwickeln, welche die Lebensqualität am Arbeitsplatz am effektivsten fördern (*Sanoff* 2011, 11) und wird oft als Ergebnis der sich verändernden Arbeitsumgebung aufgrund der Einführung von Computern am Arbeitsplatz betrachtet. Durch Participatory Design sollen „diejenigen, die von einem Design betroffen sind, im Designprozess ein Mitspracherecht haben" (*Bjögvinsson* ua 2012, 103).

Die Anerkennung der Nutzer:innenbeteiligung als wesentlicher Bestandteil des Designprozesses von Informationstechnologien ist ein radikales Konzept für seine Zeit. Die *Erweiterung von Participatory Design auf nicht-menschliche Nutzer:innen von Designs* stellt sich den herausfordernden Fragen wie die Perspektiven Flüssen, Steinen, Pflanzen, Tieren in den Designprozess miteinbezogen werden.

„The planner has no right to be wrong. (…) Planners are liable for the consequences of the actions they generate, the effects can matter a great deal to those people that are touched by those actions" (*Rittel/Webber* 1973, 166 f). Das impliziert einerseits, dass Designer:innen, die versuchen, ein „wicked problem" des Anthropozäns zu lösen, die *volle Verantwortung für ihre Handlungen* zu übernehmen haben. Diese Verantwortung liegt weiters im Sinne von more-than-human designerly thinking nicht nur darin, die negativen Effekte von Design auf Menschen, sondern auf den gesamtheitlichen Planeten und alle darin existierenden Systeme zu berücksichtigen.

Auf die Zuhilfenahme von technischen Hilfsmitteln, wie das *Einbeziehen von Künstlicher Intelligenz,* wie sie zur Zeit der Masse kostenlos zur Verfügung steht, kann man sich übrigens derzeit in solchen Fragestellungen (noch) nicht verlassen. Eine im Jahr 2023 im Mainstream angekommene KI-Anwendung, ChatGPT, warnt bei der Nutzung, dass sie unrichtige, fehlerhafte Informationen über Personen, Orte oder Fakten produziert: „ChatGPT may produce inaccurate information about people, places, or facts. (ChatGPT May 3 Version)" (OpenAI, 2023). Kontemporäre KIs beziehen ihre Informationen aus Daten der Vergangenheit, und obwohl die Modelle Kapazitäten haben, Denkprozesse zu unterstützen, braucht es neue, zukunftsorientierte Lösungsansätze, die möglicherweise nicht in Denkansätzen der Vergangenheit zu finden sind. Hier sind auch die Sensibilitäten von Designer:innen gefragt, die angemessenen Werkzeuge für die Lösung von „wicked problems" zu gestalten.

5. Die Rolle der Designausbildung im Anthropozän

Das Anthropozän stellt die Menschheit vor die Herausforderung, Verantwortung für die komplexen Probleme, an denen sie selbst die hauptsächliche Schuld trägt, zu nehmen. Die Disziplin von Design, sowie Designforschung und Designlehre, sind hiermit gefragt, Teil der Verantwortung zu übernehmen und aktiv am Denken und Gestalten der Zukunft mitzuarbeiten.

Hiermit ist nicht in erster Linie das Designen von neuen Produkten und Dienstleistungen gefragt, sondern das aktive Untersuchen und Hinterfragen von kontemporären Systemen und das *Neugestalten von Zusammenhängen und Hierarchien im Einklang mit unserem Planeten* über das Mensch-zentrierte Denken hinaus. Hierbei sind Designer:innen auch gefragt, Führungsrollen zu übernehmen, wo Expert:innen und Nicht-Designer:innen mit eingebunden werden.

Die Rolle von Designer:innen erfordert eine vielseitige Ausbildung, die nicht nur gestalterische Kompetenzen umfasst, die auf die aktuelle Wirtschaft ausgerichtet sind, sondern auch designerisches Denken im Anthropozän fördert, um *zukünftige Wirtschaftsformen, Ökologien und soziale Dimensionen unter Berücksichtigung der mehr-als-menschlichen planetaren Bedürfnisse mitzugestalten.*

6. Literatur

Bieling, Wicked Problems mehr denn je?! Gedanken zu Horst Rittel DESIGNABILITIES Design Research Journal, 2020/7; https://tinyurl.com/yb54zke8 (10.5.2023)

Bjögvinsson/Ehn/Hillgren Design things and design thinking: Contemporary participatory design challenges, Design Issues 2012/28 (3) 101

Blavatsky, The secret doctrine, Theosophical Pub. Society, 1888/1997; https://www.holybooks.com/wp-content/uploads/The-Secret-Doctrine-by-H.P.-Blavatsky.pdf (10.5.2023)

Braidotti, The posthuman, Polity Press (2013)

Crutzen/Stoermer, The "Anthropocene" Global Change Newsletter 2000/41, 17

Dolphijn/van der Tuin,, New materialism: Interviews & cartographies, Open Humanities Press, 2012, 48

ESAD Orleans, Liga (2023); https://esadorleans.fr/en/research/research-art-design-programmes/liga/ (10.5.2023)

Grusin, Introduction, in: *Grusin* (Hg), The nonhuman (2015) viihttp://www.jstor.org/stable/10.5749/j.ctt13x1mj0.3 (10.5.2023)

Haraway, Anthropocene, capitalocene, plantationocene, chthulucene: Making kin, Environmental Humanities 2015/6, 159

Harman, Object-Oriented Ontology: A New Theory of Everything (2018)

Hayles, How we became posthuman. Virtual bodies in cybernetics, literature and informatics (1999)

Laursen/Haase, The Shortcomings of Design Thinking When Compared to Designerly Thinking, The Design Journal 2019/22-6, 813; https://doi.org/10.1080/14606925.2019.1652531 (10.5.2023)

New Zealand Government, Te Awa Tupua (Whanganui River Claims Settlement) Act, 2017; https://www.legislation.govt.nz/act/public/2017/0007/latest/whole.html# DLM6831461 (10.5.2023)

OpenAI, ChatGPT May 3 Version (2023); https://chat.openai.com/ (10.5.2023)

Papanek, Design for the Real World (2019)

Parikka, What is New Materialism-Opening words from the event (2010); https://jussiparikka.net/2010/06/23/what-is-new-materialism-opening-words-from-the-event/ (10.5.2023)

Plumwood, Nature as Agency and the Prospects for a Progressive Naturalism, Capitalism Nature Socialism (2001) https://doi.org/10.1080/104557501101245225 (10.5.2023)

Rittel, Die Denkweise von Designern, Studienhefte Problemorientiertes Design 1 (1971/2012) 12

Rittel/Webber, Dilemmas in a General Theory of Planning, Policy Sciences 4/2 (1973) 155

Sanders/Stappers, Convivial Toolbox: Generative Research for the Front End of Design (2012)

Sanoff, Multiple Views of Participatory Design. Focus 2011/8, 1; https://doi.org/10.15368/focus.2011v8n1.1 (10.5.2023)

Shaviro, The Universe of Things: On Speculative Realism (2014)

Wie nennen wir sie/ihn denn? Antworten auf die Frage, welche Funktionsbezeichnung(en) für die Kollegiumsleitung rechtlich aktuell zulässig sind

Werner Hauser

Das Thema der „Bezeichnung" des:der Leiter:in des Fachhochschul-Kollegiums führte (und führt wohl immer noch) an einer Reihe von Fachhochschulen zu teilweise „hitzigen" Debatten. Dies mag wohl auch der Grund gewesen sein, weshalb der Gesetzgeber in der Novelle BGBl I 2020/77 den Versuch einer entsprechenden Klarstellung unternommen hat; freilich bleiben auch nach dieser Novelle entsprechende Freiräume für die Gestaltung dieses Themas bestehen.

Der vorliegende Beitrag will einen Überblick zur (Genese der) aktuellen Rechtslage vermitteln und Hinweise zu den (nach wie vor bestehenden) rechtlichen Gestaltungsräumen bieten.

Da Herr *em. o. Univ.-Prof. DI Dr. Karl Peter Pfeiffer* in einzelnen Phasen seiner Tätigkeit als langjähriger FH-Rektor bzw wissenschaftlicher Geschäftsführer an der FH JOANNEUM mit dem gegenständlichen Thema in Berührung gekommen ist, hofft der Verfasser dieser Zeilen, dass der Geehrte daran Interesse findet und wünscht demselben ein herzliches „GLÜCK AUF" für seinen weiteren Lebensweg.

1. Genese und aktuelle Rechtslage

1.1 Am Anfang

Bemerkenswerterweise enthielt das im Jahr 1993 beschlossene Fachhochschul-Studiengesetz (BGBl I 1993/340; kurz: FHStG – seit der Novelle BGBl I 2020/77: Fachhochschulgesetz; kurz: FHG) in den ersten zehn Jahren seines Bestandes *keine Regelungen* iZm der Verwendung von im Universitätsbereich üblichen Bezeichnungen.

Erst im Jahr 1996 fand sich auf *untergesetzlicher Ebene* in der FHR-Info 1996/6, 6 unter Punkt 3 die Verlautbarung eines Beschlusses des Fachhochschulrates mit der Überschrift „Berufstitel für Lehrende an Fachhochschul-Studiengängen" die Basis für die Verleihung der Bezeichnung „Fachhochschul-Lektor:in" und für die Bezeichnung „Fachhochschul-Professor:in".

1.2 Erste fachhochschul-gesetzliche Regelung

Erst durch die *5. Fachhochschulrechts-Novelle* (BGBl I 2003/110) wurden (wie in den ErläutRV 217 BlgNR 22. GP, 4) zu dieser Novelle ausgeführt „zur Bereinigung einer rechtsunsicheren Situation" Erhalter von Fachhochschulen ausdrücklich dazu ermächtigt, die Verwendung von *personenbezogenen Bezeichnungen des Universitätswesens* zu ermöglichen. Die durch die genannte Novelle eingeführte Bestimmung des § 13 Abs 4 aF FHStG war im Wesentlichen der damals bereits bestehenden Bestimmung des § 3 Abs 1 UniAkkG (BGBl I 1999/168 [außer Kraft]) nachgebildet (vgl dazu: *Hauser* 2009[5], Anm 28 zu § 13 FHStG) und lautete wie folgt: „Der Erhalter ist berechtigt, den bei ihm tätigen Personen die sinngemäße Verwendung von Bezeichnungen des Universitätswesens zu gestatten, die im Universitätsgesetz 2002, BGBl I 120/2002, festgelegt sind. Die Verwendung dieser Bezeichnungen ist jeweils nur mit dem Zusatz ‚FH', ‚(FH)' oder ‚Fachhochschul-…' zulässig;" s dazu im Detail bei: *Hauser*, zfhr 2005, 73 ff und generell zum Schutz universitätseigener Begriffe bei: *Novak*, in: *Berka/Brünner/Hauser* 2003, 91.

1.3 Zweite fachhochschul-gesetzliche Regelung

Die durch die Novelle BGBl I 2003/110 geschaffene Rechtslage wurde betreffend die Zuständigkeitsregelung durch die *Novelle BGBl I 2011/74* dergestalt geändert, dass seitdem der Fachhochschul-Erhalter die Gestattung zur Verwendung entsprechender Bezeichnungen im Einzelfall lediglich auf Basis einer vom FH-Kollegium erlassenen einschlägigen *Richtlinie* (vgl § 10 Abs 3 Z 10 FHG) einräumen konnte. Die einschlägige Bestimmung lautete wie folgt: „Der Erhalter kann gemäß den Richtlinien des Kollegiums den bei ihm tätigen Personen die sinngemäße Verwendung von Bezeichnungen des Universitätswesens gestatten, die im UG festgelegt sind. Die Verwendung dieser Bezeichnungen ist jeweils nur mit dem Zusatz ‚FH', ‚(FH)' oder ‚Fachhochschul-...' zulässig." In den ErläutRV 1222 BlgNR 24. GP, 33 ist dazu festgehalten, dass „der Erhalter (...) künftig die Verleihung von Bezeichnungen des Universitätswesens gemäß den vom Kollegium festgelegten Richtlinien vornehmen" muss.

1.4 Dritte (und bislang letzte) fachhochschulgesetzliche Regelung

Im Zuge der *Novelle BGBl I 2020/77* wurde die Bestimmung des § 10 Abs 8 FHG dergestalt geändert, dass auch die Einräumung der sinngemäßen Verwendung von Bezeichnungen des Universitätswesens im Einzelfall nur auf Basis der Herstellung eines entsprechenden *Einvernehmens mit dem FH-Kollegium* erfolgen kann. Das Erfordernis des Vorliegens eines Einvernehmens zwischen Erhalter und Kollegiumsleitung soll iSd Ausführungen in den ErläutRV 234 BlgNR 27. GP, 18 „der stringenten Stärkung des Kollegiums und der Kollegiumsleitung" dienen.

Gleichzeitig wurde durch die genannte Novelle BGBl I 2020/77 in § 10 Abs 3 Z 1 letzter Satz FHG festgelegt, dass die „Leitung des Kollegiums (...) die Bezeichnung *‚Akademische Leiterin' oder ‚Akademischer Leiter'* oder die Bezeichnung *‚Vorsitzende' oder ‚Vorsitzender'* zu führen" (hat).

2. Zulässigkeits-Voraussetzungen für die Verwendung von universitären Bezeichnungen im FH-Bereich

Wie bereits aus der Darstellung unter Punkt 1.2 ersichtlich, bestehen folgende *Voraussetzungen*, die vorliegen müssen, damit der Erhalter in Abstimmung mit dem FH-Kollegium die Verwendung von Bezeichnungen des Universitätswesens einräumen kann:

- Zunächst hat eine entsprechende *Richtline als Teil der Satzung* vorzuliegen. Die Satzung selbst ist in geeigneter Form zu veröffentlichen und hat verbindlichen Charakter; damit soll „Transparenz geschaffen und auf die entsprechenden Aktivitäten aufmerksam gemacht werden" (ErläutRV 1222 BlgNR 24. GP, 33).

- Einschlägige Bezeichnungen des Universitätswesens dürfen nur in *„sinngemäßer Anwendung"* verwendet werden. Damit ist deutlich zum Ausdruck gebracht, dass der Erhalter nicht willkürlich jede beliebige universitäre Bezeichnung im Fachhochschul-Bereich verwenden darf (*Hauser* 2020[9], Anm 121 zu § 10 FHG). Demgemäß dürfen Bezeichnungen des Universitätsrechts nur dann im Fachhochschul-Bereich geführt werden, wenn sich die den einzelnen Organen bzw Organwaltern im Universitätsbereich zugewiesenen Aufgaben dem Grunde nach mit den dem entsprechenden Fachhochschul-Organ bzw -Organwaltern übertragenen Aufgaben decken. Freilich werden die Ansprüche für die Feststellung des Vorhandenseins einer „sinngemäßen" Vergleichbarkeit nicht zu überspannen sein; maßgeblich wird immer sein, dass ein:e *objektive:r (außenstehende:r) Betrachter:in* die im Einzelfall gewählte Bezeichnung als im Einklang mit der Aufgabenstellung bzw der Funktion des Organs bzw Organwalters sehen kann; s dazu im Detail bei: *Hauser*, zfhr 2005, 73 ff und zustimmend ua: *Huber*, in: *Hauser/Schweighofer* 2017, Anm 277 zu § 10 FHStG, weiters *Zullus*, in: *Berka/Brünner/Hauser* 2013, 277 ff sowie *Brünner*, in: *Hauser* 2019, 256 f. S dazu im Übrigen auch: VwGH 24. 10. 2018 Hre 228, N@HZ 2019, 30.

- Schließlich dürfen entsprechende Bezeichnung lediglich in Verbindung mit einem *„FH-Hinweis"* geführt werden.

3. Voraussetzungen für die Verwendung der Bezeichnung „FH-Rektor:in"

Vor dem Hintergrund der dargestellten rechtlichen Grundlagen gilt es zunächst darauf zu verweisen, dass gemäß § 10 Abs 3 Z 1 letzter Satz FHG für die Kollegiumsleitung *grundsätzlich verpflichtend* die Bezeichnung entweder ‚Akademische Leiterin' bzw ‚Akademischer Leiter' oder die Bezeichnung ‚Vorsitzende' bzw ‚Vorsitzender' zu führen" ist.

Gem den Regelungen in § 10 Abs 3 Z 10 iVm Abs 8 FHG kann nach Maßgabe des Vorliegens der unter Punkt 3 dargestellten Voraussetzungen dann die *Bezeichnung „Rektor:in" mit entsprechendem FH-Zusatz* geführt werden, wenn der Kollegiumsleitung vom Erhalter zusätzliche operative Aufgaben (zB organschaftliche Vertretungsbefugnis als „wissenschaftliche:r Geschäftsführer:in") überbunden werden und insoweit eine mit dem universitären Organ „Rektor:in" vergleichbare Position geschaffen wird (s dazu bei: *Hauser* 2020[9], Anm 121 zu § 10 FHG mwN).

In diesem Sinne lassen sich auch die ***Ausführungen des Wissenschaftsausschusses*** (AB 267 BlgNR 27. GP, 3), worin ausgeführt ist, dass „(d)ie Entscheidung über die Verwendung der Bezeichnung (…) weiterhin beim Erhalter der jeweiligen Fachhochschule (gelegen ist und, dass) (m)it dieser Möglichkeit die Bezeichnung ‚Rektorin' oder ‚Rektor' grundsätzlich in allen Hochschulsektoren verwendet werden" (kann) zur Novelle BGBl I 2020/77 ***gesetzeskonform deuten***: Wenn nämlich die oben dargestellten ***Voraussetzungen vorliegen***, kann die Bezeichnung „FH-Rektor:in" ungeachtet der Bestimmung des § 10 Abs 3 Z 1 letzter Satz FHG geführt werden.

4. Zitierte Literatur

Brünner, Zur Frage der Führung der Funktionsbezeichnung „FH-Rektor/in", in: *Hauser* (Hg), Hochschulrecht. Jahrbuch 19 (2019) 254

Hauser, Die Verwendung akademischer Bezeichnungen im Fachhochschul-Bereich, zfhr (2005) 73

Hauser, Kommentar zum Fachhochschul-Studiengesetz[5] (2009)

Hauser, Kurzkommentar zum Fachhochschulgesetz[9] (2020)

Huber, in: *Hauser/Schweighofer* (Hg), Kommentar zum Fachhochschul-Studiengesetz (2017) Anm zu § 10 FHStG

Novak, Abgrenzung und Schutzwürdigkeit universitätseigener Begriffe, in: *Berka/Brünner/Hauser* (Hg) [Red: Novak], Res Universitatis. FS Funk (2003) 91

Zullus, Zur Verwendung der Bezeichnungen FH-Rektor/in und FH-Vizerektor/in, in: *Berka/Brünner/Hauser* (Hg), 20 Jahre Fachhochschul-Recht (2013) 277

Partizipative Ansätze in Forschung und Lehre als Schlüssel für soziale Nachhaltigkeit und Chancengerechtigkeit für vulnerable Gruppen

Johanna Muckenhuber

Soziale Nachhaltigkeit ist ein zentrales Entwicklungsthema. In dem Beitrag wird dargelegt, wie soziale Nachhaltigkeit in partizipativen Ansätzen in Forschung und Lehre an der Fachhochschule integriert werden kann.

1. Soziale Nachhaltigkeit – Soziale Ungleichheit verringern

Nachhaltige Entwicklung ist ein zentrales Thema in Forschung und Lehre an Fachhochschulen (im Folgenden kurz: FHs), das auch in Zukunft von großer Bedeutung bleiben wird. Im Jahr 2015 wurden am Weltgipfel für nachhaltige Entwicklung von den Vereinten Nationen, als Resultat eines breiten Abstimmungsprozesses über die zentralen globalen Probleme, *17 Ziele für eine nachhaltige Entwicklung* – die Sustainable Development Goals, kurz SDGs – verabschiedet. Die Erreichung dieser Ziele soll auf globaler Ebene dazu beitragen, Armut zu beenden, den Planeten zu schützen und für alle Menschen Frieden und Wohlstand zu gewährleisten. Die im Folgenden genannten 17 Ziele umfassen soziale, ökologische und ökonomische Aspekte (s dazu etwa: sdgwatch.at [3.5.2023]).

Die SDGs im Überblick (s etwa: unric.org [3.5.2023]):

- *Ziel 1: Keine Armut* – Alle Formen von Armut beenden/beseitigen.
- *Ziel 2: Kein Hunger* – Ernährungssicherheit für alle Menschen gewährleisten und in diesem Zusammenhang nachhaltige Landwirtschaft zur Nahrungsmittelproduktion fördern.

- *Ziel 3: Gesundheit und Wohlergehen* für alle Menschen jeder Altersgruppe gewährleisten.
- *Ziel 4: Hochwertige Bildung* für alle Menschen gewährleisten.
- *Ziel 5: Geschlechtergleichheit* – Gleichstellung der Geschlechter fördern.
- *Ziel 6: Zugang zu sauberem Wasser und zu Sanitäreinrichtungen* gewährleisten.
- *Ziel 7: Zugang zu bezahlbarer und sauberer Energie* sichern.
- *Ziel 8: Menschenwürdige Arbeitsbedingungen* sicherstellen und nachhaltiges Wirtschaftswachstum fördern.
- *Ziel 9: Nachhaltige Entwicklung von Industrie, Innovation und Infrastruktur* fördern.
- *Ziel 10: Reduktion sozialer Ungleichheit* und Sicherstellung, dass niemand zurückgelassen wird.
- *Ziel 11: Städte und Gemeinden inklusiv*, sicher, resilient und nachhaltig machen.
- *Ziel 12: Nachhaltigen Konsum* und nachhaltige Produktionsmuster sicherstellen.
- *Ziel 13: Sofortmaßnahmen zum Klimaschutz* ergreifen und Auswirkungen des Klimawandels bekämpfen.
- *Ziel 14: Die Ozeane und das Leben unter Wasser* bewahren und nachhaltig nutzen.
- *Ziel 15: Wälder und Biodiversität an Land* schützen und bewahren. Degradation und Verwüstung verhindern.
- *Ziel 16: Global Frieden, Gerechtigkeit und Inklusion* in der Gesellschaft fördern.
- *Ziel 17: Globale Partnerschaften* zur Erreichung der nachhaltigen Entwicklungsziele wiederbeleben und stärken.

2. Soziale Aspekte der SDGs

In der Auseinandersetzung mit den Zielen für nachhaltige Entwicklung zeigt sich, dass *Nachhaltigkeit* dabei nicht nur *ökologisch*, sondern *im Sinne sozialer Gerechtigkeit* auch *ökonomisch und sozial* gedacht werden muss. Dabei ist wesentlich, welche Machtressourcen in unterschiedlichen Regionen – global und regional gedacht – vorhanden und wie sie verteilt sind (*Wendt/Görgen* 2021, 61 f), sowie welche Personengruppen stärker von den Problemen, die der Ausformulierung der SDGs zugrunde liegen, betroffen sind.

Personen mit niedrigem sozioökonomischen Status, von Armut betroffene Personen ohne Vermögen und mit geringem Einkommen, Menschen in stark belastenden Berufen mit schlechten Arbeitsbedingungen, alte Menschen und kleine Kinder, arbeitslose Personen, Menschen mit gesundheitlichen Einschränkungen physischer wie psychischer Natur, Migrant:innen, Menschen mit geringer Bildung, Frauen und queere Personen sind als *vulnerable Personengruppen* in besonders hohem Ausmaß den Auswirkungen des Klimawandels, kriegerischen Auseinandersetzungen, ungleichem Zugang zu Basisressourcen des Lebens und wirtschaftlichen Verwerfungen ausgesetzt (*BMSGPK* 2021, 5 ff). Im Sinne der Erreichung der Ziele nachhaltiger Entwicklung ist es wesentlich, diese vulnerablen Gruppen in ihren jeweiligen Lebensrealitäten sichtbar zu machen und die Bedingungsgefüge, die zur Vulnerabilität beitragen zu analysieren und in Folge darzustellen. *Armut und Vulnerabilität* können dabei nicht als individuelles Versagen gedacht werden, sondern *beruhen auf strukturellen und strukturierenden Bedingungen* mit entsprechendem Veränderungspotential.

3. *Pierre Bourdieus* Theorie der Praxis

Pierre Bourdieus Theorie der Praxis bietet einen theoretischen Rahmen zur Erklärung der *Entstehung und Reproduktion sozialer Ungleichheit* (*Bourdieu* 1979, 21 ff). *Bourdieu* stellt dar, dass nicht nur die Verfügbarkeit ökonomischer Ressourcen wie Einkommen und Vermögen – also *ökonomischen Kapitals*, sondern auch das Ausmaß von verfügbarem *sozialem Kapital* und **kulturellen Kapital** wesentlich ist für die Position einer Person im sozialen Raum und damit auch für ihre Möglichkeiten von Teilhabe. Unter sozialem Kapital versteht *Bourdieu* die Gesamtheit an mehr oder weniger institutionalisierten sozialen Beziehungen. Dies umfasst familiäre Netzwerke, Bekanntschaften und Freundschaften genauso wie Mitgliedschaften in Vereinigungen, Parteien oder institutionalisierten Gemeinschaften. Unter kulturellem Kapital versteht er einerseits formale Bildungsabschlüsse, andererseits aber auch die

Kenntnis sozialer Codes und Verhaltensnormen. Die einzelnen Kapitalformen können ineinander übergeführt werden und verstärken sich wechselseitig (*Bourdieu* 1979, 34 ff).

Im Sinne einer ***diversitätssensiblen Betrachtungsweise***, die auch Gender-Aspekte berücksichtigt, ist es wesentlich, auch den Faktor Zeit als ungleich verteilte Ressource in die Analysen zu integrieren. Die Verfügbarkeit von Zeit, die für Erwerbsarbeit und infolge für die Vermehrung des ökonomischen Kapitals, aber auch für die Pflege sozialer Netzwerke mit einer Vergrößerung des sozialen Kapitals sowie für die Verstärkung des kulturellen Kapitals in Form von Bildungsabschlüssen zur Verfügung steht, kann als vierte Kapitalform, als ***Zeitkapital*** konzeptualisiert werden. Zeit und Zeitmangel betrifft Menschen mit Betreuungspflichten, in hohem Ausmaß. Die Zeit, die für unbezahlte Formen der Reproduktionsarbeit aufgewandt wird, kann nicht für die Steigerung anderer Kapitalformen genutzt werden (*Muckenhuber* 2014, 69 ff).

Für die ***Analyse der Entstehung sozialer Ungleichheit*** ist von Bedeutung, dass die Verfügungsgewalt über die einzelnen Kapitalformen und entsprechenden Ressourcen stark ungleich verteilt ist. Alter, Geschlecht, Wohnort, Migrationshintergrund, Familienzugehörigkeit aber auch Parteizugehörigkeit wie auch der Wohnort wirken sich auf die ungleiche Verteilung von Verfügungsmöglichkeiten auf spezifische Ressourcen aus. Die oben dargestellten vulnerablen Gruppen können entsprechend auch anhand der Kapitalformen in ihrer Verortung im sozialen Raum dargestellt werden.

4. Konzept der Intersektionalität

Die Verschränkungen von ***Benachteiligungen und Diskriminierung aufgrund verschiedener Dimensionen sozialer Ungleichheit*** wird auch in dem Konzept der Intersektionalität gefasst. Unter Intersektionalität wird die Überschneidung verschiedener Diskriminierungsformen in einer Person verstanden. Die Benachteiligung aufgrund eines Mangels an Ressourcen wird verstärkt durch Diskriminierung aufgrund verschiedener zusammenwirkender Persönlichkeitsmerkmale, wie unter anderem Hautfarbe, Religion, Geschlecht und sexueller Orientierung. Mit dem Konzept der Intersektionalität wird die wechselseitige Verstärkung der Dimensionen sozialer Ungleichheit beschrieben. Diese Diskriminierungsformen addieren sich nicht nur in einer Person, sondern führen zusätzlich zu eigenständigen Diskriminierungserfahrungen, wie als Beispiel einer allein-erziehenden Migrantin mit geringer Bildung (*Crenshaw* 1989, 42 ff; *Walgenbach* 2017, 45 ff; *Degele/Winkler* 2009, 53 ff).

Für die Analyse der Auswirkungen sozialer Ungleichheit im Kontext der nachhaltigen Entwicklungsziele und unter Berücksichtigung ökologischer und sozialräumlicher Aspekte ist zudem der Wohnort von großer Bedeutung, da sich die Auswirkungen des Klimawandels auf die Lebensqualität je nach Wohnort stark unterscheiden.

5. Auswirkungen von Vulnerabilität und sozialer Ungleichheit auf Gesundheit und Lebensqualität

Das dritte der nachhaltigen Entwicklungsziele besagt, dass Gesundheit und Wohlergehen für alle Menschen jeder Altersgruppe gewährleistet werden soll. Im Sinne des **bio-psycho-sozialen Modells der Gesundheit** bedeutet dies, dass alle Menschen gute Bedingungen für den Erhalt ihrer physischen, also körperlichen, ihrer psychischen und ihrer sozialen Gesundheit benötigen. Die Forschung zeigt übereinstimmend, dass Menschen in unteren sozialen Schichten eine kürzere Lebenserwartung, eine kürzere Lebenserwartung bei guter Gesundheit und ein stark erhöhtes Risiko für die meisten Erkrankungen, wie unter anderem Herz-Kreislauferkrankungen, Diabetes, Lungenkrebs, Depression und chronische Schmerzen haben. Diese Unterschiede sind teilweise in den Verhältnissen/den Lebensbedingungen und teilweise im Verhalten der Personen begründet (*Leineweber/Nyberg/Siegrist* 2019, 2 ff; *Muckenhuber* ua 2014, 3 ff). Dies zeigt sich in gesundheitlichem Risikoverhalten. So rauchen 38,3 % der Frauen und 37,8 % der Männer mit Pflichtschulabschluss im Gegensatz 11,6 % der Frauen und 16,8 % der Männer mit Hochschulabschluss. Starke Unterschiede nach sozioökonomischem Status zeigen sich auch in anderen Bereichen. So haben 18,8 % der Frauen und 23,8 % der Männer mit Pflichtschulabschluss aber nur 6,6 % der Frauen und 10,6 % der Männer mit Hochschulabschluss Adipositas (starkes, gesundheitsschädigendes Übergewicht) (*Klimont* 2015, 21 ff).

Diese Unterschiede können unter anderem unter Rückgriff auf *Bourdieus* Theorie der Praxis erklärt werden. *Bourdieu* beschreibt, ähnlich wie bereits von Max Weber mit dem „Konzept der Life Chances and Life Choices" beschrieben, die Zusammenhänge zwischen den Möglichkeiten, die den Menschen geboten werden, und den Entscheidungen, die von ihnen getroffen werden (*Weber,* 531 ff).

6. Der Habitus als Verbindung zwischen den Verhältnissen und dem Verhalten

Bourdieu legt mit seinem Konzept dar, dass der Habitus als einverleibte (inkorporierte), zur Natur gewordene und damit als solche vergessene Geschichte eine *wirkende Präsenz der gesamten Vergangenheit* ist, die ihn erzeugt hat (*Bourdieu* 1987, 84 ff). Diese *inkorporierten Präferenzstrukturen* sind als ein System dauerhafter und übertragbarer Dispositionen geprägt von unserer Vergangenheit, unseren Erfahrungen und von unseren Lebensbedingungen, den Verhältnissen, die unser Leben prägen. Sie zeigen sich in unseren Bewegungsvorlieben, in unseren Vorlieben der Ernährung – unserem Geschmack, unseren kulturellen Vorlieben, aber auch in Aspekten wie unserer Selbstwirksamkeitserwartung in der ganzen Art und Weise, wie wir unser Leben gestalten. *Soziale Praktiken als Ausdruck des Habitus*, bestimmen unseren Alltag und zeigen sich in unserem Handeln, unserem Verhalten, zB in unserem Kommunikationsverhalten, unseren Bewegungsroutinen, unserem Ernährungsverhalten. Diese sozialen Praktiken werden nicht permanent reflektiert, sind der Reflexion aber teilweise zugänglich und somit auch potenziell veränderbar. Entsprechend sind für Veränderung im Sinne der Erreichung der Ziele nachhaltiger Entwicklung Prozesse auf der Verhältnisebene und auf der Verhaltensebene sowie Bewusstseinsbildung bei möglichst breiten Personengruppen notwendig.

7. Partizipative Ansätze in Forschung und Lehre

Partizipative Ansätze wie auch Aktionsforschung können dazu beitragen, *Reflexionsprozesse* bei Personen aus vulnerablen Gruppen anzuregen. Diese Forschungsansätze zeichnen sich dadurch aus, dass die Teilhabe gesellschaftlicher Akteur:innen an Forschung und Gesellschaft gefördert wird. Die betroffenen Akteur:innen werden aktiv in den Forschungsprozess einbezogen. Dabei ist es zentral, dass die soziale Wirklichkeit und die Bedürfnisse der Personengruppen im Zentrum des Forschungsinteresses erkannt und verstanden werden, um in Folge gemeinsam Ansätze zur Veränderung entwickeln zu können (*von Unger* 2013, 18 ff).

In der *praxisorientierten und forschungsgeleiteten Lehre* können Studierende lernen, in Teamarbeit Interviewleitfäden zu entwickeln, die in Reflexionsschleifen mit Akteur:innen aus dem Forschungsfeld adaptiert werden. Methoden der qualitativen Sozialforschung beinhalten per se aber in unterschiedlichem Ausmaß partizipative Elemente. Besonders trifft dies zu auf ethnographische Studien, offene qualitative Interviews, die Spielraum für die Themen der Befragten bieten, aber auch auf Zukunftswerkstätten, in denen mit den Personen im Zentrum des Forschungsinteresses gemeinsam Problemfelder identifiziert und Lösungsansätze erarbeitet werden. In der Lehre in der Arbeit mit den Studierenden ist es hierbei von essenzieller Bedeutung, sowohl die Chancen als auch die Risiken der Forschung im eigenen Tätigkeitsfeld mit einer tiefgehenden Reflexion der eigenen Position im Forschungsfeld zu verbinden.

Partizipative Ansätze in Forschung und Lehre bieten somit die Chance vulnerable Gruppen mit ihren Problemen und Anliegen ernst zu nehmen und sichtbar zu machen.

8. Interdisziplinäre Zusammenarbeit für soziale Nachhaltigkeit und Chancengerechtigkeit für vulnerable Gruppen

Forschung und Lehre an der Fachhochschule kann somit gerade durch die Praxisorientierung und durch die Orientierung an den Bedürfnissen und Anliegen aus der Praxis zur Erreichung der SDGs beitragen. Dies liegt in den Forschungsthemen der Sozialen Arbeit und der Gesundheitsstudien nahe, da in diesen Feldern *Personen aus vulnerablen Gruppen* vielfach *im Zentrum der praktischen Tätigkeit* stehen. Für die Zukunft und im Sinne der nachhaltigen Entwicklungsziele ist es von essenzieller Bedeutung im Sinne der SDGs die Möglichkeiten der Vernetzung und der *interdisziplinären Zusammenarbeit* zwischen den Instituten und Studiengänge der FHJ zu nutzen und dabei *die Ziele ökologischer, ökonomischer und sozialer Nachhaltigkeit* in den Zusammenhängen von Technik, Wirtschaft, Gesundheit und sozialen Aspekten zu denken und weiterzuverfolgen. Dabei müssen **Lösungsansätze auf struktureller, auf technischer, ökonomischer aber auch auf individueller Ebene** gefunden werden. Gerade diese interdisziplinäre Zusammenarbeit in Forschung und Lehre kann dazu beitragen, Chancengerechtigkeit und Inklusion vulnerabler Gruppen zu fördern.

9. Zitierte Literatur

BMSGPK (Hg), Soziale Folgen des Klimawandels in Österreich. Wien. Bundesministerium für Soziales, Gesundheit, Pflege und Konsumentenschutz (2021)

Bourdieu, Die feinen Unterschiede. Kritik der gesellschaftlichen Urteilskraft (1987)

Bourdieu, Entwurf einer Theorie der Praxis: auf der ethnologischen Grundlage der kabylischen Gesellschaft (1979)

Crenshaw Demarginalizing the Intersection of Race and Sex: A Black Feminist Critique of Antidiscrimination Doctrine, Feminist Theory and Antiracist Politics. University of Chiago Legal Forum. Volume 1989, Issu1 1, Article 8

Degele/Winkler, Intersektionalität: Zur Analyse sozialer Ungleichheiten (2009)

Klimont, Österreichische Gesundheitsbefragung 2014. Hauptergebnisse des Austrian Health Interviews Survey (ATHIS) und methodische Dokumentation. Statistik Austria Bericht (2015)

Leineweber/Nyberg/Siegrist, Cost, Gain, and Health: Theoretical clarification and psychometric validation of a work stress model with data from two national studies, J Occup Environ Med 2019/61 (11), 894

Muckenhuber, Arbeit ohne Ende? Zur Arbeitsrealität der „neuen" Selbstständigen (2014)

Muckenhuber/Burkert/Dorner/Großschädl/Freidl, The impact of the HDI on the association of psychosocial work demands with sickness absence and presenteeism. European Journal of Public Health 2013/24, No 5, 856; doi:10.1093/eurpub/ckt132 Advance Access

Walgenbach, Heterogenität – Intersektionalität – Diversity in der Erziehungswissenschaft (2017)

Von Unger, Partizipative Forschung: Einführung in die Forschungspraxis (Qualitative Sozialforschung) (2013)

Weber, Wirtschaft und Gesellschaft. Studienausgabe 5. Auflage (1971)

Teil 3

Departments der FH JOANNEUM: Die Teile ergeben das Ganze

Das Department „Management"

Eva Maria Adamer-König

Das Management Department steht für Exzellenz in der Ausbildung seiner Studierenden sowie für innovative Projekte in der angewandten Forschung. Die Verknüpfung von Internationalität und Regionalität erfolgt unter Anwendung von inter- und transdisziplinären Ansätzen in Lehre und Forschung.

Im Februar 2013 wurden die bisherigen Fachbereiche der FH JOANNEUM (im Folgenden kurz: FHJ) im Rahmen einer neuen Organisationsstruktur in *sechs Departments* gegliedert. Nach den ersten fünf Jahren als Vorsitzender des Fachbereichs Management übernahm *FH-Prof. Mag. Dr. Martin Tschandl* auch den Vorsitz des neuen Departments für Management von 2013 bis 2020. Die nächsten zwei Jahre übernahm *FH-Prof.[in] Mag.[a] Dr.[in] Doris Kiendl* den Vorsitz und seit 2022 wird das Department von *Dr.[in] Eva Maria Adamer-König* koordiniert.

Das Department für Management vereint an den **drei Campus-Standorten** der FHJ – Graz, Kapfenberg und Bad Gleichenberg – die vier Institute **„Bank- und Versicherungswirtschaft"** und **„International Management und Entrepreneurship"** in Graz, **„Industrial Management"** in Kapfenberg sowie **„Gesundheits- und Tourismusmanagement"** in Bad Gleichenberg. Insgesamt sind es an die 1.000 Studierenden in fünf Bachelor-, sechs Masterstudiengängen und einigen Masterlehrgängen. Unsere exzellenten Lehrenden aus Forschung und Praxis vermitteln neben Managementkompetenzen unterschiedliche betriebswirtschaftliche Vertiefungen und Fachkompetenzen, teilweise in Verbindung zu anderen Disziplinen, wie der Gesundheits-, Tourismus- und Freizeitwirtschaft oder dem Wirtschaftsingenieurwesen mit Fokus auf industrielle und digitale Technologien. Unsere Intention ist es, unsere Studierenden nicht nur zum interdisziplinären Verknüpfen zu befähigen, sondern ihnen auch die für den Arbeitsmarkt so wichtigen Soft Skills mitzugeben. Die Themen in Lehre und Forschung spiegeln die (oft internationalen) Herausforderungen der heimischen Wirtschaft bzw Unternehmen wider: neue Märkte erobern, Unternehmen und Institutionen produktiver machen, technische sowie wirtschaftliche Prozesse effizienter gestalten und/oder das Potenzial neuer Produkte und Dienstleistungen nachhaltig entfalten. Die angewandte Forschung findet in regionalen und internationalen Projekten, häufig in Kooperation mit Unternehmen und Institutionen der Wirtschaftsfelder Gewerbe, Dienstleistungen und Industrie, Banken- und Versicherungswesen, Tourismus und Gesundheit, statt. Unser Netzwerk von Universitäts- und Unternehmenspartner:innen auf der ganzen Welt ermöglicht erfahrungsintensive Auslandssemester und -praktika. Die Absolvent:innen des Departments für Management behaupten sich mit ihrem interkulturellen Know-how in verantwortungsvollen Positionen – in heimischen Unternehmen ebenso wie auf den Handelsplätzen und Zukunftsmärkten der globalen Wirtschaft.

Die Struktur des Departments stellt sich im Jahr 2023 folgendermaßen dar:

Das Department für Management hat... 4 Institute, 11 Studiengänge, 5 Master-Lehrgänge, 3 Standorte, 3 internationale Programme, 1.000 Studierende, 350 Studienbeginner/Jahr und rund 90 Mitarbeiter:innen.

Teaching Bachelor	Bank- und Versicherungswirtschaft	Gesundheits- und Tourismusmanagement	Industrial Management (full/part time)		International Management
Master-Lehrgänge*	European Project and Public Management	Gesundheitsökonomie	International Supply Management	Master of General Management	Sportmanagement und Training
Master	Bank- und Versicherungsmanagement	Digital Entrepreneurship	Global Strategic Management	Gesundheits-, Tourismus- und Sportmanagement	International Industrial Management (ft/pt)
R&D Competencies	• Internationale Capital Markets • Asset & Risk Management • Finance Instruments • Financial Literacy	• International Market Entry • Entrepreneurship • Employability • Quality at Universities	• Public Health & GBE • Health tourism • Sustainability • Movement and Training Sciences • MICE		• Smart Production & Service Engineering • Supply Management & Logistics • Processes & ERP • Controlling
R&D Focuses	International Business Management	Financial and Industrial Management (competitiveness)		Health and Tourism Management	
	Development and optimisation of international strategies and business processes.	Increasing the competitiveness of industrial and financial business locations.		Development and evaluation of health promoting, touristic and health touristic programmes.	

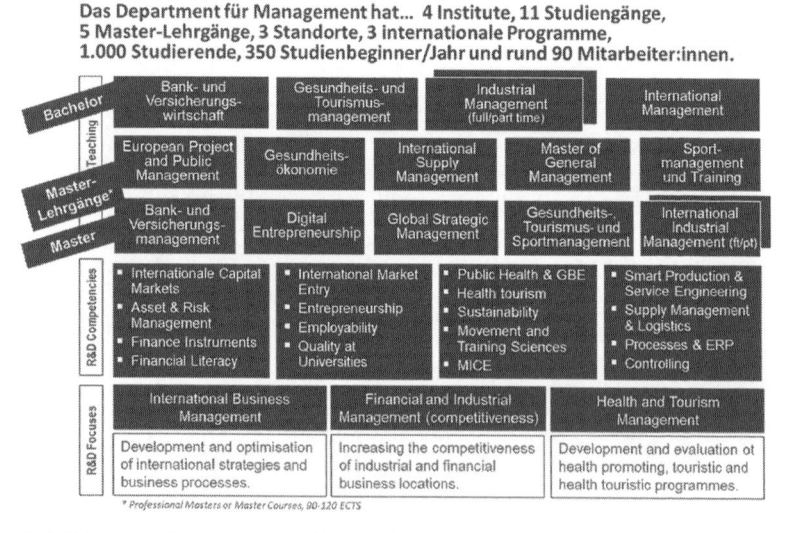

*Professional Masters or Master Courses, 90-120 ECTS

Abbildung 1: Studiengänge, Masterlehrgänge, F&E-Kompetenzen und F&E-Fokus des Departments für Management (Eigengraphik)

1. Kurzdarstellung der Forschungsschwerpunkte und der wichtigsten Forschungsprojekte

In den inhaltlich dargestellten Schwerpunkten des Departments für Management finden sich folgende beispielhaft angeführten *F&E-Felder*:

Controlling & strategische Unternehmenssteuerung, Smart Production & Services, Supply Chain Management, Arbeit der Zukunft, Prozessoptimierung/ERP/MES, Global Management, Innovation Management and Intra/Entrepreneurship, Sustainability and Green Transformation, HR Management, Finance, Banking, Insurance, Sustainable Finance, Digital Finance und Financial Literacy, Gesundheitsmanagement und Public Health, nachhaltige Tourismus- und Freizeitwirtschaft, sowie Sport- und Trainingswissenschaften.

In den einzelnen Instituten werden dazu passend – und manchmal auch interdisziplinäre bzw institutsübergreifende – Forschungsprojekte durchgeführt. Hier einige Beispiele:

1.1 Institut „Bank- und Versicherungswirtschaft"

- *DEFINE:* Digitalized Financial Education for Seniors, bei dem interaktive Szenario-Spiellösungen zur Steigerung der Online-Finanzkompetenz von Senior:innen entwickelt wurden.

- *TOURIST:* Competence Centres for the Development of Sustainable Tourism and Innovative Financial Management Strategies, bei dem Kompetenzzentren zur Finanz- und Nachhaltigkeitsbildung in Asien aufgebaut wurden.

- *CYCLES:* mit dem Ziel, Kinder- und Jugendbetreuer:innen finanzielle Allgemeinbildung und unternehmerische Fertigkeiten zu fördern.

- *CRYPTOPOLIS:* bei dem eine digitale Simulationssoftware für Investments entwickelt wurde, um das Risikoverständnis für Kryptowährungen zu stärken.

- *FEMSTRONG:* mit dem Ziel, die Finanzbildung von Frauen zu fördern.

1.2 Institut „Gesundheits- und Tourismusmanagement"

- *Aktive Mobilität und Bewegungsförderung* bildet sich in verschiedenen Projekten des Instituts ab: „Gesundheitsförderlicher Fußball", „Generationenpark", „Bewegte Gemeinden" sowie „Bewegungskompetenz und Primary Care". Hinzu kommt aktuell das Projekt *„MOVEluencer"*, das die kommunale Bewegungsförderung im ländlichen Raum analysiert und nachhaltig initiiert.

- *Com:HeNet Erasmus Plus Projekt* mit sechs Universitäten zur Entwicklung eines europäischen Kompetenzrasters für regionales Gesundheitsmanagement.

- *VitalMonitor:* Entwicklung einer Lösung für das Monitoring situationsabhängiger psychisch-physischer Belastungen bei Einsatzkräften mittels drahtloser am Körper getragener bzw in die Bekleidung/Ausrüstung integrierter Bio-Sensoren. Partner: JOANNEUM RESEARCH, Bundesministerium für Landesverteidigung, Fussenegger & Grabher GmbH und SÜSS Medizintechnik GmbH.

- *Digi-T Digital Literacy im steirischen Tourismus:* Das Projekt erforscht die zukünftigen Anforderungen an digitale Kompetenzen von Mitarbeiter:innen und Führungskräften im steirischen Tourismus. Kooperationspartner sind das Institut für Journalismus und Digitale Medien der FHJ sowie das Institut für Erziehungs- und Bildungswissenschaft der KFUG. Gefördert vom Zukunftsfonds Steiermark.

- *MOOC4tourism:* Umgesetzt ist die Entwicklung eines MOOC für Mitarbeiter:innen im steirischen Tourismus zur Qualifizierung von digitalen Kompetenzen. Gemeinsam mit der Erlebnisregion Thermen- und Vulkanland Steiermark wird dazu ein Pilot durchgeführt und evaluiert. Gefördert durch den Projektfonds Arbeit 4.0 der AK Steiermark.

1.3 Institut „Industrial Management"

- *ReWasteF* (COMET-Projekt, FFG), Konsortialleiter Montanuniversität Leoben: Digitalisierung eines Abfallerkennungsprozesses.

- ***Digital Innovation Hub Süd*** (FFG) als eine der Hochschulen, die für KMUs systematische und innovative Unterstützung zur Digitalisierung der jeweiligen Geschäftsmodelle anbieten.

- ***Impact-SXR*** (Collective Research, FFG) mit Konsortialleiter ecoplus/Niederösterreich und 20 Unternehmenspartner:innen wird der nachhaltige Einsatz von Extended Reality Anwendungen erforscht. Vom Aufstellen der XR-Strategie (FHJ), über die Entwicklung der Lösung (FH St. Pölten und FH Oberösterreich/Steyr), der Stakeholder-Integration im Sinne von Change Management (FHJ) bis zur Evaluierung der ökologischen Nachhaltigkeit (FHJ) sowie Wirtschaftlichkeit (TU Wien).

- ***DEEPEN*** (BRIDGES, FFG), im Rahmen des Dissertationsprojektes „Data based expert system for process efficiency" wird gemeinsam mit der TU Wien und einem Industriepartner an neuen Methoden zur Optimierung von Kunststoff-Extrusionsanlagen mit Machine-Learning-Methoden für prädiktive Analytik geforscht.

- ***BRIDGES 5.0*** (BRIDGES 5.0: HORIZON, EU): In einem Leuchtturmprojekt der Europäischen Kommission werden nötige Kompetenzen von Industrie 5.0 und deren Anwendung sowie deren Folgen/Auswirkungen auf Politik, Gesellschaft und Wirtschaft erforscht. Im europaweiten Konsortium aus zehn Ländern und über 30 Partner:innen aus Wissenschaft, Industrie und Interessensvertretungen ist die FHJ als einzige Universität aus Österreich dabei, gemeinsam mit dem AIT, der Plattform Industrie 4.0 und Infineon.

1.4 Institut „International Management und Entrepreneurship"

- ***Global Entrepreneurship Monitor (GEM):*** Diese Studie wird im 2-Jahres-Rhythmus durchgeführt und misst die unternehmerische Aktivität in Österreich. Gefördert durch diverse Ministerien sowie WKO und AWS.

- ***Greenovet (Erasmus+ Exzellenz in der Berufsbildung):*** Dieses Projekt dient dem Aufbau von Weiterbildungszentrum für die Berufsbildung im Bereich der Green Skills.

- ***StepUP (Erasmus+ Capacity Building in Higher Education):***
  Dieses Projekt zielt auf den Aufbau von Social Entrepreneurship Zentren in Hochschulen in Südostasien ab. Das Projekt wird von der EU über die Schiene Capacity Building in Higher Education gefördert.

- ***RAINBOW (Erasmus+ Capacity Building in Higher Education):***
  Durch dieses Projekt wurde die Frauenförderung in Indien in einigen indischen Universitäten gefördert.

- ***KNOWHUB (Erasmus+ Capacity Building in Higher Education):*** Im Rahmen dieses Projektes wurden Zentren der Zusammenarbeit zwischen Hochschulen und Unternehmen in Albanien, Montenegro, Bosnien und Herzegowina sowie Nordmazedonien geschaffen.

2. Kooperationen in Lehre und Forschung

Die vier Institute kooperieren in unterschiedlichsten Formen lokal, national wie international. Durch die verbindende Spange des Managements ergeben sich auch Kooperationen untereinander, hauptsächlich im Bereich von internationalen Forschungsprojekten.

Das *Institut für Bank- und Versicherungswirtschaft* kooperiert seit 2008 mit der Grazer Wechselseitigen Versicherung zur Förderung von wissenschaftlichen Leistungen. Im Zuge dessen wird der „GRAWE High Potential Award" an die besten Absolvent:innen der Studiengänge „Bank- und Versicherungswirtschaft", „Bankmanagement" und „Versicherungsmanagement" verliehen. Zusätzlich gibt es folgende Kooperationen:

- Kooperation mit Wirtschaftskammer Österreich: Fachgruppen Versicherungsagenten & Finanzdienstleister
- Kooperation mit Ecobono zum Thema Nachhaltige Finanzanlagen
- Kooperation UIPath zur Digitalisierung und Automatisierung von Geschäftsprozessen in der Bank- und Versicherungswirtschaft;
- Mitglied der Nationale Finanzbildungsstrategie des Bundesministeriums für Finanzen
- Mitglied des InsureTech Hub München, Deutschland

Das *Institut für Gesundheits- und Tourismusmanagement* kooperiert mit unterschiedlichen Partner:innen aus dem öffentlichen Gesundheitswesen sowie mit unterschiedlichen Tourismus- und Freizeitwirtschaftseinrichtungen sowie auch Universitäten und außeruniversitären Forschungseinrichtungen.

- Gesundheitsfonds Steiermark
- Joanneum Research
- Institut für Sportwissenschaft der Universität Graz
- Bundessportakademie Österreich (BSPA): Lehrgang „Sportmanagement und Training"
- Steirischen Fußball-Akademie Steiermark Sturm Graz am BG/BORG (HIB) Graz
- *ATLAS* The Association for Tourism and Leisure Education and Research und damit verbunden die Ausrichtung der *ATLAS Annual Conference 2023* an der FHJ Bad Gleichenberg
- *„Tourism Panel of Climate Change"*: Harald A. Friedl als Mitglied der „Lead Experts Group" (s dazu näher: https://tpcc.info/)

Das *Institut für Industrial Management* kooperiert in der Lehre mit zwei Double-Degree-Abkommen (Universitäten Udine/Italien und National Kaohsiung First University of Science & Technology/Taiwan) sowie zwei internationalen Hochschulnetzwerken (PRIME Networking – Professional Inter-university Management for Educational Networking mit 17 internationalen Business Schools; EUCLIDES network von 18 europäischen Engineering Departments/Universitäten). Zusätzlich gibt es folgende Kooperationen:

- *Alumni:* Industrial Management Club (IMC) und Österreichischer Verband der Wirtschaftsingenieur:innen
- *Controlling:* International Group of Controlling (IGC) und Internationaler Controllerverein
- *Einkauf:* akademischer Partner der Procurement Academy der KNAPP AG sowie Entwicklung und Durchführung einer Procurement Academy für die WILD GmbH
- *Digitalisierung:* 15 aktive Partner:innen des Smart Production Lab (zB Pankl Racing, voestalpine, SAP, Hoerbiger), global be-

schicktes Digital Ambassador Qualification Program (DAQP) mit und für Voestalpine High Performance Metals, Weiterbildungs- und Projektmöglichkeiten als Partner des DIH (Digital Innovation Hub) Süd und die institutseigene Weiterbildungsplattform „knowledgefactoryIWI"

- *Logistik:* Verein Netzwerk Logistik, Logistics Research Austria für interdisziplinäre Forschung und Entwicklung von Supply-Chain- und Logistikanwendungen, Austrian Logistics (Logistikinitiative des Bundesministeriums für Innovation und Klimaschutz für Exzellenz und Sichtbarkeit österreichischer Logistikleistungen), ECR Austria – Academic Advisory Board (Consumer Responsiveness)

Das *Institut für Internationales Management und Entrepreneurship* hat zahlreiche intensive Forschungskooperationen, insbesondere über Erasmus+ Capacity Building in Higher Education Projekte weltweit, vor allem in Asien und Südamerika, aber auch mit vielen Hochschulen in Europa und vermehrt auch in Afrika. Besondere strategische Partnerschaften sind die folgenden:

- Global Entrepreneurship Monitor (GEM) Partner für Österreich: unter anderem Kooperation mit Babson College und Aston Business School
- Kooperation mit Hasso-Plattner-Institut und dem European Start-up Network (Corship. BizMOOC, EMOOCs, und andere)

3. Auszeichnungen und Awards

3.1 Institut „Bank- und Versicherungswirtschaft"

- Teaching Award 2017 für *Helmut Michl*
- Teaching Award 2018 für *Michael Murg*
- Hammurabi Preis: 2019 an *Maximilian Puntigam* und 2020 an *Sandra Annerer* sowie 2022 an *Dino Imsirovic*

3.2 Institut „Gesundheits- und Tourismusmanagement"

- Sportwissenschaftlicher Preis des Landes Steiermark 2022 für *Peter Holler*
- Ars Docendi – Staatspreis für Hochschuldidaktik 2014 für *Harald A. Friedl*
- Health Research Award: 2017 an *Carina Marbler*, 2019 an *Linda Maria Harb* sowie 2020 an *Magdalena Kappel, Lisa Steinwender* und *Andrea Hesele*

3.3 Institut „Industrial Management"

- FIBAA Premium-Akkreditierung für Qualität in der Lehre, Masterstudiengänge International Industrial Management 2021–2028.
- Teaching Awards: 2022 *Katrin Weinländer* (Masterlehrgang International Supply Management); 2021 *Michael Georg Grasser* (Bachelorstudium Industrial Management).
- PMA Junior Award 2022 mit Finalist:innen *Hannah Pitzler* und *Raffael Reisl* und dem Projekt „Green Shoes", Masterstudiengang International Industrial Management.
- 27th Euroweek – Université de Lille, Frankreich (Mai 2022): 1st Prize for the Project Pitch Presentation: *Abigail Garcia* und *Julia Zeya*, mit „Handbook: Case studies, Best Practices in Implementing CSR" (CZ, SE, AT).
- Verleihung einer wissenschaftlichen Förderung durch die Arbeiterkammer Steiermark 2022: *Kevin Kulle* mit der Bachelorarbeit „Digitale Tools zur Reduzierung von Belastungsfaktoren im Homeoffice", Bachelorstudium Industrial Management.

3.4 Institut „Internationales Management und Entrepreneurship"

- GMM(MEM)-Studierende gewinnen fünfmal hintereinander den UniVation-Award der WSA (früher Youth for Innovation Award)
- Ars Docendi im Good Practice Katalog 2022 für *Bojan Jovanovski*
- Teaching Award 2022 für *Christian Friedl*
- Das Institut für Internationales Management und Entrepreneurship unterhält seit vielen Jahren eine enge Kooperation mit der Grazer Wechselseitigen Versicherung, und es wird jedes Jahr der sogenannte „GRAWE High Potential Award" an die besten Absolvent:innen der Studiengänge „Internationales Management" (Bachelor) und „Business in Emerging Markets" (Master) verliehen.

4. Highlights und Labore des Departments

Am *Institut für Bank- und Versicherungswirtschaft* werden im Digital Finance Lab innovative Technologien und deren Anwendbarkeit in der Finanz-, Bank- und Versicherungswirtschaft erforscht, Geschäftsmodelle und -prozesse entwickelt und Produktinnovationen erarbeitet. Blockchain, Robotic Process Automation, Artificial Intelligence und andere Technologien kommen dabei ebenso zur Anwendung wie ein Infrarot-Eyetracker und ein Refinitv/Thomson Reuters Terminal für Finanzmarktdaten. Das Lab hat die Förderung der Innovationsfähigkeit von Financial Services wie Banken, Versicherungen oder Finanzdienstleistungen, insbesondere in der Region Steiermark zum Ziel. Das Digital Finance Lab ist zudem Playground für Start-ups, FinTechs und InsureTechs. Das *Financial Literacy Competence Center* vereint die Kompetenz der Expert:innen aus dem Finanzdienstleistungssektor, Banken und der Versicherungswirtschaft, um die Bedeutung von Finanzwissen und -fähigkeiten als ein relevantes Thema zu fördern, die wiederum einen direkten Einfluss auf das Leben und den Wohlstand der Menschen hat. Unter anderem werden Workshops, Seminare und Schulungen für Schüler:innen, Lehrer:innen, Senior:innen und andere spezielle Zielgruppen angeboten. Das Center ist Mitglied der Österreichischen Financial Literacy Initiative von BMF, OeNB und FMA.

Im *Sportwissenschaftlichen Labor des Instituts für Gesundheits- und Tourismusmanagement* wird auf dem Gebiet der angewandten Trainingswissenschaften geforscht. Primäre Betätigungsfelder sind die *Optimierung von Trainingsprozessen* und die Entwicklung von Sport- und Trainingstherapie- sowie Bewegungskonzepten. Die Forschungs- und Beratungstätigkeiten werden in enger Zusammenarbeit mit unseren Auftraggeber:innen umgesetzt. Zu diesen zählen Vereine, Institutionen und Wirtschaftsbetriebe aus den Bereichen Sport, Gesundheit und Tourismus. Das Sportwissenschaftliche Labor der FHJ sieht sich als wissenschaftlicher Berater und Kompetenzzentrum auf dem Gebiet der Trainingswissenschaften. Unter anderem wurde ein nunmehr validiertes *Messtool für Physical Literacy* entwickelt.

Das *Institut für Industrial Management* betreibt mit dem *Smart Production Lab* eine der größten Lehr- und Forschungsfabriken für Digitalisierung in der Produktion (Industrie 4.0) in Mitteleuropa. Die Konzeption sieht eine Lab-in-Lab-Lösung vor, in dem es drei inkludierte Labs in der ehemaligen Industrie-/Produktionshalle gibt: ein *FabLab* (für den freien Zugang zum Maker-Space zu regelmäßigen Öffnungszeiten), ein *NextGen Lab* mit SAP (für innovative Geschäftsmodellentwicklung) und einem *IT-Security Lab* (in Kooperation mit dem IT-Institut in Kapfenberg). Ein Auditorium mit Harvard-Room-Funktionalität ermöglicht Lehre, Fachtagungen sowie unternehmerische Weiterbildung für das Management im Bereich Digitalisierung bzw Industrie 4.0. Ähnliche Funktionalitäten weist ein *Lean Lab* mit zahlreichen Unternehmensplanspielen und Lean-Management-Tools auf.

Am *Institut für Internationales Management und Entrepreneurship* wurde durch das Erasmus+ Projekt „Greenovet" die *„Green Tech Academy Austria" (GRETA)* geschaffen. Das Institut kooperiert durch die Co-Geschäftsführung in diesem Zentrum für Weiterbildung im Bereich Green Innovation eng mit den relevanten Stakeholdern und kann dadurch seine Expertise im Bereich Innovation ausbauen. Durch die Studie *„Global Entrepreneurship Monitor" (GEM) Austria,* die im zweijährigen Rhythmus erscheint, wird die Themenführerschaft im Forschungsschwerpunkt Entrepreneurship regelmäßig unter Beweis gestellt. Das Institut ist darüber hinaus eine treibende Kraft im Steirischen *Startup Ökosystem* durch enge Vernetzung mit den relevanten Stakeholdern, zB Science Park Graz, Unicorn, Ideentriebwerk etc. Weitere Highlights im Institut für Internationales Management und Entrepreneurship sind die Auszeichnung einiger Projekte wie KTU, BizMOOC oder WINGS als Success Story/Good Practice von der Europäischen Kommission.

5. Ausgewählte Publikationen des Departments für Management

Adamer-Koenig/Illing/Amort, Demographie und Epidemiologie als Determinanten des Gesundheitstourismus 2030, in: *Heise/Axt-Gadermann* (Hg), Sport und Gesundheitstourismus 2030 (2018) 33

Batalla/Martinez/Kohlbacher, ERP lifecycle main indicators and guidelines to determine a change of ERP provider 2022, in: Proceedings of the 2022 8th International Conference on Computer Technology Applications (ICCTA) (2022) 230

Becken/Friedl/Stantic/Connolly/Chen, Climate crisis and flying: social media analysis traces the rise of "flightshame", Journal of Sustainable Tourism (2021) 1450

Binder/Friedl/Miller, The ethics of sufficiency: The Edelsbach Tulip Festival as a best practice example of sustainable event culture, in: *O'Rourke/Koščak* (Hg), Ethical & responsible tourism: Managing sustainability in local tourism destinations (2023) 223

Bobek/Streltov/Horvat, Directions for the sustainability of innovative clustering in a country, Sustainability 15/4 (2023) 1

Brunner/Obmann (Hg), Supply Chain Captain, in: Schriftenreihe Industrielles Management X (2021)

Burböck/Macek/Podhovnik/Zirgoi, Asymmetric influence of corruption distance on FDI, Journal of Financial Crime 25 (2018) 845

Friedl/Frech/Kirschner/Mahajan/Wenzel, Global Entrepreneurship Monitor Austria 2022/23 – Bericht zur Lage des Unternehmertums in Österreich (2023)

Hartner/Mezhuyev, Time series based forecasting methods in production systems: A systematic literature review, in: International Journal of Industrial Engineering and Management (2022) 119

Hofer-Fischanger/Tuttner/Amort/Helms/Unger/Hödl/Strüver/van Poppel, Promoting active transport in rural communities through infrastructural modifications: the PABEM needs assessment tool, Health Promot Int (2021) 1

Holler/Jaunig/Moser/Tuttner/Simi/Wallner/Amort/van Poppel, Primary Care and Physical Literacy: A Non-Randomized Controlled Pilot Study to Combat the High Prevalence of Physically Inactive Adults in Austria, International journal of environmental research and public health 18/16 (2021) 8593

Maček/Pildner-Steinburg/Linditsch/Murg, On what should banks be focused by the offering online banking services? Journal of Money and Banking (2019) 41

Maček/Murg/Veingerl Čič, How robotic process automation is revolutionizing the banking sector in. Managing Customer Experiences, in an Omnichannel World: Melody of Online and Offline Environments in the Customer Journey (2020) 27

Mestel/Murg/Theissen, Algorithmic trading and liquidity: Long term evidence from Austria, Finance Research Letters 26 (2016) 198

Murg/Razali/Maizaitulaidawati (ed), Banking and Finance, Intech Open (2020)

Sorko/Irsa, Interaktive Lehre des Ingenieursstudiums (2019)

Tschandl/Brandstätter/Mezhuyev/Gleich, Kostenmanagement in Krisenzeiten, CFO aktuell, Zeitschrift für Finance & Controlling (2022) 103

Tschandl/Mayer/Sorko, An interdisciplinary digital learning and research factory: The Smart Production Lab, Procedia Manufacturing (2020)

Wallner/Simi/Tschakert/Hofmann, Acute physiological response to aerobic short-interval training in trained runners, International journal of sports physiology and performance (2014) 661

6. Entwicklungsperspektiven/Ausblick

Das **Department für Management** wird sich in den nächsten Jahren auf die **inhaltlichen Schwerpunkte** konzentrieren, die von unseren Kund:innen (Studierenden, Unternehmen) benötigt werden. Aus heutiger Sicht werden wir uns in Zukunft insbesondere auf folgende Themen konzentrieren: Controlling & (strategische) Unternehmenssteuerung, Smart Production & Services, Supply Chain Management, Arbeit der Zukunft, Prozessoptimierung/ERP/MES, Global Management, Innovation Management and Intra/Entrepreneurship, Sustainability and Green Transformation, HR-Management, Finance, Banking, Insurance, Sustainable

Finance, Digital Finance und Financial Literacy sowie die Themen Gesundheitsmanagement und nachhaltige Tourismus- und Freizeitwirtschaft.

Die *Forschungs- und Lehraktivitäten* zusätzlich zu den bestehenden Schwerpunkten werden auf weitere zukunftsrelevante Themen mit hoher gesellschaftlicher und wirtschaftlicher Bedeutung ausgeweitet. Dabei werden die strategischen Themen der FHJ – ***Defossilisierung, Demographie, Digitalisierung, Demokratie und Didaktik*** – im Rahmen von gemeinsamen, fächerübergreifenden Wahlfächern für alle Studierenden des Departments integriert. Dabei soll auch eine Mitwirkung bei der Entwicklung von gemeinsamen Microcredentials im Rahmen des EU4DUAL-Projekts erfolgen (Institute „International Management and Entrepreneurship", „Gesundheitsmanagement im Tourismus" und „Industrial Management"). Die gemeinsame verbindende Spange bleibt weiterhin das Management.

Der Beitrag entstand unter Mitwirkung aller Institutsleiter:innen des Departments: *FH-Prof.^{in} Mag.^{a} Dr.^{in} Doris Kiendl, FH-Prof. Mag. Dr. Martin Tschandl, Dr. Michael Murg, BA MBA MSc*. Danke auch an dieser Stelle an Studiengangsleiter *MMMMag. DDr. Wolfgang Granigg* sowie an die Lehrgangsleiter *DI (FH) Dr. Uwe Brunner, DI (FH) Dr. Jörg Schweiger, MSc* und *FH-Prof. Mag. Dr. Dietmar Wallner, MAS MSc*.

Ad Sanitatem

Robert Darkow
für das Department „Gesundheitsstudien"

Der unbezahlbare Wert der Gesundheit offenbart sich in ihrer Vulnerabilität. Das Department „Gesundheitsstudien" widmet sich in Lehre und Forschung ihrer Erhaltung und Wiedererlangung mit der maximalen ökologischen Validität des Handelns als wichtigste Kennzahl.

Die *nichtärztlichen Gesundheitsberufe* sind eine wesentliche Säule der partnerschaftlichen Zielsteuerung Gesundheit, bilden oftmals das Scharnier zwischen der medizinischen Intervention und dem Transfer in die individuelle Lebenswelt und wahren aufgrund eigenverantworteter Maßnahmen eine qualitativ hochwertige gesundheitsbezogene Versorgung der Patient:innen.

1. Mutiger Aufbruch

Wie ging's los? Seit Promulgation des Bundesgesetzes über die Regelung der gehobenen medizinisch-technischen Dienste (MTD-Gesetz) im Jahr 2005 und der dieses Gesetz präzisierenden Rechtsvorschrift über Fachhochschul-Bakkalaureatsstudiengänge für die Ausbildung in den gehobenen medizinisch-technischen Diensten (FH MTD-AV) wird die Ausbildung der MTD-Berufe in grundständigen Fachhochschul-Bachelorstudiengängen verortet, die zuvor nicht-akademisch an Berufsakademien durchgeführt wurde. Bereits 2006 starteten an der FH JOANNEUM (im Folgenden kurz: FHJ) die Bachelorstudiengänge „Biomedizinische Analytik", „Diätologie", „Ergotherapie", „Hebammen", „Logopädie", „Physiotherapie" und „Radiologietechnologie". 2010 ergänzte der Masterlehrgang „Angewandte Ernährungsmedizin" in Kooperation mit der Medizinischen Universität Graz, 2014 der Masterstudiengang „Massenspektrometrie und molekulare Analytik" dieses Angebot. 2016 startete der Bachelorstudiengang „Gesundheits- und Krankenpflege". Die akademischen

Lehrgänge „Kinder- und Jugendlichenpflege", „Psychiatrische Gesundheits- und Krankenpflege", die Zertifikatslehrgänge „Multiprofessionelles Management chronischer Schmerzen" und seit 2022 der Masterlehrgang „Digitale Gesundheitskommunikation" in Kooperation mit dem Institut „Journalismus und Digitale Medien" verdeutlichen die unentwegte Ausdifferenzierung des Portfolios. *Vor allem die Bachelorstudiengänge zeichnen sich durch hohe Bewerberzahlen aus, Zeichen der gesellschaftlichen Wertschätzung der Berufsbilder und deren gesellschaftlichen Relevanz.* Letzterer wurde in einigen Studienrichtungen durch eine Erhöhung, beispielsweise in der Gesundheits- und Krankenpflege durch eine Vervielfachung der Studienplätze Rechnung getragen. In Summe starten damit aktuell jährlich 500 Erstsemestrige mit Start im Winter- und Sommersemester in Graz sowie Bad Gleichenberg und ab 2025 in Kapfenberg ihr Studium am nun so konsolidierten Department „Gesundheitsstudien". Diese Entwicklung wurde begleitet durch das Engagement der bisherigen Departmentvorsitzenden *Elisabeth Pail, MBA MSc, Beate Salchinger, MSc, Gabriele Schwarze, MSc MAS, FH-Prof. Dr. Helmut Ritschl, MA MSc, Moenie van der Kleyn, MPH* und *Dipl.-Log. Dr. Robert Darkow.*

Eine dringend notwendige Komponente, um diese Bemühungen des Departments für Gesundheitsstudien tragfähig zu gestalten, ist die Fortführung der primärqualifizierenden Vollakademisierung. Nach Installation der grundständigen Bachelorstudiengänge kann das akademisch ausgebildete Personal das verfügbare Wissen um die komplexen Behandlungsanforderungen und -möglichkeiten rezipieren, selektieren und evidenzbasiert anwenden. Der Aufbau einer eigenen Forschungsidentität und -kompetenz um durch (Weiter-) Entwicklung der Verfahren und Methoden eine maximal effektive und effiziente Intervention zu gewährleisten, ist für die Wahrung der Versorgung auch bei sozialem Wandel unumgänglich und ausschließlich durch eine vollständige Akademisierung zu erreichen. Innovative fachspezifische und empirisch abgesicherte Beiträge zu einer interdisziplinären Prävention und Rehabilitation werden ermöglicht. Eine effektive Kooperation mit den Bezugsdisziplinen ist hierfür notwendig, gelingt jedoch nur bei konsequenter Weiterentwicklung der ursprünglich klinischen Profession zu einer echten wissenschaftlichen Disziplin. *Das Department für Gesundheitsstudien arbeitet daher weiter an der Komplettierung des Professionalisierungsprozesses, um im Rahmen eigener Masterstudiengänge zum Aufbau einer nicht-*

ärztlichen, gesundheitsspezifischen, ggf fachspezifischen Forschungsidentität beizutragen. Dieser wichtigste Baustein der Portfoliooptimierung transportiert die Validität des Lehrangebots, ein wesentlicher Entscheidungsgrund für ein Studium an der FH aus Sicht möglicher BewerberInnen.

2. Status quo

Wie schaut's aktuell aus? *Effektiv kooperierend, interdisziplinär entwickelnd, gemeinsam lehrend und lernend sind Attribute der derzeitigen Arbeit am Department für Gesundheitsstudien und liegen in der gemeinsamen fachlichen Sozialisierung begründet:* Die Fachdisziplinen am Department für Gesundheitsstudien eint die Einbettung in einen interdisziplinären und multiprofessionellen Sektor, in dem Insellösungen nicht tragfähig sein können und Interventionen stets kontextualisiert und gemeinsam erreicht werden. Höchst erfolgreiche, interdisziplinär initiierte, umgesetzte, etablierte und prämierte Arbeiten zur Verbesserung der Versorgung exemplifizieren die hohe Qualität und Relevanz der Beiträge aus dem Department für Gesundheitsstudien schon zu einem Zeitpunkt, zu dem die Akademisierung noch nicht vollständig umgesetzt werden konnte.

Die ökologische Validität der Lehre in allen Studien- und Lehrgängen hat für das Department „Gesundheitsstudien" oberste Priorität, um mit den Absolvent:innen eine wesentliche Komponente der gesundheitsspezifischen Versorgung aller Gesellschaftsschichten auf höchstem Niveau dauerhaft sicherstellen zu können. Die Absolvent:innen werden zu voll- und letztverantwortlichem, evidenzbasiertem Handeln in ihrem jeweiligen vieldimensionalen Versorgungsprozess der aktuellen und zukünftigen Gesellschaft befähigt.

Die in den einzelnen Curricula avisierten Berufsbilder entsprechen dabei zum einen der jeweiligen aktuellen Kompetenzmatrix respektive identifizieren in Übereinstimmung mit international etablierten Bezugssystemen Schlüsselkompetenzen, die in der täglichen Berufspraxis für die vielschichtige, umfassende und dauerhafte Versorgung unabdingbar sind. Dabei bilden sie im Sinne einer maximalen ökologischen Validität die Kompetenzen, Fertigkeit und Fähigkeiten in Konnektierung zu den flankierenden Wissenschaften die vielfältigen Erfordernisse des aktuellen Betätigungsprofils ab. Das Instrumentarium sieht dafür methodisch-didaktisch die evaluierte Implementierung innovativer, kooperativer Lernformate wie Skills Labs und Simulationen, hierarchisierter Transferkaskaden, forschungsgeleiteter und projektbasierter sowie interdisziplinärer, transkultureller, inklusiver Lehre vor. Die vollständige, hochwertige gegenständlich-apparative Ausstattung bildet ebenso die notwendige Grundlage, wie die personelle Struktur unter Investitionen zum Empowerment aller Akteure der Erreichung dieses Zieles Rechnung trägt. *Nationale wie internationale Kooperationen mit relevanten Stakeholdern und Institutionen sichern die Zugänglichkeit zu neuesten Verfahren, dienen im Rahmen von Praktika als Katalysator des suffizienten Theorie-Praxis-Transfers und kollaborativer Forschungsvorhaben. Die Praktika sind eine wesentliche curriculare und auch im Ausmaß gesetzlich kodifizierte Komponente und werden ermöglicht durch eine starke, vertrauensvolle Zusammenarbeit mit den Praktikumsstellen.* Institutionen wie die Steiermärkische Krankenanstaltengesellschaft, öffentliche und private Krankenhäuser, Landespflegezentren, öffentliche und privat geführte Pensionisten- und Pflegeheime, freiberuflich tätige Berufskolleg:innen in ihren Ordinationen und Praxen sowie namhafte Unternehmen im In- und Ausland sind unverzichtbare Partner:innen in der praktischen Ausbildung. Durch Errungenschaften der europäischen Union, wie das Förderprogramm Erasmus+, werden zunehmend Praktika außerhalb der österreichischen Grenzen durchgeführt. Dies ermöglicht den Studierenden, auch außercurriculare Erfahrungen und internationale Kontakte zu sammeln und mit dem Wissen um andere Gesundheitssysteme als Normativ das hiesige System zu kontextualisieren. *Die Auszeichnung „Lehreinrichtung der FHJ", die vom Department den Praktikumsstellen verliehen wird, ist an vielen Türen gesundheitsbezogener Institutionen zu finden und morphologisches Korrelat dieser vertrauensvollen Zusammenarbeit.* Die zentralen Kooperationen beinhalten mit Stakeholdern, Berufsvertretungen und namhaften Institutionen gemeinsam initiierte Weiterbildungen, Schulungen, Vorlesungen. In der Lehre ist das Engagement der extern Lehrenden, ihre unmittelbare Berufspraxis und deren didaktisch wertvolle Aufarbeitung und Vermittlung eine unverzichtbare und von Studierenden, Lehrenden und Organisierenden hochgeschätzte curriculare Komponente.

3. Outcome

Bringt's was? Kontinuierliche Auszeichnungen, um mit dem MTD-Innovationspreis 2015 für das „Health Perception Lab (HPL)", dem Staatspreis Ars Docendi im Jahr 2022 für exzellente Lehre, zahlreichen Teaching Awards und vielfältigste Prämierungen von Bachelor- und Masterarbeiten nur ausgewählte Beispiele zu nennen, sind das Normativ in der Reflexion der Arbeit im und am Department „Gesundheitsstudien". Wissenschaftliche Beiträge mit internationaler Sichtbarkeit und Anerkennung sind selbstverständlicher Teil des Tuns: Der kumulierte Impact Factor der Veröffentlichungen allein seit 2019 hat drei Stellen, vor dem Komma! Etliche veröffentlichte Lehr- und Fachbücher, kontinuierliche Einladungen zu Vorträgen oder auch Konferenzausrichtungen sowie Mitarbeit an der Novellierung der Berufsgesetze sind Resonanzen der sichtbaren Qualität der Arbeit am Department „Gesundheitsstudien". *Die Evaluierungen der Studierenden belegen die qualitativ hochwertig ausgeführten Lehrveranstaltungen, die hohe Nachfrage nach unseren Absolvent:innen die Relevanz und Rückmeldungen den hohen Grad an Validität der Lehre für die folgende Berufstätigkeit.* Kontinuierlich erfolgreich eingeworbene Drittmittel an Instituten mit etablierter Forschungsidentität und beginnende, zunehmend erfolgreiche Forschung an Instituten mit sich konstituierender Forschungsidentität leisten einen aktiven Beitrag zur Weiterentwicklung des Gesundheitswesens wie beispielsweise der Sicherung einer suffizienten Versorgung in aktuell strukturschwachen Gebieten. Die Klammer zur Erreichung dieser Ziele bildet eine didaktisch aktuelle Lehre der neuesten wissenschaftlichen Erkenntnisse nach Prinzipien der systematischen Konsequenz und habt Progression und Ganzheitlichkeit zum Ziel. Neben der Vermittlung des fachlichen Rüstzeugs ist die Befähigung zum reflexiven Handeln und Kontextualisieren der Interventionen immanenter Bestandteil jeder Lehrveranstaltung und fazilitiert summatim ein Operieren anhand einer assoziativen Richtung. Diese reflektierte Sicht auf den eigenen Beitrag im und zum Gesundheitswesen ist evident, um fachspezifische Lösungen zur zukünftigen Wahrung der Versorgung respektive Veränderung der aktuellen Versorgungssituation aus der eigenen Fachdisziplin heraus entwickeln zu können.

4. Spitzenforschung und gelebte Interdisziplinarität zur Verbesserung der Versorgung

Was heißt „erfolgreiche Forschung" konkret? *Die ökologische Validität der Forschungs- und Entwicklungsvorhaben wird durch die Orientierung am Korridor gesellschaftlicher Bedarfe und Bedürfnisse durch die unmittelbare Integration der Zielgruppen orientiert, mit der Richtschnur der möglichst validen Forschungsvorhaben für die unmittelbare oder mittelbare gesundheitsspezifische Versorgung der Gesellschaft.*

Das von der österreichischen Forschungsförderungsgesellschaft FFG geförderte Forschungsprojekt „Health Perception Lab (HPL)" war der Auftakt zu interprofessioneller gesundheitsbezogener Forschung an der FHJ, mit dem Ziel, neue Methoden und Konzepte im Bereich der gesundheitsorientierten Sensorik mit Fokus auf Adipositasprävention und -therapie zu entwickeln. In einer Pilotstudie wurden prä- und postnatale Parameter von Übergewicht und Adipositas untersucht und neue sensorische Evaluationsmethoden bei Schwangeren, Müttern und deren Säuglingen entwickelt. Das interdisziplinäre Team des HPL entwickelte zudem ein Sauerteig-Vollkornbrot mit reduziertem Salzgehalt, das mit einem Eye-Tracking-System und sensorischen Akzeptanztests an Kindern getestet wurde und als Lebensmittelprodukt in den Markt überführt wurde. Darüber hinaus wurde ein interaktives pädagogisches Lernspiel entwickelt, um Kindergartenkindern die Bedeutung von sensorischer und gesunder Ernährung zu vermitteln. *Aus dem Projekt HPL resultierten zahlreiche Publikationen und interdisziplinäre Erkenntnisse und das Projekt war Kristallisationspunkt für die Entwicklung und Durchführung weiterer herausragender Folgeprojekte wie zB dem Josef Ressel Zentrum für die Erforschung von Prädispositionen der perinatalen metabolischen Programmierung von Adipositas:* Die aktuelle und prognostizierte Entwicklung der Prävalenz von Übergewicht und Adipositas ist dramatisch. Eine Rückführung der mittleren BMI-Werte auf das Ausgangsniveau im Jahr 1980 würde den globalen Lebensmittelverbrauch um 8% reduzieren! Adipositas verursacht 3,4 Millionen Todesfälle und 3,8% der weltweiten Verluste gesunder Lebensjahre. Besonders bei Kindern und Jugendlichen konzentriert sich die Zunahme, auch in Österreich. Mit der Kernfrage, inwiefern die frühkindliche Entwicklung, konkret Stillen beziehungsweise Flaschenernährung, mit Adipositas zusammenhängt, beschäftigt sich das „Josef Ressel Zentrum für die Erforschung von Prädispositionen der perinatalen metabolischen Programmierung von Adipositas" am Institut für Hebammenwesen. In 1.000 Tagen Intervention, von der Schwangerschaft bis zum zweiten Lebensjahr, wird die Mutter-Kind-Einheit multidimensional betrachtet. Gemeinsam mit bioanalytischen Untersuchungen kann ein weitreichendes Verständnis des Phänomens der metabolischen Programmierung im Säuglingsalter erzielt werden.

Die umfangreiche Auftragsforschung im Bereich analytischer Fragestellungen wurde Kristallisationspunkt des „Josef Ressel Zentrums für Entwicklung umfassender analytischer Techniken für die Pharmaindustrie", das sich den vielfältigen und komplexen Fragestellungen der suffizienten Analytik pharmazeutischer Produkte und Prozesse widmete. Ziel dieses JR-Zentrum war es, eine umfassende Screening-Plattform für Ausgangsmaterialien, Prozesszwischenprodukte, das fertige Arzneimittel, sowie prozess- oder abbaubedingte Verunreinigungen zu entwickeln, welche die Identifizierung spezifischer Qualitätsmarker in der Entwicklung pharmazeutischer Produkte ermöglicht.

Das Projekt SCOBES-AR (Smart Cognition & Behaviour Screening powered by Augmented Realtiy) trägt der soziodemographischen Entwicklung und der damit einhergehenden Zunahme altersassoziierter Erkrankungen Rechnung: In diesem Projekt wird ein Screening-Instrument zur Früherkennung kognitiver und körperlicher Einschränkungen im höheren Lebensalter entwickelt. Kognitive Einschränkungen haben eine lange Latenzphase, bis sie erkannt werden. Derzeit zielen Behandlungsstrategien auf Stabilisierung neurokognitiver Defizite ab; aktuelle klinische Diagnoseverfahren wie Liquoruntersuchungen und Magnetresonanztomografie sind nicht für populationsbezogene Früherkennung geeignet. Es braucht daher Maßnahmen zur Früherkennung und Prävention. Große Stärke des von der FFG im Rahmen der COIN-Schiene geförderten Projekts ist die Interdisziplinarität der beteiligten Professionen: Sieben Institute aus drei Departments der FHJ („Diätologie", „Ergotherapie", „Logopädie", „Physiotherapie", „Gesundheits- und Krankenpflege", „Wirtschaftsinformatik und Data Science", „Gesundheits- und Tourismusmanagement") beteiligen sich an der Entwicklung. Durch das Screening-Instrument werden Tests verschiedenster Gesundheitsdisziplinen zu einem gemeinsamen innovativen Prozess verbunden. Mithilfe der augmentierten und virtuellen Realität können kognitive und körperliche Funktionen erfasst und ausgewertet werden.

Diesen exemplarisch ausgewählten Beispielen für Spitzenforschung am Department für Gesundheitsstudien diente die facetten- und umfangreiche Forschungstätigkeit aller Institute als Inkubator Forschungsprojekte zB zu Therapieadjuvanz, neuen Versorgungsformen, Digitalisierung, Patient:innenpräferenzen in Grundlage und Anwendung flankieren. Die Bemühungen, vor dem Hintergrund der prognostizierten (sozio-)demographischen Entwicklungen die aktuelle Verantwortlichkeit zur gesundheitsbezogenen Versorgung der Gesellschaft auch zukünftig gewährleisten zu können, werden auf höchstem Niveau weiterverfolgt. Forschungs- und Entwicklungsvorhaben und die Integration altersassoziierter Shifts der gesellschaftlichen Bedarfe und Bedürfnisse in den Curricula stellen dabei die Kernkomponenten. Bemühungen um die Integration neuer Interventionsformen in die Regelversorgung soll dem sozialen Wandel gerecht werden, wie der Zunahme von Bevölkerungsanteilen mit hohem Lebensalter, mit chronischen Erkrankungen, in sozial schwieriger Lage oder mit Migrationshintergrund.

5. Perspektive

Wo geht's hin? *In nur wenigen Jahren ist es am Department „Gesundheitsstudien" gelungen, die grundständige Akademisierung unter Entwicklung innovativer, valider und studierbarerer Curricula umzusetzen und sich als verlässlicher Partner im Räderwerk der Gesundheit zu etablieren.* Hochspezialisierte Klinker:innen haben berufsbegleitend ihre Masterabschlüsse nachgeholt, mittlerweile promovierte Absolvent:innen der eigenen Studiengänge gestalten Lehre und Forschung mit zukunftsweisenden Gedanken mit, der Paradigmenwechsel ist vollzogen und doch noch im vollen Gange. Summatim kann extrapolierend auf den bisherigen Entwicklungen der Fachdisziplinen am Department ein Exzellenzanspruch formuliert werden.

Medien und Design für Gesellschaft 4.0

Heinz M. Fischer

Das Department „Medien und Design" fühlt sich Kreativität und Gestaltung verpflichtet. Hier findet Medien- und Designdiskurs statt. **Die Studien- und Lehrgänge des Departments sind mit ihren Themen und Inhalten inmitten von Gesellschaft und Öffentlichkeit positioniert.**

1. Information – Kommunikation – Medien – Design. Was Öffentlichkeit konstituiert

Es gibt viele Möglichkeiten einer zeitgemäßen Skizzierung von Gesellschaft. Geopolitische Zu- und Beschreibungen beispielsweise, oder ökonomische und technologische. Oder, was Öffentlichkeit zusammenhält – *Information, Kommunikation, Medien und Design*. Wesentliche Faktoren, die eine pluralistische Öffentlichkeit konstituieren und ohne die Gesellschaft nicht auskommen oder gar funktionieren würde.

Medien und Design – so auch die Dachmarke eines der sechs Departments an der FH JOANNEUM – stehen längst nicht bloß für Gestaltung von Medieninhalten oder Entwerfen von Produkten. Vielmehr sind sie Leitlinien und Leuchtmarker einer medialen Überflussgesellschaft. Sie bieten gleichermaßen Orientierung und Vertiefung, Tragfähigkeit und Verlässlichkeit.

Medien (auch digitale Social Media) sind ein Spiegelbild von Gesellschaft. Mitunter versehen mit den heftigen Effekten eines Brennglases oder eines Zerrbildes. Mit all den positiven wie negativen, günstigen wie ungünstigen, hässlichen wie ästhetischen Facetten. Mit ihren Werten, Produkten und Prozessen unterliegen sie – ebenso wie Gesellschaft – massiven Transformationen. Hochschulische Bildung und Ausbildung – erst recht einer praxisorientierten Ausrichtung, wie sie Fachhochschulen auf ihre Fahnen geheftet haben – werden gefordert sein, den veränderten Ansprüchen von Gesellschaft Genüge zu leisten. Eine der großen Leistungen von Medien und Design könnte der Versuch sein, *zunehmende Komplexität von Welt* zu brechen. Zu erklären und darzustellen, zu ordnen und zu sortieren, zu strukturieren und zu verstehen helfen.

Mit den drei Instituten **„Design und Kommunikation"**, **„Industrial Design"** sowie **„Journalismus und Digitale Medien"** setzt das Department **„Medien und Design"** seit Jahren wesentliche Akzente in der österreichischen und internationalen Medien- und Designlandschaft. Es ist eine spezielle Kultur, die das gesamte Department prägt: Die Maxime der Offenheit und Kommunikation auf Augenhöhe, auch – und vor allem – mit Studierenden. Kreativität entsteht am ehesten in Verwirklichungsräumen ohne überhöhten Druck und die Beengtheit von Überreglementiertem. Es zählt zu den Markenzeichen, zum Branding der Institute des Departments, eine Atmosphäre der kreativen Auseinandersetzung mit adäquaten Themen zu schaffen, ohne deswegen festgelegte Strukturen einer Fachhochschule aus dem Blick zu verlieren.

2. Sich in der Öffentlichkeit platzieren und positionieren

Das Department **„Medien und Design"** ist pluralistisch gestaltet, und kennt dennoch eine gemeinsame Absicht und Intention: Sich mit Ideen, Produkten und Kreationen in der Öffentlichkeit zu positionieren und zu platzieren, sowohl in der realen wie in der virtuellen. Hier hat Journalismus ebenso Platz wie Informationsdesign, die Gestaltung von medialem Content ebenso wie das Designen von Sounds oder das Entwerfen von Produkten. Die tragfähige Dachmarke ist der professionelle Umgang mit Informationen, vielfältigen Optionen der Kommunikation und den Stilmitteln von Medien. Es ist das ständige Wechselspiel von Form und Inhalt, von Zweck und Gestaltung, welches das Department begleitet, fordert und beflügelt.

Gesellschaftliche Bedeutung und Relevanz, die Faktoren wie **Information, Kommunikation, Medien** in einer zeitgenössischen Gegenwart zugeschrieben werden, haben in den vergangenen Jahrzehnten enorm zugenommen. Nichts deutet darauf hin, dass sich dies in Zukunft ändern würde. Wir erleben Paradigmenwechsel. Es sind keine Transformationen, denen Gesellschaft unterliegt, es sind Zäsuren und disruptive Ereignisse.

Die Fragmentierung von Gesellschaft, das Auseinanderdriften gesellschaftlicher Segmente, ist eines der großen zeithistorischen Themen. Das Ignorieren brennender ökologischer Debatten zahlreicher Regionen und Staaten ist ein ebenso beklemmender Befund einer aktuellen Gesellschaftsanalyse wie das permanente Erstaunen über Algorithmen gesteuerte Alltagsprozesse oder die zunehmenden Risken einer die Gesellschaft womöglich determinierenden Künstlichen Intelligenz.

Das Leitmotiv des *Agierens* statt **Re-Agierens** bestimmt am Department das jeweilige Tun und Handeln. Es sind neue Medienkompetenzen, die den Diskurs über technologische Dominanzen bestimmen. Und es sind Kritik und Reflexion, die zur Belebung von Ethik für eine digitale Gesellschaft beitragen müssen.

Vieles davon hat das Department „*Medien und Design*" bereits vorweggenommen, vieles davon wird zu den Herausforderungen der Zukunft zählen.

3. Medien, Journalismus und Akzente für qualitativ hochwertige Fort- und Weiterbildung

Das von dem Grazer Medien- und Kommunikationsexperten *FH-Prof. Mag. Dr. Heinz M. Fischer* seit seiner Gründung geleitete Institut „*Journalismus und Digitale Medien*" repräsentiert innerhalb des Departments mit den Fachhochschul-Studiengängen „*Journalismus und PR*" (Bachelorstudiengang) und „*Content Strategy*" (Masterstudiengang) den thematischen Journalismus-, Medien- und Content-Schwerpunkt. „*Journalismus und PR*" war bei seiner Etablierung im Jahr 2002 der erste Medienstudiengang an einer österreichischen Fachhochschule. Seine Attraktivität für die Medien- und Kommunikationsbranche, aber auch für Bewerber:innen ist ungebrochen geblieben.

Der Fachhochschul-Studiengang hat als Absolvent:innen in der Medien- und Kommunikationsszene **bekannte Namen** hervorgebracht, etwa Internet-Spezialistin *Ingrid Brodnig*, oder *Paul Krisai*, der – unter erschwerten Bedingungen aus Moskau berichtender ORF-Radio- und TV-Korrespondent – zum „Journalisten des Jahres 2022" gewählt worden ist.

Aber auch mit facheinschlägigen Publikationen macht der Studiengang regelmäßig auf sich aufmerksam. Exemplarisch genannt seien der Band „Medien – Kommunikation – Innovation" (*Fischer/Wassermann* 2014, passim), „Online Hate Speech" (*Fischer/Millner/Radkohl* 2021, passim) und „Das Klima der Kommunikation" (*Fischer/Kühnelt/Wolkinger* 2022, passim). Medien und Politik beleuchtet der Band „Schnittflächen und Trennlinien. Politik und Medien am Beispiel Steiermark" (*Wassermann* 2015, passim).

4. Forschungsprojekt initiiert Studiengangsgründung

Aus dem internationalen Forschungsprojekt *„Web Literacy Lab"* entstand der berufsbegleitende Masterstudiengang *„Content Strategy"*. Der für ein internationales Studierendenpublikum konzipierte Studiengang war bei seiner Gründung (2014) mit innovativen programmatischen und strukturellen Ansätzen der erste seiner Art. *„Content Strategy"* war zum Zeitpunkt der Etablierung an der FH JOANNEUM eine in Europa und darüber hinaus völlig neue Disziplin innerhalb der Kommunikationsbranche. Seitdem zählt dieses Studienangebot zu den erfolgreichsten Masterstudiengängen der Hochschule.

Das Projekt *„Web Literacy Lab"* legte auch den Grundstein für die Forschungseinheit am Institut. Ziel war, sich wissenschaftlich mit den Chancen der Webkommunikation für Unternehmen und Organisationen zu beschäftigen. Weitere erfolgreiche Projekte waren die „Öffi-Feedback-App" zur Entwicklung eines Feedback-Systems für öffentliche Verkehrsbetreiber, das „Blogmobil" im Rahmen von CONNECT (es transformierte bei seiner Tour durch die Steiermark Wissen und Erinnerungen in digitale Räume) und VALID, Visual Analytics im Datenjournalismus. Auch durch die Partizipation an internationalen und interdisziplinären Forschungsprojekten konnte das Institut reüssieren. Beispielsweise bei RESCUE, einem vom Norwegischen Forschungsfonds initiierten Projekt innovativer Krisenkommunikation. Oder bei U-YouPa, einem überregionalen Projekt zur Erforschung demokratischer Mitbestimmung von Jugendlichen in digitalen Dialogräumen.

5. Gesellschaftlicher Wandel und kommunikationsethische Fragestellungen

Gerade in Zeiten rasanten gesellschaftlichen Wandels kommt dem Reflektieren kommunikationsethischer Fragestellungen entscheidende Bedeutung zu. Das gilt sowohl für die Ausbildung professioneller Kommunikator:innen als auch für die journalistische Praxis. Im Rahmen von *Styria Ethics*, einer CSR-Initiative der Styria Media Group in Kooperation mit dem Institut „Journalismus und Digitale Medien", werden seit 2017 diese beiden Perspektiven zusammengeführt. Studierende bearbeiten aktuelle ethische Fragestellungen mittels journalistischer Recherchen und setzen diese für die Medienmarken der *Styria Media Group* in Print, digital sowie für soziale Medien um. Zu den bisher behandelten Themen zählen Desinformation oder Künstliche Intelligenz ebenso wie die kommunikativen Herausforderungen durch die Corona Pandemie oder die Klimakrise.

6. Umfangreiches Portfolio an Studienangeboten akademischer Fort- und Weiterbildung

Besondere Akzente setzt das Institut mit einem ***umfangreichen Portfolio an berufsbegleitenden Studienangeboten akademischer Fort- und Weiterbildung.*** Das Studienangebot reicht von einsemestrigen Zertifikats- bis zu viersemestrigen Masterlehrgängen. Das Themenspektrum umfasst „Technische Dokumentation" ebenso wie „Visuelle Kommunikation und Bildmanagement" oder „Public Communication". Zuletzt sind als kompakte Kompetenzvermittlungsprogramme „Digitale Gesundheitskommunikation" sowie „Fact Checking und Verification" hinzugekommen. Eines der großen Gegenwarts- und Zukunftsthemen nimmt der Akademische Lehrgang „Nachhaltigkeitskommunikation und Klimajournalismus" auf, der erste Lehrgang dieser Art in Österreich.

Am Institut „Design und Kommunikation" angesiedelt ist der Lehrgang ***„Strategic Experience Design".***

7. Impulse für den Design-Diskurs – Im Regionalen wie im Internationalen

Mit dem Bachelorstudiengang „*Informationsdesign*" und den Masterstudiengängen „*Ausstellungsdesign*" und „*Communication, Media Sound und Interaction Design*" sorgt das bis 2021 von dem Zeithistoriker *Karl Stocker* und seitdem von dem Medien- und Interactiondesigner *DI (FH) Daniel Fabry* geleitete Institut „*Design und Kommunikation*" für internationalen Designdiskurs mit zahlreichen Besonderheiten. Etwa mit der Studienrichtung „*Sound Design*" (geführt als Studienvertiefung in einem der Masterstudiengänge), die als Joint-Study-Program mit der Kunstuniversität Graz durchgeführt wird.

Das Institut versteht sich – im Setting einer UNESCO City of Design – als integraler Bestandteil der Kreativbranche und als Netzwerkknoten in der Design Community. Exemplarisch ist die Kooperation mit **Creative Industries Styria**, dem Kompetenznetzwerk für Kreativwirtschaft in der Steiermark.

Das Institut „*Design und Kommunikation*" ist im Regionalen und Lokalen ebenso verankert wie im Internationalen. Es unterhält Partnerschaftsabkommen mit über 80 Universitäten weltweit, von Kanada bis China, von Schweden bis Uganda. Dies sorgt für Kontinuität im kulturellen wie fachlichen Austausch mit Studierenden, Lehrenden und Expert:innen. Eine International Design Week (2022) brachte 16 Lehrende von Mexiko bis Israel nach Graz. Das Institut agiert hierbei im Wissen der beruflichen Realitäten ebenso, wie in der Überzeugung, dass Designarbeit eine gesellschaftliche Praxis darstellt.

Das Institut ist in einem breiten Forschungsfeld mit Schwerpunkten „Interaction and Knowledge", „Interaction and Experience", „Simulation and Extended Realities", „Concepts and Narratives" sowie „Experience Evaluation Framework" aktiv und somit wesentlichster F&E-Akteur des Departments. Das Forschungsportfolio weist Auftragsprojekte aus der Industrie, von nationalen Fördergeber:innen finanzierte Forschungsprojekte sowie EU-geförderte Projekte aus. Zu den großen und mehrjährigen Forschungsprojekten zählen **ICON** (Immersive Co-Creation Hub), das sich mit Kollaboration und Interaktion in Mixed Realities im industriellen Umfeld befasst, **Human Cities** und das Nachfolgeprojekt **Smoties – Creative Work with Small and Remote Places**, das sich der kulturellen und kreativen Innovation zur Entwicklung von ländlichen Regionen widmet. Das Projekt *Peace Games* zielt darauf ab, durch spielbasiertes Lernen im Rahmen des formalen und informellen Lernprozesses zur Entwicklung staatsbürgerlicher, demokratischer und sozialer Kompetenzen beizutragen. *UMANE* befasst sich mit mensch-zentriertem Entrepreneurship durch Design Thinking.

8. Öffentlichkeit suchen, finden und bespielen

Es ist die *Öffentlichkeit, die man sucht, findet* und bespielt. Etwa mit den Jahrgangsaustellungen an unterschiedlichen Orten in der UNESCO City of Design Graz. Oder mit Ausstellungen im Rahmen der Ars Electronica, den Design Weeks in Berlin, München oder Ljubljana. Und mit The Next Poster, einem Gemeinschaftsunterfangen mit Kunsthaus, Haus der Architektur, Graz Museum, Kultum und Creative Industries Styria (2022). Das Institut partizipiert auch intensiv an Festivals wie Klanglicht, Urban Art Festival oder Spring Festival. Mehr als 30 Red Dot Awards konnten in den vergangenen Jahren errungen werden, ein Dutzend Art Directors Awards, Creative Communication Awards sowie ein Universal Design Award.

9. Publikationen: Gegenwarts- und Zukunftsprojektionen

„Socio Design. Relevante Projekte – Entworfen für die Gesellschaft" (2017), herausgegeben von *Karl Stocker*, ist eine der **richtungsweisenden Design-Publikationen.** Der Band dokumentiert die gesellschaftlichen Aufgaben und den gesellschaftlichen Wert von Design. „Die Sprache der Räume – Die Geschichte der Szenografie" (2021) von *Erika Thümmel* avancierte zu einem Standardwerk. „Die Substanz der Räume – Material in der Szenografie" (2023) wird ein solches werden. Und die Jahrbuchreihe, die seit 2010 Abschlussarbeiten von Studierenden repräsentativ vorstellt, hat Tradition.

10. Industrial Design mit Weitblick

Seit bald 30 Jahren beschäftigt sich das Institut *„Industrial Design"* in Lehre und Forschung mit der Gestaltung von Produkten und Prozessen unter Einbeziehung kultureller, sozialer und ökologischer Entwicklungen. Mit der Gründung des Instituts im Jahr 1995, an welcher der profilierte österreichische Industriedesigner *Gerhard Heufler* maßgeblich beteiligt gewesen war, begann eine Erfolgsgeschichte, die bis heute anhält. Nach dem renommierten deutschen Produktdesigner *Michael Lanz* leitet seit 2018 *Prof. Mag. Thomas Feichtner*, mehrfach ausgezeichneter Industriedesigner mit Sitz in Wien, das Institut mit einem Bachelor- und einem Masterstudiengang.

Allein in den vergangenen zehn Jahren konnten Industrial-Design-Studierende **mehr als 40 internationale Designpreise** gewinnen, darunter Auszeichnungen wie den iF Design Talent Award, den Red Dot Junior Award, den Lucky Strike Junior Designer Award, den Core77 Design Award, Young Designers Award und zuletzt dreimal in Folge den etablierten James Dyson Award. Mehrfach waren Studierende bei der Global Grad Show in Dubai vertreten. Herausragend war auch der Gewinn des Siemens Home Appliances Design Award im Jahr 2018. Aus der Vertiefungsrichtung Mobility Design konnten beim Festival Automobile International Studierende den ersten Preis in der Kategorie Design Interieur erzielen. Im Zuge des Österreichischen Staatspreises für Design wurden 2022 gleich zwei Grazer Designstudierende mit dem Sonderpreis Design Concepts Award für den besten Designnachwuchs ausgezeichnet.

11. Kooperationen mit internationalen Unternehmen

In den letzten Jahren wurden **Kooperationen in Forschung und Entwicklung mit internationalen Unternehmen für eine praxisnahe Ausbildung** weiter ausgebaut und intensiviert. Zuletzt wurden beispielsweise Kooperationsprojekte mit Firmen wie Leica, BMW, Bang & Olufsen, Philips, Kärcher, Bosch, Audi, Borealis, Porsche Design, Ottobock, MINI, Nachtmann, Woom Bike, Andy Wolf, Atomic, Swarovski Optik, Palfinger, Wacker Neuson, KTM und Volkswagen durchgeführt. Erarbeitet wurden konkrete Szenarien und Perspektiven einer möglichen Zukunft und daraus resultierende Design-Konzepte sowie Visionen.

Darüber hinaus konnte das Institut seine Expertise in das *Forschungsprojekt WoodC.A.R.* (Computer Aided Research) einbringen. Ziel dieser Forschungsarbeit war es, Holz als konstruktiven Werkstoff im innovativen Fahrzeugbau vermehrt einzusetzen. Es wurde ein umfassendes Verständnis von Holz als tragendem und Energie absorbierendem Material im modernen Fahrzeugbau geschaffen. Das Projekt wurde in Kooperation mit 14 Partnern aus Industrie und Forschung durchgeführt. Auch das Forschungsprojekt CNCentury im Bereich Robotik in Kooperation mit den Creative Industries Styria, dem Holzinnovationszentrum und dem Holzcluster Steiermark mit abschließender Präsentation im Designforum Steiermark zählt zu den jüngsten Leistungen des Instituts „Industrial Design".

Die ursprünglich von *Gerhard Heufler* veröffentlichte **Publikation „Design Basics"** konnte – grundlegend überarbeitet – als Neuauflage wiedererscheinen (*Heufler/Lanz/Prettenthaler* 2018, passim). Die nunmehr bereits fünfte Auflage dieses Fachbuches gibt eine kompakte Einführung in Industriedesign und gilt mittlerweile als Standardwerk.

Mit der **Industrial Design Exhibition** im **Designforum Wien** wurden 2022 die Arbeiten von Industrial-Design-Studierenden einer breiten Öffentlichkeit im Museumsquartier zugänglich gemacht. Die Ausstellung „Design – the Intelligence of Things" fokussierte Nachhaltigkeit im Umgang mit innovativen Materialien sowie die Auseinandersetzung mit gesellschaftlich relevanten Themen.

12. Die Zukunft – Das Department und die „Zeitenwende"

Zeitenwende – einer der markantesten Begriffe, mit dem gegenwärtig geopolitische Umwälzungen, technologische Zäsuren, aber auch gesellschaftliche, ökonomische und ökologische Entwicklungen benannt werden. Meist sind es kaum mehr Transformationen, vielmehr handelt es sich mittlerweile um entscheidende Paradigmenwechsel und kräftige Disruptionen.

Davon betroffen sind auch und vor allem Medien, der Informations- und Kommunikationssektor sowie Design und Gestaltung – wesentliche Faktoren, die eine pluralistische Öffentlichkeit konstituieren und ohne die Gesellschaft längst nicht mehr auskommen würde. *Medien, Information, Kommunikation, Design* – sie unterliegen in ihren Werten, Produkten und Prozessen ebenfalls massiven Transformationen. Hochschulische Bildung und Ausbildung – erst recht einer praxisorientierten Ausrichtung – werden gefordert sein, den veränderten Ansprüchen von Gesellschaft Genüge zu leisten.

13. Herausforderungen an das Department

Was sind nun unabdingbare Herausforderungen, denen sich das Department „*Medien und Design*" mit seinen Instituten „*Design und Kommunikation*", „*Industrial Design*" sowie „*Journalismus und Digitale Medien*" konfrontiert sieht?

Es sind dies insbesondere

- Die voranschreitende und alle Bereiche durchdringende **Digitalisierung** sowie die an Dynamik und Geschwindigkeit zugenommene *digitale Transformation* und damit einhergehend die Forderung nach digitaler Medienkompetenz,
- die *Virtualisierung* als technologisches Prinzip,
- das (weite) Themenfeld der **Künstliche Intelligenz** als generelle Herausforderung für kreative und mediale Berufsfelder, Sparten und Industrien,
- die von einer kritischen Öffentlichkeit eingeforderte *Nachhaltigkeit* von Produkten, Dienstleistungen und Prozessen sowie
- die *Differenzierung der Qualität von Information* als besondere mediale und kommunikative Herausforderung („Desinformation"/ „Fake News")

Inhaltliche Schwerpunkte werden die Berücksichtigung voranschreitender Digitalisierung und der damit verbundene **Paradigmenwechsel** in wesentlichen Bereichen von Wirtschaft, Industrie und Dienstleistungen sein. Digitalisierung wird – ebenso wie Nachhaltigkeit – zu einer Querschnittsmaterie der Mehrzahl von Lehrveranstaltungen des Departments.

Die Integration wesentlicher neuer Kompetenzen der Digitalisierung, aber auch das kritische Überprüfen des eigenen Tun und Handelns sowie einer Folgeabschätzung eigenen Agierens werden sukzessive zu einer Selbstverständlichkeit in Lehre und Forschung des Departments.

Es wird jedoch auch ein demokratiepolitischer Auftrag sein, Methoden und Techniken zur Generierung, aber auch zur Überprüfung und Bewertung seriöser und solider Informationen zu erzeugen und zu lehren.

Und schließlich werden neue Mittel und Wege einer *effizienten öffentlichen Kommunikation* inmitten einer auseinanderdriftenden Gesellschaft neue Bedeutung erlangen. Design und Kreativwirtschaft werden mit zunehmender Relevanz ausgestattet, Menschen in ihren Bemühungen um sinnvolle Navigation durch Alltag, Kultur und Berufsleben zu unterstützen.

14. Zitierte Literatur

Fischer/Kühnelt/Wolkinger (Hg), Das Klima der Kommunikation. 20 Thesen für heiße Zeiten (2022)

Fischer/Millner/Radkohl (Hg), Online Hate Speech. Perspektiven aus Praxis, Rechts- und Medienwissenschaften (2021)

Fischer/Wassermann (Hg), Medien – Kommunikation – Innovation. Perspektiven akademischer Journalismus- und PR-Ausbildung sowie Medienforschung (2014)

Heufler/Lanz/Prettenthaler, Design Basics. Von der Idee zum Produkt. Erweiterte und aktualisierte Neuauflage (2018)

Institut für Design & Kommunikation (Hg), Wo Designer hineingeraten | What designers get into (2022)

Institut für Design & Kommunikation (Hg), Warum Designer nie schlafen | Why designers never sleep (2021)

Institut für Design & Kommunikation (Hg), Was Designer ändern können | What designers can change (2019)

Institut für Design & Kommunikation (Hg), Was Designer verrückt macht | Why designers go crazy (2018)

Institut für Design & Kommunikation (Hg), Was Designer alles machen | What designers can do (2017)

Stocker (Hg), Sozio-Design. Relevante Projekte: Entworfen für die Gesellschaft (2017)

Thümmel, Die Sprache der Räume. Eine Geschichte der Szenografie (2021)

Wassermann, Schnittflächen und Trennlinien. Politik und Medien am Beispiel Steiermark (2015)

Der Beitrag entstand unter Mitwirkung von *Daniel Fabry* und *Thomas Feichtner*.

Die Studien- und Lehrgänge des Departments „Medien und Design"

Bachelorstudiengänge
- Industrial Design
- Informationsdesign
- Journalismus und PR

Masterstudiengänge
- Ausstellungdesign
- Communication, Media, Sound and Interaction Design
- Content Strategy
- Industrial Design

Masterlehrgänge
- Digitale Gesundheitskommunikation
- Public Communication
- Technische Dokumentation
- Strategic Experience Design
- Visuelle Kommunikation und Bildmanagement

Akademische Lehrgänge
- Digitale Gesundheitskommunikation
- Nachhaltigkeitskommunikation und Klimajournalismus

Zertifikatslehrgänge
- Digitale Medienkompetenz
- Fact Checking & Verification

F&E- und Projektschwerpunkte des Departments „Medien und Design"

- Interaktion and Knowledge in realen und virtuellen Umgebungen
- Informationsdesign in Medien- und Interaktionsräumen
- Interaction and Experience
- Simulation and Extended Realities
- Concepts and Narratives
- Web Literacy
- Social-Media-Forschung
- Content Strategien
- Mobility Design
- Eco-Innovative Design
- Internationale Designkooperationen

Bauen, Energie & Gesellschaft – Nachhaltigkeit in Lehre, Forschung und Weiterbildung

Michaela Kofler

Das Department „Bauen, Energie & Gesellschaft" stellt sich den Herausforderungen durch den Klimawandel und den gesellschaftlichen Veränderungen unserer Zeit. Lösungsvorschläge für zukunftsfähige Lebensräume, innovative Mobilitätskonzepte unter Einbeziehen sozialer Vielfalt werden in Forschung, Aus- und Weiterbildung diskutiert und entwickelt.

1. Von ÖKOTOPIA zum Department „Bauen, Energie & Gesellschaft"

In einem *interdisziplinären Ansatz* gingen Expert:innen der Studiengänge „Soziale Arbeit", „Architektur", „Bauplanung und Bauwirtschaft" sowie „Energie-, Verkehrs- und Umweltmanagement" der Frage nach, inwiefern Zusammenhänge zwischen Bebauungsart, Energieverbrauch, Mobilität und das soziale Umfeld von Stadtteilen in Wechselwirkung stehen.

Dabei wurden in sieben unterschiedlichen Stadtbezirken von Graz die räumlichen Ressourcen, die Energieversorgung und der Energieverbrauch, die Verkehrserschließung, die Verkehrsmittelnutzung und das soziale Verhalten zB in Hinblick auf nachbarschaftliche Beziehungen, das Sicherheitsempfinden und generationenabhängige Verhaltensmuster mit *qualitativen und quantitativen Indikatoren* untersucht und analysiert.

Darauf basierend wurde im Rahmen des *ÖKOTOPIA-Modells* ein multifaktorieller Kriterienkatalog entwickelt, der als Tool zur Beurteilung der Nachhaltigkeit bei Stadtentwicklungsprojekten herangezogen werden kann. Dies wurde im Rahmen eines Projektes, gefördert von der

Österreichischen Forschungsgesellschaft GmbH, im Zeitraum von 2009 bis 2014 untersucht (*Plé/Schloffer/Würz-Stalder* 2013, passim).

Aufgrund der interdisziplinären Zusammenarbeit im Projekt ÖKO-TOPIA wurden ursprünglich vier Institute (nämlich: „Architektur und Projektmanagement", „Bauplanung und Bauwirtschaft", „Energie-, Verkehrs- und Umweltmanagement" sowie „Soziale Arbeit") im Jahr 2013 zum *Department „Bauen, Energie & Gesellschaft"* vereint. Als Vorsitzender fungierte der Institutsleiter von „Energie-, Verkehrs- und Umweltmanagement", *FH-Prof. Dr. Michael Bobik.* Drei Jahre später hat *FH-Prof.^{in} DI Dr.^{in} Michaela Kofler* den Departmentvorsitz übernommen.

Im Jahr 2015 wurden von den UN-Mitgliedsstaaten die 17 Ziele für eine nachhaltige Entwicklung *(Sustainable Development Goals – SDG)* weltweit definiert, deren Maßnahmen und Umsetzung bis 2030 abgeschlossen sein sollen. Eine Arbeitsgruppe wurde im Jahr 2020 am Department gegründet. Sie identifizierte die für das Department „Bauen, Energie & Gesellschaft" wesentlichen SDG-Ziele, die in Lehre, Weiterbildung und Forschung vertieft aufgenommen werden, um einen Beitrag für eine lebenswerte Zukunft und unsere Gesellschaft leisten zu können:

- *Hochwertige Bildung* (SDG – Ziel 4),
- *Gesundheit und Wohlergehen* (SDG – Ziel 3),
- *Bezahlbare und Saubere Energie* (SDG – Ziel 7),
- *Nachhaltige Städte und Gemeinden* (SDG – Ziel 11),
- *Maßnahmen zum Klimaschutz* (SDG – Ziel 13).

Darauf aufbauend wurde eine *Nachhaltigkeitsstrategie* entwickelt, wobei Studierende bereits zu Beginn ihres Studiums animiert werden, sich mit den Themen interdisziplinär auseinanderzusetzen und in ihren jeweiligen Fachbereichen Lösungsansätze zur Umsetzung der Nachhaltigkeitsziele zu entwickeln. Andererseits werden in unterschiedlichen institutsübergreifenden Teams zu aktuellen Forschungsfragen sowohl in geförderten als auch Auftragsprojekten von Wirtschaftspartnern Lösungsansätze gesucht, um den Herausforderungen unserer Zeit entgegenzuwirken. Letztendlich fließen Forschungsergebnisse aus dem Themenbereich nachhaltige Entwicklung in die Lehre und Weiterbildungsformate für Fachinteressierte ein.

2. Aktuelle Studien- und Lehrgänge im Department

Derzeit umfasst das Department „*Bauen, Energie & Gesellschaft*" das Institut „Architektur und Bauingenieurwesen", das Institut „Soziale Arbeit" und das Institut „Energie-, Verkehrs- und Umweltmanagement" mit den dazugehörigen Bachelor- und Masterstudiengängen, Lehrgängen und Transferzentren.

2.1 Institut „Architektur und Bauingenieurwesen"

Das Institut „Architektur und Bauingenieurwesen" unter der Leitung von *Michaela Kofler* setzt sich zum Ziel, kompetente Expert:innen für Architektur und Bauingenieurwesen auszubilden. Im Bachelorstudium „*Bauplanung und Bauwirtschaft*" wird darauf Wert gelegt, sowohl Lehrinhalte der Architektur mit Lehrinhalten des Bauingenieurwesens zu verknüpfen, um so das Zusammenwirken beider Disziplinen praxisorientiert zu fördern.

Darauf aufbauend werden im Masterstudium „*Architektur*" wesentliche Schwerpunkte zu den Themen „Bauen im Bestand" und „Building Information Modeling" gesetzt. In anwendungsorientierten Projekten verknüpfen Studierende die Theorie mit der Praxis. Bei nationalen und internationalen Architekturwettbewerben haben Studierende durch ihre Kreativität und ihr Fachwissen zahlreiche Erfolge errungen.

Im Masterstudium „*Baumanagement und Ingenieurbau*" wird auf die Herausforderungen des Klimawandels reagiert, indem unter anderem umweltrelevante Themenstellungen wie zukunftsfähige Energieversorgung, ressourceneffizientes Bauen und Kreislaufwirtschaft mit Studierenden diskutiert und Lösungsvorschläge im Rahmen von Fallbeispielen erarbeitet werden. Dabei dürfen aber auch der Hochbau mit Fokus auf nationale und internationale Ebene und der Brücken- und Tunnelbau in der praxisorientierten Ausbildung nicht fehlen. Die Digitalisierung mit Building Information Modeling stellt die Baubranche vor große Herausforderungen, da es dadurch zu konzeptionellen Veränderungen der Prozesse von der Bauwerksmodellierung, der konstruktiven Durchbildung über bauwirtschaftliche Themen bis hin zur Ausführung kommt.

2.2 Institut „Energie-, Verkehrs- und Umweltmanagement"

Das Institut „Energie-, Verkehrs- und Umweltmanagement" unter der Leitung von *FH-Prof. DI Dr. Uwe Trattnig* setzt sich intensiv mit Fragestellungen rund um technologischen Umweltschutz, Energieeffizienz und intelligente Mobilität auseinander. Diese aktuellen und zukunftsweisenden Themen ermöglichen Studierenden des Bachelorstudiengangs *„Energie-, Mobilitäts- und Umweltmanagement"* nachhaltige Energiesysteme zu gestalten und innovative Mobilitätskonzepte zu entwickeln, um für unsere gesellschaftlichen Herausforderungen wie Ressourcenknappheit, Energiemanagement, Überlastung städtischer Verkehrssysteme und Umweltbelastungen gerüstet zu sein.

Berufsbegleitend kann man die Kompetenz des modernen Energiemanagements im englischsprachigen Masterstudium *„Energy and Transport Management"* vertiefen und innovative Lösungen des Mobilitätsmanagements entwickeln.

Das digitale Energieforschungslaboratorium *„Energy Analytics and Solution Lab"* ermöglicht es, wesentliche Bereiche der bestehenden und zukünftigen Energiewertschöpfungskette unter Laborbedingungen darzustellen und weiterzuentwickeln. Den Studierenden des Instituts für Energie-, Verkehrs- und Umweltmanagement steht mit diesem Labor modernste Infrastruktur für zukunftsweisende Energie- und Mobilitätsprojekte zur Verfügung.

2.3 Institut „Soziale Arbeit"

Das Institut „Soziale Arbeit" unter der Leitung von *Mag.ª Dr.ⁱⁿ Anna Riegler* verbindet Themenstellungen der Sozialarbeit mit gesellschaftlich relevanten Themen, wie zB ökologisch-sozialen Innovationen, Herausforderungen durch Migration und sozialen Verteilungsfragen.

Im Bachelorstudium *„Soziale Arbeit"* werden Studierende vorbereitet, Menschen in kritischen Lebenslagen professionell zu begleiten und zu betreuen. Dazu zählen Einsatzgebiete im Bereich Kinder, Jugendliche und Familien, im Handlungsfeld Migration und Asyl, bei der Existenzsicherung und Sachwalterschaften, der Unterstützung von älteren oder erkrankten Menschen, der Beratung von Angehörigen und bei Problemen bei Kriminalität, Gewalt und Schulden.

Im berufsbegleitenden Masterstudium „*Soziale Arbeit*" vertiefen Studierende ihr Wissen in der Migrationsgesellschaft, in Sozialpolitik, Sozialwirtschaft und Sozialmanagement und zur Sozialen Arbeit mit Menschen in prekären Lebenslagen.

Der akademische Lehrgang „*Peer-Beratung*" ermöglicht Menschen mit Behinderungen bzw Psychiatrieerfahrung sich als Berater:in anderer Personen mit Behinderungen bzw Psychiatrieerfahrung zu qualifizieren, dazu zählt unter anderem die Beratungskompetenz, die Kommunikationskompetenz und die erweiterte Kompetenz wie Beobachtungs- und Beschreibungswissen.

3. Ökologisch, ökonomisch und sozial in Forschung und Entwicklung

Einerseits werden *Forschungsfragen* zum Thema Nachhaltigkeit als Beitrag zu green economy und green social work interdisziplinär und institutsübergreifend abgewickelt, andererseits werden Forschungsfragen speziell auf Institutsebene verfolgt, wie die folgenden Beispiele zeigen:

Gerade die Baubranche ist ein ressourcenintensiver Wirtschaftsbereich, dies nimmt das Institut „Architektur und Bauingenieurwesen" zum Anlass, Bauweisen einer *Lebenszyklusbetrachtung* zu unterziehen und daraus Lösungen für ressourcenschonendes Bauen zu entwickeln.

In Kooperation mit der Landesinnung Bau der Wirtschaftskammer Steiermark wurden zwei Studien erstellt, in denen bestehende *Fassadensysteme* systematisch erfasst und im Fokus der Lebenszykluskosten von der Herstellung über die Nutzung bis hin zum Abbruch untersucht und evaluiert wurden. Dies war nur durch die Kooperation zu Bauunternehmen und der steirischen Bauträgerschaft möglich. Aus diesen Ergebnissen konnten Entscheidungshilfen für den Planungsprozess abgeleitet werden, die sowohl ökologische als auch ökonomische Kriterien beinhalten (*Hasler* 2017, passim).

Ein weiterer Forschungsschwerpunkt des Instituts für Architektur und Bauingenieurwesen liegt im **konstruktiven Glasbau**. Dünnglas mit einer Stärke von maximal zwei Millimetern ist im Alltag allgegenwärtig bei Bildschirmen, Tablets und Smartphones. Dünnglas zeigt ein völlig anderes Baustoffverhalten im Vergleich zu herkömmlichem Einsatz von Konstruktionen aus Glas im Bauwesen. Durch seine Flexibilität ermöglicht es neue Anwendungsmöglichkeiten wie zB gekrümmte Formen bei adaptiven Fassadensystemen. Im Josef Ressel Zentrum für ***Dünnglastechnologie für Anwendungen im Bauwesen*** unter der Leitung von *FH-Prof. DI Dr. Jürgen Neugebauer* in Kooperation mit nationalen und internationalen Unternehmen wie SFL Engineering GmbH und LISEC Austria GmbH sowie Hydro Building Systems Germany und wissenschaftlichen Partner:innen wie die TU Darmstadt, die TU Dresden und das PCCL Polymer Competence Centrum Leoben wurden in einem von der Christian Doppler Gesellschaft geförderten Forschungsprogramm das Materialverhalten und die Fügetechnik in zahlreichen Versuchsserien untersucht und davon innovative Konstruktionsprinzipien abgeleitet (*Neugebauer/Wallner-Novak* 2018, 343–351). Verwendet man Dünnglas anstelle von konventionellen Materialien bei Konstruktionen der Gebäudehülle, ist dies eine Maßnahme, die durch den geringeren Materialbedarf zu einer Ressourcenschonung bei der Gebäudehülle selbst, aber in weiterer Folge auch bei der Haupttragstruktur beiträgt.

Die Forschungsschwerpunkte des Instituts „Energie-, Verkehrs- und Umweltmanagement" liegen an den Schnittstellen der Fachbereiche Energietechnologien, Mobilitätssysteme und Umwelttechnologien im Bereich von ***Smart-City-Modellierungen*** und Simulationen.

Beispielhaft ist es das Ziel des Interreg-Alpine-Space-Forschungsprojektes ***BB-Clean***, Maßnahmen zur nachhaltigen Nutzung von Biomasse für Hausheizungen im alpinen Raum zu entwickeln. Feinstaub beeinflusst die natürliche Ökosysteme, die menschliche Gesundheit, aber auch den Klimawandel. Instrumente für den Einsatz einer CO_2-armen Technologie auf internationaler Ebene stehen dabei im Vordergrund. Die Entwicklung gemeinsamer, politikrelevanter Dokumente wird die Anwendung einheitlicher Vorschriften für eine nachhaltige Nutzung von Biomasse im alpinen Raum begünstigen. Durch die vernetze Zusammenarbeit von Partner:innen aus fünf verschiedenen Ländern und einem großen Netzwerk von Unterstützer:innen und Expert:innen wird das Projekt BB-Clean einen wichtigen Verhaltens-, Technologie-, Umwelt- und Politikwandel in der Region, aber auch auf EU-Ebene vorantreiben (*Mbodji/ Sumereder* 2022, 29–37).

Dem Erneuerbaren-Ausbau-Gesetz (EAG) begegnet man mit der Analyse von Flächen- und Energiepotenzialen für PV-Anlagen mittels Künstlicher Intelligenz im Rahmen des von der FFG geförderten Projekts *PV4EAG*. Hauptziel des Projekts ist die Entwicklung einer Methode zur Identifizierung und Evaluierung des Ertragspotenzials von Flächen für PV-Anlagen. Anhand von Musterprojektierungen soll die entwickelte Methodik verifiziert und im EAS-Labor validiert und optimiert werden. Aus den Ergebnissen werden Musterbeispiele und Handlungsempfehlungen abgeleitet.

Themen zu professionellen Unterstützungsprozessen, die Personen den Zugang zu Systemen, wie Bildung, Wohn- oder Gesundheitsversorgung, Erwerbsarbeit, etc sichern, werden am Institut für Soziale Arbeit in der Forschung verfolgt. Dabei werden vor allem strukturelle Bedingungen, die eine *soziale Barrierefreiheit und soziale Inklusion* ermöglichen, in den Blick genommen. Auch in Zukunft wird verstärkt Armut, Behinderung, Migration, Gender, Grundbedürfnisse wie Wohnen und Energie, Sozialverträglichkeit von technologischen Entwicklungen und Digitalisierung im demografischen Wandel beforscht. Es werden insbesondere Lebenslagen von Kindern, Jugendlichen und älteren Menschen in den Fokus genommen.

Beispielhaft ist die umfassende Barrierefreiheit Grundvoraussetzung für ein gleichberechtigtes und selbstbestimmtes Leben von Menschen, unabhängig von Altersgruppe, Herkunft oder Geschlecht. Menschen erleben mentale Barrieren, räumlich-bauliche Barrieren, soziale Barrieren und digitale Barrieren (*Muckenhuber* 2020, 21–30). Das Forschungsprojekt *Barrierefreies Kapfenberg* setzt sich in einer Kooperation des Instituts für Soziale Arbeit und der ISGS Drehscheibe in Kapfenberg zum Ziel, Barrieren auf allen vier Ebenen zu erheben, zu analysieren und abzubauen. Im Rahmen des Forschungsprojektes liegt der Fokus darauf, wie besonders schwer erreichbare vulnerable Gruppen erreicht werden können, um sie partizipativ in das Projekt einzubeziehen.

In Kooperation mit der Volkshilfe Steiermark wurde das Projekt *Mädchenarmut – Die unsichtbaren Mädchen* umgesetzt. Die Forschung brachte unter anderem zutage, dass Mädchen in armutsgefährdeten Familien aufgrund von Rollenerwartungen Hausarbeit sowie Carearbeit für Geschwister und Familienangehörige übernehmen müssen und dadurch ihre Berufskarrieren nicht entsprechend verfolgen können. Sie landen dann in sogenannten Working Poor Karrieren (*Riegler/Stocker* 2022, passim).

4. Kooperationen

Die praxisorientierte Ausbildung in Verbindung mit *forschungsgeleiteter Lehre* bilden das Fundament für unsere Absolvent:innen in Hinblick auf aktuelle und zukünftige Berufsfelder aller Studien- und Lehrgänge des Departments. Gerade die zahlreichen Kooperationen zu Unternehmen und anderen Bildungsinstitutionen auf nationaler und internationaler Ebene sind gelebte Praxis bei allen Instituten des Departments. Unsere Ausbildungsformate werden durch die Lehre in Verbindung mit Berufspraktika, Projektarbeiten und Expert:innen aus der Praxis bereichert.

Das Institut „Architektur und Bauingenieurwesen" kooperiert auf mehreren Ebenen mit Unternehmen der Bauindustrie und Bauwirtschaft, Architekturbüros, der Landesinnung Bau der Wirtschaftskammer Steiermark und der ZT Kammer für Steiermark und Kärnten. Im Rahmen von Entwicklungsteamsitzungen werden Schwerpunkte der Curricula und Ausbildungsziele kontinuierlich diskutiert und in die Aktualisierung mit aufgenommen. Absolvent:innen werden optimal auf das Berufsleben vorbereitet, da die Kooperationspartner:innen attraktive Praktikumsstellen für das Pflichtpraktikum zur Verfügung stellen. Auf der anderen Seite wird Fachinteressierten ermöglicht, sich bei Seminaren und Fachvorträgen an der FH JOANNEUM weiterzubilden, wobei Lehrende des Instituts Fachwissen und Ergebnisse aus Forschungsprojekten präsentieren. Unsere *Kooperationspartnerschaften* ermöglichen mit herausfordernden Aufgabenstellungen die anwendungsorientierte Forschung.

Das Institut „Energie-, Verkehrs- und Umweltmanagement" kooperiert vor allem mit nationalen und internationalen Firmenpartnern im Bereich Umwelt, Energie und Mobilität. Beispielhaft ist die Energie Steiermark, die Energie Agentur Steiermark und die ÖBB Infrastruktur auf nationaler Ebene zu nennen. Im wissenschaftlichen Bereich wird mit Instituten der Technischen Universität Graz der Fachhochschule Campus

02 und entsprechend den Forschungsprojekten mit *internationalen Bildungsinstitutionen* kooperiert.

Ein breites Netzwerk an *Praxisorganisationen* wird vom Institut „Soziale Arbeit" gepflegt, darunter unter anderem Volkshilfe, Jugend am Werk, Caritas, Zebra, ISOP, Wohnplattform Steiermark, Steiermärkische Krankenanstaltengesellschaft, die Krankenhäuser der Elisabethinen, der Barmherzige Brüder, GSFG Gesellschaft für seelische Gesundheit, Rettet das Kind, Psychosoziales Netzwerk, Vinziwerke, Chance B, Frauenhäuser, Jugend- und Mädchenzentren, Schuldnerberatung und öffentliche Träger wie Kinder- und Jugendhilfe der Bezirkshauptmannschaften, das Land Steiermark, die Stadt Graz und Justizanstalten.

5. Zukunftsperspektive

Zur Bewältigung der aktuellen Krisen ist die *interdisziplinäre Zusammenarbeit* im Department *„Bauen, Energie & Gesellschaft"* auf Basis der UN-Nachhaltigkeitsziele essenziell und wird in verstärktem Maße verfolgt. Gerade auf aktuelle soziale, technologische und wirtschaftliche Veränderungen unserer Gesellschaft und Umwelt müssen die Curricula der Studiengänge kontinuierlich angepasst werden. Ergebnisse aus Forschungsaktivitäten zu aktuellen Themen der einzelnen Institute werden dabei zukünftig noch stärker als bisher in die Lehre einfließen.

Unter dem Fokus *Life Long Learning* erfordern die derzeitigen Entwicklungen im Bildungsbereich neue Konzepte in der Weiterbildung, aber auch flexiblere Organisationsformen mit berufsermöglichenden bzw berufsbegleitenden Ausbildungsformaten. Einzelne Module werden in den Schwerpunktthemen des Departments so konzipiert, dass sie zB als Microcredentials Fachinteressierten angeboten werden können.

Im *Forschungsbereich* verbinden die Themenstellungen von nachhaltigen Städten und Regionen der Zukunft – „Smart Cities and Regions" – die Institute des Departments. Die Herausforderungen liegen dabei im Bereich des energieeffizienten und ressourcenschonenden Bauens, in Strategien im Bereich innovativer Energie-, Mobilität- und Umwelttechnologien und in immer dichteren Stadtvierteln mit einer alternden und gleichzeitig multikulturellen Bevölkerung bei gleichzeitiger Ausdünnung und Überalterung der Regionen.

In der Architektur und im Bauingenieurwesen werden konventionelle Prozesse durch *Building Information Modeling* konzeptionell verändert. Umweltrelevante Themen wie unter anderem Kreislaufwirtschaft, Smart Building, energieeffiziente Gebäudeplanung und ressourceneffizientes Bauen werden in größerem Umfang in Lehre und Forschung einfließen.

Am Institut „Energie-, Verkehrs- und Umweltmanagement" werden die aktuellen Entwicklungen weiterverfolgt. Die innovative Laborinfrastruktur ermöglicht die Lehre und Forschung versuchstechnisch zu begleiten. Eine Ausweitung der Kompetenzbereiche dieses Instituts erfolgt durch Einbeziehen der *Künstlichen Intelligenz*.

Das Institut „Soziale Arbeit" wird im Bereich Sozialarbeit und Sozialmanagement künftig verstärkt die Bedeutung von Armut auf die Grundbedürfnisse Wohnen, Energie, Gesundheit, Gender sowie die *sozialverträgliche Entwicklung und Kommunikation technologischer Neuerungen* untersuchen. Dabei wird auf ältere Personen sowie Menschen mit Migrationshintergrund und/oder Armutsgefährdung fokussiert.

Das Department *„Bauen, Energie & Gesellschaft"* setzt sich zum Ziel, zukunftsfähige Lebensräume zu gestalten, verantwortungsvolle Mobilitätskonzepte zu entwickeln, auf Ressourcenschonung zu achten und Menschen und ihr Umfeld in schwierigen Lebenslagen zu unterstützen.

6. Literatur

Hasler, Fassadensysteme im Fokus der Lebenszyklusbetrachtung, Studie im Auftrag der WKO Steiermark, Landesinnung Bau (2017)

Mhodji/Sumereder et al, Local Action for Energy Sustainability: A Review of Policies' Impact, in: *Fall/Haas* (Ed), Sustainable Energy Access for Communities: Rethinking the Energy Agenda for Cities (2022) 29–37

Muckenhuber, Diversität als Herausforderung und Chance: Ressourcenorientierung und soziale Inklusion in der Gesundheitsförderung, in: *Deutsche Bundeszentrale für gesundheitliche Aufklärung* (Hg), Diversität in Medien der gesundheitlichen Aufklärung. Gesundheitsförderung konkret 24 (2020) 2130

Neugebauer/Wallner-Novak et al, Adaptive and Movable Structures made from Thin Glass, Conference Proceedings – GlassConGlobal (2018) 343

Plé/Schloffer/Würz-Stalder, Ökotopia – Ressourcenschonung in der Stadtteilentwicklung – Primärforschung in Grazer Stadtgebieten und empirische Planungsgrundlagen (2013)

Riegler/Stocker, Mädchenarmut. Die unsichtbaren Mädchen. Forschungsbericht. Im Auftrag der Volkshilfe Steiermark Landesverein (2022); Forschungsbericht_Maedchenarmut_2022.pdf (16.1.2023)

Der Beitrag entstand unter Mitwirkung von *Anna Riegler* und *Uwe Trattnig*.

Angewandte Informatik an der FH JOANNEUM

Elmar Krainz

Das Department „Angewandte Informatik" ist das digitale Kompetenzzentrum und die interdisziplinäre Schnittstelle für digitale Themen an der FH JOANNEUM.

1. Digital ist nicht egal

Die Digitalisierung hat in den letzten Jahren einen enormen Einfluss auf unser tägliches Leben und die Art und Weise, wie wir arbeiten, kommunizieren und konsumieren. Die fortschreitende Entwicklung von Technologien wie Personal Computer, Internet, Smartphones, sozialen Medien, Cloud-Computing und künstlicher Intelligenz hat zu einem neuen Zeitalter geführt, von *Manuel Castells* 1997, 7 als ***Informationszeitalter*** bezeichnet. In diesem Zeitalter haben Daten und Informationen eine zentrale Bedeutung erlangt und werden als wichtige Ressource betrachtet, um Wissen und Wertschöpfung zu generieren. Die Digitalisierung und das Informationszeitalter haben sowohl große Chancen als auch Herausforderungen mit sich gebracht und werden voraussichtlich in Zukunft eine noch größere Rolle spielen. In diesem Kontext ist es wichtig, die Auswirkungen der Digitalisierung auf die Gesellschaft, Wirtschaft und Politik zu verstehen und Strategien zu entwickeln, um die Chancen zu nutzen und die Herausforderungen zu bewältigen.

Bis in die 90er Jahre des letzten Jahrhunderts war diese Domäne etwas für Expert:innen. Doch die Arbeitswelt und auch die Ausbildung haben sich gewandelt. In den letzten Jahrzehnten entstanden ***neue Rollen und Berufsbilder***. Anfangs entstanden neue Berufsbezeichnungen wie zum Beispiel Netzwerkadministrator:innen, Datenbank- und Softwareentwickler:innen oder IT-Projektleiter:innen. Durch die wachsenden Aufgaben und auch Themengebiete haben wir heute unter anderem App-Developer, Big Data Analysts, Digital Content Creators oder Scrum Master (*Schabel/Wippich* 2016, 29).

Die FH JOANNEUM (im Folgenden kurz: FHJ) hat diese Entwicklung ebenfalls durchlaufen. Aus einem einzelnen Diplomstudiengang *„Informationsmanagement"* entwickelte sich das Department für Angewandte Informatik mit fünf Bachelor- und sechs Masterstudiengängen.

Die Studierenden und Absolvent:innen sind diejenigen, die unsere *digitale Zukunft* gestalten. Die Lehr- und Forschungsinhalte der anwendungsorientierten Studiengänge im Department „Angewandte Informatik" verbinden Theorie und Praxis in perfekter Weise. Wir befassen uns mit den technologischen Themen der Digitalisierung und berücksichtigen dabei gesellschaftliche und wirtschaftliche Aspekte.

2. Department „Angewandte Informatik"

Das Department „Angewandte Informatik" ist das *digitale Kompetenzzentrum* der größten steirischen Fachhochschule und treibt die digitale Entwicklung an der FHJ voran. Am Department „Angewandte Informatik" entwickeln wir effektive, effiziente und sichere IT-Produkte und IT-Systeme und kooperieren mit Institutionen und Unternehmen in Industrie und Wirtschaft, aber vor allem im Gesundheitsbereich auch mit öffentlichen Einrichtungen. In interdisziplinären Teams erarbeiten wir IT-Lösungen, die technologische, wirtschaftliche, rechtliche und gesellschaftliche Aspekte multimedial integrieren. Wir vernetzen unterschiedlichste Systeme und achten besonders darauf, diese user-freundlich, sicher und zukunftstauglich umzusetzen.

Vernetzung als Prinzip zeichnet auch die Absolvent:innen der Informatikstudien im Department aus. Als *IT-Expert:innen* verknüpfen sie technologisches Know-how mit Business Skills und gestalterischem Potenzial.

Die in etwa *650 Studierenden* am Department „Angewandte Informatik" teilen sich auf die Institute *„eHealth", „Software Design & Security"* sowie *„Wirtschaftsinformatik und Data Science"* an den Standorten Graz und Kapfenberg auf.

2.1 Institut „Wirtschaftsinformatik und Data Science"

Im Jahr 1998 wurde mit dem Studiengang „*Informationsmanagement*" der Grundstein für die Informatikausbildung an der FHJ gelegt. In den 1990er Jahren war es *FH-Prof. DI Werner Fritz*, der den Bedarf von Unternehmen an gut ausgebildeten Fachkräften – mit vor allem praxisorientiertem Wissen – für die Vielzahl von IT-Bereichen wie IT-Infrastruktur, Softwareentwicklung oder digitale Medien erkannte. Die tertiäre Ausbildung an der Fachhochschule wurde sehr gezielt als Alternative zu den technischen Universitäten gesetzt. Da an den Unis viele theoretische Grundlagen sehr breit behandelt wurden und die Anwendung und Spezialisierung erst in höheren Semestern zum Tragen kamen, beendeten viele Studierende in den Jahren des Aufschwungs in der IT ihre Ausbildung ohne Abschluss. Durch frische Inhalte im Curriculum des ersten IT-Studiengangs an der FH JOANNEM, durch exzellente Laborausstattung, durch kompakte Kohortengrößen der Jahrgänge und vor allem durch ein junges und motiviertes Team rund um *Werner Fritz* wurde der Studiengang zu einem Erfolgsmodell.

2006 wurden aus einem Diplomstudiengang Bologna-konform die Ausbildung in ein Bachelor- und Masterprogramm aufgeteilt. Seit 2018 haben die Studierenden im Masterstudiengang die Auswahl zwischen den Vertiefungsrichtungen „*IT-Architecture*" und „*Software and Digital Experience Engineering*".

Durch die Veränderungen in der IT mit neuen Forschungsgebieten wie Business Intelligence, Big Data, Digitalisierung oder Künstlicher Intelligenz, entstand 2018 unter der Leitung von *MMMMag. DDr. Wolfgang Granigg* der Masterstudiengang „*Data und Information Science*".

Die Kombination aus Digitalisierung und Businesswelt, aus praxisnahen Informatik- und Wirtschaftskenntnissen führte zu Neuorientierung des Bachelorstudiengangs mit dem neuen Namen „*Wirtschaftsinformatik*".

Das Institut beschäftigt sich unter anderem mit den *Forschungs- und Entwicklungsthemen* Multimedia- und User Interface-Entwicklung sowie Big-Data-Analyse und Business Analytics. User-Interfaces und Bedienungsoberflächen sind jene Bestandteile von IT-Systemen, die von den

Anwender:innen wahrgenommen werden. Dies sind multimediale Informationssysteme, das Web, Smartphones und Smart Homes. Die immer schneller werdende Entwicklung neuer Eingabemöglichkeiten wie zum Beispiel Mixed-, Augmented- oder Virtual-Reality stellt Informatiker:innen vor die Herausforderung, dass diese nicht nur intuitiv nutzbar sind sondern auch Spaß machen und möglichst alle Sinne ansprechen. Ein Highlight dazu sind Edutainment- und Entertainment-Applikationen im Museumsbereich mit nationalen und internationalen Kooperationen wie dem Universalmuseum JOANNEUM, dem Kindermuseum Frida&Fred oder auch dem Mercedes-Benz-Museum in Stuttgart (https://exhibits.fh-joanneum.at/).

Ein maßgeblicher Teil der Wirtschaftsinformatik ist die fortschreitende *Digitalisierung von Geschäfts- und Kommunikationsprozessen*. Diese generiert täglich enorme und vielfältige Datenmengen. Die Herausforderung von Big-Data-Analyse und Geschäftsanalyse besteht darin, mithilfe von zeitnahen analytischen Prognosen wertvolle Informationen aus den komplexen Daten zu gewinnen, um richtungsweisende Entscheidungen zu unterstützen.

Ein abschließendes Highlight ist die Konferenz *Scientific Computing für junge Forscher:innen* mit unterschiedlichen Themen aus den Bereichen Computer Science & Big Data, Modellbildung & Simulation, Statistik & Machine Learning und Artificial Intelligence (https://www.fh-joanneum.at/veranstaltung/scientific-computing-2023).

2.2 Institut „Software Design & Security"

Im IT-Boom der 2000er Jahre wurde es Zeit, das Angebot für Informatik an der FHJ weiter auszubauen. Im Jahr 2001 startete unter der Leitung von Frau FH-Prof.[in] Mag.[a] Dr.[in] Sonja Gögele der Diplomstudiengang *„Internettechnik & Management"* am Standort Kapfenberg. Der Bedarf an Expert:innen, die diese zur damaligen Zeit neue Thematik beherrschen konnten, war schon vorhersehbar. Der neue Studiengang hatte das Ziel eine ganzheitliche Ausbildung im Bereich der IT anzubieten. Nicht nur das Fachgebiet Informatik änderte sich sehr rasant, auch die Anforderungen an die Hochschulausbildung wuchsen. So wurde der Studiengang *„Internettechnik & Management"* 2004 um die berufsbegleitende Vertiefung *„Software Design"* erweitert.

Um den IT-Expert:innen der Zukunft weitere Möglichkeiten zur Vertiefung des Fachwissens und der persönlichen Spezialisierung zu bieten, begann die Umstellung der Diplomstudiengänge auf Bachelor- und Masterprogramme. 2006 wurde der Masterstudiengang *„Advanced Security Engineering"* und 2008 der Masterstudiengang *„IT-Recht & Management"* gestartet. Neben dem klassischen Vollzeitstudium und der berufsbegleitenden hochschulischen Ausbildung entstand am Institut 2018 der erste duale IT-Studiengang *„Mobile Software Development"* in einer Kooperation mit der FH Campus 02 und der Technischen Universität Graz. Dieser praxisnahe Ansatz – der die Ausbildung an der Hochschule mit einer individuellen praktischen Vertiefung in einem beteiligten Ausbildungsunternehmen kombiniert – wird von Studiengangsleiter *FH-Prof. DI Dr. Elmar Krainz* geleitet.

In all den Jahren haben sich die Studiengänge *„Internettechnik* **und** *Software Design"* organisatorisch und auch inhaltlich weiterentwickelt. Heute haben wir eine Verlagerung von IT-Lösungen, die bisher in lokalen Rechnernetzen liefen, hinein in die Cloud. Rechenleistung wird immer verfügbarer und ermöglicht es Computern, selbst zu lernen, und die Anforderung an die Entwicklung von Software in den Punkten Funktionalität und Qualität steigt stetig an. Dies spiegelt sich auch in der Weiterentwicklung der Studiengänge wider. 2022 wandelten sich die bestehenden Bachelorstudiengänge zu *„Software Design & Cloud Computing"* in Vollzeit und berufsbegleitender Variante als Ergebnis von ständiger Reflexion und Innovation in der Ausbildung von IT-Fachkräften am Institut für Software Design & Security.

Die Mitarbeiter:innen des Instituts betreiben *Forschung und Entwicklung* in vielen verschiedenen Bereichen der Informatik und mit den damit verbundenen Anwendungsmöglichkeiten. Softwareentwicklung, Mobile Development, IT-Security und Machine Learning sind nur einige der Forschungsschwerpunkte am Institut.

Das *Security Lab* des Instituts ist die Anlaufstelle für Forschung und auch Industrie im Bereich Cyber Security. Die moderne Ausstattung des Security Labs erlaubt es, in einem geschützten Bereich Hackerangriffe auf Unternehmensnetze zu simulieren und Sicherheitstests für Hard- und Software durchzuführen. Den möglichen Praxisfall üben die Studierenden auch im sogenannten Red Team Training (Angreifer-Training) und Blue Team Training (Verteidiger-Training). Auch spezielle Schulungen für so genannte Incident Response Teams, das sind Arbeitsgruppen, die sich mit sicherheitsrelevanten Vorfällen im Bereich der Informationstechnologie beschäftigen, werden im Security Lab durchgeführt (https://www.fh-joanneum.at/forschung/forschungszentren/smart-production-lab/labs-im-lab/security-lab).

Mit dem *COIN Projekt Fit4BA* wurde ein anwendungsorientiertes Forschungs- und Innovationszentrum an der FHJ geschaffen, um Projekte zu Big Data und Künstliche Intelligenz für Industrie sowie Klein- und Mittelunternehmen zu ermöglichen. Dabei wird Unternehmen ein Zugang zur Umsetzung ihrer innovativen, datengetriebenen Ideen sowie das Betreiben einschlägiger Forschung ermöglicht. Die Erfahrungen zu Big Data und Artificial Intelligence können beinahe jeder Branche Mehrwerte bringen: überall dort, wo Daten anfallen – sei es etwa in der Luftfahrt, im Bankwesen oder in der Smart Mobility (https://www.fh-joanneum.at/forschung/forschungszentren/big-data-and-artificial-intelligence-research-center).

Mit dem *Coding Lab – CoLa* bekommen Kinder und Jugendliche die Möglichkeit, die digitale Welt selbst mitzugestalten. Schüler:innen bekommen einen Einblick in die Welt der Softwareentwicklung; Welche Schritte benötigt man von einer App-Idee zum ersten Prototypen oder wie kann ich den nötigen Programmcode für ein eigenes Computerspiel schreiben. In vielen verschiedenen Workshops lernen die Jugendlichen alle Aspekte der IT-Welt kennen und können schlussendlich auch ihre eigene Ideen umsetzen und werden somit von reinen digitalen Anwender:innen zu digitalen Gestalter:innen (http://cola.fh-joanneum.at).

2.3 Institut „eHealth"

Die Digitalisierung ist ein bedeutender Faktor im Gesundheitsbereich. An der FHJ wurde von *ao. Univ.-Prof. i.R. Dipl.-Ing. Dr. techn. Helfried Maresch* erkannt, dass dieses Querschnittsthema ein wichtiger Faktor ist, und dass eine spezielle Ausbildung gebraucht wird, um Gesundheit, Technik und Informatik zu verbinden. Im Jahr 2003 wurde es mit dem Diplomstudiengang *„InfoMed/Health Care Engineering"* an der Fachhochschule in Graz möglich, in diese spannenden Themengebiete einzutauchen.

Nach drei Jahren erfolgte 2006 die Umstellung auf den Bachelorstudiengang *„Health Care Engineering"* sowie den Masterstudiengang *„eHealth".* Nachdem *Helfried Maresch* nach langer Hochschulkarriere und maßgebender Entwicklung verschiedener Bildungsangebote in den wohlverdienten Ruhestand ging, übernahm 2011 *DI Dr. Robert Mischak, MPH* die eHeath-Studiengänge und entwickelte das Institut weiter zu einem der führenden Ansprechpartner im Bereich der digitalen Gesundheit. In Kooperation mit der Medizinischen Universität Graz wurde 2012 der Masterlehrgang *„Health Care & Hospital Management"* gestartet, um ein attraktives Weiterbildungsangebot für die Public-Health-Community zu bieten.

Die Studienangebote am Institut „eHealth" entwickelten sich ständig weiter und 2014 wurde der Name des Bachelorstudiengangs in *„Gesundheitsinformatik/eHealth"* geändert.

Die *Forschungsschwerpunkte* des Instituts „eHealth" umfassen unter anderem die Entwicklung von eHealth-Lösungen für die Versorgung von chronisch kranken Patient:innen, die Nutzung von Wearables und mobilen Gesundheitsanwendungen sowie die Integration von Künstlicher Intelligenz in die medizinische Praxis.

Das Institut „eHealth" konzentriert sich innerhalb der angewandten Informatik auf den *Gesundheits- und Sozialbereich* und hat sich zum Ziel gesetzt, die Gesundheitsversorgung durch den Einsatz von Informationstechnologie und digitalen Lösungen zu verbessern. Hierfür arbeitet es eng mit Partner:innen aus Wissenschaft, Industrie und Gesundheitswesen zusammen.

Der Schwerpunkt *Healthy Ageing – Active (Ambient) Assisted Living* liegt auf assistiven Technologien in den eigenen vier Wänden, die eine Alternative zum Pflegeheim bieten können. Die Forschungsfelder umfassen Smart-Home-Applikationen, sensorunterstütztes Monitoring und Fernüberwachung von chronisch Erkrankten sowie Pflegeroboter. Die Mensch-Maschine-Kommunikation und die Adhärenz- und Partizipationsfragen müssen bei der Entwicklung von Technologien berücksichtigt werden, um eine komplexe Betreuungssituation mit Angehörigen und Fachpersonal zu unterstützen. Das Forschungsfeld ist interdisziplinär und umfasst angewandte Informatik, Pflegewissenschaft und Sozialarbeit (https://www.fh-joanneum.at/schwerpunkt/active-ambient-assisted-living).

Im Gesundheitswesen ist der Einsatz von *Wearables* und anderen *mobilen Endgeräten* ein wichtiger Faktor. Die Vernetzung von Technologien ermöglicht effiziente und qualitativ hochwertige Diagnose- und Therapieprozesse, wodurch wichtige Vitalparameter automatisiert erfasst und eine Verbesserung der Datenqualität erwartet werden kann. Highlights sind zum Beispiel die folgenden Apps: Über die Mira App können persönliche Fitnessdaten analysiert werden, die Jugendrotkreuz-App behandelt die Digitalisierung des Jugendpasses.

Die *Datenmenge und -komplexität im Gesundheitswesen* steigen rapide an, sowohl im Routinebetrieb von Krankenhäusern und im niedergelassenen Bereich als auch in klinischen Studien. Neue Gesundheitsdaten aus kontinuierlichen Messungen über Fitnessarmbänder und Ähnlichem erweitern die Datenbasis zusätzlich. Dokumentationsstandards wie HL7 oder CDISC sollen die Interoperabilität erhöhen und die Datenqualität verbessern. Es besteht Abstimmungsbedarf zwischen den verschiedenen Sektoren des Gesundheitswesens, insbesondere bei nichtärztlichen Gesundheitsberufen. Die effiziente Datenkommunikation von administrativen Leistungs- und Abrechnungsdaten zwischen Leistungserbringern und Krankenversicherungen sowie die Finanzierung von Krankenhäusern über DRG-Systeme sind auf Basis standardisierter Diagnose- und Prozedurkataloge zu gestalten. Im Bereich der *klinischen Forschung* ist die doppelte Erfassung von Studiendaten immer noch ein großes Problem, und es besteht Bedarf, die Brücke zwischen Routinedaten und Forschungsdaten zu bauen. Ein wichtiges Forschungsthema ist die Weiterentwicklung der elektronischen Gesundheitsakte ELGA (https://www.fh-joanneum.at/schwerpunkt/dokumentationsstandards-und-datenmanagement-im-gesundheitswesen).

3. Ausblick und Mission Statement im Department „Angewandte Informatik"

Unser Mission Statement im Department „Angewandte Informatik" lautet: *„Wir gestalten die digitale Transformation"*. Wir sind uns der zunehmenden Bedeutung der digitalen Transformation bewusst. Unsere Mission ist es, die Chancen und Herausforderungen der digitalen Welt zu erkennen und diese aktiv mitzugestalten.

Unser *Fokus* liegt dabei auf der Entwicklung und Implementierung innovativer Technologien, die eine nachhaltige und erfolgreiche digitale Transformation ermöglichen. Wir arbeiten eng mit unseren Partner:innen aus Wissenschaft, Wirtschaft und Gesellschaft zusammen, um zukunftsweisende Konzepte und Lösungen zu entwickeln.

Die *Forschungsschwerpunkte* des Departments „*Angewandte Informatik*" sind

- *Multimedia und Interface-Development:* Dieser Forschungsschwerpunkt beschäftigt sich mit der Entwicklung von interaktiven Multimedia-Systemen und Benutzeroberflächen. Ziel ist es, innovative Technologien und Anwendungen zu entwickeln, welche die Interaktion zwischen Mensch und Maschine verbessern und die Benutzererfahrung optimieren.

- *Big Data & Business Analytics:* In diesem Forschungsschwerpunkt geht es darum, große Datenmengen zu analysieren und zu interpretieren, um wertvolle Erkenntnisse für Unternehmen zu gewinnen. Ziel ist es, effektive Geschäftsstrategien zu entwickeln und Entscheidungsprozesse zu verbessern.

- *Mobile Application and Smart Health Care:* Dieser Forschungsschwerpunkt beschäftigt sich mit der Entwicklung von mobilen Anwendungen und intelligenten Gesundheitslösungen. Ziel ist es, innovative Technologien zu entwickeln, die die Gesundheitsversorgung verbessern und die Patient:innenerfahrung optimieren.

- *IT-Security:* Dieser Forschungsschwerpunkt befasst sich mit der Entwicklung von Sicherheitslösungen und -maßnahmen, um IT-Systeme und Daten vor Bedrohungen zu schützen. Ziel ist es, die IT-Sicherheit zu verbessern und das Vertrauen in digitale Technologien zu stärken.

- *Active (ambient) Assisted Living:* In diesem Forschungsschwerpunkt geht es darum, innovative Technologien und Lösungen zu entwickeln, die älteren Menschen und Menschen mit Behinderungen ein unabhängiges Leben ermöglichen. Ziel ist es, die Lebensqualität zu verbessern und die Integration in die Gesellschaft zu fördern.

- **Dokumentationsstandards und Datenmanagement im Gesundheitswesen:** Dieser Forschungsschwerpunkt beschäftigt sich mit der Entwicklung von Standards für die Dokumentation von Patientendaten und dem Management von Gesundheitsdaten. Ziel ist es, die Qualität der Gesundheitsversorgung zu verbessern und die Effizienz im Gesundheitswesen zu steigern.

Wir streben danach, unseren Studierenden ein *fundiertes Verständnis* für die **Potenziale und Risiken** der digitalen Transformation zu vermitteln. Wir legen dabei besonderen Wert auf eine praxisnahe Ausbildung, die es unseren Studierenden ermöglicht, ihr erworbenes Wissen direkt in die Praxis umzusetzen.

Als Department „Angewandte Informatik" bekennen wir uns dazu, unsere **Verantwortung gegenüber der Gesellschaft** wahrzunehmen und uns aktiv an der Gestaltung der digitalen Transformation zu beteiligen. Wir möchten einen positiven Beitrag leisten und dazu beitragen, dass die digitale Welt zum Wohl aller Menschen genutzt wird. Wir bekennen uns zu einem hohen Qualitätsanspruch in Lehre und Forschung. Unsere Studierenden sollen nicht nur fundiertes Fachwissen erwerben, sondern auch lernen, dieses in der Praxis anzuwenden. Dazu setzen wir auf moderne Didaktik und innovative Lehrmethoden, um den Lernprozess so effektiv wie möglich zu gestalten.

Als Hochschule sehen wir uns auch in der Verantwortung, die **digitale Zukunft** aktiv mitzugestalten. Wir setzen uns dafür ein, dass unsere Studierenden digitale Kompetenzen erwerben, und wir fördern die Entwicklung von innovativen Technologien. So möchten wir unseren Studierenden die besten Voraussetzungen für eine erfolgreiche Karriere in einer digitalen Welt bieten.

4. Literatur

Castells, An introduction to the information age. City 2.7 (1997) 6–16

Schabel/Wippich, Digitale Transformation: Wie die IT neue Berufsbilder formt. Wirtschaftsinformatik & Management 8/5 (2016) 28–35

Das Department „Engineering"

Christian Vogel, Wolfgang Belitsch, Hubert Berger, Herbert Böchzelt, Holger Friehmelt, Bernd Messnarz, Kurt Steiner, Georg Wagner

Das Department „Engineering" bietet seit vielen Jahren mit seinen Instituten innovative und praxisnahe Studien und vielfältige Forschung in den Ingenieurwissenschaften an. Der Beitrag gibt einen Überblick über das Department und seine Institute.

1. Das Department

Das *Department „Engineering" der FH JOANNEUM* (kurz: FHJ) zeichnet sich durch eine innovative und praxisnahe Ausbildung mit hohem Qualitätsanspruch im Bereich der Ingenieurwissenschaften aus. Das Department in seiner jetzigen Form gibt es seit 2013 und es besteht aus den Instituten „Angewandte Produktionswissenschaften", „Electronic Engineering", „Fahrzeugtechnik/Automotive Engineering" und „Luftfahrt/Aviation". Die Institute des Departments haben es sich zum Ziel gesetzt, neueste Entwicklungen und Technologien voranzutreiben und nachhaltige Lösungen für aktuelle und zukünftige Herausforderungen zu finden. Dabei legt das Department „Engineering" großen Wert auf die enge Zusammenarbeit mit Wirtschaft und Gesellschaft, um praxisnahe Forschung und Entwicklung zu stärken. Diese Zusammenarbeit ermöglicht es den Studierenden, frühzeitig in reale Projekte eingebunden zu werden und wertvolle Erfahrungen zu sammeln. Durch die Verknüpfung von Theorie und Praxis sowie die intensive Zusammenarbeit mit Partner:innen aus der Wirtschaft und der Gesellschaft trägt das Department „Engineering" maßgeblich zur Stärkung der Innovationskraft in der Region und darüber hinaus bei.

Das Department hatte bereits einige *Vorsitzende*. Darunter der viel zu früh verstorbene *DI Bruno Wiesler*, der vor kurzem pensionierte *DI Johannes Haas* und der langjährige Vorsitzende *FH-Prof. DI Dr. Kurt Steiner*. Zurzeit ist *FH-Prof. Priv.-Doz.DI Dr. Christian Vogel* der Vorsitzende des Departments. Allen Vorsitzenden war die starke Sichtbarkeit der Technik an der FHJ immer ein besonderes Anliegen.

Obwohl die Institute *verschiedene Schwerpunkte* der Technik in Forschung und Lehre abdecken, sind interdisziplinärer Ansatz, Anwendungsnähe und Praxis- und Technologieorientierung Gemeinsamkeiten, die ständig weiterentwickelt werden.

Das *Institut für Angewandte Produktionswissenschaften* legt seinen Schwerpunkt auf Produktentwicklung und Produktion. Es behandelt Themen wie Konstruktion, Produktlebenszyklusanalyse, Supply Chain Management und Rüstoptimierung. Besondere Aufmerksamkeit gilt dem Bereich des Digitalen Zwillings. Im Bereich Lebensmittel werden Themen von der Urproduktion bis zur hin zur Produktentwicklung, unter den Aspekten der Nachhaltigkeit behandelt.

Das *Institut „Electronic Engineering"* konzentriert sich auf die Anwendungen von Elektronik vor allem in den Bereichen der Automobil- und Halbleiterindustrie, wobei die Leistungselektronik in den letzten Jahren eine zentrale Rolle gespielt hat. Das Institut zeigt dabei seine besonderen Stärken bei der Transformation der Ergebnisse aus der Forschung in Demonstratoren mit hohem Technologie-Reifegrad.

Das *Institut für Fahrzeugtechnik/Automotive Engineering* legt den Fokus auf innovative Fahrzeugkonzepte und nachhaltige Mobilität. Es arbeitet an der virtuellen Systementwicklung, der Erprobung von mechatronischen Regelsystemen und der Zusammenarbeit mit Komponenten- und Gesamtsystemversuchen.

Das *Institut „Luftfahrt/Aviation"* bereitet Studierende auf die Luftfahrtindustrie vor und kombiniert wissenschaftliche Grundlagen mit praxisorientierten Fragestellungen. Es legt besonderen Wert auf die Zusammenarbeit mit regionalen, nationalen und internationalen Partner:innen, um die Herausforderungen der Luftfahrtbranche gemeinsam zu meistern.

2. Die Lehre

Das Department „Engineering" bietet eine *Vielzahl von Studien* in wichtigen technischen Bereichen an.

Diese umfassen die **Bachelorstudien** „Elektronik und Computer Engineering", „Fahrzeugtechnik/Automotive Engineering", „Industrielle Mechatronik", „Luftfahrt/Aviation", „Nachhaltiges Lebensmittelmanagement" sowie „Produktionstechnik und Organisation".

Die Bachelorstudien werden durch die **Masterstudien** „Electronics and Computer Engineering", „Engineering and Production Management", „Fahrzeugtechnik/Automotive Engineering", „Lebensmittel: Produkt- und Prozessentwicklung", „Luftfahrt/Aviation" sowie „System Test Engineering" ergänzt. Alle Studien zeichnen sich durch eine praxisnahe Ausbildung aus, die auf die Anforderungen der Industrie zugeschnitten ist. Die Studierenden erwerben fundierte Kenntnisse in ihren jeweiligen Fachgebieten und haben die Möglichkeit, durch Projekte und Laborarbeit ihr Wissen anzuwenden. Das Department pflegt enge Kooperationen mit Industriepartnern, was den Studierenden den Zugang zu Praktika und beruflichen Möglichkeiten nach Studienabschluss erleichtert.

Das Studium **„Elektronik und Computer Engineering"** an der FHJ zählt zu den renommiertesten FH-Studiengängen in Österreich. Der Studiengang bietet Studierenden eine wissenschaftlich fundierte und praktische Ausbildung, die durch viele Hightech-Unternehmen unterstützt wird. Studierende werden dabei in kleinen Gruppen mit modernster Ausstattung im bewährten Fachhochschulsystem unterrichtet. Inhaltlich fokussiert sich der Studiengang auf eingebettete Systeme und die dafür notwendigen theoretischen Kenntnisse und praktischen Fertigkeiten. Die intensiven F&E-Tätigkeiten führen zu einer wesentlichen Steigerung der Attraktivität des Studiengangs, da Studierende in Projekten und Bachelorarbeiten an Forschungsthemen mitarbeiten können. Das darauf aufbauende Masterstudium „Electronics and Computer Engineering" bildet Expert:innen für elektronische Systeme aus, die sich auf effiziente Leistungselektronik, Echtzeit-Datenverarbeitung oder autonomes Fahren spezialisieren können. Das Studium bietet beste Chancen für die berufliche Zukunft – ob in der industriellen Forschung, der Automobil- und Halbleiterindustrie, der Telekommunikation oder der Automatisierungs- und Medizintechnik.

Das Masterstudium **„System Test Engineering"** behandelt die vielfältigen Themen zur systematischen Prüfung von elektronischen und mechatronischen Systemen und ist speziell auf die Bedürfnisse der Elektronik- und Fahrzeugindustrie zugeschnitten. Es bietet ein praxisorientiertes

Studium mit Schwerpunkt auf projektbasierten und interdisziplinären Vorlesungen und Übungen. Die Studierenden profitieren von hochmodernen Laboreinrichtungen und der Expertise von Industrieexpert:innen, die ihnen eine praxisnahe Ausbildung ermöglichen. Strategische Partnerschaften mit Unternehmen bieten den Studierenden die Möglichkeit, Einblicke in die Industrie zu gewinnen und in Teilzeitbeschäftigung in einem Industrieunternehmen tätig zu sein.

Das Bachelorstudium *„Industrielle Mechatronik"* ist ein interdisziplinäres Studium, das fundierte Kenntnisse in den Bereichen Mechanik, Elektronik und Informatik vermittelt. Es handelt sich um ein duales Studium, bei dem ein Teil der Ausbildung in einem Unternehmen stattfindet. Ziel ist es, den Studierenden das erforderliche Wissen und Verständnis zu vermitteln, um typische mechatronische Systeme entwickeln zu können. Dies umfasst Bereiche wie Robotik, verschiedene Fertigungsverfahren wie 3D-Druck und CNC-Maschinen, sowie die Entwicklung von Systemen wie zB einem Segway.

Das österreichweit einzigartige Bachelorstudium *„Fahrzeugtechnik/ Automotive Engineering"* sowie das gleichnamige, darauf konsekutiv aufbauende Masterstudium, bilden technikbegeisterte Studierende zu weltweit erfolgreichen Fahrzeugtechnik-Ingenieur:innen aus. Beide Studiengänge legen den Schwerpunkt auf das Gesamtfahrzeug und vermitteln den Studierenden die erforderlichen Inhalte aus dem Maschinenbau, der Elektrotechnik, der Informatik und den Wirtschaftswissenschaften. Eine besondere Stärke der Studiengänge liegt in den Kooperationen mit internationalen Partnerhochschulen wie der University of Applied Sciences Oulu, dem Politecnico di Torino, der Hochschule Esslingen und der University of Bath. Dadurch haben die Studierenden Zugang zu Praktika und profitieren von einem exzellenten Karrierestart.

Das Bachelorstudium *„Luftfahrt/Aviation"* und das gleichnamige konsekutive Masterstudium bieten eine umfassende Ausbildung im Bereich der Luftfahrt. Das Studium vermittelt den Studierenden ein breites Wissen über die verschiedenen Aspekte der Luftfahrt, einschließlich der Flugzeugtechnik, Luftfahrtlogistik, Flugbetriebsmanagement und Luftverkehrsrecht. Die Studierenden lernen sowohl die technischen als auch die betriebswirtschaftlichen Aspekte der Luftfahrtindustrie kennen. Ein Schwerpunkt des Studiums liegt auf der Entwicklung und Anwendung von umweltfreundlichen Technologien in der Luftfahrt. Die Studierenden werden mit den neuesten Entwicklungen und Trends im Bereich der nachhaltigen Luftfahrt vertraut gemacht und lernen, wie sie diese in der Praxis umsetzen können. Studierende nehmen nach Abschluss der exzellenten Ausbildung oft anspruchsvolle Positionen in der Luftfahrtbranche ein.

Die Studien im Bereich *„Angewandte Produktionswissenschaften"* haben die österreichische Bildungslandschaft maßgeblich durch den Aufbau und die erfolgreiche Weiterentwicklung des *dualen Studienmodells* geprägt. Seit dem Start des Diplomstudiengangs „Produktionstechnik und Organisation" im Jahr 2002 folgten zahlreiche weitere Duale Studiengänge dieser Idee, wenn auch mit etwas Verspätung, wie zB seit 2014 der Bachelorstudiengang „Elektrotechnik Dual" an der FH Vorarlberg. Von Anfang an lag der Fokus der hochschulischen Ausbildung auf einer umfassenden Ausbildung der Studierenden im Bereich der Produktion, sowohl technologisch als auch organisatorisch. Das Duale Bachelorstudium *„Produktionstechnik und Organisation"* bietet den Studierenden die Möglichkeit, sich entweder im Bereich Fertigungs- und Montagetechnik oder im Bereich Verfahrens- und Umwelttechnik zu spezialisieren, um die vielfältigen Tätigkeitsfelder der österreichischen Produktionsunternehmen abzudecken. Das Duale Masterstudium *„Engineering and Production Management"* ermöglicht den Studierenden ebenfalls eine Fokussierung auf spezifische Themenbereiche. Die Vertiefungsrichtung „Value and Cost Engineering" bietet ein einzigartiges Masterstudium im gesamten deutschsprachigen Raum, indem es Produktentwicklung, Innovation und moderne Produktion verbindet. Ebenso einzigartig im deutschsprachigen Raum ist die Vertiefungsrichtung „Production Systems Engineering", die von der Intralogistik über Fabrikplanung bis hin zur Industrie 4.0 umfassend Aufgabenstellungen moderner Produktion behandelt.

Das Studium *„Nachhaltiges Lebensmittelmanagement"* bietet eine umfassende Ausbildung in den Bereichen Lebensmittelwissenschaft und Nachhaltigkeit. Die Studierenden erwerben Kenntnisse über nachhaltige Produktion, Verarbeitung, Verpackung und Vermarktung von Lebensmitteln. Sie werden in den Bereichen Ressourcenmanagement, Lebensmittelqualität und -sicherheit, sowie nachhaltige Lieferketten geschult. Praxisorientierte Projekte und Fallstudien ermöglichen den Studierenden die Anwendung ihres Wissens. Das Studium umfasst auch Aspekte wie Ernährung, Umweltbewusstsein und soziale Verantwortung. Absolvent:innen haben vielfältige Karrieremöglichkeiten in der Lebensmittelindustrie, im Qualitätsmanagement, im Nachhaltigkeitsmanagement oder in Beratungsunternehmen mit Fokus auf nachhaltiges Lebensmittelmanagement. Das Masterstudium *„Lebensmittel: Produkt- und Prozessentwicklung"* ermöglicht eine Vertiefung in die neuesten Technologien der Lebensmittelprodukt- und Prozessentwicklung.

3. Die Forschung

Das *Department „Engineering"* widmet sich der Entwicklung von *Innovationen in den Bereichen Maschinenbau, Elektronik und Verfahrenstechnik.* Im Rahmen intensiver Kooperationen mit renommierten Unternehmen und Institutionen führen das Department und seine Institute umfangreiche internationale Projekte durch. Das Hauptziel ist es, Ideen erfolgreich bis zur Marktreife umzusetzen und dabei den gesamten Lebenszyklus der Produkte zu berücksichtigen. Das Department betrachtet dabei Nachhaltigkeit als wesentliches Kriterium der angewandten Forschung und ist sich der Verantwortung für zukünftige Generationen bewusst.

Der Themenbereich des *Digitalen Zwillings* bildet einen wesentlichen Schwerpunkt in der Lehre und Forschung des Instituts *„Angewandte Produktionstechnik"*. Diesem Themenbereich widmet sich auch das Forschungsprojekt ICON, das einen stark interdisziplinären Ansatz darstellt und das Wissen und die Forschungsarbeit mehrerer Institute der FHJ in einem gemeinsamen Forschungsprojekt integriert. Kernthema ist die Implementierung von Augmented Reality und Virtual Reality-Technologien im industriellen Arbeitsumfeld, wobei sich der Themenbogen von der Simulation von Montageaufgaben bis zur Erfassung der Arbeitsplatzbelastung durch *Motion-Capturing* spannt. Neben diesem Forschungsgebiet stellt der Bereich der Dualen Hochschulausbildung und der Entwicklung neuer Lehr- und Lernformate einen weiteren wesentlichen Aufgabenschwerpunkt des Instituts dar. In Forschungsprojekten wie zB DUALEDU, DualSCI, DUALMON oder MicroCredX, um nur einige wenige zu nennen, arbeitet das Institut gemeinsam mit anderen Universitäten und Hochschulen an der Entwicklung neuer Formate oder unterstützt andere Universitäten und Hochschulen beim Aufbau Dualer Studienprogramme. Basierend auf dieser engen Kooperation mit zahlreichen anderen europäischen Universitäten und Hochschulen konnte das Institut für Angewandte Produktionswissenschaften in den Jahren 2021 und 2022 einen Forschungsantrag im Rahmen von Erasmus+ ausarbeiten und einreichen. Dieser Forschungsantrag wurde im Sommer 2022 von der Europäischen Kommission bewilligt. Damit konnte 2023 die Europa umspannende Allianz EU4DUAL als European University Projekt gestartet werden. Durch diese Initiative des Instituts ist die FHJ, gemeinsam mit acht weiteren europäischen Universitäten seit Jänner 2023 Teil einer europäischen Hochschulallianz.

Das Institut *„Electronic Engineering"* ist im Bereich der Forschung das erfolgreichste Institut der FHJ und deckt die Kompetenzfelder Leistungselektronik, Elektromagnetische Verträglichkeit und Hochfrequenztechnik sowie Hardware/Software Co-Design in verschiedensten Anwendungsbereichen ab. Die Stärke liegt dabei in der **Synergie dieser Kompetenzfelder** und den daraus entwickelten, integrierten Systemlösungen. Die Entwicklung leistungselektronischer Komponenten und Produkte stellte dabei in den letzten Jahren das wichtigste Anwendungsgebiet des Kompetenzfelds Leistungselektronik dar. Denn sowohl bei der Energieerzeugung aus erneuerbaren Quellen als auch bei der Elektromobilität spielt die leistungselektronische Energieumformung eine Schlüsselrolle. Im JOANNEUM Power Electronic Center konnte eine spezifische Expertise für den Einsatz neuartiger Wide-Bandgap-Leistungshalbleiter aufgebaut werden. Dabei handelt es sich um Transistoren aus Silizium-Carbid (SiC) oder Gallium-Nitrid (GaN), die ein hervorragendes Schaltverhalten aufweisen und so die Herstellung effizienter und hochkompakter leistungselektronischer Systeme ermöglichen. Das Kompetenzfeld Elektromagnetische Verträglichkeit und Hochfrequenztechnik beschäftigt sich mit der Störaussendung und der Störfestigkeit elektronischer Geräte. Im Prüflabor mit elektromagnetischer Vollabsorber-Schirmkammer können Messungen von Störemissionen nach EN 55011, EN 55014 und EN 55032 sowie Störfestigkeitsprüfungen bis zu einem Frequenzbereich von sechs Gigahertz nach EN 61000-4-3 durchgeführt werden. Im Bereich Hardware/Software Co-Design wird mit dem COIN Projekt ENDLESS ein neuer Meilenstein in der systematischen Erforschung von gleichzeitigem Hardware-/Softwareentwurf mit Hilfe von agilen Prozessen und Methoden angestrebt. Neben den zahlreichen Förder- und Auftragsprojekten konnte das Institut als eines der ersten Fachhochschulen Österreichs gemeinsam mit der Technischen Universität Graz ein vom österreichischen Wissenschaftsfonds FWF gefördertes Doktoratsprogramm doc.funds.

connect mit dem Namen „*Dependable ElectroNIc Based SystEms*" (kurz: DENISE), für sich gewinnen. Dieses Programm ermöglicht erstmals die Ausbildung von Dissertant:innen an der FHJ. Das Institut „Electronic Engineering" kann somit auf 25 Jahre F&E-Aktivitäten zurückblicken, die bei *Berger/Netzberger* ua 2020, 11 umfangreich dargestellt werden.

Der Forschungsbereich des *Instituts für Fahrzeugtechnik* beschäftigt sich in Auftrags- und Entwicklungsprojekten sowohl mit der virtuellen Produktentwicklung über die simulationstechnische Optimierung und *Anwendung durch computergestützte Methoden* bis hin zur versuchstechnischen *Erprobung von einzelnen Bauteilen* und *Tests mit Gesamtfahrzeugen*. Die Säulen der angewandten Forschung des Instituts sind Konstruktion (Methodik, Analyse, Konzepterstellung, Machbarkeit), Technische Berechnung und Simulation (Finite-Elemente-Berechnung, Strömungsrechnung, Mehrkörpersystemmethoden), Regelsysteme und Applikation (Entwicklung, Konzeption/Darstellung und Optimierung von mechatronischen Systemen) und Versuch und Erprobung (Versuchsdurchführung, Messsignalerfassung und Messsignalverarbeitung, Analyse).

Das Institut „*Luftfahrt/Aviation*" forscht im Bereich Mobilität auf den Gebieten der *unbemannten Luftgeräte* und *Flugzeugsysteme, Aerodynamik* und im Bereich *Thermisches Management*. Die Forschung wird durch Themen wie Leichtbau und neue mit geringem Aufwand recycelbare Materialien, die insbesondere in der Luftfahrttechnik von Bedeutung sind, ergänzt. Das Institut ist mit hochwertigen Prüfständen, Simulatoren und modernsten Design- und Simulationstools ausgestattet. Profundes Know-how der Mitarbeiter:innen wird durch direkte Industriekooperationen, national geförderte Projekte sowie die Koordination und Beteiligung an EU-Projekten ständig weiterentwickelt. So wurden zB im Projekt eSAFE (Emergency Safe Return for CS23 Aircraft) für zeitkritische Notfallverfahren von General Aviation Flugzeugen in Abhängigkeit der lokalen Gegebenheiten (Landestrecke, Windrichtung) die geeignetste Landemöglichkeit ausgewählt und optimale Trajektorien erstellt. Das Softwaremodul zur Routenplanung stellt während des Fluges permanent eine Notfalltrajektorie zur Verfügung, auf die im Anlassfall sofort zugegriffen werden kann. Der Einsatz wurde im Flug an der im Konsortium (Diamond Aircraft, TTTech sowie Airbus Defence&Space) auf Fly-by-Wire umgerüsteten DA42 erfolgreich erprobt.

4. Die Erfolge

Das Department hat **herausragende Leistungen im Bereich Lehre und Forschung** erbracht, wobei es immer das Ziel war, die Studierenden und deren Ausbildung in den Mittelpunkt zu stellen. Von den zahlreichen Erfolgen sollen exemplarisch einige angeführt werden.

Formula Student ist ein internationaler Studierendenbewerb, bei dem es in erster Linie um die Bewältigung einer Projektaufgabe im Team geht. Die zentrale Aufgabenstellung – Konstruktion und Entwicklung eines eigenen Rennfahrzeugs – ist dabei für viele junge Menschen zusätzlich emotional fesselnd. Das Formula Student-Team hat in der Saison 2022 erfolgreich an drei Wettbewerben in den Niederlanden, Österreich und Kroatien teilgenommen. Erstmal kam in dieser Saison ein rein elektrisches Rennfahrzeug mit selbst entwickeltem Allradantrieb zum Einsatz. Höhepunkt war das Abschlussrennen in Kroatien, bei dem der Gesamtsieg errungen werden konnte. Damit liegt *Joanneum Racing Graz* derzeit auf dem elften Platz der Weltrangliste und lässt zahlreiche andere Teams verschiedener Universitäten hinter sich.

Beim *Ars Docendi 2021* erreichte *DI (FH) Reinhard Puffing* in der Kategorie „Kooperative Lehr- und Arbeitsformen" mit dem Paper „Kollaborative Entwicklungsprojekte im internationalen Hochschulraum" einen Platz auf der Short List. Das gelang 2022 auch *FH-Prof. DI Dr. Egon Teiniker* in der Kategorie „Lehre und Digitale Transformation" mit dem Beitrag „Mit Open-Source und Virtuellen Maschinen die Fernlehre optimieren". Der Teaching Award für besondere Leistungen in der Lehre ging insgesamt sechs Mal an das Institut „Luftfahrt" (*DI Dr. Bernd Messnarz* 2010, 2011, 2015, 2018; *DI DDr. Peter Woditschka* 2017 und *Reinhard Puffing* 2021).

Es wurden zahlreiche Bücher, Artikel in wissenschaftlichen Fachzeitschriften und Konferenzbeiträge veröffentlicht, von denen hier zwei exemplarisch aufgezählt werden sollen.

Das Buch Avionik und Flugsicherungstechnik (*Flühr* 2003[3], passim) stellt die Funktionsweise der Kommunikations-, Navigations- und Surveillance-Systeme in der Luftfahrt umfassend dar und hat sich seit der ersten Auflage im Jahr 2010 zum Standard-Lehrbuch der Fluggeräteelektronik entwickelt. Das Werk wird an einer Reihe von namhaften deutschsprachigen Universitäten (beispielsweise TU Stuttgart, TU München, TU Dresden, TU Hamburg, Universität der Bundeswehr München, Technische Hochschule Ingolstadt) als Literatur zu den dort angebotenen facheinschlägigen Lehrveranstaltungen empfohlen, als auch von anderer Fachliteratur referenziert.

Im Jahr 2017 gewann *Dipl.-Ing. (FH) Dipl.-Ing. Dr. techn. Harald Enzinger*, Absolvent des damaligen Diplomstudiums „Industrielle Elektronik", einen Studierendenwettbewerb beim renommierten IEEE MTT-S International Microwave Symposium (IMS) in Honolulu, Hawaii. Gemeinsam mit *Dipl. Ing. Dr. techn. Karl Freiberger* setzte er sich gegen zahlreiche Studierendenteams renommierter Universitäten aus aller Welt durch. Erwähnenswert ist dabei, dass *Harald Enzinger* vom Leiter des Instituts „Electronic Engineering" *Christian Vogel* im Rahmen seiner Habilitation betreut wurde und *Enzinger* somit indirekt zu seinen Wurzeln an die FHJ zurückkehrte. Die für den Wettbewerb verwendeten und gewonnenen Forschungsergebnisse und Erkenntnisse wurden in einer renommierten Fachzeitschrift veröffentlicht (*Enzinger/Freiberger/Vogel* 2018, 69).

5. Die Zukunft

Das Department bündelt seine zukunftsorientierten Schwerpunkte unter dem Namen **Engineers for Future,** um den zukünftigen Herausforderungen in Wirtschaft und Gesellschaft gerecht zu werden. Dadurch stärkt es seine Position als führende Institution im Bereich Engineering. Produkte und Prozesse der Industrie nachhaltiger zu gestalten und somit einen Beitrag zum **Umweltschutz und zur Defossilisierung** zu leisten, stehen im Fokus der Aktivitäten des Departments. Hierbei werden die Themen der energie- und ressourceneffizienten sowie der resilienten Produktion in Europa sowie die Recycling- und Reparaturfähigkeit von Produkten inklusive Kreislaufwirtschaft im Fokus stehen. Ein weiterer Schwerpunkt des Departments „Engineering" stellt die Entwicklung von post-fossilen Mobilitätslösungen und Produktionsprozessen dar. Darüber hinaus wird auf die Intermodalität, also die nahtlose Integration verschiedener Verkehrsmittel sowie die Barrierefreiheit Wert gelegt. Das Department „Engineering" unterstützt die Industrie und die Gesellschaft bei der **digitalen Transformation,** um innovative digitale Lösungen zu entwickeln. Cybersecurity, künstliche Intelligenz, Software-defined Technologies sowie allumfassende Konnektivität stellen dabei relevante Themen dar.

Das Department „Engineering" bietet den Studierenden ein *qualitativ hochwertiges Lernumfeld mit individueller Gestaltungsmöglichkeiten*. Dazu gehören spezialisierte Labors und Geräte, die weiter ausgebaut und am Stand der Technik gehalten werden. Das Department wird die Future Engineers, das E-Repair Café, das JOANNEUM Racing Team und die JOANNEUM Aeronautics weiterentwickeln, um studentische Leistungen noch sichtbarer zu machen und zu fördern. Das Department wird seine Zusammenarbeit mit internationalen Spitzenuniversitäten weiter ausbauen. Dazu gehören gemeinsame F&E-Projekte, gemeinsame Lehre, Studierendenaustausch und künftige gemeinsame Masterprogramme. Durch diese Zusammenarbeit werden die Forschungs- und Entwicklungsaktivitäten des Departments gestärkt und es entstehen neue Möglichkeiten für den Wissenstransfer.

Das Department „Engineering" der FHJ ist ein *Vorreiter in angewandter Forschung und Lehre*, das die Herausforderungen der Zukunft bereits in der Gegenwart erkennt und proaktiv Lösungsansätze entwickelt. Durch diesen innovativen Problemlösungsansatz, die internationale Zusammenarbeit und die Berücksichtigung zukunftsweisender Themen wie Digitalisierung, Defossilisierung, Demokratie, Demografie und Didaktik in Lehre und Forschung, trägt es maßgeblich dazu bei, unsere Welt zu einem besseren Ort zu machen. Das Department und seine Institute arbeiten mit Engagement und Begeisterung jeden Tag daran, die Zukunft aktiv mitzugestalten und zu verbessern.

6. Der Dank

Das Department „Engineering" möchte sich bei *em. o. Univ.-Prof. DI Dr. techn. Karl-Peter Pfeiffer* herzlich für sein außerordentliches Engagement und seine bedeutende Unterstützung für das Department „Engineering" bedanken. Sein Engagement hat mit Sicherheit nicht nur maßgeblich zum Erfolg des Departments beigetragen, sondern auch die FHJ nachhaltig geprägt. Durch seine Expertise und sein Netzwerk konnten wertvolle Kooperationen und Forschungsprojekte realisiert werden.

Sein Einsatz für Nachhaltigkeit und technologische Innovationen hat uns alle immer wieder inspiriert. *Danke Karl!*

7. Die Literatur

Berger/Netzberger ua, Kompetenzfelder der Elektronik–Systemlösungen des Instituts Electronic Engineering der FH JOANNEUM, e&i Elektrotechnik und Informationstechnik 137/1 (2020)

Enzinger/Freiberger/Vogel, Competitive linearity for envelope tracking: Dual-band crest factor reduction and 2D-vector-switched digital predistortion, IEEE Microwave Magazine 19/1 (2018) 69

Flühr, Avionik und Flugsicherungstechnik[3] (2022)

Anhang

em. o. Univ.-Prof. DI. Dr.
Karl P. Pfeiffer

Lebenslauf

geb. 1953   in Vorau, Österreich
1967–71:   Musisch-pädagogisches Bundesrealgymnasium Hartberg
1971–76:   Studium, Technische Mathematik, TU Graz, Abschluss Dipl-Ing.
1981:   Doktorat (Dr.techn.) an der Technischen Universität Graz
1985:   Habilitation an der Medizinischen Fakultät der Universität Graz für „Medizinische Statistik und Informationsverarbeitung"
1992 und 1994: Angebot für eine C3-Professur an der Ludwig Maximilian Universität München, „Institut für Medizinische Informationsverarbeitung, Biometrie und Epidemiologie", abgelehnt
1992:   2. Gereihter für die Professur für „Medizinische Informatik, Statistik und Dokumentation, Universität Graz
1994:   Ernennung zum o. Univ.-Prof. für Biostatistik und Dokumentation an der Medizinischen Fakultät der Universität Innsbruck, später Medizinische Universität Innsbruck

1974: **Wissenschaftliche Hilfskraft** am Institut Angewandte Mathematik und Informationsverarbeitung der TU Graz

1975 – 1976: **Wissenschaftliche Hilfskraft** am Institut für Biomedizinische Technik der TU Graz

1.1.1977 bis 30.11.1994: **Univ. Ass. am Physiologischen Institut der Universität Graz**, Leiter der AG Statistik und Informationsverarbeitung

1992–2001: **Leiter des Ludwig-Boltzmann-Instituts für Epidemiologie und Gesundheitssystemforschung**, Graz bzw. Innsbruck

Seit 1.12.1994: Ordentlicher **Universitätsprofessor für Biostatistik und Dokumentation am Department für Medizinische Statistik, Informatik und Gesundheitsökonomie (vorher: Institut für Biostatistik und Dokumentation)** der Medizinischen Universität Innsbruck, Geschäftsführender Direktor. (Karenziert seit 9/2009), Emeritierung 9/2019

Von 9/2009 bis 9/2017 **Rektor (**Vorsitzender des FH Kollegiums und wissenschaftlicher Geschäftsführer) und ab 10/2017 bis 4/2023 **wissenschaftlicher Geschäftsführer** der Fachhochschule JOANNEUM GmbH in Graz. Zwischenzeitlich mehrere Monate (1/2011 – 5/2011; 4/2017 – 1/2018) Alleingeschäftsführer der FH JOANNEUM.

Studienaufenthalte an der Eidgenössischen Technischen Hochschule Zürich, Institut für Biomedizinische Technik und der University of California, Los Angeles, Department for Biostatistics.

Ausgewählte Funktionen

- 1991 – 2022: Projektleiter für Statistik für die Entwicklung und Implementierung des österreichischen DRG-Systems (Leistungsorientierte Krankenanstaltenfinanzierung (**LKF**)) beim für Gesundheit zuständigen Ministerium
- 2022 – heute: Mitglied der ARGE „Unterstützung bei der Wartung und Weiterentwicklung der Leistungsorientierten Krankenanstaltenfinanzierung"
- 1999 – 2001: Präsident der Biometrischen Gesellschaft, Region Österreich – Schweiz (**ROeS**)
- 1995 – 2009: Mitglied der Ethikkommission der Medizinischen Universität Innsbruck
- 1995: Gründungsmitglied der Österreichischen Gesellschaft für Gesundheitswissenschaften und Public Health
- 1996 – 1999: Mitglied der Projektgruppe „Krankenhausinformationssystem für das Landeskrankenhaus Innsbruck
- 2001: Mitglied als Gründungsprofessor der Privatuniversität „University for Medical Informatics Tyrol (UMIT)" in Tirol

- 2001 – 2009: Kooptiertes Mitglied am Institut für Informationssysteme des Gesundheitswesens der UMIT, Hall in Tirol
- 2002 – 2009: Vorstandsmitglied von "Patient Classification International (**PCSI**)"
- 2003 – 2009: Mitglied des Senates der Medizinischen Universität Innsbruck
- 2005 – 2007: Vorsitzender der österreichischen eHealth Initiative – Entwicklung eines Konzeptes für eine österreichische eHealth Strategie
- 2006: Initiator für das Koordinierungszentrum für klinische Studien (**KKS**) an der Medizinischen Universität Innsbruck
- 2008 – 2017: Mitglied des wissenschaftlichen Ausschusses der AGES
- 2010 – heute: eHealth Koordinator für Steiermark
- 2011 – heute: Mitglied des Wissenschaftlichen Beirates Funk beim BMVIT
- 2015 – 2017: Mitglied des Präsidiums der österreichischen Fachhochschulkonferenz
- 2016 – 2018: Vertreter der Fachhochschulkonferenz bei der AG Research Integrity / Research Ethics bei Bundesministerium für Wissenschaft (BMBWF)
- 2017 – heute: Mitglied des wissenschaftlichen Beirates der GÖG (Gesundheit Österreich GmbH)

Weitere Funktionen (Auswahl)

- Mitinitiator des Studiums irregulare „Ökosystemwissenschaften" an der Universität Graz
- Leiter des Entwicklungsteams für das Fachhochschulstudium „Management und Informatik" am Management Center Innsbruck (MCI)
- Mitglied des Entwicklungsteams für das Fachhochschulstudium „Prozessmanagement Gesundheit" an der FH Steyr
- Initiator und Leiter der interdisziplinären Arbeitsgruppe „Angewandte Informatik" an der Universität Innsbruck.

- Dies hat zur Einrichtung eines Institutes und Studiums für Informatik an der Universität Innsbruck geführt.
- Mitglied des wissenschaftlichen Beirats der Abteilung für EBM beim Hauptverband der Sozialversicherungen
- Mitherausgeber von Methods of Information in Medicine, Biometrical Journal, EHealthCom
- Gutachter für mehrere Fachzeitschriften in Statistik und Medizinische Informatik
- Gutachter für Projekte der Österreichischen Nationalbank
- Mitglied des Board of Governors der Pak-Austria Fachhochschule, Institute of Applied Sciences and Technology, Pakistan

Lehrtätigkeit (Auswahl)

- Physiologisches Praktikum, Herz-Kreislaufsystem, Physiologisches Institut an der Universität Graz
- Vorlesung zu medizinischer Statistik im 1. und 3. Semester des Medizin-Studiums an der Universität Innsbruck
- EBM und Biometrie, 8. Semester des Medizin-Studiums an der Medizinischen Universität Innsbruck
- Statistik für DiplomandInnen, Medizinische Universität Innsbruck
- Neue Entwicklungen in Medizinischer Statistik, Informatik, Epidemiologie und Gesundheitsökonomie (Seminar), Medizinische Universität Innsbruck
- Angewandte Statistik I und II für Mathematiker, Informatiker, Mediziner, Universität Innsbruck
- Finanzierung im Gesundheitswesen, Universitätslehrgang für Krankenhausmanagement an der WU Wien
- Angewandte Statistik, Fachhochschulstudium „Management und Informatik" am MCI in Innsbruck
- Biostatistik, Fachhochschulstudium „Prozessmanagement Gesundheit" an der FH Steyr
- Medizinische Dokumentation, UMIT
- Medizinische Statistik, Private Universität Lichtenstein,
- Use of DRG-Data, PCSI-Summer School, Avignon / Tallinn

Schwerpunkt der wissenschaftlichen Arbeiten

- Multivariate statistische Methoden, speziell Klassifikationsverfahren
- Planung und Auswertung klinischer Studien
- Medizinische Informationsverarbeitung
- eHealth
- Medizinische Dokumentation und Datenqualität
- Gesundheitsinformationssysteme
- Epidemiologische Methoden
- Gesundheitssystemforschung, insbesondere Krankenanstaltenfinanzierung.

Zahlreiche Veröffentlichungen und Vorträge (> 200) zu den Themen Biometrie, Medizinische Dokumentation, Medizinische Informatik, Krankenanstaltenfinanzierung, eHealth, Fachhochschulen.

Mitarbeit in zahlreichen Gremien zur Bewertung wissenschaftlicher Leistungen.

Preise und Auszeichnungen

- Dr. Theodor Körner Preis
- Höchst Preis (als Erstautor und als Co-Autor)
- Forschungspreis der Österreichischen Gesellschaft für Biomedizinische Technik

Publikationsliste

2022

Andrae M, Sibinovic M, Pfeiffer KP, Kniepeiss D. Implementation of a mobile application for outpatient care after liver transplantation. Digital Health:8:p20552076221145855

2020

Borrmann M, Lindner S, Hofer-Fischanger K, Rehb R, Pechstaedt K, Wiedenhofer R, Schwarze G, Adamer-Koenig EM, Mischak R, Pfeiffer KP, Harer J, Weinzerl K, Hartmann C, Rupp B, Roller-Wirnsberger RE. Strategy for Deployment of Integrated Healthy Aging Regions Based Upon an Evidence-Based Regional Ecosystem-The Styria Model. Frontiers in Medicine:7:510475

Pfeiffer KP, Wipfler H. Welchen organisatorischen Rahmen braucht ein effizientes Fachhochschulmanagement? In: Berka W, Brünner C, Hauser W (Hg). Concilium Administrator: Festschrift für Heinz Kasparovsky zum 65. Geburtstag:179–188

2018

Tiefenthaler W, Colvin J, Steger B, Pfeiffer KP, Moser PL, Walde J, Lorenz IH, Kolbitsch C. How Bispectral Index Compares to Spectral Entropy of the EEG and A-line ARX Index in the Same Patient. Open Medicine:13:583–596

2016

Azam M, Aslam M, Pfeiffer KP. Three Steps Strategy to Search for Optimum Classification Trees. Communications in statistics-simulation and computation:45(2);548–565

Neururer SB, Lasierra N, Pfeiffer KP, Fensel D. Formalizing the Austrian Procedure Catalogue: A 4-step methodological analysis approach. Journal of Biomedical Informatics:60:1–13

2014

Grubinger T, Zeileis A, Pfeiffer KP. evtree: Evolutionary Learning of Globally Optimal Classification and Regression Trees in R. Journal of Statistical Software:16(1)

2013

Neururer S, Pfeiffer KP. Inhaltsmodelle für eine Weiterentwicklung des österreichischen Leistungskatalogs. Proceeding of the eHealth2013. 23.–25.5.2013, Vienna, Austria. OCG:231

Neururer SB, Pfeiffer KP. Proposal for a new content model for the Austrian Procedure Catalogue. Studies in Health Technology and Informatics:190:109–111

Pichler M, Lautsch D, Adler C, Bogl K, Drexel H, Eber B, Fauer C, Fochterle J, Foger B, Gansch K, Grafinger P, Lechleitner M, Ludvik B, Maurer G, Morz R, Paulweber B, Pfeiffer KP, Prager R, Stark G, Toplak H, Traindl O, Weitgasser R. Are there differences in LDL-C target value attainment in Austrian federalstates? Yes!. Wiener Medizinische Wochenschrift:163(23–24):528–535

Wenning GK, Geser F, Krismer F, Seppi K, Duerr S, Boesch S, Kollensperger M, Goebel G, Pfeiffer KP, Barone P, Pellecchia MT, Quinn NP, Koukouni V, Fowler CJ, Schrag A, Mathias CJ, Giladi N, Gurevich T, Dupont E, Ostergaard K, Nilsson CF, Widner H, Oertel W, Eggert KM, Albanese A, del Sorbo F, Tolosa E, Cardozo A, Deuschl G, Hellriegel H, Klockgether T, Dodel R, Sampaio C, Coelho M, Djaldetti R, Melamed E, Gasser T, Kamm C, Meco G, Colosimo C, Rascol O, Meissner WG, Tison F, Poewe W. The natural history of multiple system atrophy: a prospective European cohort study. Lancet Neurology:12(3):264–74

2012

Eber B, Lautsch D, Fauer C, Drexel H, Pfeiffer KP, Traindl O, Pichler M. Can LDL-cholesterol targets be achieved in a population at high risk? Results of the non-interventional study ACT II. Current Medical Research and Opinion:28(9):1447–54

Graziadei IW, Zoller HM, Schloegl A, Nachbaur K, Pfeiffer KP, Mark W, Mikuz G, Pratschke J, Margreiter R, Vogel W. Early viral load and recipient interleukin-28B rs12979860 genotype are predictors of the progression of hepatitis C after liver transplantation. Liver Transplantation:18(6):671–9

Kobel C, Linhart C, Pfeiffer KP. Von den Nachbarn lernen. Das österreichische Gesundheitswesen ÖKZ:53(4):33–35

Lautsch D, Saely CH, Traindl O, Eber B, Pfeiffer KP, Drexel H. Is there a link between non-hdl cholesterol and blood pressure? An age and gender directed analysis of 7500 hypertensive outpatients. Journal für Kardiologie – Austrian Journal of Cardiology:19(1):11–16

Neururer SB, Pfeiffer K, Pfeiffer KP. Characteristics of health interventions: a systematic analysis of the Austrian procedure catalogue. Studies in Health Technology and Informatics:180:1090–2

Neururer SB, Pfeiffer KP. Identification of Characteristics of Medical Procedures: A Definition and Typological Analysis of the Austrian Procedure Catalogue. 10th International Conference on Information Communication Technologies in Health (ICICTH), Samos Island, Greece:138–146

Neururer SB, Pfeiffer KP. Identifikation und Extraktion von Charakteristika Medizinischer Prozeduren aus dem österreichischen Leistungskatalog. eHealth 2012:223–8

2011

Becker S, Pfeiffer KP, Ogon M. Comparison of inpatient treatment costs after balloon kyphoplasty and non-surgical treatment of vertebral body compression fractures. European spine journal:20(8):1259–64

Grubinger T, Zeileis A, Pfeiffer KP. evtree: Evolutionary Learning of Globally Optimal Classification and Regression Trees in R. 4th International Conference of the ERCIM (European Research Consortium for Informatics and Mathematics) Working Group on Computing and Statistics, E401, London UK

Jungraithmayr TC, Hofer K, Cochat P, Chernin G, Cortina G, Fargue S, Grimm P, Knueppel T, Kowarsch A, Neuhaus T, Pagel P, Pfeiffer KP, Schafer F, Schonermarck U, Seeman T, Toenshoff B, Weber S, Winn MP, Zschocke J, Zimmerhackl LB. Screening for NPHS2 mutations may help predict FSGS recurrence after transplantation. Journal of the American Society of Nephrology:22(3):579–85

Kobel C, Pfeiffer KP. Austria: Inpatient care and the LKF framework. Diagnosis-Related Groups in Europe: Moving towards transparency, efficiency and quality in hospitals. Open University Press, Berkshire, England

Kobel C, Thuilliez J, Bellanger M, Pfeiffer KP. DRG systems and similar patient classification systems in Europe. Diagnosis-Related Groups in Europe: Moving towards transparency, efficiency and quality in hospitals. Open University Press, Berkshire, England

Kobel C, Thuilliez J, Pfeiffer KP, Bellanger M. Diagnosis Related Group (DRG) systems and similar Patient Classification Systems in Europe. Jahrestagung der Deutschen Gesellschaft für Gesundheitsökonomie. 21.–22.3.2011, Bayreuth, Germany

Neururer SB, Pfeiffer KP. A Systematic comparison of the Austrian procedure catalogue and the classification commune des Actes Medicaux.: 23rd Int. Conf. of the European Federation of Medical Informatics, 28.–31.8.2011, Oslo, Norwegen

Neururer SB, Pfeiffer KP. Leistungskodierung: Ein Vergleich des österreichischen Leistungskatalogs mit der Classification Commune des Actes Medicaux (CCAM). Jahrestagung der Deutschen Gesellschaft für Medizinische Informatik, Biometrie und Epidemiologie (GMDS), 26.–29.9.2011, Mainz, Germany:579–580

Neururer SB, Pfeiffer KP. Mapping des österreichischen Leistungskatalogs auf die International Classification of Healthcare Interventions. eHealth 2011. 26.–27.5.2011, Wien, Österreich:73–78

Pfeiffer KP. Actual state and perspectives of e-health in Austria and international – an overview. Wiener Medizinische Wochenschrift: 161(13–14):334–40

von Campenhausen S, Winter Y, Rodrigues e Silva A, Sampaio C, Ruzicka E, Barone P, Poewe W, Guekht A, Mateus C, Pfeiffer KP, Berger K, Skoupa J, Botzel K, Geiger-Gritsch S, Siebert U, Balzer-Geldsetzer M, Oertel WH, Dodel R, Reese JP. Costs of illness and care in Parkinson. European neuropsychopharmacology:21(2):180–91

2010

Dorler J, Alber HF, Altenberger J, Bonner G, Benzer W, Grimm G, Huber K, Kaltenbach L, Pfeiffer KP, Schuchlenz H, Siostrzonek P, Zenker G, Pachinger O, Weidinger F. Primary percutaneous intervention of ST-elevation myocardial infarction in Austria: Results from the Austrian acute PCI registry 2005-2007. Wiener klinische Wochenschrift: 122(7–8):220–8

Grubinger T, Kobel C, Pfeiffer KP. Regression tree construction by bootstrap: model search for DRG-systems applied to Austrian healthdata. Bmc medical informatics and decision making:10:9

Jahn B, Pfeiffer KP, Theurl E, Tarride JE, Goeree R. Capacity constraints and cost-effectiveness: a discrete event simulation for drugeluting stents. Medical Decision Making:30(1):16–28

Jahn B, Theurl E, Siebert U, Pfeiffer KP. Tutorial in medical decision modeling incorporating waiting lines and queues using discrete event simulation. Value in Health:13(4):501–6

Kobel C, Thuilliez J, Aaviksoo A, Bellanger M, Pfeiffer KP. Patient Classification: A Comparison between Countries. 8th European Conference of Economics.:7.–10.7.2010, Helsinki, Finland

Lewis-Ximenez LL, Lauer GM, Schulze Zur Wiesch J, de Sousa PS, Ginuino CF, Paranhos-Baccala G, Ulmer H, Pfeiffer KP, Goebel G, Pereira JL, Mendes de Oliveira J, Yoshida CF, Lampe E, Velloso CE, Alves Pinto M, Coelho HS, Almeida AJ, Fernandes CA, Kim AY, Strasak A. Prospective follow-up of patients with acute hepatitis C virus infection in Brazil. Clinical Infectious Diseases:50(9):1222–30

Neururer S, Borena W, Pfeiffer KP. Vergleich des österreichischen Leistungskatalogs mit der International Classification of Health Interventions (ICHI). Jahrestagung der Deutschen Gesellschaft für Medizinische Informatik, Biometrie und Epidemiologie (GMDS), 5.–9.9.2010, Mannheim, Germany

Saely CH, Eber B, Pfeiffer KP, Drexel H. Low serum LDL cholesterol in patients with type 2 diabetes: an analysis on two different patient populations. International Journal of Cardiology:144(3):394–8

Schlick W, Pohl W, Pfeiffer KP, Aigner K, Forche G, Kneussl M, Zwick H. Evaluation of 3-5 months add-on therapy with montelukast in patients with non-controlled asthma in Austria: the STAR open-label, real-world, observational study. Current Medical Research and Opinion: 26(3):561–70

Strasak A, Goebel G, Concin H, Pfeiffer RM, Brant LJ, Nagel G, Oberaigner W, Concin N, Diem G, Ruttmann E, Gruber-Moesenbacher U, Offner F, Pompella A, Pfeiffer KP, Ulmer H. Prospective study of the association of serum gamma-glutamyltransferase with cervical intraepithelial neoplasia III and invasive cervical cancer. Cancer Research: 70(9):3586–93

Winter Y, von Campenhausen S, Gasser J, Seppi K, Reese JP, Pfeiffer KP, Botzel K, Oertel WH, Dodel R, Poewe W. Social and clinical determinants of quality of life in Parkinsons disease in Austria: a cohort study. Journal of Neurology:257(4):638–45

2009

Azam M, Berzal F, Pfeiffer KP. Reducing the number of base classifiers in ensembles. Proceedings of the IASTED International Conference.

Azam M, Zaman Q, Salahuddin, Pfeiffer KP. Evaluation criteria for the construction of binary classification trees with two or more classes. Pakistan Journal of Statistics:25(3):241–249

Goebel G, Pfeiffer KP, Schabetsberger T, Kalozy C, Fiegl H, Leitner K. Relevance and management of methylation data in electronic health records. Studies in Health Technology and Informatics:150:135–9

Grubinger T, Kobel C, Pfeiffer KP. Bootstrap based regression trees for patient classification in the Austrian DRG-System. 54. Jahrestagung der Deutschen Gesellschaft für Medizinische Informatik, Biometrie und Epidemiologie (GMDS). 7.–10.9.2009, Essen, Germany

Grubinger T, Kobel C, Pfeiffer KP. Diverse and Accurate Regression Tree Models as Candidates for Austrian DRG System. ROes Seminar, Linz, Austria.

Grubinger T, Kobel C, Pfeiffer KP. Regression tree construction by bootstrap: Model search for the Austrian DRG-System. 30th Annual Conference of the International Society for Clinical Biostatistics (ISCB), Prague, Czech Republic:32.2

Kobel C, Pfeiffer KP. Financing inpatient health care in Austria. Euro Observer:11(4):7–8

Pedross F, Wrulich O, Netzer N, Pfeiffer KP. Kernel Discrimination with Different Bandwidth Matrices Applied in Microarray Analysis. ROeS Seminar. Linz; Austria

Pfeiffer KP, Auer C, Auer CM. Challenges in the implementation of electronic health care records and patient cards in Austria. Bundesgesundheitsblatt Gesundheitsforschung Gesundheitsschutz: 52(3):324–9

Pfeiffer KP. Future development of medical informatics from the viewpoint of health telematics. Methods of Information in Medicine: 48(1):55–61

Pfeiffer KP., Crismani A, Bantleon HP. Medizinische Statistik in der zahnmedizinischen Forschung–einige ausgewählte Beispiele. Informationen aus Orthodontie und Kieferorthopädie:41(04):245–251

Strasak A, Lang S, Kneib T, Brant LJ, Klenk J, Hilbe W, Oberaigner W, Ruttmann E, Kaltenbach L, Concin H, Diem G, Pfeiffer KP, Ulmer H. Use of penalized splines in extended Cox-type additive hazard regression to flexibly estimate the effect of time-varying serum uric acid on risk of cancer incidence: a prospective, population-based study in 78,850 men. Annals of Epidemiology:19(1):15–24

Strasak A, Pfeiffer RM, Brant LJ, Borena W, Concin H, Diem G, Ruttmann E, Pfeiffer KP, Ulmer H. Association of Total Serum Cholesterol and Cancer Incidence in a Cohort of 172,210 Men and Women: A Prospective 19-Year Follow-up Study. Circulation:119:e332

Strasak A, Pfeiffer RM, Brant LJ, Rapp K, Hilbe W, Oberaigner W, Lang S, Borena W, Concin H, Diem G, Ruttmann E, Glodny B, Pfeiffer KP, Ulmer H. Time-dependent association of total serum cholesterol and cancer incidence in a cohort of 172,210 men and women: a prospective 19-year follow-up study. Annals of Oncology: 20(6):1113–20

von Campenhausen S, Winter Y, Gasser J, Seppi K, Reese JP, Pfeiffer KP, Geiger-Gritsch S, Botzel K, Siebert U, Oertel WH, Dodel R, Poewe W. Cost of illness and health service patterns in Morbus Parkinson in Austria. Wiener klinische Wochenschrift:121(17–18):574–82

2008

Becker S, Pfeiffer KP, Ogon M. Evaluation of the Treatment Costs after Balloon Kyphoplasty vs. Conservative Treatment in Osteoporotic Vertebral Fractures: An Economical Analysis. Spine Journal:8(5):56

Gregory M, Pfeiffer KP, Ulmer H, Strasak A. A SAS Macro for the Calculation of Relative Risks from Non-Parametric Logistic Regression Models using B-Splines. XXIVth International Biometric Conference. 13.–18.7.2008, Dublin, Ireland

Gregory M, Pfeiffer KP, Ulmer H, Strasak A. A Set of SAS Macros for the Calculation of Relative Risks from Non-Parametric Logistic Regression Models using B-Splines. Continuing care: First Conference of the Central European Network, 54. Biometrisches Kolloquium/ 25. ROeS Seminar, 10.–13.3.2008, München, Germany

Gregory M, Ulmer H, Pfeiffer KP, Lang S, Strasak A. A set of SAS macros for calculating and displaying adjusted odds ratios (with confidence intervals) for continuous covariates in logistic B-spline regression models. Computer Methods and Programs in Biomedicine: 92(1):109–14

Pfeiffer KP, Becke S. Comparison of inpatient follow-up of balloon kyphoplasty and non-surgical treatment of vertebral body compression fractures. HTAi, 7.7.2008, Montreal, Canada

Pfeiffer KP. DRG-Data for the Monitoring of the Health Care System. PCSI, Lissabon, Portugal

Pfeiffer KP. DRG-Systeme: Chancen und Risiken für die Intensivmedizin. Anästhesietagung, Salzburg, Austria

Pfeiffer KP. eHealth ermöglicht eine integrierte Versorgung. Aktuelle Fragen des Gesundheitsmanagements. In Krczal A (Hg). Festschrift: Josef Dezsy zum 70. Geburtstag:98–112

Pfeiffer KP. eHealth Perspektiven. Xinnovations, better by networking. 22.–24.9.2008, Berlin, Germany

Pfeiffer KP. eHealth: von der Vision zur Anwendung. Zukunftswerkstatt Gesundheit, Wien, Austria

Pfeiffer KP. ELGA: Nutzen für Arzt und Patient. Ärztekammer für Tirol, Innsbruck

Pfeiffer KP. Klinische Studie ausgehend von einem Stroke Register. Neurologiemeeting, Wien, Austria

Pfeiffer KP. Risikostratifizierung. Präventionstagung, Wien, Austria

Pfeiffer KP. Vernetzte klinische Forschung. Heidelberg, Germany

Pfeiffer KP. Was sind telemedizinische Leistungen wert? Biotronic, Home Monitoring Essentials, Wien, Austria

Pfeiffer KP. Wem nutzt eHealth? (Einleitungsstatement). 3. Konferenz der e-Health-Initiative Oesterreich:http://ehi.adv.at, 16.5.2008, Wien, Austria

Strasak A, Gregory M, Hilbe W, Rapp K, Brant LJ, Oberaigner W, Ruttmann E, Concin H, Diem G, Pfeiffer KP, Ulmer H, VHM&PP Study Group. Flexible Dose-Response Estimation of the Effect of Serum Gamma-Glutamyltransferase on Risk of Cancer Incidence in a Large Prospective Male Cohort. XVIIIth World Congress of Epidemiology. 20.–24.9.2008, Porto Alegre, Brazil

Strasak A, Kelleher CC, Brant LJ, Rapp K, Ruttmann E, Concin H, Diem G, Pfeiffer KP, Ulmer H. Serum uric acid is an independent predictor for all major forms of cardiovascular death in 28,613 elderly women: a prospective 21-year follow-up study. International Journal of Cardiology:125(2):232–9

Strasak A, Kelleher CC, Klenk J, Brant LJ, Ruttmann E, Rapp K, Concin H, Diem G, Pfeiffer KP, Ulmer H. Longitudinal change in serum gamma-glutamyltransferase and cardiovascular disease mortality: a prospective population-based study in 76,113 Austrian adults. Arteriosclerosis Thrombosis and Vascular Biology:28(10):1857–65

Strasak A, Pfeiffer KP, Marinell G, Goebel G, Ulmer H.A 46-Item Checklist for the Statistical Evaluation of Medical Research Manuscripts. Continuing care: First Conference of the Central European Network, 54. Biometrisches Kolloquium/ROeS Seminar, 10.–13.3.2008, München, Germany

Strasak A, Pfeiffer KP, Marinell G, Goebel G, Ulmer H.A 46-Item Checklist for the Statistical Evaluation of Medical Research Papers. XXIVth International Biometric Society Conference (IBS). 13.–18.7.2008, Dublin, Ireland

Strasak A, Pfeiffer R, Gregory M, Hilbe W, Klenk J, Brant L, Oberaigner W, Ruttmann E, Concin H, Diem G, Pfeiffer KP, Ulmer H, VHM&PP Study Group. Association of Gamma-Glutamyltransferase and Cancer Incidence: A Prospective Population-based 19-year Follow-Up Study in 92,843 Austrian Women. XVIIIth World Congress of Epidemiology. 20.–24.9.2008, Porto Alegre, Brazil

Strasak A, Pfeiffer RM, Klenk J, Hilbe W, Oberaigner W, Gregory M, Concin H, Diem G, Pfeiffer KP, Ruttmann E, Ulmer H. Prospective study of the association of gamma-glutamyltransferase with cancer incidence in women. International journal of cancer:123(8):1902–6

Strasak A, Rapp K, Brant L, Hilbe W, Gregory M, Oberaigner W, Ruttmann E, Concin H, Diem G, Pfeiffer KP, VHM&PP Study Group, Ulmer H. Association of gamma-Glutamyltransferase and Risk of Cancer Incidence in Med: A Prospective Study. Cancer research:68(10): 3970–3977

Strasak A, Ruttmann E, Brant L, Kelleher C, Klenk J, Concin H, Diem G, Pfeiffer KP, Ulmer H. Serum uric Acid and risk of cardiovascular mortality: a prospective long-term study of 83 683 austrian men. Clinical chemistry:54(2):273–84

2007

Azam M, Zaman Q, Pfeiffer KP. Estimation of Current Population Variance in Successive Sampling. Presented at ICCS-IX: Kuala Lumpur, Malaysia

Azam M, Zaman Q, Pfeiffer KP. Improved Classification Trees with Two or More Classes. Presented at ICCS-IX: Kuala Lumpur, Malaysia

Barbieri V, Ostermann A, Pfeiffer KP. Disease Mapping: A statistical model for small area variation depending on hospital effects. Jahrestagung der Deutschen Gesellschaft für Medizinische Informatik, Biometrie und Epidemiologie (GMDS), 17.–21.9.2007, Augsburg, Germany:17:#710

Barbieri V, Pfeiffer KP. How to detect inconsistencies in health care supply between geographical units. 23rd Patient Classifications Systems International (PCSI). 10.11.2007, Venice, Italy. Parallel Session 18.

Barbieri V, Schmid E, Ulmer H, Pfeiffer KP. Health care supply for cataract in Austrian public and private hospitals. European Journal of Ophthalmology:17:557–64

Eber B, Drexel H, Hoppichler F, Huber K, Lang W, Ludvik B, Mayer G, Pfeiffer KP, Pichler M, Rebhandl E, Rieder A, Silberbauer K, Slany J, Stark G, Stoschitzky K, Traindl O, Wimmer H, Zenker G, Dewald T, Enayati S, Lang A, Weber T. Der österreichische Bluthochdruckpatient in der ärztlichen Praxis: Eine erste Analyse von 20.615 Hypertonikern aus dem LIIFE-IN-LIFE-Projekt – mit Therapieergebnissen nach 12 Monaten bei 9000 Patienten. Journal für Kardiologie:14:92–97

Jahn B, Blackhouse G, Bowen J, Hopkins R, Tarride JE, Pfeiffer KP, Theurl E, Goeree R. The impact of limited resources on health economic evaluation; An Discrete-Event-Simulation for drug-eluting and bare-metal stent. Jahrestagung der Deutschen Gesellschaft für Medizinische Informatik, Biometrie und Epidemiologie (GMDS), 17.–21.9.2007, Augsburg, Germany:151;#878

Jahn B, Theurl E, Pfeiffer KP. Markov Models and Discrete-Event-Simulation: A comparison of two powerful modelling techniques for economic evaluation. Jahrestagung der Deutschen Gesellschaft für Medizinische Informatik, Biometrie und Epidemiologie (GMDS), 17.–21.9.2007, Augsburg, Germany:152;#879

Jahn B, Theurl E, Pfeiffer KP. Queuing and the economic evaluation of health care interventions. Jahrestagung der Deutschen Gesellschaft für Medizinische Informatik, Biometrie und Epidemiologie (GMDS), 17.–21.9.2007, Augsburg, Germany:152;#880

Pfeiffer KP. Case-mix data and uses for epidemiology or economy studies. The 2007 International Casemix summer school. 13.6.2007, Avignon, France

Pfeiffer KP. Coding, Terminology and Classification in the Austrian DRG system. Luxemburg

Pfeiffer KP. Diagnosen und Prozedurendokumentation als Grundlage für Planung und Steuerung im Krankenhaussektor in Österreich. Was heißt und zu welchem Ende betreibt man medizinische Dokumentation? Tagungsbericht Band 10:87–93

Pfeiffer KP. Die elektronische Gesundheitsakte: Nutzen und Risken vernetzter Kommunikation. Wie werden wir morgen leben, wie wollen wir morgen leben? 3:165–174

Pfeiffer KP. eHealth and DRG in the Austrian Health Care System. Forum Invest, Bucharest, Romania

Pfeiffer KP. eHealth in Österreich. Medical Informatics meets eHealth. 1.6.2007, Wien, Austria.

Pfeiffer KP. Integrating the stakeholders views in eHealth implementation: change mangagement in Austria. World Health IT. 23.–25.10.2007, Vienna, Austria

Pfeiffer KP. Nutzen von eHealth für Bürgers und Gesundheitsdiensteanbieter. Connect, Wien, Austria

Pfeiffer KP. Optimising Issues. The international Consultation Meeting. 18.–19.10.2007, Doorn, Netherlands

Pfeiffer KP. Personal EHR – Past, Present, Perspectives. eHealth Benchmarking 2007. UMIT Tirol. 11.5.2007

Pfeiffer KP. Quality by eHealth. XXVIIIth International Vascular Workshop. Going am Wilden Kaiser, Austria

Pfeiffer KP. The importance of age in classification systems. 23rd Patient Classifications Systems International (PCSI). 10.11.2007, Venice, Italy. Parallel Session 13.

Pfeiffer KP. Vorstellung der eHealth-Strategie aus der Sicht der eHI.: 2. Konferenz der e-Health-Initiative Österreich. 26.1.2007, Wien, Austria

Pfeiffer KP. Zur Finanzierung von Gesundheitsleistungen. Wirkungsgeleitetes Ressourcenmanagement in öffentlichen Gesundheitsbetrieben: 97–109

Rammer T, Wallnoefer R, Pfeiffer KP, Goebel G. Ontology-based Annotations of Medical Content. Medical Informatics meets eHealth. 1.6.2007, Wien:Postersession Gesundheitsinformationssysteme

Strasak A, Rapp K, Hilbe W, Oberaigner W, Ruttmann E, Concin H, Diem G, Pfeiffer KP, Ulmer H. The role of serum uric acid as an antioxidant protecting against cancer: prospective study in more than 28 000 older Austrian women. Annals of Oncology:18(11):1893–7

Strasak A, Rapp K, Hilbe W, Oberaigner W, Ruttmann E, Concin H, Diem G, Pfeiffer KP, Ulmer H.Serum uric acid and risk of cancer mortality in a large prospective male cohort. Cancer Causes & Control: 18(9):1021–1029

Strasak A, Zaman Q, Marinell G, Pfeiffer KP, Ulmer H. The Use of Statistics in Medical Research: A Comparison of The New England Journal of Medicine and Nature Medicine. American Statistician: 61(1):47–55

Strasak A, Zaman Q, Marinell G, Pfeiffer KP, Ulmer H. The Use of Statistics in Medical Research: A Comparison of Wiener Klinische Wochenschrift and Wiener Medizinische Wochenschrift. Austrian Journal of Statistics.:36(2):141–152

Strasak A, Zaman Q, Pfeiffer KP, Goebel G, Ulmer H. Statistical errors in medical research – a review of common pitfalls. Swiss Medical Weekly:137(3–4):44–9

Zaman Q, Salahuddin, Strasak A, Azam M, Pfeiffer KP. Parametric distributions and event free survival data:31(1/2):11–15

Zaman Q, Strasak A, Azam M, Ulmer H, Pfeiffer KP. Estimation of Survival Probabilities in the Presence of Ties. Jahrestagung der Deutschen Gesellschaft für Medizinische Informatik, Biometrie und Epidemiologie (GMDS), 17.–21.9.2007, Augsburg, Germany:394; #690

2006

Ammenwerth E, Gaus W, Haux R, Lovis C, Pfeiffer KP, Tilg B, Wichmann HE. Cooperative Care, Collaborative Research, Ubiquitous Information: The Human Being in the Center of Healthcare in the 21st Century. Opportunities through Medical Informatics, Biometry and Epidemiology. Proceedings from the GMDS 2004 meeting, 26.–30.9.2004, Innsbruck, Austria. Methods of Information in Medicine: 44(4):481–600

Barbieri V, Ostermann A, Pfeiffer KP. Disease Mapping: Posterior Probability in the Analysis of Hospital Effects. XXIIIrd International. Biometric Conference (IBC), 16.–21.7.2006, Montreal, Canada

Barbieri V, Ostermann A, Pfeiffer KP. Modelling Hospital Depending Spatial Variation in Austria. Jahrestagung der Deutschen Gesellschaft für Medizinische Informatik, Biometrie und Epidemiologie (GMDS), 10.–14.9.2006, Leipzig, Germany

De Blasi G, Pfeiffer KP, Ulmer H, Moroder N, Prossliner V, Lintner K.
Projekt zur Optimierug der Altersversorgung im Sanitätsbetrieb Brixen.
Medicus Science:1

Goebel G, Masser J, Molterer C, Panosch B, Pfeiffer KP. Requirements
for Knowledge Mining of Consumer Health Information Systems.
Jahrestagung der Deutschen Gesellschaft für Medizinische Informatik,
Biometrie und Epidemiologie (GMDS), 10.–14.9.2006, Leipzig,
Germany

Leiner F, Gaus W, Haux R, Knaup-Gregori P, Pfeiffer KP. Medizinische
Dokumentation5

Pedross F, Wrulich OA, Pfeiffer KP. Nonparametric Discrimination with
Kernel Estimators in Microarray Analysis. Jahrestagung der Deutschen
Gesellschaft für Medizinische Informatik, Biometrie und Epidemiologie
(GMDS), 10.–14.9.2006, Leipzig, Germany

Pfaffenberger N, Pfeiffer KP, Deibl M, Hofer S, Gunther V, Ulmer H.
Association of factors influencing health-related quality of life in MS.
Acta Neurologica Scandinavica:114(2):102–8

Pfeiffer KP, Goebel G, Leitner K. Demand for Intelligent Search Tools
in Medicine and Health Care. Lecture Notes in Computer Science:
2818:5–18

Pfeiffer KP. Die österreichische E-Health-Initiative. In: Zechner A (Hg).
E-Austria Guide:142–150

Schabetsberger T, Ammenwerth E, Breu R, Goebel G, Hoerbst A, Penz
R, Pfeiffer KP, Vogl R, Wilhelmy I, Wozak F. Auf dem Weg zur
Elektronischen Gesundheitsakte: Ein Pilotprojekt zwischen Tirol und
Wien. Jahrestagung der Deutschen Gesellschaft für Medizinische
Informatik, Biometrie und Epidemiologie (GMDS), 10.–14.9.2006,
Leipzig, Germany

2005

Barbieri V, Pfeiffer KP. Spatial Clustering of Austrian Health Care
Supply using Hospitals as Point Sources. ROeS Seminar. 25.–29.9.2005,
Graz, Austria

Eibl G, Pfeiffer KP. Multiclass Boosting for Weak Classifiers. Journal of
machine learning research:6:189–210

Hainz U, Jenewein B, Asch E, Pfeiffer KP, Berger P, Grubeck-Loebenstein B. Insufficient protection for healthy elderly adults by tetanus and TBE vaccines. Vaccine:23(25):3232–5.

Millonig G, Graziadei IW, Eichler D, Pfeiffer KP, Finkenstedt G, Muehllechner P, Koenigsrainer A, Margreiter R, Vogel W. Alendronate in combination with calcium and vitamin D prevents bone loss after orthotopic liver transplantation: A prospective single-center study. Liver transplantation:11(8):960–966

Pedross F, Pfeiffer KP. Boosting Applied To Variable Bandwidths. ROeS Seminar. 25.–29.9.2005, Graz, Austria

Pfeiffer KP. Chancen und Grenzen des LKF für das Krankenhausmanagement: Tiroler Krankenhausmanager

Pfeiffer KP. Diagnosen- und Prozedurendokumentation als Grundlage für die Planung und Steuerung im Krankenhaussektor. Zentralinstitut für die kassenärztliche Vereinigung, Berlin, Germany

Pfeiffer KP. Die nationale e-Health Strategie im österreichischen und internationalen Umfeld. 1. Konferenz der e-Health-Initiative Österreich. 2.12.2005, Wien, Austria

Pfeiffer KP. LKF/DRG: Chancen und Risiken für die Spitzenmedizin. Forum Hospital Management. Wien, Austria

Pfeiffer KP. Profil der Hypertoniker als Basis für Prävention. Österreichische Ärztezeitung:13/14

Pfeiffer KP. Qualität durch elektronische Gesundheitsakte. XXVIth International Vascular Workshop. Going am Wilden Kaiser, Austria

Zaman Q, Heinze G, Pfeiffer KP. A Modified Kaplan-Meier Estimator for heavily censored Survival Data. ROeS Seminar, 25.–29.9.2005, Graz, Austria

Zaman Q, Pfeiffer KP. Kaplan-Meier survival function and life expectancy. Far East Journal of Theoretical Statistics:16(2):327–338

Zaman Q, Pfeiffer KP. Statistics in Medical Research. Acta Anaesthesiologica Scandinavica:13:147–148

2004

Barbieri V, Schmid E, Pfeiffer KP. Critical Evaluation and Interpretation of Routine Hospital Data: Incidence and Geographical Variation of Cataract and Cataract Surgery in Austria. Jahrestagung der Deutschen Gesellschaft für Medizinische Informatik, Biometrie und Epidemiologie (GMDS), 26.–30.9.2004, Innsbruck, Austria

Barbieri V, Schmid E, Pfeiffer KP. Health care use and hospital surgical care for cataract in Austria. PCSE. Budapest, Hungary

Deibl M, Oswald J, Schwentner C, Juen B, Ravens-Sieberer U, Pfeiffer KP. Methods for Measuring Quality of Life in Pediatric Urological Populations. Conference: Sixth International Society of Quality of Life Studies (ISQOLS). Philadelphia, USA

Goebel G, Leitner K, Pfeiffer KP. Use of semantic web technologies in medicine and health care. Medinfo 2004:CD:1618.

Goebel G, Mueller H, Fiegl H, Widschwendter M, Pfeiffer KP. GMDS Statistical Analysis of Gen Methylation Data. Jahrestagung der Deutschen Gesellschaft für Medizinische Informatik, Biometrie und Epidemiologie (GMDS), 26.–30.9.2004, Innsbruck, Austria

Jahn B, Pfeiffer KP. Cost-Effectiveness Study for Stents and Drug-Eluting Stents: Estimation of an optimal proportion of two treatments. International Conference on Health Economics, Management and Policy. Athens, Greece

Jahn B, Pfeiffer KP. Decision Theory in Health Care, Markov Modelling. Society for Multivariate Analysis in the Behavioural Sciences. Jena, Germany

Panosch B, Molterer C, Pfeiffer KP. SoGIS: Ein Web-basiertes Informations- und Kommunikationssystem zur Optimierung des Schnittstellenmanagements im Sozial- und Gesundheitsbereich. Jahrestagung der Deutschen Gesellschaft für Medizinische Informatik, Biometrie und Epidemiologie (GMDS), 26.–30.9.2004, Innsbruck, Austria

Pfeiffer KP, Lechleitner G, Soldat S, Wilhelmy I. Critical success factors for the introduction of electronic order entry in an European hospital. Medinfo 2004:CD:1808

Pfeiffer KP. Abbildung von psychiatrischen und psychologischen Leistungen im LKF System. Tagung: Wirkung von C/L-Diensten, 6. Österreichische Tagung für Konsilar/Liaison. Innsbruck, Austria

Pfeiffer KP. Analysis of Austrian DRG Data. International Conference on Casemix and Health System. Tokio, Japan

Pfeiffer KP. Austrian Incentives under a DRG System: European Perspectives. PCSE. Budapest, Hungary

Pfeiffer KP. Chancen und Risken von Fallpauschalsystemen. Conference: Countinual Professional Developement, DRG/LKF. Krumlau, Czech Republic

Pfeiffer KP. Hospital incentives under a DRG systems: An European perspective. 7th Annual European ISPOR congress. Hamburg, Germany

Pfeiffer KP. Korrekter Einsatz biostatistischer Methoden zur Reduktion und Optimierung von Tierversuchen. Studienplanung: Biometrie Tierversuche. Linz, Austria

Pfeiffer KP. Leistungsorientierte Krankenhausfinanzierung in Österreich – Zwischenfazit und weitere Entwicklungsperspektive. Tagung Gesundheitsökonomie. Seefeld, Austria

Pfeiffer KP. Machen die Niederösterreichischen Krankenhäuser die richtigen Dinge und machen sie diese auch richtig? Waidhofen an der Ybbs, Austria

Pfeiffer KP. Qualität durch IT im Gesundheitswesen. FH Joanneum, Graz, Austria

Pfeiffer KP. Regionale Unterschiede bei der Verschreibung ausgewählter teurer Medikamente. Arzneidialog der TGKK in Zusammenarbeit mit Ärztekammer für Tirol. Innsbruck, Austria

Pfeiffer KP. Regionale Variabilität der gynäkologisch-geburtshilflichen Versorgung in Österreich basierend auf den LKF-Daten. Symposium: Das Ovarialkarzinom. Salzburg, Austria

Pfeiffer KP. The Austrian Health System and Case-Mix: History – Experience – Future Developements. International Conference on Casemix and Health System. Tokio, Japan

Pfeiffer KP. The Role of Chemotherapy in the Austrian DRG-System. PCSE. Budapest, Hungary

2003

Barbieri V, Pfeiffer KP. Standardisierte Hospitalisierungsraten für Diagnosen und Leistungen in Österreich. Symposium des Arbeitskreises für „Medizinische Informatik". Innsbruck, Austria

DeVries AF, Kremser C, Hein PA, Griebel J, Krezcy A, Ofner D, Pfeiffer KP, Lukas P, Judmaier W. Tumor microcirculation and diffusion predict therapy outcome for primary rectal carcinoma. International Journal of Radiation Oncology Biology Physics:56(4):958–65.

Duftner C, Goldberger C, Falkenbach A, Wurzner R, Falkensammer B, Pfeiffer KP, Maerker-Hermann E, Schirmer M. Prevalence, clinical relevance and characterization of circulating cytotoxic CD4+CD28-T cells in ankylosing spondylitis. Arthritis research & therapy:5(5): 292–300

Dzien A, Pfeiffer KP, Dzien-Bischinger C, Hoppichler F, Lechleitner M. The influence of obesity on the frequency and distribution of medication. Acta medica Austriaca:30(2):51–4.

Hein PA, Kremser C, Judmaier W, Griebel J, Pfeiffer KP, Kreczy A, Hug EB, Lukas P, DeVries AF. Diffusion-weighted magnetic resonance imaging for monitoring diffusion changes in rectal carcinoma during combined, preoperative chemoradiation: preliminary results of a prospective study. European Journal of Radiology:45(3):214–22

Hein PA, Kremser C, Judmaier W, Griebel J, Rudisch A, Pfeiffer KP, Hug EB, Lukas P, DeVries AF. Diffusion-weighted MRI – a New Parameter for Advanced Rectal Carcinoma? Röfo-Fortschritte auf dem Gebiet der Röntgenstrahlen und der bildgebenden Verfahren:175(3): 381–6

Lechleitner G, Pfeiffer KP, Wilhelmy I, Ball M. Cerner Millennium: the Innsbruck experience. Methods of Information in Medicine:42(1):8–15.

Leiner F, Gaus W, Haux R, Knaup-Gregori P, Pfeiffer KP. Medizinische Dokumentation4

Lorenz IH, Kolbitsch C, Hinteregger M, Bauer P, Spiegel M, Luger TJ, Schmidauer C, Streif W, Pfeiffer KP, Benzer A. Remifentanil and nitrous oxide reduce changes in cerebral blood flow velocity in the middle cerebral artery caused by pain. British Journal of Anaesthesia: 90(3):296–9

Muehlberger V, Benzer W, Eber B, Eibl G, Klein W, Klicpera M, Kratzer H, Pachinger O, Pfeiffer KP, Raudaschl G. Todesfallanalyse bis zu 3 Jahre nach invasiven kardiologischen Eingriffen in 6 Zentren im Jahr 1998 mit Hilfe eines „Record-linkage"-Verfahrens zur „Statistik Österreich". Journal für Kardiologie:10:12:541–547

Pfeiffer KP, Goebel G, Leitner K. Demand for Intelligent Search Tools in Medicine and Health Care. Lecture Notes in computer science: 2818: Chapter:5–18

Pfeiffer KP, Muehlberger V, Sauerwein E, Stuehlinger W. Qualitätsmanagement I

Pfeiffer KP. Ändern pauschalierte Entgeltsysteme (DRGs) den Krankheitsbegriff? Gastvortrag an der Universität Heidelberg. Heidelberg, Germany

Pfeiffer KP. Biometrie bei klinischen Studien (Biometrie I). Österreichische Arbeitsgemeinschaft für Klinische Pharmakologie und Therapie. Wien, Austria

Pfeiffer KP. Biometrie und EBM. Krankenhaus Brixen.

Pfeiffer KP. EBM und Biostatistik (Biometrie II). Österreichische Arbeitsgemeinschaft für Klinische Pharmakologie und Therapie. Wien, Austria

Pfeiffer KP. Erfahrung mit LKF. Jubiläum: 6 Jahre LKF Gefäßchirurgie. Zürs, Austria

Pfeiffer KP. Evaluation of the Austrian DRG-system: Concepts for Evaluation and Recommendations for DRG-Models. PCSE. Washington/USA

Pfeiffer KP. Machen die OÖe-Krankenhäuser die richtigen Aufgaben und machen sie diese Aufgaben richtig? Oberösterreichische Krankenhaus Manager. Ried im Innkreis, Austria

Pfeiffer KP. Machen unsere Krankenhäuser die richtigen Aufgaben und machen sie diese Aufgaben auch richtig!? Tagung der österreichischen Krankenanstalten Manager. Dornbirn, Austria

Pfeiffer KP. Screening / Gastroenterologie. Screening im Gastroenteralen Bereich. Obergurgl, Austria

2002

Baumhackl U, Eibl G, Ganzinger U, Hartung HP, Mamoli B, Pfeiffer KP, Fazekas F, Vass K; Austrian MS Study Committee. Prevalence of multiple sclerosis in Austria. Results of a nationwide survey. Neuroepidemiology:21(5):226–34

Eibl G, Pfeiffer KP. How to make AdaBoost.M1 work for weak base classifiers by changing only one line of the code. Machine learning: 72–83

Greinoecker A, Goebel G, Illwitzer St, Karl P Pfeiffer. Generating an OLAP Cube for Hospital Data Analysis. PCSE:407–413. Innsbruck, Austria

Hainz U, Aigner K, Asch E, Berger P, Bohmer F, Feldkircher B, Horwath B, Jenewein B, Kassal H, Kistner O, Mack H, Pfeiffer KP, Pils K, Plank J, Renner D, Saurwein-Teissl M, Schwanzer E, Trieb K, Grubeck-Loebenstein B. Vaccine protection in the elderly: are Austrian seniors adequately protected by vaccinations? Wiener klinische Wochenschrift:114(5–6):187–93

Kolbitsch C, Lorenz IH, Hormann C, Hinteregger M, Lockinger A, Moser PL, Kremser C, Schocke M, Felber S, Pfeiffer KP, Benzer A. The influence of hyperoxia on regional cerebral blood flow (rCBF), regional cerebral blood volume (rCBV) and cerebral blood flow velocity in the middle cerebral artery (CBFVMCA) in human volunteers. Magnetic Resonance Imaging:20(7):535–41

Kolbitsch C, Lorenz IH, Hormann C, Schocke MF, Kremser C, Moser PL, Pfeiffer KP, Benzer A. The impact of hypercapnia on systolic cerebrospinal fluid peak velocity in the aqueduct of sylvius. Anesthesia and Analgesia:95(4):1049–51, table of contents

Otto Rafetseder, Bernhard Pesec, Karl Peter Pfeiffer, Jacek Grabowski. Hospital financing in Poland, DRG development in Poland using know-how from the Austrian LKF. PCSE:606–611. Innsbruck, Austria

Pfeiffer KP. Documentation, Data Quality and Continuous Observation of the Hospital Sector. PCSE:398–406. Innsbruck, Austria

Schirmer M, Goldberger C, Wurzner R, Duftner C, Pfeiffer KP, Clausen J, Neumayr G, Falkenbach A. Circulating cytotoxic CD8(+) CD28(-)T cells in ankylosing spondylitis. Arthritis research:4(1):71–6

2001

Callegari V, Pfeiffer KP. Planning and introduction of clinical documentation in an university hospital. Studies in Health Technology and Informatics:77:870–4

Devries AF, Griebel J, Kremser C, Judmaier W, Gneiting T, Kreczy A, Ofner D, Pfeiffer KP, Brix G, Lukas P. Tumor microcirculation evaluated by dynamic magnetic resonance imaging predicts therapy outcome for primary rectal carcinoma. Cancer Research:61(6):2513–6

Eibl G, Pfeiffer KP. Analysis of the performance of AdaBoost. M2 for the simulated digit-recognition-example. Machine learning:109–120

Goebel G, Andreatta S, Masser J, Pfeiffer KP. A MeSH based intelligent search intermediary for Consumer Health Information Systems. International Journal of Medical Informatics:64(2–3):241–51

Goebel G, Andreatta S, Masser J, Pfeiffer KP. A multilingual medical thesaurus browser for patients and medical contentmanagers. Stud Health Technol Inform:84(1):333–7

Kolbitsch C, Lorenz IH, Hormann C, Kremser C, Schocke M, Felber S, Moser PL, Hinteregger M, Pfeiffer KP, Benzer A. Sevoflurane and nitrous oxide increase regional cerebral blood flow (rCBF) and regional cerebral blood volume (rCBV) in a drug-specific manner in human volunteers. Magnetic Resonance Imaging:19(10):1253–60

Lorenz IH, Kolbitsch C, Hormann C, Schocke M, Felber S, Zschiegner F, Hinteregger M, Kremser C, Pfeiffer KP, Benzer A. Subanesthetic concentration of sevoflurane increases regional cerebral blood flow more, but regional cerebral blood volume less, than subanesthetic concentration of isoflurane in human volunteers. Journal of Neurosurgical Anesthesiology:13(4):288–95

Mur E, Schmidseder J, Egger I, Bodner G, Eibl G, Hartig F, Pfeiffer KP, Herold M. Influence of reflex zone therapy of the feet on intestinal blood flow measured by color Doppler sonography. Forschende Komplementärmedizin und klassische Naturheilkunde. Research in complementary and natural classical medicine:8(2):86–9

Pfeiffer KP, Muehlberger V, Sauerwein E, Stuehlinger WD. Qualitätsmanagement

Pfeiffer KP. Fünf Jahre Erfahrung mit der Leistungsorientierten Krankenanstaltenfinanzierung (LKF) in Österreich. Krankenhaus-Report

Ulmer H, Deibl M, Jakel H, Pfeiffer KP. The Innsbruck Womens Health Study 1999: health status and behaviour. Sozial- und Praeventivmedizin:46(4):25967

2000

Callegari V, Pfeiffer KP, Lechleitner G. Introduction of a new hospital information system at the Innsbruck University Hospital. Studies in Health Technology and Informatics:68:135–39

de Vries A, Griebel J, Kremser C, Judmaier W, Gneiting T, Debbage P, Kremser T, Pfeiffer KP, Buchberger W, Lukas P. Monitoring of tumor microcirculation during fractionated radiation therapy in patients with rectal carcinoma: preliminary results and implications for therapy. Radiology:217(2):385–91

Dzien A, Pfeiffer KP, Dzien-Bischinger C, Hoppichler F, Lechleitner M. The correlation of office blood pressure and 24-hour ambulatory measurements in hypertensive patients – comparison between nonpharmacological treatment and antihypertensive medication. European Journal of Medical Research:5(6):268–72

Goebel G, Pfeiffer KP. GIN AUSTRIA. Assuring quality and relevance on Internet-health-informations for patients. Studies in Health Technology and Informatics:68:562–567

Hagenbichler, Klingler E, Neuner D, Pfeiffer KP. Automated computer-assisted evaluation of diagnosis-and-procedure-reports in Austrian hospitals. Studies in Health Technology and Informatics:68:594–99

Kolbitsch C, Lorenz IH, Hormann C, Schocke M, Kremser C, Zschiegner F, Lockinger A, Pfeiffer KP, Felber S, Benzer A. A subanesthetic concentration of sevoflurane increases regional cerebral blood flow and regional cerebral blood volume and decreases regional mean transit time and regional cerebrovascular resistance in volunteers. Anesthesia and Analgesia:91(1):156–62

Mühlberger V, Klein W, Leisch F, Mlczoch J, Probst P, Raudaschl G. National Austrian PTCA Registry 1998. Journal für Kardiologie:7:43–9

Pfeiffer KP. Neue Medien im Gesundheitswesen: Mediale und technische Aufbereitung. Duer W, Pelikan J (Hg). Gesundheit beobachten.

Dokumentation und Berichterstattung als Aufgabe der Gesundheitsförderung:62–69

Ulmer H, Jaekl H, Deibl M, Ruttmann E, Pfeiffer KP. Female health status and behaviour: The Innsbruck womens health study 1999. European Womens Health Conference. Dublin, Ireland

Weichbold V, Bertel A, Pelzer A, Pfeiffer KP, Ferenci P. Hepatitis B and C: Incidence and regional distribution of hospitalizations in Austria. Wiener klinische Wochenschrift:112(23):p995–1001

Weichbold V, Bertel A, Pelzer A, Pfeiffer KP. Hospitalizations due to hepatitis A, B and C in Austria 1996–1998. Sozial- und Präventivmedizin:45(5):218–25

1999

Baubin M, Rabl W, Pfeiffer KP, Benzer A, Gilly H. Chest injuries after active compression-decompression cardiopulmonary resuscitation (ACD-CPR) in cadavers. Resuscitation:43(1):9–15

Kolbitsch C, Schocke M, Lorenz IH, Kremser C, Zschiegner F, Pfeiffer KP, Felber S, Aichner F, Hormann C, Benzer A. Phase-contrast MRI measurement of systolic cerebrospinal fluid peak velocity (CSFV(peak)) in the aqueduct of Sylvius: a noninvasive tool for measurement of cerebral capacity. Anesthesiology:90(6):1546–50

Pfeiffer KP. Die Zukunft des Gesundheitswesens: Netzwerk technisch perfekter Menschlichkeit. Politikum. Graz 84

Strauss R, Pfeifer C, Muhlberger V, Ulmer H, Pfeiffer KP. Effects of morbidity, age, gender and region on percutaneous transluminal coronary angioplasty (PTCA) utilisation. Public Health:113(2):79–87

Strauss R, Pfeifer C, Ulmer H, Muhlberger V, Pfeiffer KP. Spatial analysis of Percutaneous Transluminal Coronary Angioplasty (PTCA) in Austria. European Journal of Epidemiology:15(5):451–9

1998

Brezinka C, Lechner T, Stephan K, Pfeiffer KP. Vibroacoustic Stimulation of the Fetus Using a Conventional Mechanical AlarmClock. Journal of maternal-fetal investigation:8(4):172–177

Stainer M, Niedermoser A, Kulmer S, Pfeiffer KP. Computerunterstützte Axiographiesysteme und mechnische Axiographie: Experimenteller Vergleich der Messgenauigkeit. Stomatologie:95(3): 101–109

Stoss F, Streit F, Pfeiffer KP. Leistungsorientierte Krankenanstaltenfinanzierung (LKF) – Konsequenzen des Pilotprojektes. Österreichische Krankenhauszeitung:38: 25–28

Strauss R, Pfeifer C, Muehlberger V, Ulmer H, Pfeiffer KP, Boltzmann L. Effects of morbidity, age, gender and region on percutaneous transluminal coronary angioplasty utilization. European Heart Journal: 19(Suppl.):224.

Stroschneider E, Margreiter J, Pfeiffer KP, Eggenreich U, Balogh D. Comparative study of propofol emulsions for anesthesia in varicose vein operations. Anasthesiologie Intensivmedizin Notfallmedizin Schmerztherapie:33(12):781–85

Wachter H, Leichleitner M, Artner-Dworak E, Hausen A, Jarosch E, Widner B, Patsch J, Pfeiffer KP, Fuchs D. Diatomaceous Earth Lowers Blood Cholesterol Concentrations. European Journal of Medical Research: 3: 211–15

1997

Kolbitsch Ch, Schocke M, Lorenz I, Kremser Ch, Tschiegner F, Pfeiffer KP, Felber St, Aichner F, Benzer A, Hoermann Ch. The Influence of Continuous Positive Airway Pressure breathing on Systolic Cerebrospinal Fluid Peak Velocity in Normocapnic Volunteers. Journal of Neurosurgery:47:195–200

Rabl W, Baubin M, Haid C, Pfeiffer KP, Scheithauer R. Review of active compression-decompression cardiopulmonary resuscitation (ACD-CPR). Analysis of iatrogenic complications and their biomechanical explanation. Forensic Science International:89(3):175–83

Scheifinger M, Pfeiffer KP. Ökonomische Evaluation der Telemedizin. Österreichische Krankenhauszeitschrift:38(3):41–44

Schirmer M, Mur E, Pfeiffer KP, Thaler J, Konwalinka G. The safety profile of low-dose cladribine in refractory rheumatoid arthritis. A pilot trial. Scandinavian Journal of Rheumatology:26(5):376–9

Ulmer H, Pfeifer C, Pfeiffer KP, Bruppacher R. Hospitalization of young women after selected cardiovascular and thromboembolic incidents in Austria 1993 and 1994. Sozial- und Präventivmedizin:42(6):342–50

Ulmer H, Pfeifer C, Pfeiffer KP, Bruppacher R. Hospitalization of young women after thromboembolic events in Austria. American Journal of Epidemiology:145:330

1996

Kollmann A, Goettinger W, Koeck K, Mur E, Nussbaumer W, Schoenitzer D, Ulmer H, Lochs A, Pfeiffer KP, Irschik E. Die genetische Prädisposition der Uveitis anterior. Spektrum der Augenheilkunde:10(3): 109–12

Malle E, Pfeiffer KP, Dugi K, Pfeiffer C, Glaum M, Oezcueruemez M, Kloer HU, Steinmetz A. Polymorphisms of apolipoproteins A-IV and E in a Turkish population living in Germany. Human Genetics:98(3): 285–90

Pfeiffer KP, Maier A, Malli K, Buchegger C, Spann H, Klingler D, Embacher G, Pregarbauer M, Peer E. Identification of Groups of Patients Consuming Equal Resources for a Hospital Financing System by Regression Trees. Medical Informatics Europe 1991: Proceedings. 19.–22.8.1996, Vienna, Austria

Pfeiffer KP, Pfeifer C, Scheifinger M, Bittermann G. Regionale Verteilung der medizinischen Einzelletungen Koronarangiografie, perkutane transluminale Koronarangioplastie und der Diagnose akuter Myocardinfarkt. Journal für Kardiologie:3:28–34

Pohl WR, Kummer F, Lorber H, Wurtz J, Aigner K, Pfeiffer KP. Practicability, effectiveness and tolerance of a standardized prepared theophylline infusion. Acta medica Austriaca:23(3):105–8

Stuehlinger W, Muehlberger V, Pfeiffer KP. Qualitätssicherung in der interventionellen Kardiologie in Tirol. Journal für Kardiologie:3:18–22

1995

Foger B, Trobinger G, Ritsch A, Lechleitner M, Hopferwieser T, Menzel HJ, Utermann G, Pfeiffer KP, Patsch JR. Treatment of primary mixed hyperlipidemia with etophylline clofibrate: effects on lipoproteinmodifying enzymes, postprandial lipoprotein metabolism, and lipoprotein distribution and composition. Atherosclerosis:117(2):253–61

Haas A, Trummer G, Eckhardt M, Schmut O, Uyguner I, Pfeiffer KP. Einfluss von Kalziumdobesilat auf die Progression der diabetischen Retinopathie [Effect of calcium dobesilate on progression of diabetic retinopathy]. Klinische Monatsblätter für Augenheilkunde:207(1):17–21

Mischak R, Pfeiffer KP. Explorative Analyse der Daten von 155 Akutspitälern aus den Jahren 1991 bis 1993. Österreichische Krankenhauszeitung

1994

Brantner A, Pfeiffer KP, Brantner H. Applicability of diffusion methods required by the pharmacopoeias for testing antibacterial activity of natural compounds. Pharmazie:49(7):512_6.

Fruhwirth-Geymayer G, Pfeiffer KP. Vergleich von parametrischen Diskriminanzanalyseverfahren bei kleinen Fallzahlen. Österreichische Zeitschrift für Statistik und Informatik:23(2):131_150

Gottardis M, Hackl JM, Gruber E, Wieser C, Adelsmayr E, Seyr M, Zadravec M, Pfeiffer KP. Lipid infusion in multiple trauma intensive care patients in the early phase of treatment. Infusionstherapie und Transfusionsmedizin:21(3):150_8.

Pfeiffer KP, Pesec B, Mischak R. Stability of Regression Trees. In: Dutter R, Grossmann W (Hg). Compstat. Physica.

Porta S, Epple A, Leitner G, Frise E, Liebmann P, Vogel WH, Pfeiffer KP, Eber O, Buchinger W. Impact of stress and triiodothyronine on plasma magnesium fractions. Life Sciences:55(17):327_32

1992

Burghardt W, Pfeiffer KP, Kvas E. Fallzahlbestimmung für multivariate Fall-Kontroll-Studien:37:s1:149_151

1991

Möse JR, Pfeiffer KP, Köck M, Pichler-Semmelrock F, Marth E. Cancer mortality from 1978 to 1987 in smaller regions of Styria, Austria, with different environmental conditions. International Journal of Hygiene and Environmental Medicine:191(5-6):563–574.

Pfeiffer KP. Identification of Groups of Patients Consuming Equal Resources for a Hospital Financing System by Regression Trees. In: Adlassnig KP, Grabner G, Bengtsson S, Hansen R (Hg) Medical Informatics Europe 1991. Lecture Notes in Medical Informatics:45

Pilger E, Decrinis M, Bertuch H, Lammer J, Stark G, Pfeiffer KP, Krejs GJ. Conventional angioplasty versus percutaneous transluminal laser angioplasty-reply. Circulation:84(5):2205

Pilger E, Lammer J, Bertuch H, Stark G, Decrinis M, Pfeiffer KP, Krejs GJ. Nd:YAG laser with sapphire tip combined with balloon angioplasty in peripheral arterial occlusions. Long-term results. Circulation:83(1): 141–7

1990

Samonigg H, Kasparek AK, Stöger H, Schmid M, Eber B, Stark G, Weinrauch V, Pfeiffer KP, Smola M, Steindorfer P, et al. 4'-O-tetrahydropyranyl-doxorubicin in advanced breast cancer: a phase II study. Cancer Chemotherapy and Pharmacology:26(4):293–6

1989

Bantleon HP, Droschl H, Pfeiffer KP. Neue Drähte und deren Kraftabgabe – Konsequenzen für die kieferorthopädische Therapie [New wires and their force delivery – consequences for orthodontic therapy]. Fortschritte der Kieferorthopädie:50(4), 243–55

Malle E, Gries A, Kostner GM, Pfeiffer KP, Nimpf J, Hermetter A. Is there any correlation between platelet aggregation, plasma lipoproteins, apoproteins and membrane fluidity of human blood platelets? Thrombosis Research:53(2):181–90

1988

Hoefler G, Harnoncourt F, Paschke E, Mirtl W, Pfeiffer KP, Kostner GM. Lipoprotein Lp(a). A risk factor for myocardial infarction. Arteriosclerosis:8(4):398–401

1987

Desoye G, Schweditsch MO, Pfeiffer KP, Zechner R, Kostner GM. Correlation of hormones with lipid and lipoprotein levels during normal pregnancy and postpartum.The Journal of Clinical Endocrinology & Metabolism:64(4):704–12

Möse JR, Wilfinger G, Gränz A, Pfeiffer KP. Zur Feststellung von gesundheitsgefährdenden Belastungen durch Luftverunreinigungen [Identification of health endangering substances in air pollution]. Zentralblatt für Bakteriologie, Mikrobiologie und Hygiene. Serie B, Umwelthygiene, Krankenhaushygiene, Arbeitshygiene, Präventive Medizin:183(5–6):530–48

Stradner F, Ulreich A, Pfeiffer KP. Die Dupuytrensche Kontraktur als Begleiterkrankung des Diabetes mellitus [Dupuytren's contracture as a concomitant disease in diabetes mellitus]. Wiener Medizinische Wochenschrift:137(4):89–92

Ulreich A, Kostner G, Pfeiffer KP, Rainer F. Gout and hyperlipoproteinemia. Münchner Medizinische Wochenschrift:129(6):77–78

1986

Friedl H, Pfeiffer KP, Kenner T. Graphikorientierte multivariate Trennverfahren. Medizin-Technik Medizinische Informatik:86:359–362

Kenner T, Pfeiffer KP. The Risk Concept in Medicine – Statistical and Epidemiological Aspects: A Cade Report for Applied Mathematics in Cardiology. Theoretical Medicine:7:259–68

Ulreich A, Müller M, Maurer E, Rainer F, Pfeiffer KP. Purine Metabolism during progressive Cycle Ergometer Test in Gout Patients. Aktuelle Rheumatologie:11(4):152–54

Zechner R, Desoye G, Schweditsch MO, Pfeiffer KP, Kostner GM. Fluctuations of plasma lipoprotein-A concentrations during pregnancy and post partum. Metabolism:35(4):333–36

Zenker G, Költringer P, Boné G, Niederkorn K, Pfeiffer K, Jürgens G. Lipoprotein(a) as a strong indicator for cerebrovascular disease. Stroke:17(5):942–45

1985

Kurz R, Höllwarth M, Fasching M, Haidmayer R, Pfeiffer KP, Kenner T. Combined disturbance of respiratory regulation and esophageal function in early infancy. Journal of Pediatric Surgery:18:52–61

Pfeiffer KP, Kenner T. Comparison of Evaluation Criteria for Nonparametric Discriminant Analysis. Medical Informatics Europe 85: Proceedings 25.–29.8.1985. Helsinki, Finnland:449–53

Pfeiffer KP. Stepwise variable selection and maximum likelihood estimation of smoothing factors of kernel functions for nonparametric discriminant functions evaluated by different criteria. Computers and biomedical research:18(1):46–61

Pilger E, Bertuch H, Biffl E, Fluch N, Pfeiffer KP. Systemic Fibrinolysis in Arterial Thrombosis. Münchner Medizinische WWochenschrift: 127(19):492–94

Rainer F, Weintraub A, Ulreich A, Baumgartner H, Josenhans G, Pfeiffer KP. Paramedizin bei der Behandlung rheumatischer Erkrankungen. FortbildK Rheumatol:7:11–33

Ulreich A, Kostner GM, Pfeiffer KP, Sedlmayr P, Rainer F. Serum lipids and lipoproteins in patients with primary gout. Rheumatology International:5:73–77

Ulreich A, Sedlmayer P, Rainer F, Kostner G, Pfeiffer KP. Changes of Lipoproteins and apolopoproteins in primary Gout. Acta Medica Austria:12:79

1984

Haidmayer R, Kerschhaggl P, Kerbl R, Pfeiffer KP, Kenner T. Assessment of Possible Risk for the Sudden Infant Death Syndrome (SIDS) Based on the Evaluation of Respiratory Pattern and Ventilatory Control Mechanisms. Third International Conference on System Science in Health Care: Troisième Conférence Internationale sur la Science des Systèmes dans le Domaine de la Santé:587–591

Haidmayer R, Kerschhaggl P, Pfeiffer KP, Kurz R, Kenner T. Atemregulation im Säuglingsalter [Respiratory regulation in infancy]. Praxis Klinische Pneumologie:38(7):267–71

Möse JR, Pfeiffer KP, Köck M, Pichler-Semmelrock F, Marth E. Cancer mortality from 1978 to 1987 in smaller regions of Styria, Austria, with different environmental conditions. Zentralblatt für Bakteriologie, Mikrobiologie und Hygiene:179(4):281–99

Pfeiffer KP, Haidmayer R, Kerschhaggl P, Kurz R, Kenner T. Statistical evaluation of the respiratory pattern as a risk factor for the sudden infant death syndrome. Methods of Information in Medicine:23(01):41–46

Pfeiffer KP, Haidmayer R, Kerschhaggl P. Tumordiagnostik mit Tumormarkern. Biomedizinische Technik:29(11)

Pfeiffer KP, Kenner T, Schaefer J. Application of statistical methods for the analysis or interval related cardiac performance variations during cardiac arrhythmia in man. Cardiovascular Research:18(2):80–98

Pfeiffer KP, Steyer GE. Determination of the physical working capacity in children using three different regression models. International Journal of Sports Medicine:5(02):83–88

Rainer F, Ulreich A, Weintraub A, Baumgartner H, Josenhans G, Pfeiffer KP. Extracurricular Treatment Methods for Patients with Chronic Polyarthritis. Zeitschrift für Rheumatologie:43:4:223

Ulreich A, Rainer F, Sedlmayr DP, Leb G, Pfeiffer K. Tubuläre Nierenschädigungen bei Anwendung von Natrium-Aurothiomalat und deren Nachweis durch Bestimmung der Harnausscheidung von beta 2-Mikroglobulin [Kidney tubular injury in the use of sodium aurothiomalate and its detection by determination of urinary beta-2-microglobulin]. Wiener klinische Wochenschrift:156:Suppl:56–57

Ulreich a, Sedlmayr P, Leb G, Rainer F, Pfeiffer KP. Beta-2-Microglobulin in Case of Chronic Polyarthritis. Acts Medica Austria:11: 110–111

1983

Kurz R, Schneeweiss S, Haidmayer R, Kenner T, Pfeiffer KP. Früherkennung zentraler Atemregulationsstörungen beim Säugling zur Vermeidung postoperativer Komplikationen [Early diagnosis of central respiratory disorders in infants to avoid postoperative complications]. Klinische Pädiatrie:195(01):29_32

Pfeiffer KP, Kenner T. A statistical approach to the analysis of phenomena of frequency potentiation of isolated myocardial strips. Basic Research in Cardiology:78:239–55

Pilger E, Pristautz H, Pfeiffer KP, Kostner GM. Retrospective evaluation of risk factors for peripheral atherosclerosis by stepwise discriminant analysis. Arteriosclerosis:3:57–63

Stradner F, Ulreich A, Zeichen R, Pfeiffer KP. Vergleichende Untersuchungen zwischen mittlerem Blutzucker, Hämoglobin A1, Triglyzeriden und C-Peptid bei normalgewichtigen insulin- und nichtinsulinpflichtigen Diabetikern [Comparative studies between median blood sugar, hemoglobin A, triglycerides and C-peptide in normal-weight insulin and non-insulin dependent diabetics]. Wiener Medizinische Wochenschrift:133(18):459–461

1982

Haidmayer R, Pfeiffer KP, Kenner T, Kurz R. Statistical evaluation of respiratory control in infants to assess possible risk for the sudden infant death syndrome (SIDS). European Journal of Pediatrics:138:145–50

Rainer F, Ulreich A, Pfeiffer KP. Art und Ausmaß der Selbstmedikation mit sogenannten „Hausmitteln" bei Patienten mit rheumatischen Erkrankungen [Nature and extent of self medication with so-called „home remedies" in patients with rheumatic diseases]. Zeitschrift für Rheumatologie:41(6):276–79

Ulreich A, Rainer F, Pfeiffer KP. Compliance, Patient Information and Polyarthritics. Zeitschrift für Rheumatologie:41(4):171

1981

Kostner GM, Marth E, Pfeiffer KP. Lipiddiagnostik im Routinelabor: Parameter zur Feststellung des Herzinfarktrisikos. Laboratoriumsmedizin / Journal of Laboratory Medicine:5(5):97–102

Steyer GE, Pfeiffer KP, Pessenhofer H. Regressionsanalyse der Herzfreqauenzzunahme von Kindern bei linear ansteigender Belastung am Fahrradergometer [Regression analysis of the heart rate increase in children during linearly increasing work load on a bicycle ergometer].

European Journal of Applied Physiology and Occupational Physiology: 46:293–303

1980

Pfeiffer KP, Kenner T. MA-Model. Time Series: Proceedings of the International Conference Held at Nottingham University, March 1979:287. North-Holland.

1978

Pfeiffer KP, Kenner T. Untersuchungen zur Frage der optimalen Abstimmung zwischen Arteriensystem und Herztätigkeit. Biomedical Engineering / Biomedizinische Technik:276–277

Autorenverzeichnis

Dr.[in] *Eva Maria Adamer-König* ist Leiterin des Instituts für Gesundheits- und Tourismusmanagement an der FH JOANNEUM in Bad Gleichenberg, Leiterin des Bachelorstudiengangs Gesundheits- und Tourismusmanagement und des Masterstudiengangs Gesundheits-, Tourismus- und Sportmanagement sowie derzeit auch Vorsitzende des Management Departments.

Birgit Bachler, MDes PhD ist Studiengangsleiterin für Informationsdesign am Institut „Design und Kommunikation" an der FH JOANNEUM GmbH. Ihr Forschungsschwerpunkt liegt in den Bereichen interaktive, audiovisuelle Kunst, kritisches Mediendesign, Hard- und Softwarekunst sowie Methodologien für planet-oriented design.

Mag. Dr. Wolfgang Belitsch ist Leiter des Bachelorstudiengangs „Industrielle Mechatronik" der FH JOANNEUM.

FH-Prof. DI Dr. Hubert Berger war seit 1996 als Lehrender und Studiengangsleiter für Diplom-, Bachelor- und Masterstudien des Institutes „Electronic Engineering" an der FH JOANNEUM tätig. Daneben baute er das Transferzentrum des Institutes „Electronic Engineering" mit den Schwerpunkten Hochfrequenz- und EMV-Messtechnik sowie Leistungselektronik auf, das er auch heute noch managt.

Dr.[in] *Jennifer Blauensteiner, BSc, MSc* ist Dozentin am Institut für Biomedizinische Analytik der FH JOANNEUM GmbH und Laborkoordinatorin des Zentrums für molekulare Diagnostik GmbH; vor dem Studium absolvierte sie die Ausbildung (im MTD-Gesundheitsberuf) zur Biomedizinischen Analytikerin; Forschungs- und Publikationstätigkeit erfolgte auf dem Gebiet der Myalgischen Enzephalomyelitis/dem Chronic Fatigue-Syndrom (ME/CFS).

Mag. Dr. Herbert G. Böchzelt leitet die Studiengänge „Nachhaltiges Lebensmittelmanagement" und „Lebensmittel: Produkt- und Prozessentwicklung" der FH JOANNEUM.

Dipl.-Log. Dr. rer. med. Robert Darkow ist Vorsitzender des Departments „Gesundheitsstudien", Instituts- und Studiengangsleiter für Logopädie an der FH JOANNEUM, Gastwissenschaftler an deutschen Universitäten, Gutachter und Autor wissenschaftlicher Artikel, Buchkapitel und Büchern. Nach der Ausbildung zum Logopäden an der staatlichen Berufsfachschule für Logopädie der RWTH (Rheinisch Westfälisch Technische Hochschule) Aachen absolvierte Robert Darkow ebenda das Studium der Lehr- und Forschungslogopädie, bevor er an der Berliner Charité im Fach der theoretischen Medizin promovierte. Im September 2018 übernahm er die Leitung des Instituts für Logopädie an der FH JOANNEUM.

Theresa Draxler, BSc MSc ist wissenschaftliche Mitarbeiterin, Lehrende und internationale Koordinatorin am Institut „Diätologie" der FH JOANNEUM. Im F&E-Bereich liegen ihre Schwerpunkte im Bereich Digitalisierung sowie Gesundheitsförderung und Prävention. Im Jahr 2021 hat sie den berufsbegleitenden Masterstudiengang „Digital Healthcare" an der FH St. Pölten abgeschlossen und im Zuge dessen auch ihre Masterthesis zur interprofessionellen Zusammenarbeit von Gesundheitsberufen verfasst.

FH-Prof. Priv.-Doz. Dr. Dominik Engel ist seit 2022 Geschäftsführer und mit Oktober 2023 auch Kollegiumsleiter der Fachhochschule Salzburg. Bevor er 2010 an die FH Salzburg kam, arbeitete der habilitierte Informatiker als wissenschaftlicher Mitarbeiter an den Universitäten Salzburg und Bremen, entwickelte Software für die Bank Austria und für das US-amerikanische Softwareunternehmen Windriver und war als Product Manager für Content Security bei Sony DADC tätig. An der FH Salzburg dockte er als hauptberuflicher Mitarbeiter in Lehre und Forschung am Studiengang „Informationstechnik & Systemmanagement" an, wo er 2011 zum FH-Professor ernannt wurde. Als seinen Forschungsschwerpunkt wählte Engel schließlich die Zukunft der digitalisierten Energienetze, zunächst als Leiter des Josef Ressel Zentrums für „Anwenderorientierte Smart Grid Privacy, Sicherheit und Steuerung" und schließlich als Leiter des „Zentrums für sichere Energieinformatik".

Mag.[a] Heidi Esca-Scheuringer, MBL ist stv Generalsekretärin der Österreichischen Fachhochschul-Konferenz (FHK) und dort für Rechtsfragen, Forschung und spezifische Angelegenheiten der gesundheitswissenschaftlichen Fachhochschul-Studien zuständig. Sie ist Autorin zahlreicher Publikationen, Vortragende und Vertreterin des Fachhochschul-Sektors in diversen nationalen und internationalen Gremien.

DI (FH) Daniel Fabry leitet das Institut „Design & Kommunikation" an der FH JOANNEUM und die Masterstudiengänge „Communication, Media, Sound and Interaction Design" sowie „Exhibition Design". Als Gestalter entwickelt er mediendidaktische interaktive Installationen für Ausstellungen, Museen und Science Center. Er ist Mitglied des international agierenden Künstler:innenkollektivs monochrom und Schlagzeuger der Surf-Rock-Band Wetter.

Prof. Mag. Thomas Feichtner leitet seit 2018 das Institut sowie den Bachelor- und Masterstudiengang „Industrial Design". Zuvor war er Professor für Industrial Design an der Muthesius Kunsthochschule in Kiel. Er ist selbstständiger Industriedesigner mit Sitz in Wien und wurde mehrfach mit dem Österreichischen Staatspreis für Design ausgezeichnet.

FH-Prof. Mag. Dr. Heinz M. Fischer ist seit der Etablierung 2013/14 Vorsitzender des Departments „Medien und Design". Er leitet das Institut „Journalismus und Digitale Medien" sowie Studien- und Lehrgänge. Zuvor war er in leitenden Funktionen im Journalismus (Austria Presse Agentur) sowie in der Presse- und Öffentlichkeitsarbeit (Land Steiermark) tätig. Über viele Jahre fungierte er als Geschäftsführer des Steirischen Presseclubs.

DI Dr.-Ing. Holger Friehmelt ist Leiter des Instituts „Luftfahrt" an der FH JOANNEUM und gleichzeitig Technisch-Wissenschaftlicher Direktor der AIRlabs Austria GmbH.

Mag.ᵃ Dr.ⁱⁿ Sonja Gögele ist FH-Professorin am Institut für Software Design und Security an der FH JOANNEUM am Standort Kapfenberg seit 2001; sie ist Verfasserin zahlreicher Publikationen und Mitarbeiterin in unterschiedlichen Projekten.

MMMMag. DDr. Wolfgang Granigg ist seit 2017 Studiengangsleiter für das Masterstudium „Global Strategic Management" (zuvor: „Business in Emerging Markets") und hat im Jahr 2018 zusätzlich die Funktion der Studiengangsleitung für das Masterstudium „Data Science and Artificial Intelligence" (zuvor: „Data and Information Science") übernommen. Vor seinem Wechsel zur FH JOANNEUM war er langjährig in diversen verantwortungsvollen Positionen in der Styria Media Group AG tätig, weiters ist er seit vielen Jahren als Universitätslektor an der Karl-Franzens-Universität im Einsatz.

***Mag. Dr.** Werner Hauser* ist Fachhochschul-Professor für öffentliches und privates Wirtschaftsrecht und Fachbereichskoordinator für Recht an der FH JOANNEUM GmbH sowie Honorarprofessor an der Alpen-Adria-Universität Klagenfurt; zahlreiche Publikationen zum Unternehmens- und Wirtschaftsrecht einerseits sowie zum Bildungs-, Hochschul- und Wissenschaftsrecht andererseits; umfassende Lehr- und Vortragstätigkeit.

***Mag.**[a] Birgit Hernády* ist Leiterin der Abteilung Internationale Beziehungen an der FH JOANNEUM. Sie studierte Anglistik/Amerikanistik und die Fächerkombination „Europa: Sprachen, Wirtschaft und Recht" in Graz und Oxford und absolvierte nach Abschluss ihres Studiums postgraduale Ausbildungen in den Bereichen „Deutsch als Fremdsprache" und „International Business". Sie ist Mitglied der Erasmus+ Begleitgruppe des OeAD und des BM für Bildung, Wissenschaft und Forschung und war als Co-Chair der Themenfeldgruppe „Personalmobilität – Lehrende" maßgeblich an der Ausarbeitung der Nationalen Hochschulmobilitäts- und Internationalisierungsstrategie 2020-2030 „Internationalisierung auf vielen Wegen" (HMIS 2030) beteiligt.

***Dr.** Andreas Jocham, MSc* lehrt an den Studiengängen Physiotherapie und e-Health und forscht in den Bereichen Bewegungsanalyse und Digitalisierung in der Therapie.

***FH-Prof.**[in] **Mag.**[a] **Dr.**[in] Doris Kiendl* ist Leiterin des Instituts für Internationales Management und Entrepreneurship an der FH JOANNEUM mit dem Bachelorstudiengang „Internationales Management", dem Masterstudiengang „Digital Entrepreneurship" und einem angeschlossenen Transferzentrum, das sich primär mit internationalen, in der Regel von der EU kofinanzierten Projekten im Bereich Internationalisierung und Entrepreneurship befasst sowie einschlägige Weiterbildungen im Bereich Employability, Green Skills und internationaler Hochschulentwicklung durchführt. Doris Kiendl ist darüber hinaus Co-Geschäftsführerin der Green Tech Academy Austria (GRETA).

***FH-Prof.**[in] **DI Dr.**[in] Michaela Kofler* ist Vorsitzende des Departments „Bauen, Energie & Gesellschaft" der FH JOANNEUM, sie leitet das Institut „Architektur und Bauingenieurwesen". In Lehre und Forschung liegt ihr Schwerpunkt im konstruktiven Ingenieurbau, dies wird in facheinschlägigen Publikationen manifestiert.

Mag.ᵃ Martina König lehrt und forscht seit 2002 an der FH JOANNEUM in Graz als Dozentin (FH) am Institut für Design und Kommunikation. Sie ist zudem Leiterin des berufsbegleitenden postgradualen Masterlehrgangs „Technische Dokumentation" an der FH JOANNEUM und ist als Koordinatorin in der JOANNEUM ACADEMY tätig. Zusätzlich lehrt sie Englisch an der Technischen Universität Graz.

FH-Prof. Dipl.-Ing. Dr. Elmar Krainz ist Studiengangsleiter der Studiengänge „Mobile Software Development" und „Software Design & Cloud Computing" und ist aktuell Vorsitzender des Departments für Angewandte Informatik an der FH JOANNEUM.

Dr. Werner Lenz war von 1984 bis zu seiner Emeritierung 2012 Universitätsprofessor für Erziehungswissenschaft mit besonderer Berücksichtigung der Erwachsenenbildung an der Universität Graz; von 2007–2011 leitete er als Gründungsdekan die Fakultät für Umwelt-, Regional- und Bildungswissenschaft; Publikationen zu Bildung und Gesellschaft, Weiterbildung, lebensbegleitendes Lernen.

DI Dr. Bernd Messnarz ist Leiter des Bachelorstudiengangs „Luftfahrt/ Aviation" an der FH JOANNEUM.

DI Dr. Robert Mischak MPH ist Instituts- und Studiengangsleiter für eHealth an der FH JOANNEUM und Vorstandsmitglied der Österreichischen Gesellschaft für Pflegeinformatik sowie des Vereins Esther, außerdem ist er Mitglied des Wissenschaftlichen Beirates des BMSGKP zum ÖGD Neu; er ist Verfasser zahlreicher Publikationen zu eHealth und Pflegeinformatik.

MMag.ᵃ Dr.ⁱⁿ Johanna Muckenhuber ist FH-Professorin am Institut für Soziale Arbeit der FH JOANNEUM Graz. Sie ist Soziologin, Psychologin und Psychotherapeutin mit Arbeitsschwerpunkten in quantitativer, qualitativer und partizipativer empirischer Sozialforschung und Verfasserin zahlreicher Publikationen zu den intersektionalen Zusammenhängen sozialer Ungleichheit, Digitalisierung, Arbeitsbedingungen und bio-psycho-sozialer Gesundheit.

Dr. Michael Murg, BA MBA MSc ist Leiter des Instituts „Bank- und Versicherungswirtschaft" an der FH JOANNEUM und Leiter der Studiengänge „Bank- und Versicherungswirtschaft" (Bachelor) und „Bank- und Versicherungsmanagement" (Master).

FH-Prof. DI Dr. Alexander Nischelwitzer ist für den Digitalen Technologiebereich am Studiengang „Wirtschaftsinformatik" verantwortlich und beschäftigt sich im Rahmen seiner angewandten Forschung mit innovativen Interfaces im Museumsbereich, Augmented- und Virtual Reality Entwicklungen und Usability/Accessibility.

Mag.^a Dr.ⁱⁿ Jutta Pauschenwein ist „Onlinerin" der ersten Stunde, Leiterin des „ZML-Innovative Lernszenarien" sowie Lehrende am Institut „Journalismus und Digitale Medien". Seit 1986 ist sie online vernetzt, seit 1992 forscht sie zu E-Learning und unterstützt Studierende und Lehrende bei den Herausforderungen digitaler Lernprozesse.

Mag. Dr. Manfred Prisching ist Universitätsprofessor i. R. am Institut für Soziologie der Universität Graz und korr. Mitglied der Österreichischen Akademie der Wissenschaften; zahlreiche Publikationen zur soziologischen Theorie und Ideengeschichte, zur Wissenssoziologie und Wirtschaftssoziologie sowie zur Zeitdiagnose.

Mag. Raphaele Raab MSc ist seit 2020 wissenschaftlicher Mitarbeiter im Bereich „Data Science and Artificial Intelligence" an der FH JOANNEUM und hat den gleichnamigen Studiengang selbst erfolgreich absolviert. Er ist in seiner Funktion in verschiedene Forschungsprojekte involviert und hält mehrere Lehrveranstaltungen. Vor seiner Tätigkeit an der FH JOANNEUM war er als Mathematiklehrer tätig.

Mag.^a Dr.ⁱⁿ Anna Riegler ist stellvertretende Akademische Leiterin sowie Institutsleiterin „Soziale Arbeit" an der FH JOANNEUM. Sie leitet den Bachelor- und den Masterstudiengang „Soziale Arbeit". Sie ist promovierte Erziehungs- und Bildungswissenschafterin sowie im ÖAGG zertifizierte Supervisorin und Organisationsentwicklerin.

FH-Prof. Dr. Helmut Ritschl, MA MSc leitet das Institut für Radiologietechnologie an der FH JOANNEUM und beschäftigt sich im Rahmen seiner angewandten Forschung mit der interdisziplinären Entwicklung von digitalen Gesundheitsanwendungen und deren Evaluation.

DI (FH) Sandra Schadenbauer ist Hochschullektorin an der FH JOANNEUM und seit 2010 Mitarbeiterin des Fachbereichs „Digital Media Technologies" (DMT) am Institut für Wirtschaftsinformatik und Data Science. Ihre Schwerpunkte liegen in der Umsetzung von interaktiven multimedialen Anwendungen mit alternativen Eingabegeräten für Museen/

Showrooms und das Gesundheitswesen, sowie in den Bereichen Usability und Accessibility.

Gerhard Sprung, MSc lehrt und forscht am Institut „Wirtschaftsinformatik und Data Science" an der FH JOANNEUM und ist für die Konzeption und Programmierung des VR-Lernwerkzeugs SLICON zuständig.

Wolfgang Staubmann, BSc MSc ist Dozent (FH) am Institut „Diätologie" an der FH JOANNEUM und beschäftigt sich im Rahmen seiner angewandten Forschung mit aktuellen Themen der Ernährung und Lebensmittelsensorik und deren Beitrag, gesundes Altern zu ermöglichen und damit einhergehend den Herausforderungen des demografischen Wandels zu begegnen.

FH-Prof Dipl.-Ing. Dr. Kurt Steiner ist Instituts- und Studiengangsleiter für Fahrzeugtechnik/Automotive Engineering an der FH JOANNEUM und Leiter des nach EN ISO/IEC 17025 akkreditierten Prüffelds am Transferzentrum des Instituts.

DI (FH) Robert Strohmaier lehrt und forscht als Hochschullektor an der FH JOANNEUM am Institut für Wirtschaftsinformatik und Data Science sowie am Studiengang „Nachhaltiges Lebensmittelmanagement". Seine Schwerpunkte liegen in den Bereichen User Centered Design, Usability, Multimedia-Gestaltung und -programmierung sowie in der Entwicklung von Augmented Reality (AR) und Virtual Reality (VR) Szenarien und Applikationen.

Bernhard Taxer, MSc ist Physiotherapeut und Hochschullektor an der FH JOANNEUM Graz am Studiengang „Physiotherapie". Sein klinischer, wie wissenschaftlicher Schwerpunkt liegt im Bereich chronischer Schmerz und Kopfschmerz. Zusätzlich lehrt er in postgraduellen Kursen zu den genannten Themen und ist Vorstandsmitglied in der Österreichischen Schmerzgesellschaft (ÖSG).

Julia Tomanek, BSc MSc ist seit 2017 Lehrende an der FH JOANNEUM Graz und unterstützt diverse interdisziplinäre Forschungsprojekte zur Entwicklung von neuen, innovativen Technologien im Gesundheitswesen.

FH-Prof. DI Dr. Uwe Trattnig ist Akademischer Leiter und Institutsleiter für Energie-, Mobilitäts- und Umweltmanagement an der FH JOANNEUM sowie allgemein beeideter und gerichtlich zertifizierter

Sachverständiger für Elektrotechnik, elektrische Anlagen, Geräte und Sicherheitswesen; sein Hauptinteresse gilt der Energiewirtschaft und der Energietechnik; er ist Verfasser mehrerer Publikationen zur Strommarktliberalisierung und Energiewirtschaft in Österreich.

FH-Prof. Mag. Dr. Martin Tschandl ist Professor für Strategie und Controlling, Leiter des Wirtschaftsingenieur-Instituts „Industrial Management" der FH JOANNEUM und Leiter der zwei Bachelorstudiengänge „Industrial Management/Industriewirtschaft" sowie der zwei Masterstudiengänge „International Industrial Management" (jeweils Vollzeit/berufsbegleitend).

Julia Unger, BSc MSc leitet das Institut für Ergotherapie mit dem dazugehörigen Studiengang an der FH JOANNEUM GmbH und ist Mitherausgeberin der deutschsprachigen peer-reviewten Fachzeitschrift ergoscience; Präsidentin der Österreichischen Gesellschaft für rheumatologische Gesundheitsberufe ÖGRG und stellvertretende Präsidentin der Österreichischen Gesellschaft für Handlungswissenschaft AOS.

FH-Prof. Priv.-Doz. DI Dr. Christian Vogel ist Leiter des Instituts „Electronic Engineering" an der FH JOANNEUM und derzeit auch Vorsitzender des Departments „Engineering".

FH-Prof. Dipl.-Ing. Dr. techn. Georg Wagner ist Leiter des Instituts für Angewandte Produktionswissenschaften an der FH JOANNEUM. Er ist Studiengangleiter des Dualen Bachelorstudiengang „Produktionstechnik und Organisation" und des Dualen Masterstudiengang „Engineering and Production Management". Er war und ist, gemeinsam mit den Mitarbeiter:innen seines Instituts und den jeweiligen universitären und außeruniversitären Projektpartnern, im Rahmen zahlreicher europäischer Forschungs- und Transferprojekte zur Entwicklung und zum Aufbau „Dualer Hochschulprogramme" tätig (zB DIARKAZ, DUALEDU, DUGEOR2022, DUALMON, DualSCI, LATFURE uam).

Dr.[in] Marlies Wallner ist Senior Lecturer am Institut „Diätologie" an der FH JOANNEUM und beschäftigt sich mit der Sensorik von Lebensmitteln und den Zusammenhang mit der Gesundheit. Zurzeit ist sie Co-Projektleiterin eines interdisziplinären EU-Forschungsprojekts zum Thema Adipositasprävention in der Schichtarbeit

Mag.ᵃ Dr.ⁱⁿ Roswitha Wiedenhofer-Bornemann ist Prokuristin und Leiterin der Abteilung Forschungsorganisation und -services der FH JOANNEUM sowie Geschäftsführerin des FHJ-Tochterunternehmens AIRlabs Austria GmbH.

AVL

Reimagining Motion

For a greener, safer, better world of mobility.

www.avl.com

Bezahlte Anzeige
#teamgrueneweIt
Ihre Karriere als Partner einer
grünen
Welt.
ENERGIE STEIERMARK
Die Energie Steiermark sucht neue Talente.
Jetzt bewerben unter
e-steiermark.com/karriere
TOP
ARBEITGEBER
2023
ÖSTERREICH
trend.
TOP
ARBEITGEBER
2023
ÖSTERREICH
5 JAHRE
IM FOLGE
Xhesika F., Account Managerin

WIE SICH GUT GESCHÜTZT ANFÜHLT.

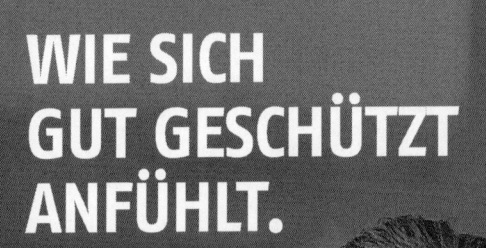

Unser umfassender Schutz in allen Lebensbereichen, von Österreichs meistempfohlener* Versicherung.

grawe.at

Die *meistempfohlene* Versicherung Österreichs.

GRAWE

* Alljährlich werden in einer unabhängigen Studie (FMVÖ Recommender Award) Versicherungskunden zu Zufriedenheit und Weiterempfehlungsbereitschaft befragt. Die GRAWE steht bei den überregionalen Versicherungen in der Gesamtwertung der Jahre 2019-2023 an erster Stelle: grawe.at/meistempfohlen

WIR MACHT UNS ALLE STÄRKER.
WIR MACHT'S MÖGLICH.
Ein starkes Wir kann mehr bewegen als ein Du oder Ich alleine. Es ist die Kraft der Gemeinschaft, die uns den Mut gibt, neue Wege zu gehen, die uns beflügelt und die uns hilft, Berge zu versetzen. Daran glauben wir seit mehr als 160 Jahren und das ist, was wir meinen, wenn wir sagen: WIR macht's möglich.
raiffeisen.at

Thomas Lorenz ZT GmbH

www.tlorenz.at

THOMAS LORENZ ZT GmbH

PS | GP | Hochbau- & Tragwerksplanung | ÖBA

Steiermärkische SPARKASSE

Glaubwürdigkeit.
Verlässlichkeit.
Leidenschaft.

Dafür stehen wir seit rund 200 Jahren.

Bisher in dieser Reihe erschienene Bände:

Band 1: Voraussetzungen für den optimierten Betrieb von Fachhochschul-Studiengängen. Von *Werner Hauser, Helfrid Maresch, Peter Reininghaus.* Wien 1999. 177 Seiten, br., ISBN 3-7046-1483, € 28,92

Band 2: Die Autonomie im Fachhochschul-Bereich. Hg von *Manfred Prisching, Werner Lenz, Werner Hauser.* Wien 2000. 140 Seiten, br. ISBN 3-7046-1557-9, € 18,02

Band 3: Fachhochschulen und ihre Organe. Von *Manfred Novak.* Wien 2000. 102 Seiten, br., ISBN 3-7046-1595-1, € 18,02

Band 4: Das Verhältnis zwischen Universitäten und Fachhochschule. Hg von *Manfred Prisching, Werner Lenz, Werner Hauser.* Wien 2001. 198 Seiten, br., ISBN 3-7046-1633-8, € 28,92

Band 5: Die wissenschaftliche Forschung in Österreich. Hg von *Manfred Prisching, Werner Lenz, Werner Hauser.* Wien 2002. 275 Seiten, br., ISBN 3-7046-3541-3, € 38,–

Band 6: Lebenslanges Lernen als selbstverantwortliches Berufshandeln. Gesamtredaktion von *Horst W. Stumpf.* Wien 2003. 272 Seiten, br., ISBN 3-7046-3975-3, € 42,–

Band 7: Das Verhältnis zwischen Schule und Hochschule. Hg von *Manfred Prisching, Werner Lenz, Werner Hauser.* Wien 2003. 224 Seiten, br., ISBN 3-7046-4090-5, € 38,–

Band 8: 10 Jahre FHStG. Hg von *Manfred Prisching, Werner Lenz, Werner Hauser.* Wien 2004. 247 Seiten, geb., ISBN 3-7046-4213-4, € 40,–

Band 9: Bildung in Europa. Hg von *Manfred Prisching, Werner Lenz, Werner Hauser.* Wien 2005. 182 Seiten, br., ISBN 3-7046-4547-8, € 34,–

Band 10: Bildung und Religion. Hg von *Manfred Prisching, Werner Lenz, Werner Hauser.* Wien 2006. 206 Seiten, br., ISBN 3-7046-4547-8, € 38,–

Band 11: Die (Rechts-)Stellung von StudentInnen in Österreich. Hg von *Manfred Prisching, Werner Lenz, Werner Hauser*. Wien 2007. 228 Seiten, br., ISBN 978-3-7046-4802-0, € 44,–

Band 12: Gleichbehandlung im Hochschulbereich. Hg von *Manfred Prisching, Werner Lenz, Werner Hauser*. Wien 2008. 212 Seiten, br., ISBN 978-3-7046-5211-9, € 44,–

Band 13: Forschungsförderung. Hg von *Manfred Prisching, Werner Lenz, Werner Hauser*. Wien 2009. 196 Seiten, br., ISBN 978-3-7046-5278-2, € 44,–

Band 14: Diversität als Bildungsfaktor. Hg von *Manfred Prisching, Werner Lenz, Werner Hauser*. Wien 2012. 220 Seiten, br., ISBN 978-3-7046-5786-2, € 44,–

Band 15: Perspektiven und Herausforderungen der österreichischen Fachhochschulen. Von *Elmar Schüll*, Wien 2016. 397 Seiten. br., ISBN 978-3-7046-7586-6, € 89,–